因诗而为诗学
因诗学而为真诗

“两栖诗者”

为我们见证这一历程

——李怡

沈奇诗与诗学研究

刘福春　主编

陕 西 新 华 出 版
陕西人民教育出版社
· 西安 ·

图书在版编目（CIP）数据

沈奇诗与诗学研究 / 刘福春主编. ——西安：陕西人民教育出版社，2020. 12（2024. 10 重印）
ISBN 978-7-5450-7877-0

Ⅰ. ①沈… Ⅱ. ①刘… Ⅲ. ①诗歌研究—中国—文集
Ⅳ. ①I207. 22-53

中国版本图书馆 CIP 数据核字（2020）第 248171 号

沈奇诗与诗学研究

SHENQI SHI YU SHIXUE YANJIU

刘福春　主编

责任编辑　马晓侠　刘政源
出版发行　陕西人民教育出版社
（西安市丈八五路 58 号　邮编：710077）
印　　刷　西安五星印刷有限公司
开　　本　880 毫米×1230 毫米　1/32
印　　张　14. 5
字　　数　400 千字
版　　次　2020 年 12 月第 1 版
印　　次　2024 年 10 月第 2 次印刷
书　　号　ISBN 978-7-5450-7877-0
定　　价　50. 00 元

前　言

刘福春

《沈奇诗与诗学研究》出版四年即行再版，对于编者、读者、入选的作者，以及沈奇本人，都可谓幸事！尤其值此“手机控时代”，纸质阅读全面式微，这类高冷书目，能二度出列面世，即或再怎么际遇寡淡，也不失为一种慰藉，或许还可潜沉期待未来新的关注者与研究者，以作参考，更是堪可告慰的了。

此次修订，在保持之前体例与版式的基础上，增加了六篇具有代表性的新论之作，既是对相关研究成果的“采样”补缺与增华加富，也可见得此一“研究”的深入有致与价值所在。同时特别值得提及的是，附录之《沈奇文学年表》，经由沈奇本人重新修订，不但补充了许多先前漏缺的节点细目，还特别增加了其历年发表的代表性诗学论文与诗学随笔的纲目概要及论点摘录，使得年表更具有学术性史料价值，也算得此次修订的一个亮点。

从四年前的春末到四年后的仲夏，再度为结缘三十多年的老友略尽微力，也为我们共同为之热爱一生的新诗事业再续佳话，实在值得庆幸！同时还要特别感谢陕西人民教育出版社再次垂顾出版此书，使其有了一个更丰实的安顿，更加令人欣慰！

余不赘述，且留待岁月鉴照为是。

2024年6月8日于四川大学

目录

【上编】

【下编】

【附录】

【上编】

沈奇诗集《生命之旅》序[①]

牛　汉[②]

沈奇要我为他的诗集《生命之旅》作序，我很乐意。我认识他十年了，虽见面不多，但对他的创作状况及不断呈现出的变化，却一直是关注的，包括他的诗论文章，发表的与未发表的，只要见到，便怀着企望的心情，认真地读完。他的诗和诗论都没有隐蔽自己的壕堑，因而一眼便能看到他的内心真实的显像。他在诗的审美领域不停地向深远的地方虔诚而艰难地跋涉着，有发现的喜悦，也有超越自身所经历的苦行僧似的艰难。他是属于那种走路不回头的人。近些年，他的诗渐渐地显示出自己的艺术个性，与我熟悉的其他一些西安的诗友的作品相比较，不论是语域还是情景，都有所突破，我被他的这种不断探索和超越的精神以及诗的气质所吸引。

沈奇在西安工作、写诗已经十几年。他的外貌和体魄看起来不像大西北人，但性格中有坚韧爽利的一面。他的心灵细腻而机敏，这一点又有他陕南（汉中）人的特点。从这本诗集卷末辑录的他的几篇诗论中可以看出，他对自己不算短且与历史的巨大变革息息相关的创作经历，对诗的深层体验，对语言和创造意象的技艺，等等，都有自己的一些见解，而且努力摆脱一个诗人常常囿于经验的狭窄的境地。一些年轻的稍有成就的诗人极易犯这个毛病。这说明沈奇对人生和诗经常进行着思考，对自身不断地调整与充实，并苦苦地探求审美的个性。在这一点上，我和沈奇可以说是同道或“同乡”。我在西北生活了近十年，支撑我生命的骨骼和血肉是在西北长成的。但这里说的“同乡”，主要不是地理上的、一般意义上的“乡党”，而是在诗的创作领域探求新境的精神上的“同乡”。如果人世间真有

①本文原载沈奇《生命之旅》，陕西人民教育出版社，1992。

②牛汉（1923—2013），诗人，作家，曾任《新文学史料》主编。

一处人们共处的“故乡”，那也是指里尔克一生寻觅的那个遥远的“第二故乡”。

沈奇的人与诗有一个成长过程。他是“老三届”出身，在多年艰难的生活与创作经历之中，有一种能承受负重和耐于跋涉的脚力。过去的一切灾难，如今已化为他心灵的宝藏。作为一个年轻的诗人，作为一个现实的生命活体，他和他的诗，总是蒸腾着热的使人奋发的血性，没有软弱的回避，对人生总是怀着热切的理想与梦幻，不断地去寻求人世间还没有的那个魅人的远景。即使难以达到，甚至一生也没有真正进入其境，但具有并保持这种渴求的精神，正是人类最为美好的品质，它能激励人们走出各种命运的困境。与他同时出现的中青年诗人中，相当多的已不再跋涉，停留在已取得的成就或一片平坦的境界上，每行诗都落在过去的脚印上。当然表面上也有变化，但诗的情景是陈旧的，失去了血性。不仅年轻诗人有这种情况，老诗人中或许更多。从沈奇写于 1989 年的长诗力作《生命之旅》中可以看出，他没有停止艰难的跋涉。他的诗的疆域，随着生命体验的深化而得到了拓展，连语域都开阔了起来。

总体而言，或从内在气质上看，沈奇的诗是纯朴的。早期的作品不可避免受到五十年代的传统影响，题旨显得直露，构思多为平面及分寸得体的叙述。但其语言表现力从一开始就透露出自己的个性，有节奏和音乐感，使诗的整体尽可能有比较和谐的情韵。他的诗视野宽泛，有表现阳刚之美的，也有感情细腻、柔美飘逸的，说明他作为诗人的生命体是丰满的，具有多方面创造的素质。正如前面所说，他从人生的各种遭际中，逐渐感悟到作为诗人的不可散失的位置，并在努力探索与发现广阔的艺术天地的同时，使自己得到进化与提高。他的诗之所以能不断变化与超越，原因就在这里。从一开始他的作品就很少有那种容易获得社会效果的政治性的语言，而是能进入生动的、冲荡不息的、丰富的情感世界。这不仅说明他的诗具有现代感，表现了他的纯正的诗歌素质，而且还显示出作为一个诗人在严酷的历史面前的选择。

沈奇比较好的诗有两种。一种是收入此集第一辑中的诗，如《看山》《上游的孩子》《十二点》《碑林和它的现代舞蹈者》等，单纯，鲜活，有现代诗的开阔境界和动感很强的情韵。沈奇的这些诗，和韩东他们的诗风有些相近之处，可能是因为诗友之间的相互影响和渗透而不知不觉形成的。这种气质上的渗透和影响，客观上很可能会形成一个流派。这样的诗，第一个人写，我会十分地喜欢，第二个人、第三个人、第四个人再模仿着写，就失去吸引力。我以为，即或同属一个流派，各个诗人也必须具有只属于他的独特的个性。同样，如果一个诗人第一首诗这样写，能引起读者的激赏，第二首仍然如法炮制，就不但失去魅力，而且会令人厌弃。艺术创作绝不能重复，必须有自己的真情实感，即使稚拙，不成熟，也得是自己的诚实的创作。对一个诗人来说，某一首诗，或某一时期的诗，在艺术上暂时不成熟，并不说明就缺少诗的素质与萌生诗的潜在的智慧。相反，有些诗表面看去成熟完整，却绝不是真的诗。写寂寞，是写自己的寂寞；写梦，是写自己的梦；写心灵的血泪，只能从自己的心灵流出来。别人的血泪，如何能替代自己的生命的脉息？我年轻时，几个朋友一起写诗，情调和语言差不多，后来因为各种原因，逐渐地出现了距离。性格不同，人生的际遇和命运也不相同。一个时期同属一个流派，后来各走各的路。一个文学艺术创作上的流派，实际上存在的时间多半不会太长，甚至是十分短暂的。就像人的生命只有一次，是一次性的，不会有第二次，不可能重复出现。像里尔克、惠特曼这样的诗人，几乎一生都在不安定中寻找着一个尘世间不存在的第二故乡与远方的海与岸，为此付出了生命的全部心血。诗人应该有这种探求新境的痴迷的精神，使自己的每一首诗都成为一个独立自在的生命体。

第二种散见在其他各辑中，如《山野回旋曲》《生命之旅》等。在这些作品中，沈奇找到了只属于自己的生命形态与审美个性，进入比较完美而和谐的境界。因此这类诗更能体现沈奇的诗歌素质。《山野回旋曲》写于1982年，属于较早期的作品，朴实的语言与白净的情景，形成汩汩流动的声韵与涟漪，具有渗透力，能静静地流入读者的内心深处。同期的诗还有《悬崖旁有棵要飞的树》等也很好。之后他就写出了《上游的孩子》和《十二点》一类的诗，从1984年到1986年，经过三四年心灵的沉思与感悟，逐渐又稳定到自己的本源素质中，同时广泛吸收了许多新的东西，直到最终写出了《生命之旅》这样有分量、有艺术个性的好诗。《生命之旅》是沈奇1989年遭遇车祸住院疗伤时在病床上写的，自己的肉体和灵魂突然受到严重的撞击，几乎是面对死亡的一种生命（包括艺术生命）的再造，是生命在一个特定时空下悲壮的升华，同时还让读者体验到由产生这首诗的时代背景中所渗透出的精神冲击波。可以说，这样的诗，一生只能写一首。

诗是由生命的体验而生成的。由此我想到一个问题，所谓现代诗和诗的现代感，绝不能脱离诗人的生命体验，简单地依靠移植或模仿而形成。可以借鉴，可以吸收，但最终必须写出带着自己风格的、具有现代感的诗，更不能将国外某几位名家的诗作为一个坐标系去参照是不是现代的或后现代的。即使是搞评论的，我以为也不应当这样去思考问题。一个中国诗人，该有我们自己的理想、欢乐和痛苦，有我们自己生存的形态和对这样存在的血肉的体验、绝不可失去牵动着每个中国人心灵的活生生的现代感。而且每个人都有自己的性格，有各自不同的生命体验、各自不同的对时代的感应，绝对不能加以规范，要去写真正具有中国自己的现代感的现代诗。

回头来看沈奇，从创作实践到理论探索，都逐渐地有了较冷静的思考，较清醒的认识。十几年来，我是比较清楚地看着他如何一步一个脚印地走过来的。他跋涉得相当艰难，其中有脱不尽的稚气，也经受过曲折与撞击，而他总是勇于思考，不回避现实，诚恳而执着地向前行进着，因而在他艺术的生命之旅中，获得了越来越丰富的体验。我欣赏他的这样做人和作诗的态度。既然是“生命之旅”，且人还年轻，就要不停顿地、不避艰险地去继续跋涉。我们生存的这个时代是伟大的，是产生大诗、产生大诗人的时代。沈奇既然能写出《生命之旅》这样有分量的诗，就一定能写出更好的诗。那么，年轻的诗人，去不断地探索与发现新的、陌生的境界吧——我期待着，众多的读者也在期待着。

1991年11月于北京汗血斋

清峭心曲诚朴诗

——读沈奇诗集《寻找那只奇异的鸟》①

陈　超②

沈奇诗集《寻找那只奇异的鸟》要出版了，这事让我高兴。沈奇作为诗人与评论家，作为我的兄长——学识和年龄双重意义——最让我尊敬的地方乃是，他从不将世俗功利的哀婉转换为“美学的哀婉”。在二十余年诗与文的生涯中，他面临的任务是同样的：不断认识语言赋予自己的可能性，努力完成这一可能性，把“可能”转变为“存在”。无论是在寂寥的寻索中还是在颇富名气的时段，他都没有发出过不平的幽怨和不受限制的笑声。他的写作准则是：仁慈、明净、诚朴、适度以及形式主义的快乐。

沈奇生于 1951 年，这代人的特殊性大家心知肚明。复杂经历使他们的写作在背叛严寒时多少模仿了严寒的意旨，此其一。其二是他们在形成创造活力的最佳年龄，却没有一块足够使之起飞滑行的宽阔场地。因此，这代人面临的写作背景与更年轻的一代深为不同，困难是可想而知的。他得有一只鼻子来嗅道德的气味，另一只鼻子来感知新时代的修辞基础。能恰当地平衡二者的人很少，更多的人强化了前者，放弃了后者。但在我看来，沈奇与此不同。从二十世纪八十年代初投身现代诗写作始，他自如地获得了新的写作语境所给予的大部分快乐。他的许多作品，与韩东、于坚、丁当等诗人有大致相近的趣味，在语境的透明、语感的还原、陈述个人生活观、轻松地把形而下拴在树上等方面都收到很好效果。但更重要的是在同中有细微的差异，我感到沈奇的诗时常顾忌到情感的“正当性”：

---

①本文原载沈奇《寻找那只奇异的鸟》，尔雅出版社，2001。

②陈超（1958—2014），诗人，河北师范大学文学院教授。

他的诗对直觉是限量的，他力图表现的是诗人与材料的“必然”关系。这种必然，骨子里是隐喻的，有确确实实的所指。这样一来，沈奇笔下的语象，有若干等级，它们指向“老三届”一代的心理场，于平淡中可以察见逝去岁月的隐痛。我认为，削平词语的等级，悬置情感在伦理意义上的“正当性”，正是于坚、韩东诗歌为新时代诗坛提供的写作活力和阅读魅力，它们与新一代的生活方式有内在同一性。对后来者而言，这是无法也无须模仿的。沈奇的诗，有自己独特的情感背景，他诚朴而自明，不是寻新求异匆忙披挂，而是在透明的语境中，寄寓深永的历史叹息，将“暴戾的岁月，转化为细语的音乐，一种象征”（博尔赫斯《诗艺》）。

在我心目中，沈奇是不断探询话语形式与情感经验如何达成同构的诗人。他的诗学研究与诗歌写作也具有彼此省察、相互激活的特征。在这点上，他比我做得好。我的诗论无奈地与创作脱节：诗论比诗先行，往往会造成对写作中技术环节的忽略。而诗论真正的负荷恰好在此。进入九十年代，沈奇的诗学研究更多涉入了生存与写作的共生关系，他的诗也在同步精进。在这个阶段，他写下了更为饱满透彻的生命之诗。其中，给我印象深刻的有《沈园》《家园：主题与变奏》《疏影》《握》《北方冬日的读书生活》《未误读的话题》《寻找那只奇异的鸟》等。这些作品，在略略压抑的抒情中，恰当地融入了日常生活中的细节，在清峭感伤里奇妙地伴有讽喻成分。（也许《生命之旅》与《稻草人或最后的守望者》是这种转换的两个节点：个人的和历史的。）从语调上，这些诗是舒缓和低回的。从语象上，有明显的变奏性对应。从情感来源上，有本真的潜传记特征。我不知道沈奇诗歌的变化还会给他带来多少漂亮的果实，但从已看到的十几首成色稳定的作品看，他会由此进入一个平衡开阔的多产期。因为，正像希尼所说的，写作即挖掘。我想，或许沈奇已找到了个人的诗泉。

读过沈奇这本诗选集，我想到一个老问题：诗的风格。

很长时期，我们的诗人都为建立自己的风格而不息地努力。这样做的结果是，利用已成好诗的成功经验不断复制，以一首诗的写作方式写了所有的诗。这样的诗貌似百发百中，但骨子里却丧失了写作的活力。普列什文说过，百发百中是可疑的，它指的是烤馅饼的，不是艺术家。沈奇不是为风格写作的诗人，他变化着自己的可能性，不断地探寻形式的快乐。不为流派写作，不为“先锋”这一新的权势写作，这样的诗人是美好的，他们在一个功利的时代保留了自由这一财富。考察沈奇二十世纪九十年代的诗学论文，其自由的心性，对生存和生命的命名，恰可与其创作构成复调关系。

2000 年冬于石家庄

诗与生命的同构

——关于沈奇的诗[①]

李丹梦[②]

读沈奇的诗，不由自主，耳畔会想起他的声音：一种温和的“木”。再过激的词一进入这种语调便棱角尽失，融进波澜不惊的陈述。这——算是“先声夺人”吗？的确，有这样的感觉：诗语与人声重叠；念与写，相互增补、应和，进而牵带着人活泼地走了来，在记忆里定了格。

沈奇的诗纯净、透明、情感节制，仿佛是葡萄酒，一饮之下尚不觉得什么，却有着绵绵的后劲。记得初读时甚至有点讶异，觉得这种“水晶之旅”式的诗不应属于中年人，特别是经历了沧桑之后的中年人。我想，这里面除了审美的追求、趣味的趋向等因素外，更多的是出自生命自身的定位考虑。即诗人在当下的坐标值。

既提到坐标值，其背后必然要有一个参照体系。它显然并非抽象的时空，诗人追索的是超然又实在的精神领域，要有意义可以攀爬；亦不是散漫的俗世，只会让人无所适从。而要理出个脉络来：它的 x 轴、y 轴在哪儿？分别又代表着怎样的内涵？这是一个成熟的诗人必须考虑的问题，而沈奇的独特性也即在于此。沈奇把诗与生活这两个几乎被认定是两个维度、两种空间的东西，拉进了笛卡尔式的直角坐标平面：x 轴的现世与生活，是平实、叙述、抚摸；y 轴则是诗，是抒情、高蹈、浪漫。这是一个力转乾坤的创造性构图，亦是一个明智的带有悲剧性的选择。沈奇一直在诗与生活之间努力做着平衡，两者他都不想拒绝。而缪斯与生活内在品性的冲突，使

---

①本文原载沈奇《淡季》，香港高格出版社，2003。

②李丹梦，女，华东师范大学教授。

得沈奇的平衡更像是一种冒险、赌博，拿来做注的是作为抒情体的生命。而且，一旦上了“赌台”，便停不下来了。也就是说，在做出选择的刹那，以后的诗路连同人生轨迹也一并被“预定”了。

沈奇的诗单篇来看，似乎有些“意犹未尽”。整体的透明反而成了诗人的障碍，自给自足，拒绝思的进一步渗透。他似乎有点犹豫，自己和自己做着抗争。和谐、统一的意识是如此强烈，以致在意象的营造与用词上谨慎得有点“洁癖”；在秉承、发扬传统雅致、含蓄诗风余脉的同时，弱化（有意回避?）了异质混成的现代感与张力。我注意到一个有趣的现象：沈奇的诗中极少有爽气、凌厉的抒情语锋（这里的“抒情”是宽泛意义上的），偶或露出两三句，随即出言“圆润”，仿佛是怕破坏了什么——意境，还是梦想？他的节奏是缓的，像《十二点》这一股脑兜出来的情绪，在其诗作中已算是一个刺目的特例了。沈奇仿佛对抒情有种担心，抑或是一种本能的警觉、不信任？认为一旦率直地倾吐，抒情便成了矫情，便堕入了虚妄，因而总要曲折、迂回一点，方过得去，显得自然、真实。举一个例子，诗与生活的冲突一直是沈奇诗的一个潜在主题，他似乎心有不甘，于是“远方”“海”之类带有理想、空幻色彩的意象不时跳出来，却又只是在克制的抒写里化为隽永语境中的叹息。这不仅只是审美的过滤与升华，其中的疑窦在于：或许，未能成为一个流浪的行吟诗人是沈奇内心终生的隐痛？更或许，浪漫对沈奇而言，是永久的诱惑？

我想，这只能从沈奇背后的坐标图来解释。

把沈奇的诗串联起来，你会在豁然开朗中经历一种心痛般的感动：原来——沈奇的诗是与生命并行的，“心境与语境和谐共生”。诗，是生命体悟的自然流露，而生命则成了诗性的实践。两者相互圆融，互为背景，互相诠释，可谓用心良苦！他不会在一首诗上故作新异，以求取急功近利的轰动效应。对他而言，重要的是诗性生命的延续。坐标平面上有两个轴，除了诗，还有生活，两者都要顾及。如何将平板的生活纳入诗歌的审美领域，不做“空心喧哗”？如何把诗歌创作内化为生活的脉搏，成为生命的吐纳呼吸？做到这些，才是沈奇追求的理想境界。浪漫的燃烧固然痛快，轰动的效应固然可喜，但这有悖于生命的常态，不仅伤“元气”，还潜伏着危机。因为浪漫说到底是一种自我虚拟的力量，如果不加遏制，任其发展，最终会自绝于真实，进而远离诗的真谛。与其这样，不如缓缓推进，“蒲苇韧如丝，磐石无转移”，绵绵不绝本身，就是一种力量与修为。

沈奇的诗是一个整体，诗与诗之间连着经络与呼吸。读诗亦是在倾听生命的独白、灵魂的律动：或显，或隐，或急促，或停顿……如果你静心抚察，你会被他的真性击倒。只可惜现代人多数没有这样的耐心，他们欢喜的是刺激、冲击，是程咬金三斧子式的买卖。于是，寂寞看来难免了。那么，沈奇是否真的要在这“错位的风景里”，做稻草人式的“最后守望者”呢？

沈奇的姿态是朴实的，这从他那些带有明显精神自传的诗中可以看出。现实中的我以“你”的面目浮现，两者微妙地混合。没有自我戏剧化的虚妄与张扬；有点低调，却又没有流于自怜式的感伤。他是适度的、平民化的、亲和的，因而亦是扎实的、自然的。诚如（《提示》之二），诗中所言：“随你满是缺陷的性格/自然地铺展开去/成为一段无主题音乐/而不是一颗坚果”。沈奇之所以能够数十载诗歌创作不辍，很大程度上有赖于这种低调的定位。生活中的我与精神自传中的我相互叠合，不仅将叙事的因子巧妙自然地引入诗歌，还意味着深思熟虑地把诗歌语言的问题与物质世界的问题、风格的历史与真实的历史合并、同构，由此开辟一个创意与生活交织、互动，要求得以澄清但又最终拒绝明示的个性化的诗学境界。

出发的日子
已经很久了
时间的岩石上
终于郁郁葱葱

就这样　写着　回忆着
大鸟般地鸣唱着
生命之外　是另一种
生命的生成

——生命很短
岁月很长
季节很自然
诗很偶然

偶然的诗　使生命
也将很长很自然……

这首《时间·生命·诗》是沈奇写给台湾诗人张默的，亦可作为沈奇的自白。创作与生活，在沈奇身上均得到了诗性的表达。我想，这也是他给予当代诗坛的最大启示。

2003 年春于上海

《淡季》之淡

——读沈奇诗与诗论集《淡季》[①]

孙金燕 [②]

生于二十世纪五十年代的那一代诗人，从某种意义上说，他们确实开始“知天命”了。沈奇所知道的“天命”，可以说是一种“永恒的生命之光”——灵性、自由、悲悯和朴素，一颗诚实的心灵所感知并折射出来的动人诗句。

《淡季》宣告了这样一个事实——一个诗人可以创造一个世界，一本诗集就是这个世界的缩影。

沈奇在他三十多年的诗路历程中，至少做到了这样几件事：在喧嚣纷乱物欲横流的世界里，以一种自得其乐的恬淡和悲天悯人的澄明完成了对生命的塑造，并试图对文学的语词进行一种诗意的再诠释；不断地探询个体内在张力的极限，所谓的“可为”与“不可为”已被淡化为一种形而上的同一境界。由此而生的文字，显得分外智慧而隽永。在他这里，物质变得透明，思想也变得轻盈，不管飞鸟的扇翅声是否能取悦于人，澄净的天宇上毕竟有了一点生命的迹象。

沈奇以默观玄思替代昏沉的酣眠，独自在轻松的心境中冷眼面对千丈红尘，所求唯在看透人心与世态的底，洞悉平素难觅的真。

沈奇的诗永远不会提供这个时代人们所嗜好的一切：声嘶力竭的叫嚣、戏谑的嘲讽、夸张的呼号和充满异国情调的高蹈。在沈奇的诗里，你会发现优美的语词及澄明的思想景观之下，那一脉含蓄而绵长的诗意；这诗意不仅来自他对世界和生活的看法，还来自他

---

①本文原载《青岛日报》2005 年 4 月 23 日副刊。

②孙金燕，女，云南民族大学文学与传媒学院副教授。

对诗意独在的理解和发现。

海德格尔讲：诗人与事物的诗意相遇的刹那，人和世界都会有所改变。于是，在沈奇的诗里，你会看到他对自然的叹息，对日常生活的感慨，而这些细微如水又涌动如潮的意绪，被表达出来后又总是那样安详、温煦与恬淡。而隐藏在他的恬淡里的，则是由对万物的悲悯而产生的深沉的爱，以及生命本质里对生活最生动的抚摩和共振。他从最不起眼的小草、枝叶中挤出诗的浓浓汁液，在表象中洞悉底蕴，在平凡中显现淡定。即便对早期的绮梦难偿，他的诗也没有显现失望的痛苦抑或陷入自欺的虚妄。或许他早就体会出生命里有很多东西易于接受，也易于淡忘，而梦里的东西纵使萦满牢愁，纵使不知道等老后再回头张望时，熟悉的地点是否都盘踞着陌生的风景，生存者也只能以恬淡的心境来对待。唯有如此，才能更真切地看待生活，更准确地对待生命，持平常心，做平常人，写不平常的诗。

在我看来，沈奇的可贵之处在于，他不仅有自己明确的诗歌立场，坚守自己的语言方式以刻骨铭心地表达生命，同时又尽量去尝试更多的可能性，来寻求在新的时代里新的理想和精神的确立。他融古典汉诗诗质于现代汉诗肌体，讲究行文的美感，流畅而润滑，语境透明，意味多重。人在世上，心在世外，清明而纯净，用氤氲的字句表达他非避世的清乐。诗人的成功与否，很大程度上取决于诗人的心胸和情怀——“关键在于：他是否忠实于自己的内心”（沈奇语）。沈奇的诗，以朴素而精当的文字让古老的和现代的、内我的和外我的世界完全淡化了分界，从而达到古典与现代的同构、生命与诗的同构。

所谓诗论，无非是关于诗、诗人和写诗这三个方面的言说。沈奇的诗论也不例外，但他摆脱了概念的牵绊与理性的羁缚，只求在寻觅中得趣，力图回到诗性的原初状态，“为诗性的言说提供一次新的说法”。语言是文明的底色，诗作为语言中最精微的成分，遂理所当然地成为艺术精神的坚固底座，所以可以说，“诗是对世界的改写”，而“真正的纯粹的诗人，唯一关心的，只是不断经由创作意识而重返生命意识的深切体验，而非作为诗人的事业”，最重要的是

“诗人以诗为灵魂之栖息地”，写诗也应该“回到写作的本质，抵达生命形态和语言形态的和谐共生”，超然物外，清静而自由。在他的诗论里，也包含着对当代诗坛的悲悯与期盼，希望诗人们能“自甘远离功利”，只“以诗的形式赋予社会和世界以精神的方向、目的和意义”。

沈奇由写诗起步而到诗评诗学兼顾并行，始终有一种沉着的目光和举重若轻的优雅，较之评论界普遍存在的浮躁、盲目情绪，他显得睿智而包容、清新而恬淡。沈奇也难免迷惘，于是在这个生命与写作的清瘦季节里，将他的书命名为《淡季》。又或许他想告诉读者们，身处这样的季节，淡，也是一种价值而非缺陷。在这个物质化的世界里，人生况味，唯己自知。一个人做到恬淡是很不容易的，而做到三十年如一日地平和恬淡就更难了。沈奇的这种恬淡不是单单的无欲无求，而是一种沧桑过后的感悟、激扬过后的升华。较之张扬的所谓诗性表白，还是默默含羞式的诗意更能打动人，自然，谁能这么做，谁也就把自己变成了诗！

也许，这就是《淡季》要带给读者的最大的感动和惊喜了。

2004 年 4 月 7 日

读沈奇诗作《天生丽质》[①]

洛　夫[②]

沈奇近作组诗《天生丽质》虽是他的一个小集，却向富于创意的诗境跨出了一大步，也是其近年诗歌创作的一个特别的收获。

他这个“古典理想之现代重构”的理念，是以现代视角回眸传统，企图从古典诗歌美学中，去找回那些失落已久的意象与意境的永恒之美，是一种极具挑战性的实验，其关键乃在如何使古典诗境通过现代语言与现代形式有机转换与呈现，而获得一个新的生命。

旧传统老朽过时，自无回归之必要。可是放眼当下汉语诗歌，语言鄙俗、粗糙和散漫，意蕴与诗趣全无，因而遭受边缘化的冷遇，是无可怨尤的。

沈奇作为既具知识分子身份，又力挺“民间写作”，事实上又“两边不靠”的诗人，他唯一的出路是另辟蹊径，自创品牌。读他这组新的实验作品，的确使人眼睛一亮，叹曰：这就是了！

试看《琥珀》一诗：

抚摩　一只
青涩的杧果

那玉般的感觉
如白云的焦渴

---

①本文原载沈奇《天生丽质》，文化艺术出版社，2012。

②洛夫（1928—2018），诗人，台湾《创世纪》诗社创始人。

手垂下——

空出的位置
……灰烬依旧

你可以从中读出王维、李贺甚至寒山的那种幽微而意远的诗境，但“如白云的焦渴”，以及“空出的位置/……灰烬依旧”这类诗句，却又使你感受到奇峰突起的现代趣味。

再有《秋白》一诗尤其如此，起首几句带有浓浓的李清照的凄清，读到“声声雨声里/听：一把旧锁开启”时，便使你一下子转入一种既暧昧而又恍然若悟的戏剧性情景与象征派诗趣。再看此诗结尾：

唯清凉如寺
任孤独之钟
撞飞
一天乱云

似
鹰

这种错落有致的分行排列方式，不仅体现了现代汉诗的节奏之美，同时也暗自透显出一股唐诗中的“羚羊挂角，无迹可寻”的无穷韵味。

沈奇的这组《天生丽质》另外还有一个特色，那就是文体的“文白交杂”，这与大陆目前流行的“叙事”与“口语”型的寡淡诗歌文体完全不同。

这组诗特别讲究口语与书面语的适当调配，其效果在于创造出一种超越工具性的审美客体——一种诗的新形式。其实这种文白搭配，并非人人都能适度掌握，如拿捏失当，读来不免有夹生之感，而沈奇正是一位善于驯服“文”“白”两种相克而又相成的文体，使诗歌本身达至一个雅致而和谐的美学平衡点的诗人。他的诗，尤其这组实验新作，不但颇得诗意凝聚之理、言辞典雅之趣，如再通过诵读细品，更可知还有特别的音韵之美生发于其中，实在难能可贵。

2009 年 11 月于温哥华

追寻的骑士与安详的醉兽，或一个香客的精神自传

——读《沈奇诗选》①

邓　良②

一

作为二十多年来中国先锋诗歌的直接在场者与追踪者，沈奇以一个诗评家的身份无可置疑地确立了他在评论界的独特存在。或许正是这一“独特”的光芒，多少掩蔽了他作为一个诗人同样不凡的表现。创作三十多年，虽说不上多产，但这部带一定总结性自选的《沈奇诗选》，也够得上丰收和丰富了。抑或更重要的是，这样的一部诗人自选集，必将证明沈奇诗作同样是一个独特的存在？

我并不相信每一个诗人都有他的创作密码，但我相信每一个优秀的诗人都会或显或隐地在其诗歌中暴露内心的秘密，而这秘密也必得经由对诗人的诗歌密码进行破译才能获得。在我所能接触到的诗歌范围内，还没有哪一个诗人像沈奇那样三十年来如此执着地在诗作中保守着同一个秘密。就像一个顽皮而又略带忧伤的孩子，沈奇与那个秘密做着永不厌倦的捉迷藏游戏。有时我在想，沈奇会不会在这个游戏中偶尔忘了规则，把自己也当作了秘密的一部分乃至另一个秘密？否则，他何以乐此不疲得如此执拗和任性？何以在他的诗中一次次掀起“秘密”的语词浪花？——隐秘的命题、神秘地消遁、一个隐秘的展览、神秘的混乱、春天的秘密、不愿告人的秘密、那些欢乐的秘密、痛苦的秘密、爱与愁的秘密、一只三叶虫的秘密……或许我要大胆地说一句，在某种意义上，沈奇的诗就是他的精神自传，他的心灵史；而要进入其中并赏阅那些灵魂的风景和

①本文原载《社会科学评论》2011 年第 2 期。

②邓良，西安外国语大学中国语言文学学院副教授。

秘密，我们还得从诗作本身开始。

二

从创作时间来看，除了辑二中的第一首《红叶》写于 1975 年外，《沈奇诗选》中其他诗作均写于 1980 年至 2009 年间。从每辑前面的相关简介文字我们知道，诗集的编选顺序主要依循的是诗作（诗辑）本身结集出版的先后原则。所以写于 1984 至 1986 年间的《看山》成了辑一，而早期写于 1975 年、1980 年至 1983 年间的《和声》则成了辑二。指出这一点，并非我想要玩什么时间数字游戏，而是其中隐含了一个秘密，一个沈奇诗歌的编码方式，那就是：整个诗集的第一首《上游的孩子》与第二首《致海》这两首写于 1984 年春夏的诗作，分别代表了沈奇诗作的两个核心意象系列，即“山”与“海”。可以说，“山”与“海”的互动意象是沈奇三十多年诗歌写作隐隐形成的核心意象，并各自延伸为相应的谱系。“山”——上游、腹地、城市、阳台、灯、树等，代表着现实，表征生存的局限性与荒诞性；“海”——远方、自然、天空、旅程、云、鸟等，代表着梦想，表征生命的神性与诗性。山、海谱系的对视与互动，生成了沈奇诗歌的一种编码方式，其要旨在于表达对生存局限的忧虑性感知和渴求突破这种局限的骑士般的追寻。显然的，我敢肯定地说，两首诗作的编排以及它们在诗集中由此形成的结构性意义并非沈奇的有意为之。无心插柳之妙恰恰证明了无意识对一个诗人的眷顾，同时也可说是一种背叛，因为在那凉凉而又绿绿的柳荫里，隐藏了诗人全部的秘密。在这个意义上，对更注重言此意彼的诗歌来说，没有真正完全的无意识。即便那些断裂、沉默和布满间隙的诗歌文本，也反为我们提供了更多进入文本的通道。山与海的系谱，也当然地成为我们理解沈奇诗歌的一个切口。

上游的孩子
还不会走路
就开始做梦了
梦那些山外边的事

想出去看看
真的走出去了
又很快回来
说一声没意思
从此不再抬头望山
眼睛很温柔
上游的孩子是聪明的
不会走路就做梦了
做同样的梦
然后老去

上游与山外、走路与做梦、出去与回来，在不动声色的平静叙述中难以掩藏那一气呵成绵延不尽的尖利的力量。羁守与远梦、出走与归返、安于现状而不甘、说一声没意思的自负与怠惰、聪明反被聪明误等繁复的情绪密集其中，干净利落地勾勒出一幅个人与民族生存状态的集体无意识景观。当然，我更愿意把它狭窄化为诗人对自己心路历程的审视。当“所有的山里人/矮个子的山里人/眼睛都陷下去了/古潭般地向往着/一个大个子的/海”的时候，诗人却不免疑惑：

谁也不清楚
(连我自己也不清楚)
这向往有无结果
那童话是否真实
——那海
是否真的　有
那么大
那么美
那么慈爱地包容
一切的生命

如果说在当时韩东们直接宣告了海的平凡与危险，祛除了海的文化理想等附加意义，沈奇则更多保持怀疑，并在怀疑中“走下去”，“必须走下去”。于是这怀疑和走下去就有了坚实的根基，毕竟，“许多个世纪以前/我就出发了”。这样的精神姿态和由此连接起的历史意识，注定了沈奇不得不向过去频频回眸，历史的记忆与记忆的历史便成了他诗歌抹不去的浓墨重彩。“腹地”或故乡（无论现实的与精神的），在记忆里就静静地“保持固有的面目/保持永恒的童年状态”（《腹地》），而巫山神女峰的望夫石其实也只是一块石头，“一块像女神似的石头”，“只是一个偶然的结局——/在静寂而威严的悬崖之上/完成一个/不承认空间有局限的/意向//（脚下是长江/人们叫它历史的画廊）”（《巫山神女峰》）。这种偶然性的历史通常以一种必然性的面目闯进并左右我们的认识，诗人就是要扭断那强加的必然性的绳索。沈奇在处理历史之链的常识过程中，与其说是拆解，不如说是重构，因为他显然看清了这一过程本身与渺小而真实的个体的关联，乃至用自己的生命历程直接参与了某些历史，这才是他严肃而又痛苦的历史意识。回忆不再是美好的与浪漫的，而是真实的生命之痛。

“任回忆胡涂乱抹”“出问题的是那个岁月/出问题的是历史”（《如约》），生存的荒诞与局限在历史意识的过滤中更添了些许凉寒：“在这里长大的/总想走出去/从这里走出去的/总喜欢回忆”“更多的还是留在这里”“二十几岁便死了心/死了心还不服气”（《过渡地带》），做一些人生之梦，演一些人生之戏，之后便在那里荒芜。人生如梦亦如戏，然而沈奇始终反抗着这样的安排，在严苛的自我省视中追寻与创造。于是那没有传说、没有古迹也没有名字的山因为第一个人的登临而开始“有了一个传说”。原来传说与历史，总要有人去创造，只是这样的追寻对沈奇来说更痛苦了些：

所有应该证明的
似乎都已证明
你依然未能走出
那片沼泽地

“没有什么会握住/你暗中伸出的手”“曾经那么辉耀/那么为之苦争的东西/都猝然间老去”（《剥离》）。这里剥落的，显然恐怕不只是那“长长的古墙”，更是自己与时代社会的剥离，与自身理想的疏离。我们看到，沈奇的诗就像那《古银杏》，“永远藏起了那个长长长长的故事”。是从山到城的岁月？还是历史所称的“老三届”？抑或个体遭遇的那片命运的沼泽地？无论如何，在真实的生存面前，诗人没有抱怨，也没有消坠，这一次是更坚决地提出了“我”来淬炼和拷问。

三

在《我住在我的名字里》一诗中，诗人写道：“我住在我的名字里/除了它我似乎再没有别的什么东西……/离开了我的名字我也就不能认识我自己”，名字对于自己只是“我的影子”“只是个蜗牛壳而已”，但又不得不“这样住下去”，别无选择，直到某一天“在这个名字里死去”。回到“我”，思考“我”，追问“我”，生存的局限既是个体切实的生命体验，又需主体不断省思以求超越和完成。令我疑惑的是，沈奇如此不断地回忆，能否带回一个完整的自己？

“疯狂的岁月　暴风雨/独自地　我创造了我自己”，经此苦难的历程，“于是从自我身上/我发现所有的人//从所有人身上/我看到我自己”（《和声》）。从此，“回忆和思考成了唯一”，再加上“两个晚生的儿女”——“幻想和爱”，沈奇一如既往地用诗对生存境遇进行书写并希望得到一种想象性的解决。就像那被无常抛之于泥淖的《飞鱼》，当“生的意志屈服于活的惰性”，有时不免“那渴望过的，都归于忘却/那挣扎过的，都归于嘲讽”，但终究会在前方之海的喧响与召唤下做最后的一跃；哪怕随残夜一同死去，也要用“苍白的鱼腹泛起一片黎明”，也要把“自由的灵魂”留给海风。也像那《悬崖旁有棵要飞的树》，挣扎过，扭曲过，旋转过，依然“怀着飞鸟的梦想”。值得注意的是，这绝不仅是诗人历史青春期的浪漫和理想主义，也不是简单而盲目的廉价乐观。沈奇曾多次强调写诗是生命存在的一种特殊仪式，而回忆和思考、幻想和爱，几乎贯穿他整个的诗路历程，成为其生命的另一种仪式。“当选择成了负担/随意便诱惑了命运”（《净湖》），我们总是在不经意的时刻不经意地与沈奇那些收藏起的“长长长长的故事”擦肩而过，或者是那“长长长长的故事”一次次不经意地袭击了诗人自己。“可幻想总是存在的”！或“置身于过去/对着想象的/窗户”，听“遥远的什么地方/有一只鸟　在唱”（《沉积》）；或因了“温柔的回忆”，使青春“在另一片叶上辉煌”（《最后的秋天》）；或回首来处，在水之上游，“便忆起那多梦的少年”（《惊旅》）。与历史青春期的想象和回忆稍有不同，尽管依然葆有骑士般的风度，只是那份难以释怀的苦涩与忧郁更浓更重了些，“历史无序/人生无迹”的喟叹也多少遮掩了那些“美丽的秘密”，乃更加悟到“没有故事/只有讲故事的人”（《非悟》）。

这种非悟之悟或悟之非悟感，显然投射了诗人内在的生命焦灼，归宿的迟迟不到使“我”不得不怀疑“我”、质疑“我”。于是，沈奇似乎撕裂了自己，开始在诗中大量用“你”这另一个“我”来与自己相互询唤：

> 你的房子从没有盖好过
> 而你是构想过许多美丽的图案的
> 你的家只在你的心里

这些“说不清楚的重量”，终于使“日子与日子之间/有了更多的裂缝和间歇”，也让诗人“终于认可/生命的局限”，并“开始同自己握手言和”（《间歇》）。而“你的灵魂/早已在你的身体之外”（《提示》之一），“可以拒绝一切/但不要拒绝你自己”（《提示》之二），“你过早地/离开了你自己/再也走不回去”（《橡皮》）。用貌似客观和拉大距离的“你”来逼视“我”，反而凸显了诗人的自我对视、内视与省视。回忆往往是美好的，但也可能成为一种自制的偶像而欺骗现实的眼睛。因此诗人明白：“记忆是重要的/那么遗忘也是重要的了”（《淡季》），于是“所有的回忆与欲念”，便“以骨折的方式/向钙化了的情感世界/向残余的青春/作潇洒的——告别”（《生命之旅》）。难道这就是诗人在一番灵魂的剖示之后得出的结论吗？

我想是的。这剖示既是对骑士般追寻的质询，这告别也意味着新的开始与新的再出发。时间的手指就这样掀开了诗人从二十世纪九十年代到二十一世纪的第一页。在《家园：主题与变奏》中，诗人写道：

冬天　在北方
在一个普普通通的雪夜里
你开始思考
关于家园的命题……

这里的“开始”并非第一次，而是重新、再度；因为在季节的轮换中，生命里的那些“回忆和向往/获得和失去/超越和沉沦/以及生存的有无意义/以及石头与必要的水分”等，早已成为“一种矛盾”，现实的此岸始终无法让生命完整。当从老旧的床上醒来，重整旗鼓雄鸡似的渴望歌唱，面对的却依然是“墙边的耗子”和“失去神性的黎明”时，诗人乃被南海一个无名小渔村的黄昏那“纯粹的安宁和温馨”所召唤而蓦然止步，“不再奔赴/骑士式的追寻”。诗人“这大海的异乡者”和“北方的老狼”，便“如安详的醉兽/热泪奔涌”，在“宗教之年/临大海而重温/小溪之梦/家园的命题/解构为无核之云”。于是，这只“经历过干旱和严寒的/老狼呵——/又如一只年轻的小兽/独自走出家门”。

从追寻的骑士到安详的醉兽，沈奇诗歌似乎完成了生命情态的转换。然而事情远非如此简单，再度出发到底能走多远呢？一番重整旗鼓之后，诗人仍被拽回那无边的记忆与想象的旋涡之中。在梦幻般的晕眩中，在“寂寞中的回忆”里，浮起的依然是我们在其诗歌中似曾相识的那些秘密而长长的故事：

一条上游的小河
一只受伤的灰鸽
一段忧郁的音乐
一条搁浅的小船

一次无意的失约
一列告别家园的火车

这些意象缀成诗人的密码链，“大意是一棵树的丰茂/与一只鸟的洒脱之间/那永恒的差别”（《秋日的一束阳光》），那差别，也依然来自现实与梦想的错位。于是，沈奇呵，你这“无羁的骑士/香客和恋人/离家出走的浪子”（《写作或水晶之旅》），“便依旧固执地站在/那个错位的风景里”（《稻草人或最后的守望者》），守望成最后的守望者，靠想象来灌溉自己。“卓越的诗情已化为苍凉的心绪/唯有想象支撑着那不灭的祈愿”，在“想象一座小小的古典庄园”（《沈园》）中，完成一个身在现代而心系古典的不合时宜的“现代古人”的精神自传性诉求：

哦，身老秋风　心眷春雨
这是你最后的古典和浪漫
你知道这想象代表着一种衰老
一种孱弱以至缩回童年的迷乱

其实，沈奇诗歌一点也不浪漫，浪漫的倒是他的精神气质，那种古典与忧郁的气质的浪漫，只是这浪漫也依然被他耽溺的想象冲淡。进入新的千年，记忆还是那些记忆，想象却不断裂变与增生，甚至记忆也成了想象的另一种方式。那些“长长长长的故事”在诗人延宕的想象里似乎永远没有结局，“飞翔的愿望”渐渐老去，甚至“羽毛还活着/飞翔却提前死了”（《我们的故事》之一）。即便是“记忆中的老家/那场大雪呵/下了很久很久”，久得使自己活成一个“命运的人质”（《人质》），久得令自己一生都在“反方向行走”（《方向》）。但新的变化同时出现了，即在这种充满宿命感的书写之后，沈奇诗歌开拓出了诗意和境界的舒缓自在和阔大之气，且有一种禅悟流泻其间。“一把扇子加一本好书/接近某种古典的味道”（《慵夏》），且“醒来才悟：俗人/可是曾经的僧人”（《甘南印象》），而终至“白云安适/天心如梦”（《桑科草原题句》）。这只北方的老狼，这个追寻的骑士，在岁月的河床上冲荡多年后，似乎真的变成了一只安详的醉兽了。

至此，我们不得不提及沈奇在二十一世纪近几年创作的特别文本：《天生丽质》。

四

据诗人自述，《天生丽质》是他本于“古典理想之现代重构”理念的一次自设其难的具有开创性的诗歌文本实验，意在通过“对残留于现代汉语中的丽词妙意之打捞和再造的方式，来重新认领汉语诗性的‘指纹’及现代诗性的生命意识的别样轨迹，进而开启文化记忆的深层链接”。我丝毫不怀疑沈奇这种意图的真诚和实践的价值，事实上，无论批评界还是创作界，对《天生丽质》都给予了应有的肯定与赞美。批评家赵毅衡、吴思敬、杨匡汉、谢有顺、孙基林及诗人洛夫、柏桦、赵野等从各自的视角高度评价了这组文本的实验性、创拓性和丰富性，我也相信，对之肯定的声音还会不断传来。

但迄今为止，我没有读到把这组文本与沈奇之前的创作联系起来的任何评论。换言之，这组诗歌文本不是突然间产生的，也不是诗人创作风貌的突然转变；关于它对现代汉语诗性指纹的认领与再造云云，也依然可以在更深的层面值得另谋其篇，但在本文的讨论范围内，我更愿意尝试探查它与诗人内在的精神隐秘。

记得当初第一次读到这组文本时，我在给沈奇的信中写道：里面仿佛藏着一个巨大的秘密，但跳荡着的依然是一个现代人活泼泼的心。如今，在通读过他大部分的诗作之后，我更相信自己当初那种印象与感受的准确。

不错，正如有论者称誉《天生丽质》有“道骨禅风”，或称之为“机锋灼灼”的“现代禅诗”，也正如我们在上文分析其自在阔大之气与禅语流泻其间的新气象的出现一样，显然，此组诗作绝不仅止于文本的实验，它是沈奇诗歌及诗学理想的必然；那只安详的醉兽，其实从来没有真正安详过，血管里跳荡的始终是一名无羁骑士在新世纪的追寻，流淌的依然是一只北方老狼以一种

“未落的骄傲/和残余的矜持/在向晚的记忆里”（《依草》）对着夕阳说那说不完的“长长长长的故事”和秘密。

云白天静
心白人静

欲望和对欲望的控制

——人群深处
谁的一声叹息
转瞬即逝

空山灵雨
有鸟飞过

以物起兴，以物作结，言此意彼，多少欲望的缠绕与人世的叹息就在这空山灵雨、鸟过无痕中化成一片静远的白云，喧嚣之心也随那云远了、静了，唯余涤尽尘埃的禅意与空茫。但在第二、三节的突然跳跃里，我们忽然意识到了诗人的选择性记忆，哪怕是无意识的，即生命旅程里的种种追寻及求而不得的意绪，这也反而加强了沈奇诗作那贯穿彻底的秘密和精神自传色彩。“莫问梦归何处”（《青衫》），“人世的安排/原只是　这/小小的一个满”（《小满》），“空出的位置/灰烬依旧”（《琥珀》）。生存于这浮华的世界，只剩下一颗头颅“沉重如初”，如旷野的一株向日葵，还坚持着“那一种豪华的孤独”（《野葵》），而“尴尬在于/无论人事还是季节/都不会因你心情的/变化而改变/它们的流程”（《杯影》），如果人生“真有一杯长生酒/喝　还是不喝”（《胭脂》）呢？蓦然回首，“河山已然老去”，“而骑士不知所终”（《归暮》），只有啸声、鞭影与蹄印依然在诗人的骨骼中响亮。

法国批评家皮埃尔·马歇雷曾说：“我们要检查作品中有哪些没有说的和不能说的，并且正是为了这些没有说出的东西，才写出这部作品。”现代禅诗的不说之说，《天生丽质》中那些没有说出或点到为止的地方，恰恰暴露了诗人最隐秘的内核。这些迹近天成而又在现代汉语中几近“失忆”的妙意丽词，每每不免令诗人“失意”（《烟鹂》），岂不怪哉？然而又何怪之有！那些没有说出或无意识中一带而过的，构成了另一个文本——那是诗人秘密的栖居之地。

最后，该说说现代诗话《无核之云》了，这是沈奇致力于现代诗学研究二十年来的重要收获。以诗论诗，虽不是其首创，但这些现代诗话或灵光乍闪，或言之凿凿，或通透邃远，或思辨绵密，有的也实在称得上另样的诗歌文本。关于诗，以及与诗有关的事物，任何诗人都有自己的言说，我也相信优秀的诗人的言说往往比批评者来得更为直接和到位。尽管我固执地以为，用一个作家本人的意图或创作谈之类去评判作家的作品，是一个评论者的失职和不够格，但我也承认作家本人的言说多少会丰富我们对其文本的理解和阐释。而沈奇的以诗论诗，表明这些现代诗话不仅是诗话，有的就是诗，如：

诗意如灯
天心回家

八个字里，诗的创作、生成、审美、禅意、直觉等等尽含其中，言约意丰。即使用其诗话来与其诗作进行对读，我们仍可读出他精神自传的另类文本；在此意义上，这些诗话与其诗歌构成了互文本。“有些秘密的漏洞/存在于时间之外”（《无核之云》之3，以下不再标注《无核之云》）。诗歌作为最高的语言艺术，而人作为语言的存在物，诗对语言的把握实际上就是对我们跟这个世界的关系和秘密的发现。对于一贯坚持“诗不仅是对生命存在的/一种特殊言说/诗也是生命存在的/一种特殊仪式”（之19）的沈奇来说，写诗话有时也会像写诗一样指向那些秘密。当“家”只能在“远方”和“心中”时，“写诗便是回家/并交换/流浪的方向”（之24）。因为在他看来，“与命运抗争/和对痛苦的超越/遂成为诗人/命定的主题”（之26）。同时，通过写诗，“不仅是为着疗伤/更是一种前行，一种/在存在于幻想之间/寻找诗性本我的/不断超越的历程”（之28）。

就这样，正如前文早已分析过的，我们看到诗人一次次滑向那些秘密的受伤的故事，又一次次寻求超越和想象性的解决。因为即使是“诗的家园”，它也“只反衬出此在的困境/却不提交他去的路径”（之29），所以在沈奇眼中，诗人就是“被命运伤害/或准备去/伤害命运的人”（之135），而写诗便成为“一种精神自救”（之30）。是的，尽管沈奇如此坚执于那些记忆与想象、那些秘密与故事，但他始终追寻着超越的途径与诗性自我的获得，并一直期待生命的“另一种诗性的诞生”，因为他很明白：“没有谁能够回到过去/也没有谁只活在当下”（之185）。他坚信并使我们相信：

诗，是我们生命
内在的方向

这方向，不能改变
我们的命运
却能校正我们
看待命运的眼光

我非常尊重这份坚执。正是这种坚执，让我们看到了沈奇诗作三十年来变中取常、一以贯之的东西；正是这种坚执，让我怀疑那些风格多变的所谓不断“创新”的诗人；也正是这种坚执，沈奇用自己的文本证明了自己独特的存在——再次看到诗人自己在卷首的题词“你不是你的归宿/你也不是/任何人与事的归宿”——忽然想，对于沈奇，或许以上的评论都显得多余了，我们唯见：一位追寻的骑士，像一只安详的醉兽，香客似的，在诗歌的旷野上，走着……

2010年7月于长安

看过日落后眼睛何用？
——读沈奇《天生丽质》①

赵毅衡 ②

沈奇写这本诗集，用心之一，在如何于现代语境下，重新认领汉字的神奇。在他的理解中，汉字的确是世界上最奇怪的一个符号系统：它是语言，它又不是语言，因为它不会说话；它是图画，它又不是图画，因为它不描述；它是书写，它又不是书写，因为它呈现自己，并不用替代来再现。说它是个符号系统，是因为我们用它来做日常生活的传达：卖掉田里的青菜萝卜，牌价几何；买进《道德经》五千言，无价之书，其中完全没有符号的等价关系。我们至今能读懂《论语》，哪怕孔老夫子说“学而时习之”，口音比今天的广东话还难懂。而任何其他民族，要读懂他们“自己的”三千年前的古籍，就要另学一种语言。我们中国人今天血统已经混杂，却依然是一个伟大的中华民族，而欧洲人基因类似，却四分五裂成几十个民族，各拥有自己的一堆诗人，在鼓噪自己的诗句。

因此，毕加索说他愿意做个汉字的书法家，“如果当不成毕加索的话”；因此当庞德说“我们在汉字中找到一整套价值观，就像文艺复兴找到希腊”，纳博科夫闻之大为惊恐，气急败坏地骂庞德是“老骗子”；因此那个天才的保加利亚女子克里斯台娃，发现汉语实际上有两套语言：汉字书写是“生成文本”，像根茎，可以长出许多不同的口语式的汉语土豆，作为“现象文本”。因此沈奇发现汉字魔术般地随机、随意、随心、随缘。是的，汉字本质上是诗性的，只有汉字，才是诗意栖居的家园：其他语言是砖块砌成的，汉字则是绿莹

①本文原载沈奇《天生丽质》，文化艺术出版社，2012。

②赵毅衡，四川大学文学与新闻学院教授。

莹的婆娑树盖。

沈奇写这本诗集，用心之二，在如何于现代语境下，重新认领禅的神奇。多少现代诗人向往禅诗，犹如大旱之望云霓：中国汉语诗歌发展到新诗，后天失调，因为它用的语言不是诗的语言。现代汉诗，被沈奇妙称为“一个伟大而粗糙的发明”，长得太难看，实际上是个畸形儿。伟大是让步修辞，是因为只此一个，不伟大也只能伟大，而粗糙确是人所共睹。但是现代诗歌又是先天太足，中国文化史的积累足够丰富，其中的一个镇宅之宝就是禅诗。

禅非常神奇，它是靠自己从内部解构才得以存在，也就是说它的存在本身就是为了解构自己：说出来的就不是禅，不说出来的才是禅，禅就是说了没有说的东西。但是诗是禅翻个面儿的镜像：写出来的才是诗，不写出来的不可能是诗。所以禅诗是双重解构，而且是从相反方向解构：禅诗因为是写出来的，必不是禅；禅因为拒绝被说出，因此不会进入禅诗。如果一定要形诸语言，禅要说得笨拙，诗要写得漂亮，完全是南辕北辙：禅诗如果可能，必定是吞噬自身的意义旋涡。

我们写诗读诗的人不可能得到禅，我们只是与禅在玩游戏；我们也知道我们不可能得到诗，我们只是让诗在玩我们。这种意义的逗弄，才是诗的真谛。如果我们真正把意义抓住，我们就扼住了自己的喉咙。只有在禅诗中，我们才真正进入了人生的游戏：我们作为凡躯之人、肉身之人，心里灌满七情八欲的脏秽，得到禅悟是非分之想，要想读一首诗的短短几行字就得到禅悟，岂非狂妄？

既然禅不是禅诗，禅诗说的也不是禅，那么是否诗必非禅，禅必非诗？那么现代诗人写禅诗不是注定失败？也不是，因为他有一套接近禅境的工具，那就是汉字。无怪乎教主菩提达摩知道，他在用梵文或巴里语的印度，不可能有传教的希望。他也知道在遥远的东方，有这个用特殊符号当文字的中国人，以及跟着学的朝鲜人和日本人，那里才是禅的希望所在。于是佛劫之后，达摩祖师一叶过海，来到东土；一苇渡江，南北景从。

汉字是诗的符号，也是禅的符号，汉字是不说出来的，是一种沉默的文字：一个“日”，可能读成 ri，读成 zhi，读成 ni。汉字是不再现的，是一种非图画的图画文字，它超越此解彼解，自成一义。静观此字，犹如遥望西天海上那悬鼓之日。

由此，沈奇说，当他写下“茶渡”两字，诗已经写成，余下的诗句，只是给出一种衍义可能。它可以是 crossing after tea，可以是 crossing while drinking tea，可以是 crossing by tea：这些翻译都是解释，这些解释都马马虎虎可以，就像“茶渡”两字可以用任何笔墨写成任何形状，但是写出来的都不是原来的二字。面对此种文字，西方译者肯定束手无策，他们的逻辑语言肯定迫害诗意，破坏禅悟。哪怕模仿中文，写成 tea crossing，趣则趣矣，已经失魂落魄。而东方诗人和读者望之莞尔一笑——

没有比现在更暧昧的时刻　　　　（《晚钟》）

静下来，少安毋躁。“茶渡”对面，就是婆罗密，就是 Piramita，就是彼岸。

沈奇的《天生丽质》是一本奇书，它让三个对抗的元素——汉字、禅、现代诗——相撞成为一个可能。就像建在瑞士地下五百米深的环形隧道里的欧洲大型强子对撞机（LHC），在近光速的粒子相撞后，或许会产生一个黑洞，宇宙生成状态之前的黑洞，吞噬一切的黑洞：于是我们这个浑浑噩噩平平板板自以为了不起的庸常世界毁灭了，在几十万分之一秒的时间内，但是另一个宇宙从黑洞里爆炸产生了。那是个什么样的宇宙呢？是不是会充满诗意呢？是不是会有生活的生灵来感知它呢？我们不知道，我们不必知道，因为我们已经看到宇宙塌缩和诞生的辉煌，我们已经可以想象一切：我们的想象已经能够超过一切。

……那人兀自涉水而去

身后的长亭
尚留
一缕茶烟

微温

（《茶渡》）

汉字在理性的宇宙创造一个黑洞，在那里，几世几劫世界冰凉之后，茶尚有微温，因为我们已经得到禅悟，我们可以释然。《观无量寿佛经》第一观，就是“日观”而得“方便”。太阳是我们在心中造出的。看到日落之后，世界已经新生，另一个非此色非此法的世界。那么眼睛还有何用？诗还有何用？留一缕余温，提醒我们，凡人肉眼竟然也看到过如此天生丽质的境界。

2012 年 3 月 10 日于四川大学

字词思维·诗歌实验·文本细读

——读《天生丽质》的几段札记[①]

陈思和[②]

一

我不懂诗，也几乎不写诗评，免得一说就错。

但沈奇是我所尊重的诗评家，他的先锋诗歌理论和批评，一直是我研究当代文学（尤其是台湾现代诗）最信任的参考文献。

《天生丽质》不是天籁，而是沈奇从他的独特的诗歌理念出发，苦心经营而成的文本实验。

《天生丽质》附注告白：古典理想之现代重构的理念。即反顾汉语字词思维的一次诗歌文本实验。——实验要求每首诗的题目用词本身就是“诗的”，或与汉语诗性“命名”（包括成语）及诗性记忆有关的，并与诗作内容及创作思路，形成或先（命题）或后（点题）而迹近天成的互动关系。

很复杂。一段话里放了好几层意思。拆解开来大致有那么几层：

一、“理念”是什么——古典理想之现代重构；

二、“古典理想”是什么——汉语字词思维的诗歌文本实验；

三、“汉语字词思维”的构成——题目、诗性命名、诗性记忆三元素；

四、“诗歌文本实验”是什么——三元素的综合互动关系。

如果以上分析没有太离谱，那么就算是我大致接近了沈奇的诗学理想，《天生丽质》美学追求的关键词，是“汉语字词思维”。

---

①本文原载沈奇《天生丽质》，文化艺术出版社，2012。

②陈思和，复旦大学人文学院教授。

如果这么说也没有太离谱，那么我再说下去。

二

什么是汉语字词思维？沈奇和诗学家们会有自己的解释。我不懂诗，就绕个弯子，先说点别的。

郜元宝教授曾把法国哲学家德里达的一个观点运用到当代文学研究，他把文学创作分为“音本位”和“字本位”。简便地说，作家的创作思维分为两种：一种是从声音讲话出发；一种是从文字图像出发。

我把这个观点再发挥一下：“我手写我口”就是一种从声音出发的创作思维，它导致了白话文学的兴盛；但是中国古代文学中，不是什么都能够朗朗上口的，有许多文学创作就像仓颉造字似的，通过辞藻的华丽和含义的复杂，传递出一种朦胧的美感。“五四”以后，“音本位”的文学自然占据主流，但还是有“字本位”作为一翼同盟军。套用闻一多的现代格律诗理论，前者就是“音乐美”，后者就是“绘画美”和“建筑美”。

郭沫若、徐志摩、艾青、余光中、北岛（一部分）的诗，可以喊叫，可以倾诉，可以朗诵，可以抒情，可以告白，念起来铿锵有力，抑扬顿挫，富有节奏感，它是广场上的诗歌，朗诵者声泪俱下，附和者如醉如痴，语词像撒传单似的四处飞散，影响深远——这都归之“音本位”的文学创作。冯文炳、卞之琳、冯至、夏雨、林燿德的诗，无法拿到大庭广众中去大声朗读，却可以在书斋里细细品赏，每个字，字的含义、字的意蕴，甚至是字的形体，都是诗，都是画，就像古代诗歌中许多华丽辞章，含混的意象激发起阅读者的无限想象力——大致可以归为“字本位”的文学创作。

要强调的是，这两种区分不是指作家的艺术风格，而是指不同的思维特点。再说得通俗些，当你面对一台电脑，第一次学习打字的时候，采用的是哪一种输入法？全拼呢还是五笔？如果你开始写作时脑子里首先出现的是字的音符，那就采用全拼吧，说明你是音本位的思维者；如果脑子里首先出现的是一个一个具体的字的图像，那就采用五笔吧，你是一个字本位的思维者。

三

回到沈奇的《天生丽质》，毫无问题，他是属于“字本位”的思维创作。沈奇把“字本位”思维的创作方法进一步程序化，他精心策划了“汉语字词思维”的三元素：题目—命名—记忆，三者合成一首诗的实验文本。从诗歌的“题目”开始，你是否找到了“诗性”？沈奇强调都是题目中“字”（只能是象形文字）的形态功能，通过具体的“字”唤起的美学意境，确立诗性的第一道程序。接着是根据题目唤起的美学联想，选择某些意象来为它“命名”，使之具象化。这是第二道程序。然后再通过这个被命名的意象，进一步唤起诗性的记忆。构成第三道程序。

好了。汉语字词思维的三个元素现在都齐全了。诗人可以就此作“诗”了。从三元素的齐全到诗歌最后文本形态的完成，就是“诗歌文本实验”的实现。

下面解读两首诗的文本。

先看《依草》一诗：

好在那个“依”字
静静地好

花枝招展后
有未落的骄傲
和残余的矜持
在向晚的记忆里
对夕阳说——

“依草”不是“落草”

文本分析：

程序一，题目：“依草”本来没有明确的意思，如果拆开来，就是“依”偎着“草”。“依”即依靠，汉语里有“小鸟依人”；而

"草"是柔软的，随风轻摇的，或者是卑微的，也是富有诗意的。问题是：谁依偎着柔弱而卑微的小"草"？诗人从这样一个动作和一个对象的叠加，产生了"诗性"的联想。

程序二，命名：命名是指意象的命名，不是"虫豸"依偎着草，也不是"春风"依偎着草，更不是"阳光"依偎着草，而是"花"——花枝招展、生命灿烂以后的"花"，依偎着小草。在这里命名极为重要，命名即选择——选择什么样的意象来完成题目的诗性，决定这首诗的性质。

程序三，记忆：这本来是一个奇异的意象。一般情况下只能是"落花"落在草丛里；而把"落草"演绎成"依草"，是把一个被动姿态改变为一种主动性动作：不是生命的被动消逝，而是生命主动选择了土地（草）而慢慢地亲切地皈依土地（草）。星星老去将会选择流向天空深处；人老去将会选择皈依火与土地。这是生命的归宿和选择，何况都有过辉煌壮丽的过去。一枝灿烂盛开过（花枝招展）的花的生命，亲切地依偎大地小草，这是英雄末路的记忆。

程序四，文本实验：以上三元素已经决定了诗歌的主题内容，剩下来就是诗人如何整合和互动了。我们看到，第一个段落两个短句，诗人首先凸出了"依"字：生命强者向弱小者的"依"——不喧哗不愤世。静静地好。第二段落，英雄末路和老来温馨交替着使用意象："花"曾经有过的"骄傲"和"矜持"，而用"向晚""夕阳"等含有"夕阳无限好，只是近黄昏"的联想来深化这个记忆。第三段落是一句话：凸出了"落草"，虽然是指花"落"进草丛，但是"落草"这个词本来还有别的意思，即"做强盗"。以这个强悍意象的否定义来衬托"依草"的楚楚动人，这才是"静静地好"。

总之，从题目的"字"的诗意唤起意象的"命名"，再从具体意象联想到"记忆"，继而完成记忆的诗性结构。这就是"诗歌文本实验"的全过程。

再解读《烟鹂》一诗：

烟是烟雨
鹂是黄鹂

不是读张爱玲的小说
早忘了人世间
还有这样的丽辞

听“鹂”已奢侈
如古老的经典
何况还有“烟”做伴

南朝四百八十寺
多少楼台烟雨

楼台早没了
鹂便不知去了哪里
连炊烟也变味了
雨是酸雨

只留下这个
失忆的词
让人失意……

文本分析：

程序一，题目：烟鹂，不是一种鸟，而是一个词，张爱玲小说里的一个人物的名字。但这个词由两个不相关的“字”组成：“烟”（烟雨）、“鹂”（黄鹂）。诗人从这两个“字”的组合感受到诗意。

程序二，命名：命名在第一段落里已经完成，“烟雨”中的“黄鹂”；第二段落里诗人又进一步提供了这个意象的原初意象——张爱玲小说《红玫瑰与白玫瑰》中一个庸俗的女人（白玫瑰的象征），以这个俗名来消解了诗意的命名。

程序三，记忆：根据意象的自我矛盾，记忆也向着两个方向去伸张，前一种“雅”的意象引申出江南四百八十寺的烟雨楼台；后一种“俗”的意象引申出现代人的无常感（楼台、鹂都消失了）、平庸感（炊烟取代烟雨）、危机感（酸雨的出现），由此凸显现代人的命运。

程序四，文本实验：由于意象命名已经设定了悖论，所以诗歌的所有意象都朝着两个相反的意义引申，构成古典美与现代感之间的紧张关系。烟鹂—白玫瑰；烟雨—炊烟；黄鹂消失；楼台消失；酸雨出现；现代人再也感受不到古典美感，于是，关于“烟鹂”只能是“失忆”了。

但是，这首诗从结构上看，未免有些拖沓。第一段起题“烟鹂”，第二段承接消解，第四段进一步深化记忆。到第五段落转为“酸雨”意象的出现，基本上已经消解了所有的“烟鹂”的引申意象，也衬托出这个词的“失忆”。其中第三、六段似无必要。

四

《天生丽质》的“质”就是来自汉语的字和词。汉语的字词可以脱离物而单独存立，与西语字母、日语假名还是不一样，每个字能够独立构成一个或几个意思，字与字连接为词，又可以构成多种含义，因此汉字写诗必然会含有多义的含混性和晦涩性。

如《上野》一诗，题目显然不是指日本东京看樱花的地名，而是两个抽象的字：“上”和“野”。“野”象征着不受规范的自然生长（“野野地”），那么“上”即指“野之上”，不是物理性的方位，天苍苍野茫茫的“天”“野”二元，而是从“野”而“上”，从“野野地”生存意象中上升出来的一种精神气象，与“野”同在，又是“野”的精神所在。这样才连接起“上野”的意象。题目包含了诗意，才能确定意象命名，进入“自由”的探索。

沈奇在“字”的意义上构筑起一个现代诗人的古典理想。

2012 年 2 月 6 日于罗马哥伦布旅社

走向瞬间的澄明
——《天生丽质》解读[①]

杨匡汉[②]

西望长安，那里有秦时气壮山河的数千兵马俑组成的军阵，有玄奘为保护由印度带回的经籍而建造的和盛唐一样慈祥的大雁塔，有集汉魏隋唐宋元明清书法大成的碑林，有无数帝王或祭山或驻跸或安葬的庙宇与墓园，既有“长安一片月，万户捣衣声”的繁华，也有“紫艳半开篱菊静，红衣落尽渚莲愁”的凄清；既有“白云回望合，青霭入看无”的太乙，也有“无为在歧路，儿女共沾巾”的离情……可真谓历朝历代没断过灵犀点点，澄辉蔼蔼。

及至当代，这片神奇的土地依然流淌着对我们民族文学精神传统的回响。文学家们站在这片黄土地上，从中华文化的源头汲水，继续着独特文化精神的符号化建构。在长安文坛上，作为教授诗人的沈奇，为了坚守诗歌的记忆与尊严，为了追求一种“上游的写作”，他借白居易《长恨歌》中“天生丽质难自弃”的古意，也在自己的新诗创作中来了一次“回眸一笑”，创制组诗《天生丽质》，搭建追梦的云梯，对如何承继寒夜香炉的古典、再造现代汉诗的传统，做了走向瞬间澄明的新探索。

钱锺书先生有诗曰：“敢云大隐藏人海，且耐清寂读吾书。”当今文坛诗界热闹非凡，诗文之盛昌与精神之匮乏形成极大的反差，此时，“敢云大隐”“且耐清寂”尤为珍贵。诗人要开辟新路径，实在需要下一番功夫“洗心革面”。《天生丽质》的作者沈奇的努力，首先在于“洗心”。沧浪之水清兮，可以涤我胸。及至花甲之年，他

---

①本文原载沈奇《天生丽质》，文化艺术出版社，2012。

②杨匡汉，中国社会科学研究院文学所研究员。

终于有了“繁华一半执于身/寂寞一半执于心”的“始信”（《始信》），月亮从心头升起来，使之云淡、风细、人清、夜雨两不知，回到知常而明、落花安详的生命原点。当然，这种“洗心”仍然是为了“写心”，写出有个性的灵魂。这个心，这个灵魂，成为《天生丽质》的“前庭”，那是一种温柔敦厚的内在品质，是毫不矫情、毫不炫耀的仁心。沈奇确认，诗歌作用于人心，是“虚静为本，安妥心斋”之“静”，是“真诚为本，净化心灵”之“真”，是“虔敬为本，提升心境”之“敬”。① 如此“写心”，也就有了生的乐趣和美的照耀。

基于“洗心”是求其“革面”，沈奇借用姚丹教授的话，经由创作实践，引申出一个革命性的诗学命题：“现代汉诗是否可以在翻译体的曲折之外，另创一种简劲的体格？”

试以《茶渡》为例：

野渡
无人
舟　自横

……那人兀自涉水而去

身后的长亭
尚留
一缕茶烟

微温

明眼人看出，“野渡无人舟自横”一句，出自唐代诗人韦应物的《滁州西涧》。韦应物以写田园风物著称，语言简淡清秀，该诗犹如

---

①参见沈奇《无核之云》第 22 节，载《沈奇诗选》，陕西师范大学出版社，2010，第 284 页。

静态写生，深得画境。沈奇移用韦诗末句，但进行了由“从物模态”到“从动”的“真势模态”的换智重构。对“野渡无人舟自横”，运用分行、割断的手法，平添了一种“动”感。“兀自涉水而去”，呈示了加在行动之上的意志模态。“长亭尚留一缕微温的茶烟”，则凸显了认知活动的意向，情感和心理投射于物，不仅有了维度，也有了温度。这样，《茶渡》不仅使物象和心象置于古今对话的悬疑语境中，也在“文白交杂”的体式中，在“从动”的模态中，弥散其“移步换形”而翻转互文的意涵，纳入现代视角以求真求美。

《天生丽质》告诉人们，没有历史感是很难从事新诗创造的。事实上，当代不少现代诗的迷茫，或许正是源于对自身文化传统和古典特色的缺失或遗忘。于是，沈奇力图在断残的秦砖汉瓦的废墟中，从古寺、岩画、陶罐、石碑、经文以及典籍、旧体诗中，寻找那些可以被复活的部分。诗人生活在现代，却又如同一位擅于冥想的隐士，展开了与“源头”的对话。为了重温“雪泥鸿爪”的感觉，他写了恍然若梦的《雪漱》，在“空空盈盈/一个白里/唯三两麻雀/叽叽喳喳”；为了回望王维、李贺、寒山式的宁静意远，他写了“空出的位置/灰烬依旧”的《琥珀》，写了“野风抹去焦虑/细草剔尽虚荣”的《野逸》；为了默念禅宗直指心性的顿修顿悟，他写了空妙之界的《如焉》，那是“千峰一月明”，是岩上的野菊“自牧一段香”；为了汲取古典的诗意凝聚之理和言辞典雅之趣，他写了暧昧时辰“一月独明/天心回家”的《晚钟》……诗人咀嚼着先贤的智慧絮语，让自己的诗歌河流上落英缤纷，轻灵又萧疏，化身为一尊古琴，一滴朝露，一池春水，一坛老酒，从而“以美丽为杯/邀烟雨作陪”（《微醺》），让新诗也一花一世界地“回眸一笑百媚生”。

诗无论新旧，都应有超越性的特点。艺术的感受往往于刹那之间获取永恒，一瞬而见终古，著微而显大千，有限而及无限。《天生丽质》大多从“小”的切口进入，如幽幽园林“壶纳天地”，如疏疏亭榭“别有洞天”，文字移入，于艺术的靶心爆发诗意之光。在这里，沈奇对中国古典诗歌艺术中“缩龙成寸”的路数，做了较好的理解和复现。

试看《种月》：

种月为玉
再把玉种回
月光里去

怀柔万物的诗人啊
连影子也一一种到
那梅　那菊
那桐　那竹
那细草的
摇曳中去了

——然后
德将为若美
道将为若居

坐看云起
心烟比月齐

将天宇中的月球理解为玉石的构造，乃是先民的玉石神话信仰，也化作令人遐想的诗歌母题。古诗人好以“玉弓”比喻“弯月”，复以“玉盘”象征“满月”。李贺《南园》诗之六：“寻章摘句老雕虫，晓月当帘挂玉弓。”杨慎《塞垣鹧鸪词》亦曰：“秦时明月玉弓悬，汉塞黄河锦带连。”古人无法解释陨石，曾联想世间稀有的美丽玉石，也是上苍降至凡尘的圣物。玉为石之美者，诗人比德如玉、以礼天地，歌吟自然长盛不衰。沈奇把对德行的向往和对道统的寻求，寄托于也浓缩于“玉”和“月”的绾结上。不仅如此，还在这方寸之间，要把怀柔的芳树香草一一收容，让心烟与月、与玉共通。

这种“共通”感是古典的概念，尤其与诗性智慧、诗歌实践密不可分。它所达到的“心”“物”同构的普遍性，不是抽象的，而是具体的，更多地呈示一种生命或生活的感悟和直觉，其艺术处理，当取“缩龙成寸”式的“我思”和“发现”。解读《种月》，你可以看出这种“技艺”的三个层次。第一个层次，是对细节的处理，体现在意象的圈定、句法的构造、修辞的灵巧上，“月”“玉”“梅”“菊”“桐”“竹”“细草”一个个各具活力和意味，种去种回的往复回环，形成了万象争涌的修辞效果。第二个层次，是对整体的把握，那些物象并非列柱式的铺陈，其间有恰切的关联，有五德之玉和光影之月，这一条主线起到了串缀整体结构的作用。第三个层次，是由“实”到“虚”的精神空间。连续的“种”，是抒情主体的倾心诉求，“德将为若美”赠予读者以思想的玫瑰，“道将为若居”传递给人们以生命的芬芳。“坐看云起”这一古典式的作结，则完成了诗歌灵魂的飞翔，是清静自正的澄明，也是无为自化的常与。这样，《天生丽质》也就在人生经验的纯化中，实现了诗美的愉快旅行。

沈奇创造了另一个诗歌国度的童话。那是一个复杂的简单，是一个不用太多执着也得以存留的小小宇宙，是一个向诗歌的童年经验回溯、又向“看谁老得更漂亮”（《秋瞳》）怀有敬意的实验。他不负责解答一切，只是以一次轻微的脱轨，超过了人们习惯了的比喻、公共代言、话里有话或水面下的冰山；他跟人们在同一地铁站候车，却能突然穿过墙壁，登上另一列列车，因为那里有藏在“树为呼吸而绿/花为自在而开”（《怀素》）的生命密码；他求索着“高处不胜寒”的奥秘，发现了“玉心尽弃/岁月静好”（《微妙》）的会通之弦。他为《天生丽质》中的断章起了《岚意》《静好》《提香》《印若》《悉昙》《星丘》等等古怪的诗题，似可谓步陶潜守志、齐王李清风，庶几留下温暖的灯火。或许说，这正是沈奇所追求的一种“外师古典，内化现代”的“内美学”。这种“内美学”，保持着与传统的联系，却又有明显的区别。区别在于，他把诗歌作为一个内在而独立的有哲学效果的存在；他把诗歌视为一种内在性与独一性的思想的王国。其形构，不独是艺术形式和“技巧”部署，而是使诗歌艺术成为哲学的一个真理程序——起码也是一个中介。

早在二十世纪八十年代初，沈奇写过一首《山野回旋曲》，老诗人牛汉对其评价不低，认为“沈奇找到了只属于自己的生命形态与审美个性，进入比较完美而和谐的境界”，诗人为山野的美色、自由的呼吸所晕眩，而山野甚至也会因月光下溪流的诉说而“失眠”，那朴实的语言与白净的情景形成了汩汩流动的声韵与涟漪。到了《天生丽质》中，这“山野”变成了《上野》：

上　总是
野野地在着

野野的“在”中
“上”才真正独立了

“野”是自由
“上”是自由的微笑

诗人独特的心灵触感发生了变异：“山”是向上走的，“野”是自由的存在，“上”似乎什么也不是，却又是像蓝天一样野野地在着——让人转入一种空渺而又若有若无的存在论语境与象征派诗趣。从这个意义上，沈奇从“内美学”发力，无疑是对当下争论不休的“什么是现代性混沌”“为什么有些诗已离我们远去”等话题的一种回应，是对浩浩荡荡的现代主义“三分钟美学”和后现代主义“零度写作”潮流的一种反抗。“内美学”的价值，也因在清爽淡远的背影里一个活泼的现代生命的跳动，因在浮想与实有的体验中一片“无核之云”的升腾，而打开了诗与思的智慧之门。

穿过芜杂后的语言的简洁与精约，是诗人才能的姐妹，是引领诗歌抵达胜境的提灯。特别是，我们生活在现代汉语创造力空前爆发、日常语言生活又空前混乱的网络时代，一个诗歌语言的“弄潮儿”，不能不承担起使民族语言保值与增值的责任。我们的诗歌语言是被污染过的。究其大要，一是使用“奴性”的语言，为威武所屈，上行空洞的概念、正确的废话，下效乏味的文字、“跟风”的陈述；二是使用“痞性”的语言，玩世的，行为的，粗口的，游戏的，内分泌的，泄私愤的，裸露癖的，张牙舞爪的，江湖气息的，等等。

要清除上述的污染，看来，一是要回到古典的典雅语境，恢复刚柔相济之美、简约之美；二是要取乎民间，采用野风，汲取来自净土的生气、净气；三是要从优秀的外国诗歌那里寻求参照，添进知性、逻辑的因素。这正是当下可能的汉语表达方式。沈奇在《天生丽质》中达成的诗语之路，明显有诸多古典语言的因素，它们在诗人的腹中一一集结，进而在汲古润今中予以激活，诗艺也就同步登场了。

处理语言就是处理同世界的关系。这就要为语言文化精神寻找它的基本象征，需有“立象以尽意”的标志性意象。《天生丽质》中多处出现“云”的意象。那些如霜出尘的云，是程颢“云淡风轻近午天，傍花随柳过前川”的浮云吗？是李白“云想衣裳花想容，春风拂槛露华浓”的彩云吗？是朱熹“半亩方塘一鉴开，天光云影共徘徊”的层云吗？是晏殊“油壁香车不再逢，峡云无迹任西东”的疑云吗？是，又不是。沈奇的洇黄愁嗔之心，对“云”有着既神往又幽怨、既陌生又亲昵的痴迷。面对“云”，他一路旖旎，从不语的“孤云”到撞飞的“乱云”，从如磐的“沉云”到为僧的“闲云”，由这些既古典又现代的意象，奔驰出缱绻不绝的人文眷顾。于是有了那首《云心》：

云白天静
心白人静

欲望和对欲望的控制

——人群深处
谁的一声叹息
转瞬即逝

空山灵雨
有鸟飞过

如果仅仅停留在“云白天静”“空山灵雨”此类古典意象的挪

用，很可能造成单一性旨归或闭锁式联想。记得冯友兰先生论诗，说到过有“止于技的诗”和“进于道的诗”的分别。诗歌“立象”，倘若止于以可感觉者表现可感觉者，即只带给读者字面上的具象和有限定的联想，那就达不到“尽意”。真正的“尽意”要“进于道”，就是能用可感觉者表现一些不可感觉、不可思议、“非常道”的深意、精义。《云心》正是如此，诗人首先把可感的“云白天静/心白人静”表现出来，但还感觉不“尽意”，静而思之，那里面竟有“欲望和对欲望的控制”，竟还有“一声叹息/转瞬即逝”，此情此思，灼见独出，可以使身处不同时空的读者都能共感同悟。这就从一般意义上的人文眷恋而进于“道”，进于普适性理念了。

《天生丽质》发表以来，好评如潮。有称之为“很神奇，很有道骨禅风”者（赵毅衡），有赞之为“一种汉语的缅怀”者（谢有顺），有品之为“透显出一股唐诗中‘羚羊挂角，无迹可寻’的无穷韵味”者（洛夫），有评之为“精神卜居”“乍嗅，它们像一缕古香；细品，却是当下生命的清气”者（陈超），有论之为“古代诗学精神与现代意识的融合”者（吴思敬）。不论如何，在目前这个世象纷乱、心烦意躁的年代，《天生丽质》确实为我们提供了一种启示，一种传统与现代之间微妙玄通的可能性。它的出现，至少可以说明下列数端：

新诗还在路上，我们既不忘初心，又复现本心，求真的诗人，都是伟大传统和古老文明的寻道者、悟道者和传道者；

新诗要求诗人在生命的高峰体验过程中，拥有对于诗性、诗意、诗境的聚精会神，以甘于寂寞、磨砺锐熠的姿态，向思想纯度与艺术的界面进发；

新诗强调基于“有理由的知识观”的建构性和原创性，以取代基于“外在的利益驱动”的从属性与实用性，恢复对与天地共呼吸的“人”的信任与尊重；

新诗人也清醒地认识到个人本身能力的有限性，“天言不言，人言有限”（沈奇诗话《无核之云》句），任何诗人诗作，不可能毕其功于一役，不可能不遭遇“反身性”难题，因之，要允许失误，承认失闪，反思失魂，继而在批判与创新中探求“合理性”重建；

新诗的艺术之路条条可通“罗马”，无论是阳光大道或是曲折幽径，每一条都会开放玫瑰也都可能布满陷阱，不必步履匆匆地去“赶集”，宁可淡定，选准了志业操守，去完成诗歌灵魂的涅槃；

新诗的呈现是语言对于诗意栖居和诗性生命的呈现，语言的独到、精粹、高妙和它的澄明性、象征性、新颖性，是最起码的要求。在汲古润今、汲洋润中、自主创辟、诗语天下的过程中，也不妨以不过于“文”的“文”和不过于“白”的“白”来光昌流丽地“文白搭配”，在文体上有所革新。

按照沈奇自己的初衷，《天生丽质》是本于“古典理想之现代重构”的理念，及反顾汉语字词思维的一次诗歌文本实验——实验要求每首诗的题目用词本身就是“诗的”，或与汉语诗性“命名”（包括成语）及诗性记忆有关的，并与诗作内容及创作思路，形成或先（命题）或后（点题）而迹近天成的互动关系。通过这样一种内化现代、外师古典、融会中西的诗歌语言实验，来重新认领汉语诗性的“指纹”和现代诗性生命意识的别样轨迹，进而开启生存体验、历史经验及文化记忆的深层链接。

诚然，《天生丽质》中尚有一些生涩玄虚之处，尚未达臻吐滂沛乎寸心的思想高度和精神能量之繁盛之地。但它作为一声古典的回响，作为一次向伟大传统的致敬，作为求变的可能性之一种的文本实验，无疑显示了当代文学家可贵的文化情怀。

2012 年 3 月 16 日于北京

别开生面的“戏剧性”张力
——以《天生丽质》为例①

陈仲义②

诗歌与戏剧，一直以来就存在着一种相生相济的互动关系。回头看，无论是西方现代诗还是后起的中国现代诗，在进一步借助别种艺术门类以它山之石攻玉时，都将“戏剧性”元素作为首选，衍生出一种十分活跃而别具魅力的诗美“张力”，为现代诗人们“钟情”有加。

一般来说，所谓现代诗的“戏剧性”，按照诗评家沈奇的说法：惯常以择取生命体验与生存体验中的具体“戏剧性细节”为“戏剧性角色”，作为“戏剧性”诗歌写法的核心支点，由此展开诗性叙事结构，故也有“小说企图”之说。而正是这位在诗歌评论和诗歌创作“两栖作业”的前沿“老工兵”，近年经由其以《天生丽质》为总题的实验诗歌探索，为现代汉诗的“戏剧性张力美学”开启了一种新的路径，亦即将语象、意象作为“戏剧性角色”来看待，进而生成一种新型的戏剧性结构和戏剧性语境，可谓独辟蹊径，别开生面。

沈奇在这一持续探求的《天生丽质》写作中，不断泄露“天机”。诗人坦言，他最早琢磨《天生丽质》的写作理路时，首先是从新诗诗人们习以为常、依循于现代汉语式的“句思维”向古典汉语的“词思维”及“字思维”转换开始的，遂发现汉语中的许多“词”本身，天然就是微缩的“戏剧脚本”或具有微缩“脚本”的潜质。

譬如《天生丽质》中较早成熟的代表作《茶渡》一诗，按诗人自述：最初只有作为题目的“茶渡”两个字耀然于心，但当时就惊

---

①本文原载沈奇《天生丽质》，文化艺术出版社，2012。

②陈仲义，诗学家，厦门城市学院教授。

喜地发现，字与字、词与词偶然碰撞到一起，便有风云际会般的形意裂变，从而跳脱旧有的、符号化了的所指，而生发新的能指意味、新的命名效应及新的语感形式。遂“顺藤摸瓜”，由字而词而句而篇，终得全诗：

野渡
无人
舟　自横

……那人兀自涉水而去

身后的长亭
尚留
一缕茶烟

微温

可以看出，全诗的建行理路、内涵摄取，包括信手拈来古诗名句拆分借用，实际上都是顺着“茶渡”这一形质并茂的诗性语词所展开的一种互为“角色”而相互对话与阐释的衍生过程，其发生机制与此前现代诗中“戏剧性”张力追求的写作经验已然大为不同。笔者以为，这个不同的关键，在于对这一特殊题旨之语象精心构造后，再顺势摩挲而会意点化。

如此方领会到，何以《天生丽质》所有诗题，均保持二字“体式”，原来其中“别有洞天”：二字“体式”之间的牵拉、镶嵌，正好铺开戏剧性的小小舞台，细品《岚意》《依草》《雪漱》《提香》《种月》《听云》《灭度》《烟视》等，仅题旨本身早已溢出禅味，有“静故了群动，空故纳万境”的意蕴，也有水穷云起的虚渺。重要的是，迥别于众多诗人，作者从题旨的语象出发，继以“字思维”做字词的通灵术搭配。

如《虹影》一诗，“虹影”本是光与影的歌吟，经过戏剧性处理，倏地变成“虹非虹/影非影”的忤逆，接着宕开一笔“空门不空”，虹影成了“风的手轻轻/——按动快门”的产物，更幻化成前世浪子的踪迹。

《暗香》一诗，由题目看是由“暗”与“香”两副形容组合的浓艳面孔，其实潜藏着自闻而听的禅心，在似有若无的梅树下，竟听出“心中冻土静静/流出一江春水”，何其有境。

《雪漱》是拟人化的主谓结构，有谁体会到隐匿着的机锋呢，一边由“雪”生发出“空空盈盈/一个白里”，再一边由“漱”的响动生发出“三两麻雀/叽叽喳喳”，视觉的白与清脆无解的声音，带来无限的“活参”。

而《烟鹂》则是将有一定距离的语象粘连起来又断然分开：“烟是烟雨/鹂是黄鹂”，在穿过南朝四百八十寺的历史风雨后，来了个现实感极强的当头棒喝——“连炊烟也变味了/雨是酸雨”，狠狠煞了原来烟雨朦胧中的大好景致。如此一路读来，有戏剧性的意趣横生，又有风行草偃后的突转。

再看《秋白》一诗，表面上好像不是从语词出发，没有秋与白的迹象，其实是放了一颗烟幕弹，作者将“秋白”的旨意在第一行里即替换为“雨声……雨声/声声雨声……/声声雨声里/听”的语象，并且反推出“无春/无夏/无语/无……听”，这已经若隐若现地表露出“秋白”的气象了，最妙的是结尾发展为高潮：“唯清凉如寺/任孤独之钟/撞飞/一天乱云/似/鹰”。清凉、孤独之钟、撞飞、乱云、似鹰，五个语词紧密连锁着，以雨声为契机，在有声与无声、“听”与“无听”、“鹰”与“似鹰”的秋影里，赢得纯粹的谛听与回味，斩获了秋白似的“新韵”。

屡屡为人称道的《胭脂》一诗，则将语词戏剧性化到了炉火纯青的地步：

焉知不是一种雪意

深
浅

浓
淡
以及，卸妆后的
那一指
薄寒……

揽镜自问：假如
真有一杯长生酒
喝还是不喝

凤仙花开过五月
可以睡了

胭脂，是常见的化妆品，古时称燕脂、焉支或燕支。诗人先将题意机灵“调包”——大胆把其名词性换为介词（且是古意深深的介词“焉知”），转手之间，神出鬼没。然后在一句中紧连第二次变更，胭脂成为“雪意”——汉语诗性立即浮现出潜在的基因，雪意也顿时充满了弹性：冷艳、耐冻、寒中带暖，庶几可以把玩成由胭脂与雪意共同“濡染”的人生？

本来，“不是”是指向一种否定，但与前面“焉知”联用，变成否定之否定，于是，肯定了胭脂，那是一种复杂的、超脱一般妆品意义上的“饰品”，我们不妨把它视为人生的某种面具。的确，胭脂，构成人生的一个组成部分。那是一种动态的、直排的、单字形式的“深/浅/浓/淡”，在有意拉开的垂直距离中，表达了胭脂—面具，在时光既悠长又短暂、既缠绵又利索下的“演出”，再怎样辉煌也得卸妆的戚戚。“深”“浅”“浓”“淡”包孕了所有的忧伤、哀怨、悱恻及其孤寂。四个字，极尽人生的总结。读此，似乎让人哆嗦了一下，如同那滑过颈脖的薄寒指尖。卸妆是必须揽镜的，揽镜无法摆脱自审。顾盼之间，问“真有一杯长生酒/喝还是不喝”，其实都是一种无奈。在无语的默会中，借助窗外景致，诗人自做心底的抚慰：“凤仙花开过五月/可以睡了”。凤仙花又与胭脂构成形态、语义上的关联（凤仙花为一年生草本植物，俗称“指甲花”，可做染剂）。

跳脱性的转喻，通过从语词到语词的路径，同样指向历练的人生，经过一番作为，该“凤仙花”可以退出舞台了：一种悠然释然、旷达清朗、透彻时间、随缘运化的心态心性浮出水面，那是接近参悟的境界。而这一切，恰恰是由语词—语象的戏剧性“变脸”造成的。

沈奇的这番探索，说明“戏剧性”不止大量存在于现代诗的构架与肌质里，还潜伏在哪怕是一般性的熟词、老词、固词、便词里，更不用说在反词、自生词、自造词里，更隐藏着怎样富有的戏剧性能量。《天生丽质》中许多成功实践启发我们：语象与意象自身也能产生戏剧性，其要义是放弃叙事文学结构中的情境、告白、动作、冲突元素构成的谋篇布局，放弃“小说企图”，只专注于从题旨一开始就发力的语词运作轨迹，即将语象、意象放大、弥散为一种特定的“戏剧性角色”，将其纳入戏剧化的语境中，“令其互动互证，有机转换，而获得一个新的生命体”。这是基于“汉字运思具有不可穷尽的随机性、随意性、随心性、随缘性：字与字‘胡碰乱撞’，常常就可能‘撞’出诗意‘碰’出隐喻来”①。也就是说，语词、语象、意象自身的分蘖、发酵能力，包括其形态、声音、本义、衍意、排列，延伸为多重语境，种种绽放、波折、逆挽、顿挫、悬宕、余音缠绕其间，都可能存在着对峙、包容、阻抗、枘凿的张弛，那么伴随其里的戏剧性也便油然而生了。

事实表明，从一个字、词出发，从一个语象、意象出发，依托主体情思和诗性的奇特逻辑，于生命体验交融中，灵心慧眼，随机、有机地生发、繁衍，由此撑开的延异性张力，可以盘活、再造现代诗语的另一番活性。

回望《天生丽质》，在新古典诗写的艺苑里，一枝独秀。禅思运作下的字、词，如搭玄机，将弹性与张力婉转得不尽寻绎，出落为现代诗中难得的新品、上品。

2011 年 8 月 15 日于厦门

---

①沈奇：《我写〈天生丽质〉——兼谈新诗语言问题》，《文艺争鸣》2012 年第 11 期。

“天生丽质难自弃”

——试论《天生丽质》诗歌创作的语言意识[①]

吕　刚[②]

一

《天生丽质》短诗集，是诗人、诗评家沈奇近年潜心创作的一批别具特色且影响甚大的诗歌作品。按照诗人自己的说法，这一以“天生丽质”为总题、统一于一个基本风格下的诗歌写作，是诗人本着“古典理想之现代重构”的创作理念，自觉而为的一次“自设其难的诗歌文本实验”[③]。

新诗近百年来的发展，成绩有目共睹，问题也在所难免。尤其是二十世纪九十年代以降，随着叙事性、口语化及网络诗歌的流行与泛滥，当代汉语新诗的主要创作流向，越来越趋于琐碎、絮叨、拖泥带水，变得散文化，甚至到了无诗歌文体边界可言的地步。加之有意无意鼓噪出的一些诸如“梨花体”等所谓“时尚诗歌”的写作，更使当代汉语诗歌与诗人的声名每况愈下，令诗界内外为之忧心。

事实上，近年来，作为诗人、诗评家的沈奇，发表过许多文章，不断地反思与批评新诗过度散文化、口水化的现象。为此，沈奇极力提倡诗人向古典诗歌学习，创造形式简短、语言洗练的有“味道”的新诗。秉承这一理念，作为诗与诗评“双栖”的沈奇，干脆自己投入探索实践，自 2007 年开始，持续其短诗集《天生丽质》的创作实验，至今已辑有六十余首。作品先后在《星星》《诗潮》《诗探索》《诗选刊》《星河》《诗林》《大河》《山花》《钟山》《诗刊》《诗歌月

①本文原载沈奇《天生丽质》，文化艺术出版社，2012。

②吕刚，诗人，西安建筑科技大学文学院副教授。

③沈奇：《沈奇诗选》，陕西师范大学出版社，2010，第 229 页。

报》《作家》（按发表先后为序）及中国台湾的《创世纪》《乾坤》等刊和《诗歌EMS周刊》《诗人批评家诗选》等选本发表与转载近三百首。其中，以发表小说为重的大型文学双月刊《钟山》，不惜版面，在2010年第6期上，以卷首位置一次性整体全貌推出《天生丽质》五十首，更是空前之举，获得诗界读者与诗评家的普遍好评。著名诗人洛夫先生撰文，称其“向富于创意的诗境跨出了一大步”，是诗人“近年诗歌创作的一个特别的收获”。① 应该说，这个评价是中肯的，但仍有值得进一步深入讨论的必要。

二

笔者读《天生丽质》，最大的感受，就是诗歌文本所凸显的诗人强烈的语言意识和语词意识。我想，这也应该是大多数读者的一个共同感受。

先说语言意识。

诗是语言的艺术。按说诗人对于语言是最具敏感性的。但人的思维有很强的惯性。语言符号作为思维的表征，既有便于表达的一面，也隐藏着某种限制与遮蔽。常人由于习惯而不自觉，就是一般的写作者，也会陷于拿来就用、能用就行的窠臼。殊不知语言如同货币，在流通中因为不断地周转、损耗而遭污损与贬值。因而，真正的诗人和艺术家，对于语言始终是怀着惊喜与警惕的矛盾心态的；惊喜的是新的语言方式的发现与妙用，警惕的是由此所造成的另一种局限与遮蔽的可能。

所以，一部诗歌史，仅从语言的角度来说，其实就是人类语言发展与演化的历史。诗人的使命，也恰恰在于如何与思维习惯中的陈词滥调较量而不断地推陈出新，为言说提供新的表征方式。语言意识是真正的诗人应该具有的艺术自觉，这一点，可证之于古今中国汉语诗歌的历史。近百年前，胡适等人发起新诗运动，正是敏感于文言已成一种“半死”的文字，旧体诗难以传达“新时代”的新思想、新感情，而主张用平易、鲜活的白话作诗。这是中国新诗的

①洛夫：《读沈奇诗作天生丽质》，《大河》2010年第3期。

开端，是一次语言的自觉与革命。时隔七十年，以于坚、韩东为代表的“第三代”诗人，在朦胧诗运动的基础上，将新诗语言的革命推上又一个高潮，即“第三代诗歌”——当代口语诗的滥觞。

诗人于坚曾经这样表述，“第三代诗歌”“重新收复了‘汉语’一词一度被普通话所取缔的辽阔领域，它与从语言解放出发的五四白话诗运动是一致的，是对胡适们开先河的白话诗运动的承接和深化”，是“第二次汉语解放运动，是对普通话写作的整体反叛”①。有意思的是，作为当代诗评家的沈奇，恰是作为“第三代诗歌”的理论代言者而名重诗界、为人所知的。

沈奇曾在多篇文章里，肯定、赞许当代口语诗的先锋性价值与意义。

他说：“尽管我们知道，在新诗的发展过程中，对‘口语’的‘唤回’不仅是这一次，但确实只有这一次是革命性的，产生了巨大影响而形成潮流。”他认为，“口语入诗”，有许多优势，“轻快、有力、鲜活，包孕着生活化语言以及身体化语言的丰富性、生动性与复杂性”，诗人运用得当，能产生“普适性审美效应，增加阅读的亲和力”。② 同样，对于口语诗的另一个重要品性——“叙事性”，沈奇也以肯定的语气表述道，“叙述性语言在现代汉诗中的复活与重铸”，“来自对传统抒情语言中的矫情与虚假所致的委顿之不满”。但这仅是事实的一面。事实的另一面是，作为“始作俑者”之一的诗评家沈奇，对于二十世纪九十年代以来口语诗写作的迅猛流行与泛滥成灾的惊觉与批评。在同一篇文章里，他说，口语诗的渐趋困乏，“主要由于九十年代诗歌的领衔人物大都出自这两路诗风（指‘口语’与‘叙事’），诱发后来者将其‘神话化’或叫作‘时尚化’，引发大面积的仿生所致”③。前文所谓的“梨花体”等“时尚诗歌”，正是口语诗不断地口水化、口沫化的代表。沈奇恰是在这样的背景下开始探求实验的。

---

①转引自《1998 中国新诗年鉴》，花城出版社，1999，第 4 页。

②沈奇：《沈奇诗学论集》卷一，中国社会科学出版社，2005，第 35、37 页。

③沈奇：《沈奇诗学论集》卷一，中国社会科学出版社，2005，第 35、37 页。

以《天生丽质》作为这批诗作的总“命名”，其实已挑明诗人在反顾汉语诗性特质后的“惊艳”与“心仪”。

细读文本也会首先发现，这些诗作在语言上对于当下诗歌写作的矫正是非常鲜明的。当然，与口语诗不同的是，其语言资源的一个重要方面，来自对中国古典诗歌的重新借鉴与汲取。阅读《天生丽质》，那些熟悉的、似曾相识的语词与诗句，往往让读者想起张若虚、王维、白居易、杜牧、韦应物、苏轼等唐宋诗人的名字，带给你温润而沧桑的诗意美感。可贵的是，沈奇没有简单地把那些金光玉色的名句、警语机械地楔夹在自己的作品中，而是凭借心意的取与舍，将其与现代汉语相糅合，然后有机地组织到整个诗篇中去，写出自然、简约、内蕴丰而意味足的现代汉诗。试读《茶渡》一诗：

野渡
无人
舟　自横

……那人兀自涉水而去

身后的长亭
尚留
一缕茶烟

微温

诗的第一节用了韦应物《滁州西涧》中的一句诗。但作者根据表达的需要，把它断成三行短句。这样，原本一个完整的叙述性语句，分呈为三个寂然而又内里关联的诗的意象。第三句“舟”与“自横”以空格隔开，强调了诗句的节奏感。这样，一句人们熟悉的古诗，经过诗人的一番“现代化”改造，无论是在视觉上，还是语感上，都有了一种熟悉而陌生的新鲜感。重要的是，经过诗人一番现代诗法的点化，它的形式变了，意味也变了。更关键的是，这里的“野渡”“横舟”等意象，又极自然地统摄于下文“涉水而去”的“那人”的眼里、心里。整首诗，涵纳古今，文白交融，语言简约而又意味深长。再读《烟鹂》：

烟是烟雨
鹂是黄鹂

不是读张爱玲的小说
早忘了　人世间
还有这样的丽辞

南朝四百八十寺
多少楼台烟雨

后一节，诗人化用了杜牧《江南春》里的两句诗。读者不难发现，第二句的末尾省去了原诗“多少楼台烟雨中”的“中”字。这一字之差，不仅没有减损原诗的意涵与意境，反而使得节奏更加紧凑，情绪也更具现代感。前一节的诗句，句式都是舒缓的、散文化的，后面，用节奏强烈的古诗句一收，再一破，整散相合，张弛有度。有变化，又不刻板。当然，全诗的节奏之律动，是合着诗的情感之传达所自然生成的。

由此可以看出，沈奇对于古典诗句的态度是“拿来主义”，为我所用。《岚意》中“风动/那约了黄昏的/佳人/才心动”的句子，来自欧阳修“人约黄昏后”的词句。《松月》里“山有多高/月就有多小”，源于苏轼“山高月小，水落石出”的文句。这是些显而易见的、“汲古润今”的例子。在整个《天生丽质》诗作中，沈奇“外师古典，重构传统”的用心之深、着力之切，可谓潜进血肉、深入骨髓了。

再读《暗香》开头两句，“雪拥群山壮/雁引残云飞”，如果不熟知唐诗，没读过李白的“雁引愁心去，山衔好月来”（《与夏十二登岳阳楼》）、韩愈的“云横秦岭家何在，雪拥蓝关马不前”（《左迁至蓝关示侄孙湘》）等诗句，简直就不明来路。有些诗句，你读过一遍，就会印在脑里。如“一月独明/天心回家”（《晚钟》）、“天地清旷/一鸟若印”（《大漠》）、“种月为玉”（《种月》）等。这些是作为当代诗人的沈奇，随诗意展开而自造的、古韵十足的句子。我们暂且不论这些句子在某一具体诗作的整体架构上所起的作用如何，单就这些句子本身来看，无疑是诗的，或是富有诗意的。

应该说，沈奇“外师古典、重构传统”的这一语言策略，的确给他的《天生丽质》带来了许多新的面貌与气象。尤其在读多了时下流行的语言苍白、叙事啰唆的口语诗后，再读沈奇这些形制简洁明快、语言典雅活脱的诗作，肯定有不一样的感受。台湾诗人洛夫也就是在这样的意义上，肯定《天生丽质》的“创意”特色，说它在文体上“文白交杂”，将口语与书面语适当调配，“颇得诗意凝聚之理、言辞典雅之趣”①。

三

再谈语词意识。

语词意识是语言意识的一个延伸。我们知道，语言是思维的媒介与符号，而语词又是语言的媒介与符号。语言在先，文字在后。语词是由文字构成的。

一般来讲，人们借用语言表达思想和情感时，主要是由音而达意。文字被发明以后，情况有所改变。尤其是汉语文字的出现，情形要更复杂一些。有专家指出，在世界各民族发展出来的形符文字与音符文字之中，汉语文字属于前一类，且保持至今。② 其特点是，每个汉字都具有形、音、义三个属性。所以，当人们用汉字组词、缀句，来表达情思时，就有关乎形、声、义三者的关系问题。这一点在诗的创作方面尤为突出。

中国古代诗人由于受诗歌形式方面的牵引与制约，对汉文字“音”与“义”之诗性资源开掘、利用得很精细，也很充分，从而形

---

①洛夫：《读沈奇诗作〈天生丽质〉》，《大河》2010年第3期。

②陈梦家：《中国文字学》，中华书局，2006，第254页。

成古典诗歌声情并茂的美学特征。现代汉语诗歌虽受西方诗歌影响，在一开始其实也承继了这一特点。后来的情形就变得多元而复杂。其中有一路诗风，为着追求诗艺的“纯粹”性，偏重于汉字“形”与“义”的诗性提炼，渐渐造成不合诵读，只宜“静观”与“赏思”的审美趋向。① 总之，无论是“好读”的古典诗，还是“耐看”的现代诗，它们分别从不同的维度，把汉语诗的语言特性发挥到了极致。然而新诗发展到后来，尤其是“口语”与“叙事”成为“显学”的今天，这些亮色丽姿显然是日渐消退，几乎要丧失殆尽了。

沈奇早就注意到了这种现象。他写过多篇文章，主张回到汉诗的本源，从汉字的特性上，找寻新的现代诗性的可能。随后，他提出了汉诗思维是“水晶式的诗思”观点。他认为，汉字有“水晶”般的“造型性”，“汉诗语言的内在机制有如水晶的生成”，“以字、词为基点，遇字引象，由词构而句构而篇构”②。他的这一诗学理论，在《天生丽质》的创作中得到了自觉而有效的实践。

沈奇在谈及《天生丽质》的“创作理念”时说，“要求每首诗的题目用词本身就是‘诗的’，或与汉语诗性‘命名’（包括成语）及诗性记忆有关的，并与诗作内容及创作思路，形成或先（命题）或后（点题）而迹近天成的互动关系”③。由此来看，这一批诗作，真可谓：一字一句，从“头”做起。

我们先看看诗题：《云心》《岚意》《依草》《茶渡》《鸽灰》《雪漱》《杯影》《听云》《羽梵》《青衫》《小满》《胭脂》《大漠》《孤云》《怀素》等。六十余首诗，每一个诗题皆由两个汉字组成，构成“词的奇境”（马拉美语）。这些残留于现代汉语中的丽词妙意，经由诗人的精心选制，或者妙手得来，皆能触发读者的感兴，给人以诗意

①最具代表性的两个诗例：一如北岛的《生活》，全诗只有一个字——“网”；再如陈黎的《战争交响曲》，全诗由三节构成，第一节由 384 个“兵”字，排成一个 16×24 的规则方阵，如兵士出征，第二节把第一节中许多“兵”代之以“乒”“乓”，写战争场面，第三节把第一节中的“兵”字换成了“丘”字，如一座座土坟，喻示战争结局。（见北岛著《北岛诗歌》，海南出版公司 2003 年版；奚密著《诗生活》，广西师范大学出版社 2004 年版。）

②沈奇：《沈奇诗学论集》卷一，中国社会科学出版社，2005，第 57 页。

③沈奇：《沈奇诗选》，陕西师范大学出版社，2010，第 229 页。

的想象空间。可以说，这些诗题之语词本身，就是一首微型的“词语诗”。

再看具体诗作。《胭脂》是一首表达对女性生命之美的爱怜与感怀的作品。丌头一句“焉知不是一种雪意”，敏感的读者，一定注意到诗人在语词上的用心——此“焉知”不是彼“胭脂”，但“胭脂”与“焉知”虽形、义相异，而发音相同。读者念出一个词，必然会应声回眸，想见另一个词。这是诗人运用汉字自身特性造成的一层曲折诗意。

再如《孤云》中两节：“孤云不语/也无雨//雨在心里/语在山溪”。诗人运用“语”与“雨”字音同而形、义相异的特性，达成一种似是而非、似非而是，或生谐趣的诗意效果。诸如此类利用汉字自身功能特点生成诗情意趣的例子，在这批诗作中还很多。

阅读《天生丽质》，笔者可谓经历了一次完全不同的审美体验。以前读诗，注意力主要集中在诗作者新思想、新观念或者某种新奇的手法上。而文字本身只是路、是桥，借过一下，不大会引起特别的关注。但《天生丽质》不同。由于诗作者有着强烈的语词意识，所以，作品的精彩处，自然也就落在、凸显在语词的调配及其产生的美学效果上。六十首作品，像六十位佳人丽物，从头至尾，精心装扮，多有可赏之处。可篇赏，可节赏，可句赏，也可以语词赏。《天生丽质》之中，佳篇妙构不少。就是有个别“精彩不在全篇之浑成”者，也有“部分之杰出”（布罗茨基语），足可悦人心目。

另外，《天生丽质》里的诗，不是我们常见的“主题诗”。诗的题旨不是预先“设定”的，而是诗人与一些词语、一些句子“奇遇”时，顺带生发的。有意思的是，这些看似“做出来”的诗，本身并没有成为文字的游戏之作。相反，读者不仅从中读出诗人对于自然、宇宙和人生的体悟与感怀，并且，恰是由于那些精妙的语词与诗句的“惠临”，读者反倒从中获悉了更多生命与诗艺的消息。

这不禁让我想起布罗茨基在讨论俄国诗人曼德尔斯塔姆的创作时说的话：在这里，无论主题还是观念，无论它们如何重要，跟语词一样，都不过是材料。诗人就是一个把握语言的人。而语言，最终都要落实为一个一个的语词。语词呢，不是别的，是诗人灵魂的居所。①

四

作为一直活跃于当代中国诗歌界的诗评家沈奇，也是一位有着三十多年诗龄的老诗人。自二十世纪八十年代至今，先后写出了诸如《上游的孩子》《看山》《碑林和它的现代舞蹈者》《淡季》《寻找那只奇异的鸟》《睡莲》《甘南印象》等一系列优秀作品。但这些诗作，反映时代特征的东西还是多了一些，体现诗人个人特性的风格并不那么鲜明。《天生丽质》则不同，它是沈奇在理论上深思熟虑之后，有意而为的一次“诗歌文本实验”。这次“实验”，较之滥觞于当下的“泛口语”与“泛叙事”之主潮诗歌写作，可谓逆势而起，孤标高树。

《天生丽质》在诗艺上的特点格外鲜明，得到很多诗评家、诗人的赞赏，但其是否就是今后现代汉诗写作的一条必由之路，还不敢肯定，同时部分作品也存在不尽如人意之处。不过，沈奇在这一探索过程中，所强调的现代汉诗需要“内化现代，外师古典，融会中西，重构传统”的诗学理念，以及承传汉语文化的精神策略，确然是无可置疑的。正如美学家、诗人宗白华先生所说的，“历史上向前一步的进展，往往是伴着向后一步的探本穷源”②。

2011年12月21—25日

①[俄] 奥斯普·曼德尔斯塔姆：《曼德尔斯塔姆随笔选》，黄灿然等译，花城出版社，2010，第6页。

②宗白华：《艺境》，北京大学出版社，1989，第150页。

被抛弃的自由

——沈奇《天生丽质》散论[①]

胡　亮[②]

1

诗歌史上向有“归来者”一说。

在1966年之后，主流意识形态空前极端化，诗人们无论在何种程度上坚持自我美学操守，甚至彻底将诗从属于政治，都有可能被证明为政治的不正确：就这样，无数诗人都如曼杰斯塔姆迎来自己的沃罗涅日。直到1978年前后，他们中的幸存者，才重新拿起了诗笔。1980年，艾青出版《归来的歌》。他们就被称为归来者。

在1990年前后，一些曾经参加过现代诗运动的青年诗人忽然喑哑：他们或下海，或出国，很快停止“戾叫”，藏入了暗里窠巢。到了二十一世纪，他们中的孑遗者，也重新拿起了诗笔。他们亦被称为归来者。

诗人的隐身衣翻手抖落：鱼腥味再次充塞于江湖。

六十多年来，诗潮的起落所折射的又岂止文学而已。批评家们洞悉那非文学的种种，却又无从质问和指控。他们大都宁愿停留在纯艺术的层面：思想的机锋间或在某些罅隙里一闪而过，被照亮与被挽回的却只是自己的一点小尊严。无数提线者躲在幕后，可怜批评家，不当木偶亦难矣。就这样，批评家往往只剩下半张嘴。尽管如此，他们依然无望地与那些提线者交换着力量：一批较为结实的批评文本终得以产生。可是，批评家的尴尬在于，他永远也不可能做到他本能够做到之程度。文章方正，诗歌圆融：或许只有后者方

---

①本文原载沈奇《天生丽质》，文化艺术出版社，2012。

②胡亮，诗人，诗评家。

可实现某种更高的自由。于是乎，他们中的觉悟者，最后也重新拿起了诗笔。他们似亦可称为归来者。

沈奇就是这样一个归来者：他将代表栩栩然的复活。

2

沈奇原本是诗人。早在1973年，沈奇就已经开始诗歌写作。毫无疑问，其初期作品，就像当时许多人的作品一样，恰恰证明了主流意识形态的无敌，而不是个人的有恃。诗人被反复强加以至终归于“纯洁”的安泰。旨意和对旨意的服从如此浑然，双方之间应有的紧张被单方面化为虚无。到了1978年前后，语境陡换，诗人忽然从完全相逆的方向认识到写作的意义，于是自己把自己报废。1982年，沈奇结识韩东。后者针对朦胧诗而选用的平面写作模式刺激了沈奇关于新美学的想象力。可是，沈奇不愿意成为任何团队——哪怕是“先锋”的团队——中的后来者。最终，他在韩东式的叙述性之间，又添嵌了与之相拗的象征性和抒情性。换言之，沈奇不欲绝对的客观，亦不欲绝对的主观：他试图通过恰好的调配来获得自己的徽记。可是，在那样一个偏颇即风格的时代，沈奇的理想化设计，在自己看来是调配，在别人看来是杂糅，如此获拥的美学微笑上下不讨好，当然也未能提供诗歌史所强求的清晰可辨的代际特征。彼时，现代诗家族中的取代者和被取代者已然短刃相接；而他，萧然游离于两个方阵之外。

1986年，沈奇分力于现代诗批评，到1991年，又分力于台湾现代诗批评，孰料很快就得到大名，其诗人身份反而被逐步遮蔽。二十个春秋过去了，当他阅尽现代诗尤其是台湾现代诗的姹紫嫣红，不免心动手痒，断续完成组诗《天生丽质》：2007年以来，至少已得六十余首。从中挑出任何一首，都可以明白地看出，沈奇已与早年秉持的“后客观”诗学判然相裂：这个举棋不定的工笔者已经彻底地转变为“我独爱你那一种”的写意者。

如是，在耳顺之年，沈奇终于迎来其诗歌美学的蝶变。

3

据诗人自释，《天生丽质》本于“古典理想之现代重构”[①]。这一点可以从好几个方面加以讨论。

首先要讨论的，是沈奇对于诗题的炼造。

《天生丽质》六十首，均以两个字为目，《云心》《雪漱》《茶渡》《小满》《青衫》《岚意》《依草》《上野》，如此种种，炫目夺神。两个字，其实被作为两个词，构成的不再是词而是词组：这些词组往往出于诗人之自铸，而非文化之固有。比如“烟视”，又如“月义”，都是两个字的自由并置。当代画家石虎认为，两个字的自由并置“意味着宇宙中类与类之间发生相撞与相姻，潜合出无限妙悟玄机”[②]。就这样，已经高度语言化的新诗，在沈奇这里忽而转向文字化。字再次焕发出活力和新意。我们知道，中国古典诗拥有一个独特的单音节词传统。单音节词就是字：每个字都是一个深不可测的哲学和文化之穴。早在数十年前，诗人朱湘就已经说得很明白，“每个字的构成，都是一首诗”[③]。而双音节词，特别是多音节词，恰是新文化运动的产物和现代汉语的特征。沈奇此举，将写作导向古今对诘：既出示了当下之嫩，又复活了古典诗的语言学趣味。在抟与塑之间，诗人唤醒了悠久丰润的诗性记忆。整个古典诗传统都在《天生丽质》的字里行间蜂拥：却顾所来径，苍苍横翠微。短篇的尺幅，也由此而具有了长制的空间。这种互文性获致，包含着四两拨千斤的巧力量。这就是沈奇的出奇。

更加重要的是，当怀揣现代诗心的沈奇披上传统的鳞甲，他更加焦急的，反而是如何还原传统的呼吸：两者之难易殊不可以道里计。沈奇这次“探囊取物”无异于“退步”与冒险。毫无疑问，最终还是心性的圆熟成就了写作。诗人吐气如兰，“怀柔万物”，然后就轻轻扳得胜算。他所传达出来的这种自然哲学观正是古典诗之魂。万物者，人物与天物也。然而，在沈奇看来，人物不过是对天物的

---

①沈奇：《沈奇诗选》，陕西师范大学出版社，2010，第 229 页。

②石虎：《论字思维》，转引自谢冕、吴思敬主编《字思维与中国现代诗学》，天津社会科学院出版社，2002，第 3 页。

③朱湘：《书》，载《朱湘散文》（上集），中国广播电视出版社，1994，第 29 页。

妨碍和破坏，唯有自然才能自然而然，唯有岩上野菊花才能“自牧一段香”。因此，《天生丽质》中的很多首，在诗意的渐次生成和饱满中，均出现了相同或相似的走向，从天物中一点一点地剔除着人物，最后由有我之境过渡到无我之境：《岚意》最后只剩下“山自惬意”，《野逸》最后只剩下“白云天心”，《大漠》最后只剩下“一鸟若印”，《松月》最后只剩下“秋水渐远渐冷”，《怀素》最后只剩下“菊影微明”，《别梦》最后只剩下“满天星辉”，《放闲》最后只剩下“远山独苍茫”，《桃夭》最后只剩下“夜雨两不知”，《深柳》最后只剩下“落花安详”。无我，或者天人合一，这正是古典诗最为习见的方法论。为了验证这种方法论在古典诗世界的通适度，我随手翻开《全唐诗》某页，轻易就读到曹唐——谁又知道唐代还有此等人物——的一首七律《送羽人王锡归罗浮》，很有必要在这里引录该诗之尾联：“最爱葛洪寻药处，露苗烟蕊满山春。”①

伟大的“天人合一”思想，已被我们弃之如敝屣；当欧美诸国饱受物质文明和科学之累，反而从我们这里拿去创造出所谓生态主义诗学。而秉持这种诗学的外国诗人，比如，挪威的奥拉夫·H. 豪格，美国的盖瑞·史耐德，无不承芬于中国古典诗。当前，我们正初享物质文明和科学之利，前述事实也许可以帮助我们提前总结出沈奇的意义：对于汉诗，以及这个不断加速的世界。

4

前面谈到沈奇诗的无我之境，很有必要在这里继续加以展开。无我之境，从另外一个角度讲，意味着主体的缺席。尽管绝对地讲，这种缺席只是一种虚假缺席，但是仍然同时意味着无意义的实现。这种无意义，也只是虚假无意义，往往隐藏着“总是别说破”（《子虚》）的更高意义。这就是禅。

禅的最大特征恰在于不立文字，直指人心。语言是理性之器，禅是非理性之道。语言与禅，一个如网，一个如鱼。谷隐禅师有语

①《全唐诗》第 19 册，中华书局，1960，第 7340 页。

云，“才涉唇吻，便落意思，尽是死门，终非活路”①。静虑而兼表达，必将遭遇困厄。这就是赵毅衡所说的“语言障”。至于禅文学，不过是以执破执而已。知其不可而为之，必然依赖一种似是而非似非而是的话语方式：“以言说暗示不能言说”②。这种写作上的两难，处理不好，反而着相。

沈奇却自有妙法，其作诗，始终保持着一种悬疑性：要么有头无尾，要么只问不答，但留给受众一个“天地清旷”。当受众大喊“郁闷”，他却“拈花一笑”。既已无我，则不知何者为我何者为物，哪里还需要“悟或不悟”？无我之境的达成恰恰有可能让“语言障”的问题不再成为一个问题。最能体现沈奇这个特色的，除了《禅悦》《灭度》《子虚》《悉昙》《羽梵》《如焉》《晚钟》诸诗，更加值得注意的还有《胭脂》。“焉知不是一种雪意”，“焉知”谐“胭脂”，全句指向无可无不可，其意义已经开始相互抵消；接下来两节，或可被视为重显禅师《碧岩录》的第一百〇一则公案：

揽镜自问：假如
真有一杯长生酒
喝还是不喝

凤仙花开过五月
可以睡了

这次似乎有问有答，然而答非所问，其意义已经全部归于零度。意义的断壁恰好正是禅的出发点：受众只能依靠自己去明心见性。这里仍可举《碧岩录》为旁证。《碧岩录》在日本被奉为禅宗第一书，该书第十二则记载：僧问洞山，如何是佛，山云，麻三斤。第四十五则复有记载：僧问赵州，万法归一，一归何处，州云，我在

---

①转引自钱锺书《谈艺录》，中华书局，1984，第 100 页。
②赵毅衡：《建立一种现代禅剧》，尔雅出版社，1999，第 216 页。

青州作一领布衫重七斤。[1]

如此看来，禅的神秘化，就如简单化，两者即便混为一谈，好像也没有什么大的不妥当：谁不能“望南看北斗”？换言之，沈奇的妙法并无现代诗所要求的内在难度。这种颇为较真的嘀咕，可能很快就会出现在烦心的火车站，或是自在的小茶馆。诚然，无难度——姑且不说看似无难度——的写作，在那种极致修辞的逼视之下，确实显得又冷又薄，不能与复杂的现实相对称。对这个问题的部分反驳有赖于新问题的提出：无难度的写作，固然可以一蹴而就；那么，无难度的生命呢？非经数十年的修悟，生命必不能臻于无难度之境；沈奇则庶几得之，而且他的生命与写作，愈来愈表现为一种须臾不可分的同构关系。如果说其早期作品具有“潜传记特征”[2]，那么，到了《天生丽质》，这种特征非但没有趋弱，反而以一种“背道相驰”的方式，亦即离物而就心的方式，得到了奇妙的加强。

关于禅的话题，暂时还不能打住。我们知道，禅宗公案每每不避鄙语，甚至专挑粪溲之语，不问青红皂白，却带来透心凉快。然禅宗亦有一支，颇爱以绮语灌人之顶。宋朝和尚惠洪即是如此，其人自谓“未忘情之语为文字禅”，广有艳体诗传世；另一个宋朝和尚圆悟，甚至以艳体诗作偈语[3]。沈奇诗往往不避绮语，屡屡采用“虹影”“暗香”“烟鹂”“星丘”之类，颇为唯美，然而傥荡，可谓平淡之极，归于绚烂。所谓“等万物”，不是兼用鄙语与绮语，而是视绮语如鄙语，视鄙语如绮语，甚至茫然无绮鄙之分，如此才能达到“非相”的境界。沈奇作诗之际，未必虑及于此；如是，更有一番“非非相”的风日洒然。

5

当然，这个组诗也并非不可指疵。

---

①参读胡兰成《禅是一枝花》，上海社会科学院出版社，2004，第 45、133 页。

②陈超：《清峭心曲诚朴诗》，载沈奇《沈奇诗选》，陕西师范大学出版社，2010，第 347 页。

③参读张宏生《释子绮语》，载朱耀伟主编《中国作家与宗教》，中华书局（香港），2001，第 157—180 页。

我们已经看到，有的诗炼字过度，平添了表皮的新奇感，却影响了肌理的自如性。言的溅跳与意的流转，似乎未能求得更高的和谐，前者有时候不免给后者带来小伤害。如果能够透过口语和日常生活中的琐碎事物——此二者只黏附着一点点文化之赘——来求取透彻玲珑之境，似乎有助于较为彻底地做到得意而忘言。

还有一个更加重要的问题，上文已经提出，当时却只被部分反驳，也就是说，问题仍然存在：像这种纯文人趣味的作品，如何介入复杂的现实？任何一件作品，其力量，首先来自及时而有深度的省察：对自己的处境，以及，其他人的处境。我们共同的处境才是最大最深重的渊薮，禅不过是个小渊薮。文学史上不是没有先例：在一些作家那里，禅甚至意味着逆来顺受，意味着睁一只眼闭一只眼。

我们通常发现，作品的瑜与瑕往往不可分割，也就是说，当其固有之瑕被细心清除，其固有之瑜亦必消失无影。试想，倘若金斯堡细细地打磨其细节的粗糙之处，难道不会同时断送其气度的恣肆？可以说，没有任何作品可以兼备二十四品。就这个角度而言，我们的要求又不能不说是太过苛刻。

6

也许，《天生丽质》的美学示范意义要低于其诗学开启意义。

诗人曾自言，这乃是一次旁逸斜出的“试错性”写作，具有“提示性”的实验价值。撮其主要，不外乎三个方面。

“五四”以来，民间白话与西方文法的融合，导致现代汉语成形。西方文法，即便经过汉译的降解，其严密的理性逻辑和清晰的意义指向，仍然赋予现代汉语以绝对的工具性。换言之，汉语的诗意混沌被逐步打破，其“分析性”功能却不断增强。建立在现代汉语之上的新诗，就展现出与古典诗决然相反的美学向度，同时也就包孕了内在的隐患和危机。沈奇的努力，就是要回收和重现汉字本来就葆有的诗意，并试图用新的乘法来诱导和添注这种诗意，以此强化汉语在原初意义上的文化学特征。此其一。

二十世纪九十年代以来，叙事性和口语化倾向的泛滥，导致当代诗的基因重组。戏剧意图和小说意图在给诗性注入活力的同时，不免反客为主，给后者带来超量的异质性。诗性由此而退缩，乃至进一步萎缩。沈奇的努力，就是要挤兑和清除非诗性因素，并试图唤醒和激活完全中国的诗性因素，以此强化诗在原初意义上的文体学特征。此其二。

另外，沈奇认为，三十多年来先锋诗歌不断追索存在之真实，但本质上只是社会学的而非美学的进步。因此，他很重视语言之美对于人心的润化作用，颇欲在现代诗“直言取道”的主潮之外，另辟一个“曲意洗心”的审美空间。① ——沈奇此一观点也许还值得深入讨论，但已不是本文的任务。此其三。

不管怎么样，我们已经知道，《天生丽质》乃是逆潮流的作品，诗人借此获得了一种“被抛弃的自由”。

7

“古典理想之现代重构”，不自沈奇始。余光中在 1962 年，洛夫也在 1971 年，就已经有此自觉。沈奇多年来精研台湾现代诗，对此自然心知肚明。也许在一定的程度上，《天生丽质》的出现，正是部分台湾现代诗暗里撺掇的结果。其中《始信》一诗之末句，“月落有声”，就透露了个中消息。我们知道，洛夫曾作有一组诗《禅诗十帖》，其三即是《月落无声》。沈奇反其字面意而用之——反即合——最后他们俩却在巅毫处不期然相遇。

当然，这个作品更是诗人历世已深、修心至远的结果。诗人在千挑万选之后，终获得美学上的皈依；与此同时，亦获得人生中的顿悟。这才是写作的内驱力，而且是勃然不可限抑的内驱力。

基于以上认知，如下断言当非轻率：《天生丽质》已然成为沈奇

①参考沈奇致笔者函，2012 年 1 月 24 日。

最重要的作品；正是借此作品，沈奇在同代归来者中脱颖而出，占据着一个不可谓不高的位置。

自废名以降，坚持或转向新古典主义立场，而又能间作禅诗的诗人，除了上文中已经提及的余光中和洛夫，尚有周梦蝶、孔孚、叶维廉、陈义芝、梁健、陈先发、杨键、南北诸氏。沈奇的出现，当可壮大这个阵营，甚至参与创建一个现代禅诗派。禅与戏剧的结合，已经获得过世界性的声誉。我们期待着，禅与诗歌的结合，能够再次获得这种世界性的声誉。

2012 年 1 月 29 日

轻与重的诗意

——关于《天生丽质》的阅读片段[①]

刘　波[②]

1

现代诗何以这样写?

——那吸引你读下去的，是一种味道，一份意境，三言两语，如小诗，却又非小诗，因为她不仅仅是重，她还有轻，不是闲情逸致的舒缓，而是接续传统的轻灵。在当下，我们普遍欣赏重口味的诗；而对于诗人来说，你往重里写容易，但当你再想重新回到轻时，可能就难了。

事实也正如此，在这个心魂不安的时代，我们越来越惯于写重，但是诗歌作为语言、情感和时间的艺术，有时候也需要轻。一旦必须面对这种“轻”时，诗人们可能就须弃主流而孤行，无可逃避，唯有领受。

为什么叫《天生丽质》?

——沈奇给出了一种阴性的命名。这种阴性，看似轻，实则也有重。天生，就是自然而然的，没有后天的雕饰，此谓“天生”。丽质，姿色很美，不是靠化妆可得来，而是自然的姿容，此谓“丽质”。这些“双字”之诗，对于沈奇来说，有一种天成之意：这诗不是做出来的，而是从诗人心里流出来的。或许，他在内心酝酿已久，只等那喷薄而出的时机。

---

①本文原载《诗探索》（理论卷）2013 年第 1 辑。

②刘波，三峡大学文学与传媒学院教授。

2

我们怎么进入《天生丽质》？因为她不像现在很多诗歌那般热闹，没有紧张感，也无悬念性，她似在回归一种传统的从容。对这样的诗，不可从预先设定的某个概念进入，而是要边读边感受，这是一种进入的方式，或许是唯一的方式。

边读边感受，其实就需要我们用心去悟，用魂去靠近那些梦幻般的词语组合。

可以看出，沈奇是以尝试的心态在写《天生丽质》。

诗人一直都在体悟，体悟什么？禅、佛、道、信念、缘分、诗性、美学抱负、思想疑难、人生困境，都是他笔下的现实。而我们要走进这诗的内部，还需要大悟，不仅要悟诗本身，还要通过诗去悟人：沈奇在关注和评论了那么多先锋的、前卫的、反叛的、颠覆的现代诗人诗作后，为什么要以这种温润的、柔和的、出其不意的方式写诗呢？这似乎是一个悖论。很多了解和熟悉沈奇的人，都可能会有此疑问。

我们想从诗人那儿获得答案，似无必要，最终还需在阅读中理解。

诗人以这种实验性的审美方式让我们突破审美惯性，贴近汉语，解析创造，这是诗人愿意冒险的根本。在现代与古典之间，在本土与西方之间，到底谁是先锋，谁又是先锋的敌人？如深究，回答起来并不简单。这是一个令人困惑的命题，是个未知数。

深入这些亦古亦今的词语和句子里，我们或许能隐约找到二者的秘密。

3

有人说，沈奇在评诗时，是个坚定的现代派，但他写诗时，却窜进了古典，他在传统中吸取的营养，足够让他在此后的诗歌写作中受用终生。

对此，沈奇本人谓之“开倒车”，我倒觉得这倒车开得好。车一直往前开，在悬崖边时也得后退，否则，车何以有倒挡呢？我不揣冒昧地提出自己的想法：沈奇这种“开倒车”的创作，何尝不是为了在今后的前行之路上把车开得更顺更快呢！对于诗歌，我们一直在前进，要先锋，先锋，再先锋，一路先锋到死——万一前面是“死胡同”呢？完全有可能。要真为先锋留条后路，不妨开一开倒车。

看看这些题目——《青衫》《松月》《秋瞳》《暗香》《孤云》《晚钟》《深柳》《素秋》等，这是些何等古典优雅的意象！被现代性裹挟着往前走了几十年的我们，对于这些深情款款的双字美词，的确是久违了。读之，如同独自看那即将消逝的夕光，就是这种体验之感，甚是难得。

那么，不在自然中体验，就在感悟语言和揣摩情绪中体验。沈奇在这浮躁的时代，给了我们所有有幸读到这组诗的人，一个宁静于心的机会。

其实，不仅仅是这些古典的意象，让我们感到了自然之于我们的惬意，还有，我们也读到了《缘趣》《灭度》《子虚》《红尘》《始信》《宿命》《非悟》等，参禅悟道，皆流于诗人笔端，尘世之心，似乎找到了稳妥的安放之处。相比于那些遥远的意象，这些带着人生况味的精神流转，则显得空灵、雅致，诗情浓郁，魅力毕现。

4

沈奇看似在写小，小诗，短句子，小情绪；其实是在书写人生之大，大境界，大视野，大情怀。这大与小的平衡，是诗人所立足的一个基点。他放得出去，也收得回来，这须凭借一种精湛的驾驭能力和创造技巧。不然，他何以能重返过去，“再造传统”，寻找一种契合语境的独特表达方式？

可见，诗人在恪守现代视角的同时，是有他的文体趣味和独立立场的。

在非轻即重、非黑即白的单一化写作现实中，沈奇独辟蹊径，找到了他融会中西古今的复合型写作之道，这“复合”并非简单的“复古”，因为他在寻求汉语文字和意义之间的诸多可能性。小诗中可见大气象，现在即从《天生丽质》始。我们说，这是现代与古典融合的典范之作，确实如此。但是这样的经验与想象之诗，并不囿于这些概念和规范，而是有她自身确立的精神指向，以及求证纯粹性和价值感的空间。

在《天生丽质》里，每首诗都不长，大多十余行内解决问题，寥寥数语，即为我们营造了智性思索的现场。在很多诗人惯于将诗写长的时代，如何去将诗写短，且写出味道，写出风格，写出一种独特的韵致来，这本身就显出了难度。沈奇试图通过《天生丽质》挑战这道难题。至于他做得怎样，需要真正进入文本阅读中，来与词语对话，来和人生互动。

5

“接近于透明的/水膜/一碰就破//鱼，从荆棘中游过/吐一串梦的泡泡/说：也算一种活”（《浮生》）。哦！原来浮生就是这样一种场景，恬淡，自然，富有精致的美感。我们或许早已想象过这样的小景观，但何曾想过这与“浮生”有什么关系？

于是，很多人错过了对人世的另一种温情体验。

当然，错过了一次，并不要紧，在沈奇的诗作里，即可再获重温的机会。“雪一落下就得认领/到乡随俗的命——//纯洁是来世的许诺/轻盈是前生的幻影/偶尔还记得……记得/那一瞬间冷艳的燃烧//只是从来不喊痛！”（《柔雪》）雪，有生命吗？不管你对此怎么认识，但读了诗，我觉得它应该是有的。这种隐秘的感觉，在当下，来得正是时候。我们太缺乏这番生动了，你可从中找到悠然的个性，也当领略美学创造的新意。

《天生丽质》这样的诗，不可快读，她与速度无关，与功利无涉，她就应该是我们日常生活的一部分：在平淡中坚韧地向前走，凭着爱的动力。所以，你需要慢慢去品味，一首一首去细细地念，她们就在那儿等着你去靠近，如一朵朵含苞待放的花蕾。

6

我在上面谈到了对《天生丽质》的感悟，其实，终究还是离不开读。你可以默默地读，也可以大声地读，还可以轻声地诵，像诵古诗那般悠扬婉转，抑扬顿挫，竭力寻觅声音发挥的空间。因为，《天生丽质》有可供我们打开阅读视野的精细品质。形式上虽都为短句，但语言遒劲，节奏明快，旋律美妙，颇富意味。

当然，更重要的是，我们能从明快的节奏和精彩的旋律中读出一种悲悯的心思，一种深厚的教养，一种宽大的情怀。原来，生活在重之外，也要有轻的意识，否则，当我们被重压得喘不过气来时，轻也就离我们越来越远。当我们意识到应该去追赶那阵生活之“轻”的春风时，一切为时已晚，又怎能带着真相和希望去回首历史，书写现实？

这时，你在《天生丽质》里去体验一种轻与重的平衡，那应是最美妙的享受：前方，有一片神奇的文字之林，在等着你。让我们最后来读一首时代喧嚣中的警醒之诗《彷徨》：

在城市失去自己
在荒原寻找自己

人群的深处
是人的消失

自然的深处

是自然的荒废

两个深处
两重孤独

两处彷徨
两种寂寞

两种不知所措中
苦无葬心之地

明心见性的力量，随着一种即兴的呈现，跃然纸上。

《天生丽质》的实验之旅，自诗人下笔始，至每一个读者感受而终，那才是一首完整之诗，一首生命之诗。

2012年2月

透过汉语的优柔与沉静

——评《天生丽质》，兼及汉诗的一种可能性 ①

宋宁刚 ②

第一部白话新诗《尝试集》的作者胡适先生，继晚清黄遵宪“我手写我口”主张后，又提出“作诗如作文”的口号，从其发轫至今将满百年。回顾近百年的新诗创作，再来反观后人对这两个口号的理解和接受，在承认它们的积极意义的同时，恐怕也难以否认其下隐藏的某种进化论思维。而这，正与曾经风靡过一番的未来派的创作观相暗合，至今仍产生影响。

不可否认，从最普遍的意义上说，每个时代都有自己的生活，因而有自己的诗歌，在此基础上产生的优秀作品也不计其数；但同样不可否认的是，时代也有时代的局限与负面因素，流弊所至，就包括今天已然泛滥的“口水诗”。由此思之，诗歌不必尽跟随日常的生活，不必一定要以在诗中出现所谓的现代甚至后现代之人事，才算体现了现代生活、具有现代意识。现代意识不必尽由现代生活，尤其是流水账般的生活堆积来体现。否则，诗歌岂不成了被生活胁迫的傀儡？

因而，重新思考并寻找真正的“诗质”，即真正属于诗的元素和因子，也就显得必要。正是在这个意义上，沈奇新近的实验新作《天生丽质》，带给我们一些可能的启示。

一

细读《天生丽质》，会首先被诗中文字的典雅吸引。如“坐看云

---

①本文原载沈奇《天生丽质》，文化艺术出版社，2012。

②宋宁刚，诗人，西安财经大学文学院副教授。

起/心烟比月齐”（《种月》）中的“齐”字，“听秋水渐远渐冷”（《松月》）中的“听”与“冷”字，“卸妆后的那一指/薄寒……”（《胭脂》）中的“那一指”以及“薄寒”，都充满了汉语独有的雅意，而这在今天的新诗里，已几近绝迹。倒是在新诗发端之初的那批诗作中，由于白话文自身的不成熟，也由于诗人们受古典元素的影响深厚，那份不独出现在个别的字词上，也出现在整个的叙述和语调中的雅意和韵味还是很常见的，只可惜这些都仿佛成为陈迹了。

此外，特别引人注目的，是《天生丽质》中所体现出来的汉语的“优柔”：汉语的雍容、华贵和优雅，以及语言本身的柔韧。诗人通过谐音带来的多义，将这份柔韧淋漓尽致地体现了出来。

比如《胭脂》的首句“焉知不是一种雪意”中的“焉知”，由于和“胭脂”谐音，所以实际上也可以被看作“胭脂不是一种雪意”，而之前由“焉知”所引起的问句随之也转变成一种叙述，即“胭脂”与雪之间的同质与异质的潜在比较。而雪意，又与下文的“卸妆后的那一指/薄寒……”中的“薄寒”相呼应；同时，又由于之前的否定（“不是雪意”）而形成对质，构成一种内在的张力。这种由字的谐音而产生的含义的微妙变化，作者在《松月》一诗中，已经清楚地昭示给我们了：“你是说‘约会’的‘月’吧”。

再如《孤云》中由“语”和“雨”的谐音而衍生的诗意，“孤云不语/也　无雨”，“无雨”的客观状态可更之以“无语”的主观情态。同样，接下来的“雨在心里/语在山溪”，也可在阅读中由读者自行更之为“语在心里/雨在山溪”，内在的情态（“心里”）随之改变了，外在的状态也获得了另一种新的言说（山溪由于流淌而恍若在言语），且合情合理，结果整首诗的意蕴都随之变化和扩展了。接下来的“其实孤云不孤/孤独的只是那片//再无其他云彩的/……天空”，就不再是字的更张，而是词语在诗句中造成的悖论了。

类似的更意味深长的例子还有《含羞》，起句便是：“无羞可含的季节/多少生命　张扬成/一片废墟”。题目言“含羞”，首句却是“无羞可含”，正与题目相悖。然而，正由于“无羞可含的季节”生命被张扬成“一片废墟”，所以又有“羞”可“含”。而此处的“含羞”就与“含羞草”没有多少关系了，而与“饮恨”相近。

更进一步的，则是由带有特殊文化意味的词语而生的诗意，如《依草》：

好在那个“依”字
静静地好

花枝招展后
有未落的骄傲
和残余的矜持
在向晚的记忆里
对夕阳说——

“依草”不是“落草”

一朵花经过盛开而凋落了，却不是带着失败和自卑的挫折，而是带着“未落的骄傲/和残余的矜持”，她对夕阳说，自己的凋落是“依草”，掉落在身下的草上，依着草，而不是“落草为寇”的“落草”——如果是后者，就没了骄傲和矜持可言。“落”和“依”之间，是有着天壤之别的。也正因此，“依草”是“静静地好”。

类似的还有《小满》：

夏风醉了
小姑待嫁

收不拢的小心思
熟一半
生一半

燕子飞过
眼里起云烟

人世的安排
原只是　这
小小的一个满

在作为节气的“小满”（孕育着热烈的季节，为整个茂盛的夏天蓄势的一个节气）和待嫁的小姑（“收不拢的小心思”）之间构建起一种相互的比照、发明甚至象征。

如果说在《小满》中我们尚可想象那“小姑”也许真的叫“小满”，那么如《提香》《怀素》和《太虚》等诗就不容我们忽视字（词）与人名之间的直接关系。比如《提香》：“香　怎么提？/一种悦意//——心到哪/悦意到哪//提香的那只手/如云的无法”。若是只看“提香”这两个字，那么的确，“香”——一种无形的东西，是难以“提”的，它是“一种悦意//——心到哪/悦意到哪”，所以说，“提香的那只手/如云的无法”。但是，如果想到意大利画家提香这个人，那么，整首诗就要重新阅读、理解和看待了：提香的画也是一种“悦意”，“——心到哪/悦意到哪”，因此，“提香的那只手/如云的无法”。如此一来，一首诗就像是一体却又可以剥开的两样东西，而这看似两样的东西和双重的内容却又是同一个。诗本身所蕴含的诗意当然也就包含这二而一、一而二的感觉和意味了。

通过字、词在诗的题目与诗本身的内容之间建立起一种有机关系，看似游戏，却并非单纯的文字游戏，而是有着深深的意味感的，由这意味感所带来和增强的诗意也构成了诗歌本身的魅力。也因此，阅读这组作品，会时时感到汉语的魅力和张力，而这些，都是诗人非常有意识地在寻求和探索的，如诗人自己所称，是为“反顾汉语字词思维的一次诗歌文本实验”。以此文本，沈奇所努力要做的，是“通过这样一种内化现代、外师古典、融会中西的诗歌语言实验，来重新认领汉语诗性的‘指纹’及现代诗性生命意识的别样轨迹，进而开启历史经验与文化记忆的深层链接”（见《天生丽质》诗后附注）。显然，诗人在这组实验新作的创作中是有很大抱负的，虽然相对于当下主流诗歌之语言形式走向而言，这样的实验不可避免地要承担很大风险。

二

阅读《天生丽质》，除语言的别致与新鲜感外，再就是满纸的馨香和悠远的古意。这古意体现在从题目到诗句的典雅和字句间透露出来的一种悠远、沉静的情感基调。而这基调首先呈现的，是诗作者与当下时风相左同时也愈加显得珍贵的心境与情怀。诗人在传统的文化情调中找到了自己的寄托甚至依归，因此一种久违的古阔和安谧的意境，便由诗人的笔端，由这些写于当代，却与传统有着明显亲缘关系的诗中袅袅升起。

这种意境首先要归功于一些具体的言词，不仅如诗人所要求的，每首诗的题目是“诗的”，而且许多传达和表现也是“诗的”，这一点，从不少诗作的结尾就可见一斑：

身后的长亭/尚留/一缕茶烟//微温　　（《茶渡》）

手垂下——//空出的位置/灰烬依旧　　（《琥珀》）

听秋水渐远渐冷……　　（《松月》）

类似的例子不胜枚举。而诗中不时出现的格言式的诗句，如“……相信了一切/也便遭遇了一切/天生自由而/永不设防的灵魂啊/收获的只是/破碎的高贵”（《别梦》），以及各种古意浓厚的工对，都体现着一种典雅的美。当然，这种形式在当下的新诗写作中不免“寡合”而风险有加。

此外，诗中充满古意的情调与意境，也体现在对古典诗词的化用和诗作本身所散发出来的特有的中国味上。在这组诗中，诗人有意地与现实生活，尤其是日常叙事拉开了距离，独抒一种幽情。这当然不是简单的回归，而是让词语与词语亲近，让词语重新回到它的谱系和家族亲缘中。随之而来的，是文字甚至文化意义上的丰饶与富裕。对个别词语的化用和诗句的文白夹杂自不必说，仅诗中对古诗词的化用，就俯拾皆是。比如：

野渡/无人/舟　自横//……那人兀自涉水而去

（《茶渡》）

坐看云起/心烟比月齐　（《种月》）

高处不胜寒//是身寒/还是心寒？　（《微妙》）

云揉山欲活//风动/那约了黄昏的佳人/才心动

（《岚意》）

其中有的是语言上比较直接的化用，在化用的基础上，又有着对原来诗意的伸展或提升（《茶渡》《种月》），有的则是为其负载其他的意义（《微妙》），更有甚者，是以多个诗句和古典诗语的叠加和套用（《岚意》）。

奇妙的是，如许古诗句的楔入，包括多重的叠加套用，并没有使诗歌本身离心而被借用来的诗句或意思所牵引走，相反，仿佛在新的诗行中完全被驯服，顺从新的诗思走向和意涵而另得生机与别趣。而读者在读这些诗句时，由于大都对其熟悉，不仅没有被其原有的“经典意思”拐走，还在阅读的完整中多了一份会心，因为它牵动着我们独特的文化记忆。与此同时，一方面，这种设计突破了现代的时间观和现实处境，使得读者跟随文字进入了诗歌所开辟的境界；另一方面，创造性的化用甚至解构并激活了传统，借着传统的力道开发出了新的境界，充满了现代意识和当下感。如《怀素》和《烟鹂》，则是借着古人或者古诗句开拓了现实的新境地，而《开悟》《灭度》等则是借佛教的术语为题，在诗思的展开中暗含后现代式的反讽。尤其《开悟》一诗，让人读来别有一番感慨。

还有一些值得注意的，是以当下的状况对古意进行的重构和改写，这就不仅是创造性的化用，也是以两相对照的方式，达到一种以互文性达至间离、反讽等审美效果。而诗中所观照的，不只令人“尴尬”，更是失落和担忧：

人间四月芳菲尽//……最初的台词/风格渐失/你只剩下演出的习惯 （《桃夭》）

薄暮月初升/能饮一杯否//尴尬在于——/无论人事还是季节/都不会 因你/心情的变化 而/改变它们的流程

（《杯影》）

南朝四百八十寺/多少楼台烟雨//楼台早没有了/鹂便不知去了哪里 （《烟鹂》）

也就是说，诗人虽然化用古典，却没有拘囿于古典，更没有失落在一种陈旧的情绪和诗意中。诗人虽然有意与当下主流诗歌的样式拉开距离，却并非全然地置现实的生活于不顾，而是以别一种方式、别一种深度来观照和反思现实。从总体来看，作品是在呈现距我们越来越远的中国意味的——虽然我们身在中国，也说着汉语。而在这份追求的背后，则是一种打通古今的理念，即所谓“古典理想之现代重构”。具体在诗歌文本上，则是“内化现代、外师古典、融会中西的诗歌语言实验”。其实，《天生丽质》这个总题目就已经表明了诗人的态度：体现的是天生丽质的汉语本身的可能性，她的诗性，她的高贵与大气。

总体来看，如果说在这组诗中，由那些充满古意的静谧的诗句，我们得以一窥诗人的内心之所慕、胸怀之所倾，进而触及其内心的图景甚至愿景，那么，由这些体现着现代反讽意味的诗中，我们所领略的，则是诗人真切的现实关怀和忧虑。正因此，我们不禁要问：身处当代，诗人压在纸背的心情又是如何？

三

的确，正如《烟鹂》一诗中所感，现代是让人失忆的，也是让人失意的。现代生活如果不是在一种自我麻醉和欺骗中，那么，痛苦恐怕是在所难免的了。身处现代（以及“后现代”），每个关心时代命运的诗人恐怕都会沾染上现代性所带来的失落和彷徨。而这种失落和彷徨首先在于“看穿”——看穿某一类生活样态的无意义。正如《浮生》一诗里所写或者说所揭露的：“接近于透明的/水膜/一碰就破//鱼，从荆棘中游过/吐一串梦的泡泡/说：也算一种活”。虽然这种揭露本身并不新鲜，但此处想强调的重点却并不在于此，而在于它本身的真实和切身性——细读《听云》一诗，或许其中所写的正是我们每天都有可能遇到的：

粲然一笑
你同自己握别后
便去了一个
不确定的远方

坐下
听云

千里之外
有人因失恋而自残

江月年年照何人?

茉莉花
茉莉花
一段乐曲刚刚结束

虽然诗人是以一种后现代式的互讽呈现这种状况的，但就诗的意义和归旨而言，却仍然是沉重的，不可回避的。诗人看似以一个旁观者的身份在“遭遇”，但从根本上说是无所差别的，这是人的遭际，也就是“我”的遭际，是人的命运，也就是“我”的命运，“我”无论如何都无从回避。也因此，它必然转化为诗人更深层的忧虑和思考——这种“遭际”，当然首先包括对当下诗歌走向的反思和选择。

在某种意义上，可以说粗糙（更不用说粗暴）的语言与粗糙、粗暴甚至残暴的心灵是相互助长的。正如有什么样的生活和内心也就会有什么样的语言。反过来也一样，有什么样的语言也就有什么样的生活与心灵。当代国人心灵浮躁、粗鄙、浅薄及矮化、同质化，当代文学（尤其是诗歌和小说）对此有着推卸不掉的责任。

诚然，在现代汉语语境中，反顾“汉语字词思维”，以及“重新认领汉语诗性的‘指纹’及现代诗性生命意识的别样轨迹”，并不能保证汉语诗歌具体写作的诗性与诗意，更不用说成功，但是将这一理念置于当下新诗创作现状中去看，确然显得弥足珍贵。回看新诗百年的发展轨迹，更多的是“横的移植”，而非“纵的汲取”。而新诗毕竟是汉语新诗，汉语从字词到句篇章，到汉语思维，都体现甚至在某种意义上决定了汉诗的某种根性，我们不可不熟悉，不可不念念于此。以久远的传统来滋养心灵、涵养精神，学会从汉语的血脉和族谱中去体认、消化与再造，既是对“五四”前后新文化与新文学的重新认领，也是对每一个以汉语写作的人而言绝非多余的要求。

2012 年 2 月于南京大学

重扬汉语诗性
——沈奇《天生丽质》散论[①]

凌　逾[②]

诗人诗评家沈奇，近年潜心总题为《天生丽质》的系列实验诗创作，并于《钟山》文学双月刊2010年第6期卷首一次性推出50首而隆重亮相，引起当代诗坛的广泛关注。这批诗作，谋求实验性之突破，对诗人自身创作和现代汉诗本身均有超越。细究其创意，大体可归为四个层面：以意念动感拆字、构词并巧释；蒙太奇时空幻造术；禅心道骨的现代诠释；古典意象与当代意绪的融通。

一

千锤百炼，参汉语魂魄，语不惊人誓不休；煮字烹词，疗灵魂饥渴，十年磨得一句稳——这是古今汉语诗人的本色当行。沈奇是现代诗人，却不失古典传统。一组《天生丽质》，尤擅此道：沉醉于汉语的奇思妙想。一个平常字词，亦可成其诗思灵感的扳机、触媒，经妙手重构后，幻化出新的诗意和想象，令人称奇。

汉语具有意念优势：以名词为主，是意念词的连接，形约义丰。除了发挥汉语优势，《天生丽质》也借鉴了印欧语言的形态优势特点：以动词为主，变化多样。其诗赋予汉语意念词以动感，并经拆字、构词、巧释后，重新铸炼出新意和诗性。

此组诗歌拆解字词，别出心裁，打破惯常形式。如《提香》，诗人突发奇问："香　怎么提?"名词[③]拆变为动词，立即有了诗意活

---

①本文原载沈奇《天生丽质》，文化艺术出版社，2012。

②凌逾，女，华南师范大学文学院教授。参与本文讨论、研究与写作的有凌逾当时指导的在读硕士研究生邓文娟、麦然然、傅燕婷、刘相宇、张婷。

③提香，本为人名，是十五至十六世纪的意大利著名画家的名字。

力。“香”是气味、嗅觉，无形之物如何“提”？诗人将“香”阐发为“悦意”，由具象意念转为抽象意念。然后，道出“提”之奥秘在于“心”之所至、“悦意”之所至，将诗意引向更深层次。最后，再探高妙之境：提香的“那只手，如云的无法”，诗歌又由抽象回到具体。“提香”成为所有艺术创造过程的暗喻，喻诗人之手，也喻画家之手。手即是心，知行合一，大巧不工，达至无法为至法的艺术境地。又如《岚意》，“岚”指山间云雾，拆“岚”为“山”“风”，云、山、风三个意象一经重新组合，便有了“云揉山欲活”的互文性佳句妙义。

既有拆，便有构。如《放闲》中“的事闲放”起首句，“的”字前置，突兀异常。因“的”常做助词，受各种限定语修饰。偶尔置于句首，如秦观诗云“不因霜叶辞林去，的当山翁未觉秋”，“的”也为副词，意为“确实，恰当”。而此诗之“的”，化为名词，从白，从勺（dì），“白”指“白昼”“空白”；“勺”指“专取/专注于一物”，合为“在白天广宇里专注一物”，所以“的事”实指“目标、要事”。此句意指将诸事放开，享自在自为的状态。联系全诗，即否定“狗撵兔子”般你争我夺、追名逐利的时弊。从形式上看，“的事”去掉前面各种可能的限定语，有陌生化之功效，仿佛人去除各种冠冕与负荷。这恰恰隐喻诗中摆脱束缚的精神内涵，堪称形式和内容的统一，形神兼备，匠心独运。

《天生丽质》的诗题多为“名词加动词”或“动词加名词”的构词形式，如《茶渡》《依草》《种月》《听云》等。除有动感外，还形成别样的感物及呈物方式，将物视角放置前台，与人的主体性遥相呼应。如《茶渡》，有舟，却无人可渡，背后一缕茶烟倒跃跃欲渡，这何尝不包含着人生某种悖谬？如《雪漱》，“雪”为名词，“漱”为动词，人们常说“澡雪洗心”，但“雪漱”比之更富古韵新意。开篇为“酒　醒了/雪还没醒”，此妙句既有拟人式的陌生化，也有意义的比喻关联，雪人合一，清新俏皮。“酒”，点出事件。“醒”，第一个点出人物，第二个点出时间。清晨，无人踏雪，满地银雪如故。一个“谁”字，第二人呼之欲出，“不辞而别”让人遐思，暗示人物关系和事件进展。“空空盈盈/一个白里/唯三两麻雀/叽叽喳喳”，口语出之，意蕴袅袅。明写实景，实写情绪暗涌的虚景，反衬出波澜起伏、难以平复的心境。

此外，巧释也能生出佳作。

如《云心》的题解可有多重：云与心，并列结构；云似心，比喻云心变幻莫测；云的心，偏正结构，拟人，赋云以生命。开篇的“云白　天静/心白　人静”，隐含天与人合，云随心赋。其中之关键为“静”，但接着诗人却不写如何静，而是掉转笔头，硬生生一句现代汉语式的“欲望和对欲望的控制”，意义突转，形成了诗意张力。然后，诗人敏感地捕捉到人群深处的一声叹息，与上句呼应，隐喻叹息之罪根。但诗人不愿对此横生罚挞，而衬之以开篇和结句的自然意境，“空山灵雨/有鸟飞过”。在千古岁月的历史长河，在天地悠悠的广袤空间，那一刻的心灵触动亘古有之，然而，最终都将无迹无痕，无由置喙。又如《上野》，上野本是日本一处公园，但地名触动灵感，拆解佳句拾得：“上　总是/野野地　在着//野野的‘在’中/‘上’才真正独立了//‘野’是自由/‘上’是自由的微笑”。上和野之间你呼我应，互动中别有蕴藉。诗人利用汉语的多义性，赋予现代汉语诗写以更丰富的内涵和多元性。

妙悟式巧释当然也有戏谑成分，而谐隐相融是汉诗的另一传统。如《静好》：“牛粪边开满鲜花/岩石上锈出图画”，“牛粪”“岩石”显丑拙之态，“鲜花”“图画”衬之，寓含谐谑。然后两句“牛　无意养花/石头从来不说话”，将前面粗陋的“谐”趣，化解为不露声色的赞赏。末句“静好是最好的好”，脱“谐”为“隐”，其中“无欲无为”的寓意发人深思。

于此要问：诗人如此醉心于汉语拆、构、释的重构中，意欲实现何种审美追求？

台湾诗人汪启疆说，“仓颉造字，神鬼夜哭，我相信。因为这里头包括了仓颉的态度、内容、诚挚、专注、比较、尝试……因为字，每个字，在象形指事会意形声假借转注中，都有它颗粒容积、体积、意义、重量。而人，每个人，也都有灵魂生命动能欲望梦盼的重量……人和字的得适得位，成为时间与人世所不能挪动的倨傲和冷澈”①。重视每个字词的生命，赋予它们新的活力，跳脱现代汉语的局限，尽可能发掘多元的表达方式，这是沈奇经由他《天生丽质》的创作，对汉字和汉诗的理想与追求。

二

汉语天生具有象形蒙太奇特性之“诗性基因”：“字与字、词与词偶然碰撞到一起，便有风云际会般的形意裂变，跳脱旧有的、符号化了的所指，而生发新的能指意味，新的命名效应，及新的语感形式”②。《天生丽质》中的许多诗作，特别用心琢磨汉字和意象的拼贴，形成声音和画面的蒙太奇组接，构筑出新奇不凡的画面感。

如《大漠》，首句“大漠孤烟直”，引用王维名句，历史时间感扑面而来。随后用回文手法，将原句倒序竖排，“直/烟/孤/漠/大”，单字成列，一字一顿，空间感突兀，形似升天的孤烟。诗是最好文字的最佳排列，这种陌生化排列，在最小范围内给人以最大视觉冲击。诗行文字像画面般，有了形象、动态、色彩和层次。五个字，成为五句诗，各有生发，逐字阅读，驻足想象，放缓节奏，留白之处，似大漠的辽阔，天地清旷。

再接着，“一沙独白”，是沙地之白，还是沙的独白？有多种阐释可能。而全诗镜头的转换组接自如：先是沙如天籁，镜头俯瞰；接着笔直孤烟，切割大漠；再到苍狼眼含柔情，镜头特写；接着镜头仰拍，指向茫茫天际。最后，定格于“一鸟”。“一鸟若印”比喻新奇、高远。鸟儿远飞，印迹变淡，直至消失在天幕（银幕），余音绕梁，意犹未尽。

《秋千》一诗：“……从雀斑到老年斑/哪一只钟拨错了时间/哪一片云飘过眼瞳/腐蚀了视网膜——复明时/黎明已是傍晚”。从“雀

---

①汪启疆：《人的澄澈和投影——我读简政珍的作品认识》，收入两岸中生代诗学高层论坛暨简政珍作品研讨会作品集，2007，第206－214页。

②沈奇：《我写〈天生丽质〉——兼谈新诗语言问题并答诗友问》，http：//xdcs. uueasy. com/read－htm－tid－2291. html。

斑”转为“老年斑”，仿若电影“溶接”技巧，青春变老，岁月流逝化为一瞬。然后转为“切割”：由钟切为云，再切为眼瞳、视网膜等画面，所有意象都在指向时间。“黎明已是傍晚”则为镜头的推移。全诗以“没人荡的空秋千”起笔、作结，如电影的空镜头处理，寄寓惆怅与虚无。

另如《羽梵》一诗，前半聚焦于“羽”——“浮阁一羽”；后半聚焦于“阁”——“浮羽一阁”，运用镜头推拉、聚焦转换，产生出主客变体的幻觉、多维想象的空间。而《归暮》一诗，则运用人物回首视角的“切割”镜头，组接“河山、啸声、鬃毛”；然后再用“淡”镜头，将道路模糊化。接着，一句“而骑士不知所终”，切至观众视角，切入如梦的鞭影、朦胧的柳丝、散落的蹄印，还有未曾明写的岁月流逝、英雄不再的慨叹，而这慨叹，“比　残阳重/比　月光轻”。

再如《秋白》，开首一句：“雨声……雨声/声声雨声……”，省略号形似淅沥绵绵不绝于声的秋雨。字眼相同，只转换了语序和标点，而有复沓、绵延之效。收束一句“似/鹰”，竖排，形似老鹰疾飞远去，简短有力。中间的诗句“声声雨声里/听：一把旧锁开启/无春/无夏/无语/无……听//唯清凉如寺/任　孤独之钟/撞飞/一天乱云”，恰似场景设计，有戏剧效果。特别是“无……听”的省略号，一如声波传递的波纹，仿佛是旧锁打开后留下的阵阵回响。无听之后，却是有听，且以听觉想象警醒视觉想象，雨声和钟声齐鸣，乱云与心锁纠结，动静交错，虚实接应，悲凉之意袭人。

中国汉语诗歌的重要特点是自在、自为地展示物性。叶维廉先生认为，“景物演出可以把枯燥的说理提升为戏剧性的声音”①。《天生丽质》虽追慕“古典理想之现代重构”，但少道学气、酸馅味，多戏剧性、临即感、画面性，自在自为地展现，任人去品味穿凿，为高明一着。

---

①叶维廉：《语法与表现——中国古典诗与英美现代诗美学的汇通》（1973），载《比较诗学》，东大图书有限公司，1983，第 32 页。

三

《天生丽质》再造传统，不少诗作暗含道骨禅风，为现代禅诗别开格局。

中国禅虽源于印度，却融入了本土的老庄思想，探究至高无上、万物本源的“道”，要求心灵解脱羁绊、回归自然，追求朴素淡泊的人生哲学，这与佛教的静修彻悟、自我解脱切合。大乘佛教的禅宗思想认为，世界具有空性，放弃固有的逻辑思维定式，采用对事物本性的直觉审视，注重内在的心灵自我、自性自度，向内自心中求佛，便可顿悟成佛。

试读《禅悦》一诗：“笑到最后的人/笑着笑着也死了//野风问灵龟/何以长寿？//答曰：无哭无笑/只是自然在着//野风还是笑了”。灵龟说处世秘诀，“无哭无笑，只是自然在着”，野风随性而笑，正所谓“自然在着”。想笑就笑，想哭就哭，何虑生死，生死也敌不过自然。

在《开悟》中，“五十而知天命//睡觉之前/不再/想‘明天’这个词/且/按时吃药/也不再做梦//这是个好习惯/它使你早晨醒来时/有/一些些/比较真实的/感动，而且//一转眼就是黄昏”。五十中年，不再对未来有不切实际的幻想，相信命中注定，健康无梦，感动于细微事物，自然活着。佛教典籍云：“心量广大，犹如虚空……虚空能含日月星辰，大地山河……尽在空中，世人性空，亦复如是。”[①]《开悟》与禅宗思想相若：世间一切都是空的，人对尘世不要有妄念，而应该追求内心的升华，顿悟佛性。

《灭度》一诗，题名为佛语，也指圆寂，圆满一切功德，寂灭一切惑业。“一念至此的那人/遂遁木而逝/化身：一尊古琴/伴/云卷云舒/抚/高山流水//——梦醒，七点钟/早茶、早点、早间新闻/以及远方亲友的手机短信/以及……//春风醉人/遛狗出门”。《老子》第七章中说，“天地所以能长久者，以其不自生，故能长久，是以圣人后其身而身先，外其身而身存，以其无私，故能成其私”，意思便是

---

①《敦煌六祖坛经》，邓文宽校注，辽宁教育出版社，2005，第 104 页。

圣人能置身事外，故能保存其身。“身”，为束缚自由的牢笼，忘却己身，寻求“独化”之径，化琴为友，在高山流水白云深处，悠然自得。但是，破折号如警钟，提醒我们不过都是凡人，超凡脱俗的境界只是梦想，到点还是要起床，早茶、早点、新闻、短信，一样都不能少。怎样在理想与现实之间取舍？每天生活繁复，但不要放弃心中的“念”，这便是出乎其外。而不因不合理想而乱了日常秩序，这是入乎其内。自由“出入”，然后可以洒脱地说“春风醉人/遛狗出门”。自然而然，与大自然同在，顿悟生活的真谛。

“诗为禅客添花锦，禅是诗家切玉刀。”（元好问《赠嵩山隽侍者学诗》）《天生丽质》中的许多诗常以佛语入诗，意象也由佛哲化入，禅理与诗趣殊途同归，相得益彰，富有文化底蕴，清新脱俗。

四

《天生丽质》汲古润今：既师法古典，在字词、韵律、节奏和诗体造型方面，继承诗词意蕴；也用现代人的眼光，发掘现代意象。在富古典气息的物什之上，浇灌出具有现代意识的文本。

如《松月》中的“你对悬崖讲的故事，连风也无法翻译”，《悉昙》中的“——拈花微笑/笑　凡外时人/竞相喊‘郁闷’”，《青衫》中的“嫁于风的小女孩/身儿轻，心思重”，《月义》中的“喂饱了你的想象”，《缘趣》中的“钥匙丢了”，《风情》中的“杧果的乳房”，《虹影》中的“快门”，还有《初雪》中的“……从来不喊痛”，《野逸》中的“野风抹去焦虑，细草剔去虚荣”，等等。再如《种月》，“种月为玉/再把玉　种回/月光里去”，匪夷所思的想象。《烟视》与云意相涉：“谁能伤害一片云彩？天生高贵者/无从伤害”，遗世独立，傲视命运。

刻写心灵的“莫斯密码”，现代诗意自胜于古诗。如《小满》，“小姑待嫁/收不拢的小心思/熟一半/生一半”，这句写得不同凡响。现代婚姻虽不再是父母之命媒妁之言，但自由恋爱也有后遗症。有些心事放心不下，有些梦想按捺不住，有些恐惧让人裹足不前，苦乐夹杂、生熟各半，写透了现代人细腻而微妙、复杂而痛苦的恋爱意绪。结尾尤其深邃：“人世的安排/原只是　这/小小的一个满”。

人生何处有圆满？诗人从“小满”这个节气词，悟出深刻的寓意。

再如《印若》一诗：全诗的意象“鸟、树、池塘、水、梦”，如蛇咬尾，重复回环。而最大的“圆”由开头和结尾的“午后”意象编织，中间为“午后”产物。现代人劳累半天后，午休，做个难以实现的美梦。没有鸟的天空，没有梦的床，正是现代都市生活的写照；而那有鸟、树、池塘和水的地方，正是身心疲累的现代人心之所向吗？有学者指出：“诗人从人生世相中摄取一刹那、一片段，给它灌注生命，赋予完整的形象，成为一种独立自足的小天地，从而能超越时间与空间的限制在无数欣赏者的心灵中显现。”①“午后”还有“午后”，人生平庸，现实无奈，美梦难圆，一切如省略号一样，虚幻、空茫、遥远，“意象不是诗/是存在的空茫”，瞬间将虚幻美丽化为本真现实。又如《始信》一诗中，繁华与物关联，寂寞与心相涉；繁华与寂寞本相对立，但也可相互转化。高处不胜寒，站在高处的人往往是寂寞的。可悲的是人们还是前赴后继地往上攀，这是人生的无奈。

《天生丽质》经常通过对古诗原句的断裂、空白、重列、分行等方式，继承传统意境感觉，又熔融现代诗歌的诗美元素，对传统诗歌进行现代阐释，产生出与古典意境既相似又陌生的效果，重新构建出新的意境、画面和情节。

如《胭脂》一诗，用古典诗词的常用意象为题。开篇“焉知不是一种雪意//深/浅/浓/淡/以及，卸妆后的那一指/薄寒”。“胭脂”与“焉知”，谐音双关。而“深、浅、浓、淡”四字，改成现代诗体的分行排列，仿佛女子妆容和哀愁的不同层次类型。“凤仙花开过五月/可以睡了”。一腔幽怨谁诉？既然花开，已该知足，安枕无忧，这大概是现代男性们给天下现代女子的慰藉话语。

诗人时而重塑古典诗词的情节和情境，欧阳修的“月上柳梢头，人约黄昏后”，改造为“风动/那约了黄昏的佳人/才心动”（《岚意》），禅机隐现，形成了专属的意境风格。《月义》中“……早晨

①朱立元、张旭曙：《〈诗论〉导读》，载朱光潜撰《诗论》，上海古籍出版社，2001，《导读》第14页。

的忧伤/来路不明/与破碎的风无关/与想象的月亮/和　月亮的想象/无关，唯几滴雨声在问——/谁　是清醒过的人?”此诗比李清照的“非关病酒，不是悲秋”有更加难言的存在于今人中的苦闷感。现代人丰富繁复的内心世界及缤纷多姿的生活节奏，需要诗人既能抓住汉诗固有的诗性，同时又谋求新的思想观念、思维方式、感觉方式和表达方式。

古今合璧，自有用意。《天生丽质》这组诗可以看成诗人沈奇与自我内心的对话与精神交流，如鲁迅“独语体”的风格，随意看山品海，自问自答，“只是自然在着”（《禅悦》）。纵观其诗作总体精神底背，处处渗透出一种古今融通的诗化生命哲学：自甘边缘，自适而美，以自由无拘的立场，真诚创造，独树一帜。

2012 年 2 月 16 日

《天生丽质》与新诗的“另一种写法”[①]

段从学[②]

1

作为一次大胆的实验性写作，《天生丽质》其实是非常典型的先锋文本。在几乎所有人都浸润在“传统”之中的时候，“别求新声于异邦”（鲁迅语），寻找诗歌的“另一种写法”，固然是先锋和叛逆，反过来，在“传统”面临默杀的灭顶之灾时，重新开启历史经验与文化记忆的深层链接，又何尝不是撒旦诗人的铭章？

沈奇有充分的证据证明：新诗破坏和背离了汉语诗性传统，导致普遍性的精神贫困和艺术匮乏。但换个角度，我们也能找到同样充分的证据，说明今天的困境，是传统过于强大的影响所致。

很显然，问题不在于回归“传统”，还是拥抱“西方”。而在于那个把“传统/现代”“中国/西方”等不同元素联结在一起的整体性结构。那个左右着我们的思考和写作，让新诗之所以成为新诗的整体性结构。

2

事实表明，百年新诗史上，从来不缺少向“传统”致敬、以融会中西为最高艺术理想的行动。长期被看作第一位真正“新诗人”的郭沫若，一开始就向屈原表示了由衷的敬意，并在从事德语诗歌翻译和新诗创作的同时，用现代汉语翻译过《诗经》。试图把全部的生活，甚至整个世界改造一新的毛泽东，也明确提出新诗要以民歌

---

①本文原载《诗探索》（理论卷）2013 年第 1 辑。

②段从学，西南交通大学艺术与传播学院教授。

和古典诗歌为基础。一时之间，“民歌加古典”被奉为绝对的创作主流、新诗唯一的出路。

这几乎是一个充满了嘲讽意味的现代性悖论：向“传统”致敬者，反而是“传统”元素最少，甚至是“传统”最有力的破坏者。套用黑格尔的话来说，在新诗回归“传统”的道路上，摆满了回归者的尸骸，以及数量空前庞大的艺术赝品。

沈奇究竟是如何带着他的《天生丽质》，闯过了新诗艺术史上的黑洞，挣脱了此一现代性悖论的呢？

3

在我看来，沈奇的《天生丽质》不是我们通常所说的“新诗”，而是“另一种新诗”。他汲古润今的回归“传统”，也不是针对流俗意义上的“新诗”的“传统/现代”“中国/西方”而发。唯其是“另一种新诗”，《天生丽质》才真正揭橥到了“传统”的存在。也唯其是“另一种新诗”，《天生丽质》的写作，才真正与我们的“新诗”写作构成了对话之可能。以往的种种，不过是“新诗”内部“亲密的争吵”。

抛开见仁见智的艺术质量问题不论，“旧瓶装新酒”实践的客观存在，以及“新诗”史上数量不菲的“颂圣”之作告诉我们：新诗之所以为新诗，不在于内容，而在于“写法”。用俄国形式主义的术语来说，那就是：“新诗”其实是一套自足的艺术手法。新诗之新，就在于它有自己的“写法”。

《天生丽质》，也正是以截然不同的“写法”，把自己确立成了“另一种新诗”。沈奇自己说得很清楚：“我是将《天生丽质》作为相当于古典诗歌中的‘词’的感觉来写的。”

我们不能确定古人是否像沈奇写作《天生丽质》那样填词。《天生丽质》也不是“词”，而是“另一种新诗”。所谓“词”的写法，其实是“沈奇写法”。诗评家沈奇以《茶渡》为例，展示了“沈奇写法”的具体内涵：

> 这点“心机”的萌生，最初来自《茶渡》一诗的写作。此

诗初始只有题目“茶渡”两个字跃然于心，但当时就惊喜地发现，仅此二字，便已构成一个元一自丰的完整意象，及其所衍生的诗意内涵和诗性联想空间了，包括能指与所指，都几近“元诗”的境地。这便是汉字和汉语的“诗性基因”之所在：字与字、词与词偶然碰撞到一起，便有风云际会般的形意裂变，跳脱旧有的、符号化了的所指，而生发新的能指意味、新的命名效应及新的语感形式。遂“顺藤摸瓜”，由字而词而句而篇，于一个多月后完成全诗……此一诗写的完成，实际上是顺着诗题“茶渡”这一形质并茂的诗性语词，所展开的一种相互阐释和对话的衍生过程。具体说，是字词之思在先，而后引发、延拓、聚合与此字词相关联的句构与篇构，其发生机制，与此前的写作经验完全不同。①

不难看出，所谓“沈奇的写法”，要旨有二。其一，沈奇不是根据某种先在的“思想”，而是循着语言相互碰撞带来的偶然可能性，随着语言能指链的滑动而展开诗思。其二，诗人面对的是作为图像符号的“茶渡”，而不是作为实物的“茶渡”。

明眼人当然要说，“沈奇写法”，会令人不由自主联想到德里达的书写，甚至雅各布森的转喻写作。但从汉语诗学内部来说，废名所谓“旧诗的写法”，或曰“散文的写法”，才是它的家族成员。

4

废名论新诗，有两个维度。一是诗与散文之间的差异，二是新诗与旧诗之间的区别。其要旨，乃是看起来颇为诡异的一句话：新诗的内容是诗的，形式则是散文的。

这是什么意思？废名以胡适备受争议的《蝴蝶》为例，分析说：

我尝想，旧诗的内容是散文的，其诗的价值正因为它是散文的。新诗的内容则要是诗的，若同旧诗一样是散文的内容，

①沈奇：《我写〈天生丽质〉——兼谈新诗语言问题》，本文依据作者发笔者电子版稿，后同。

徒用白话来写，名之曰新诗，反不成其为诗。什么叫作诗的内容，什么叫作散文的内容，我想以后随处发挥，现在就《蝴蝶》这一首新诗来作例证，这首诗里所含的感情，便不是旧诗里头所有的，作者因了蝴蝶飞，把他写诗的情绪触动起来了，在这一刻以前，他是没有料到他要写这一首诗的，等到他觉得有一首诗要写，这首诗便不写亦已成功了，因为这个诗的情绪已经自己完成，这样便是我所谓诗的内容，昔日的诗人也很少有人有这个诗的内容，他们作诗我想同我们做散文一样，是情生文，文生情的，他们写诗自然也有所触发，单把所触发的一点写出来未必能成为一首诗，他们的诗要写出来以后才成其为诗，所以旧诗的内容我称为散文的内容。①

就是说，在诗与散文之间的文体差异这个维度上，废名认为，新诗的形式应该是自由诗，除了分行之外，没有自己的文体形式，故此名之曰“散文的形式”。新诗与旧诗之间的差别，废名称之为“内容”上不同：新诗的内容是一次性完成了的情绪，而旧诗的内容则是“情生文，文生情”，在写作中渐次推衍出来，依靠写作完成的。

粗糙一点，可以说废名的“新诗的内容”乃是一种不依赖文字操作过程而存在的“诗的情绪”。而旧诗之所以是“散文的内容”，原因就在于它是“情生文，文生情”，在文字操作和情绪体验的互动中完成的，“它还有上文，还要有下文”，才能成为一个整体，而非“作诗人当下的感性”②。汪曾祺的说法，就是“边写边想，前后照顾，文情相生，时出新意”③。

综合其相关论述来看，废名的意思是：新诗，应以散文的形式，表现当下一次性完成的“实感”，即传统的“散文的内容”。散文的形式，即不拘格式，随内容而赋予每一首不同的形式。诗的内容，

---

①废名：《谈新诗·〈尝试集〉》，载《论新诗及其他》，辽宁教育出版社，1998，第4—5页。
②废名：《谈新诗·〈一颗星儿〉》，载《论新诗及其他》，辽宁教育出版社，1998，第8—9页。
③汪曾祺：《小说技巧常谈》，载《汪曾祺全集》第3卷，北京师范大学出版社，1997，第296页。

即现实观察所得的“诗的材料”及“实感”。

《天生丽质》的写法，其实就是废名所说的“旧诗”的写法，或者说“散文的写法”的写法。如果一定要说沈奇“回归”了什么传统的话，我认为就在这里：我们通常所说的“新诗”，表现的是现代人“事实上”见到和感受到的“诗的材料”，而沈奇则试图在“事实上”之外，根据汉字图像、根据传统的诗文学记忆来写诗。

在最简单，同时也最粗糙的意义上，可以把沈奇的意思归纳为：除了我们看到和感受到的“事实性”材料之外，汉字和汉语文学传统，也应该成为新诗的表现对象和灵感源泉。

5

柄谷行人注意到，传统文学中的“风景”，其实不是作者实地所见的“事物”，而是某种先验的概念、语言符号和“过去的文学”。古代文学不是根据作为实物的“风景”来描写“风景”，而是根据此前的“文学”如何表现“风景”来表现“风景”。大海、森林、高山等，乃是亘古以来就一直在那里的“自然事物”。“风景”的出现，乃是知觉形态之现代性倒转的结果。“只有在对周围外部的东西没有关心的‘内在的人’(inner man）那里，风景才能得以发现。”①

在柄谷行人看来，这种现代性的倒转，不仅是“风景”得以被“看见”的奠基性前提，更是整个“现代文学”得以确立的奠基性前提。而“现代文学”的确立，又与“资本制—民族—国家三位一体”的现代秩序与制度的确立，尤其是“民族—国家”的确立密切相关。在这个意义上，柄谷行人虽然对阿伦特关于“现代”的反思不甚满意，但无疑会极力赞同她的这个说法：“现代”秩序，乃是由一群根本不关心实在、不关心外部世界的人建立起来的。

沈奇的《天生丽质》在“实感”，或者说在长期被视为文学艺术唯一源泉的“现实生活”之外，以汉字本身，以汉语诗文学作为写作的另一个“源泉”，因此不是单纯的写作技术问题。时髦点，可以

---

①[日] 柄谷行人：《日本现代文学的起源》，赵京华译，生活·读书·新知三联书店，2006，第15页。

说是新诗“形式的意识形态”问题。

其关键性分歧在于：除了现代世界中的“个人”看见和感受到的“现实世界”之外，语言和传统诗文学表征的“图像世界”，是否具有同样的“真实性”？包括新诗在内的“现代文学”，选择的是“现实世界”，而古代性写作，选择的是“图像世界”。换算为理论术语，就是：究竟是“个人”可见可感的“现实世界”是我们“存在的家园”，还是语言的“图像世界”是我们“存在的家园”？

这不是理论或口号问题，而是诗的“写法”问题。沈奇从文字和语言的关系入手，描述这两种不同的“写法”说：

> 古诗兴发，多以心动（缘情言志）而发为“词”动，落于文本，由字构，而词构，而句构，而篇构，相生相济之“逗引”下，生妙意，成奇境，发为新的生命，所谓“语不惊人死不休”；新诗起兴，则多以“心”动为止（且是已被“现代汉语化”了的“心”），由情感而观念而主题，落于具体写作，则重篇构、重意义，而少佳句、弱意境。
>
> 这是语言层面的比较。再就精神层面来看，新诗以“启蒙”为己任，其整体视角长期以来是以代言人之主体向外看的，可谓一个单向度的小传统。其实人（个人以及族群）不论在任何时代任何地缘，都存在着不以外在为转移的本苦本乐、本忧本喜、本空本惑，这是诗歌及一切艺术的发生学之本根。不是一地一时之愁，是万古愁。这是汉语诗歌的一个大传统，一个向内看的大传统。新诗百年，基本走的是舍大传统而热衷其小传统的路径，是以只活在所谓的“时代精神”中，一旦“时过境迁”（包括“心境”和“语境”之迁），大多数作品即黯然失色，不复存在。这是新诗至今没有解决好的一个根本问题。[①]

显然，问题的关键不在于沈奇的说法是否合乎文学史事实，而在于它揭示了这样一个深刻的现代性洞见：“古诗”和“新诗”两者

---

①沈奇：《我写〈天生丽质〉——兼谈新诗语言问题》。

不同的写法，根源于两个不同的“世界”。前者的根据是以语言为家园的“超个人世界”，后者则是以个人所见所感为界限的“个人世界”。《天生丽质》所开启的“历史经验与文化记忆的深层链接”，实际上就是这个久已被现代人遗忘了的“超个人世界”。

6

个人所能够感受和“看见”的世界，绝非所谓的“真实世界”，或曰“世界本身”。卡西尔从发展与变迁的角度，指出了“真实世界”被“符号世界”所替代和遮蔽的事实：

> 人不可能逃避他自己的成就，而只能接受他自己的状况。人不再生活在一个单纯的物理宇宙之中，而是生活在一个符号宇宙之中。语言、神话、艺术和宗教则是这个符号宇宙的各部分，他们是织成符号之网的不同丝线，是人类经验交织之网。人类思想和经验之中取得的一切进步都使这符号之网更为精巧和牢固。人不能再直接地面对实在了。人的符号活动能力（symbolic activity）进展多少，物理实在似乎也就相应地退却多少。在某种意义上说，人是在不断地与自身打交道而不是在应付事物本身。他是如此地使自己被包围在语言的形式、艺术的想象、神话的符号以及宗教的仪式之中，以致除非凭借这些人为媒介物的中介，他就不可能看见或认识任何东西。①

在卡西尔看来，生活在符号世界之中的人类，似乎只是因为自己的成就和活动，而失去了“真实世界”这座堕落前的伊甸园。因而“真实世界”依然存在，只不过人类已经回不去，也没有必要回去了。心理学家荣格，则直截了当宣告了“真实世界”的不可感知：“作为直接的现实显现给我们的东西，实际上是由仔细加工过的表象组成的，我不过是直接地生活在一个表象的世界之中”，“因此，我们所直接接触的远不是一个物质的世界，而是一个心理的世界。我

---

①［德］恩斯特·卡西尔：《人论》，甘阳译，上海译文出版社，1985，第 33 页。

们只能通过这个心理的世界对事物的真实性作间接的假定的推论。”①

也就是说，现代人“看见”和“感受到”的，仍然是“符号世界”，而不是也不可能是“真实世界”。只不过是作为现代人的我们，自己把自己“看见”和“感受到”的世界，定义为“真实世界”而已。其实际的情形，正如霍克海默等人所说：

> 现代文明的真正传人害怕偏离事实，一如他们害怕偏离社会。他们不知道，事实在被觉察到的时候已经受到了科学、商业以及政治中的惯例的严格规整。语言和思想中的明确性概念也受制于这些惯例，而当代的艺术、文学和哲学又都应当具备这样一种明确性概念。明确性概念认为，源于事实和统治思想形式的否定思维是模糊的、零散的，是一种禁忌，因此，它像着了魔似的把精神控制在一种越来越盲目的状态之中。有一种情况堪称无可救药，这就是：最真诚的改革家用支离破碎的语言主张革新，而连他们都接受了精致的范畴机器以及背后的糟糕哲学，从而强化了现存制度的力量，而这种力量正是他们想要打破的。错误的明确性不过是神话的另一种表达而已。②

我们的“所见所感”之所以“明确真实”，不是因为它就是“真实世界”，而是因为“我们认为”它就是“真实世界”。但这并不是说，古代性的“图像世界”和现代性的“现实世界”一样，都是假的、虚幻的。而是说，两者都是真实的，都是我们的切身而真实的“生活世界”。

区别在于，古代性“图像世界”是超个人，甚至承认超人类“能见”“能感”之外的经验“真实性”的“大世界”；现代性的“现实世界”，则是严格以个体生命“能见”“能感”为藩篱的“小世界”。《天生丽质》所植根并开启的，其实就是这个“大世界”。由

---

①［瑞士］荣格：《现实与超现实》，载《心理学与文学》，冯川等译，生活·读书·新知三联书店，1987，第 246 页。

②［德］马克斯·霍克海默、西奥多·阿道尔诺：《启蒙辩证法：哲学断片》，渠敬东等译，上海人民出版社，2003，前言第 4 页。

此，沈奇不是从流俗意义上的“先锋”转向“传统”，而是从我们习惯了，因而也遮蔽着流俗作者的现代性“小世界”，跨进了古代性“大世界”。

在沈奇笔下，“古典与现代的融合”，因而变成了词与物的融合，变成了古人所“写”与自己“所见”的互动，变成了“画”与“意”的融合。需要强调指出的是，这种融合，不是两种现成之物的组合，而是一种在场之物寻找另一种不在场之物，一种真实生发出另一种真实，王维的声音期待着沈奇的回答，一个太虚中的形象等待着沈奇添上最后一笔来完成。一句话，这是“大世界”和“小世界”的互动碰撞。两个世界的隔阂和界限在碰撞中消失，在消失中迸发而为《天生丽质》的诗意世界。

“古典传统”并不存在于我们所不知道的某个地方。“现代意义”也不是某种等待着我们取出来的现成之物。古典与现代的融合，更不是把两个现成之物按一定比例安置在合适位置。传统是“被书写的传统”，现代是“被书写的现代”。《天生丽质》最根本的意义，就在这里：沈奇触摸到了书写“古典传统”和“现代意义”的话语脉络，成功地将之转化成了新诗的“另一种写法”。

2012 年 3 月 23 日

第五季书写：如雪，如烟，如玉
——品读沈奇《天生丽质》①

夏可君 ②

一

第一次读到沈奇的《天生丽质》，眼前似乎就有白雪在飘，一片洁净，一片空白。

《天生丽质》的写作发生于“第五季”——这个特殊的季节命名取自沈奇一首题为《永生——给缪斯和她的女儿》的诗：“活在只为爱活着的第五季”。对于诗人诗评家沈奇，我相信，如果确有纯属于他自己的诗歌写作，那一定是在这第五季发生的。当然，并无所谓的第五季，中国传统的第五季乃是长夏，但诗歌的第五季，相对于整个传统诗歌写作，乃是增补出来的，沈奇的《天生丽质》是对传统古典诗意的转化，带有一些抽象意味——这并不存在的第五季，仅仅存在于心灵的抽象之中。

《天生丽质》：在传统，并不存在如此写作，似曾相识，早已面目全非；在当代，不食人间烟火，是冰雪世界无污染的心事，或，即便有着现代人的情感，也被语词精炼过后，剔去了杂质。因而，如此写作只可能发生在第五季：这并不存在的、爱的季节，冬雪之后的缝隙季节（在四个季节的缝隙之中），故字字都带着点雪意，并将每一个字凝结为“玉”。

第五季的写作，内化古典诗意，外纳西方现代诗质，乃是面对传统诗歌写作一个异常独特而适切的位置。沈奇不仅仅是一位诗人，还是一位诗评家与艺术鉴赏家，他的某些修养与修为，使他可以让

---

①本文原载《诗探索》（理论卷）2013 年第 1 辑。

②夏可君，中国人民大学文学院教授。

第五季的写作变得明确起来：此乃关于诗歌的诗歌，是文字之文字，是回到汉字的诗意书写本身，绝不仅仅只是一首抒情的诗歌而已。

保罗·策兰在《逆光》中曾写道："四个季节，没有第五个来挑选它们。"因此，需要一种独特的视角，一个并不存在的时空位置，一个也许仅仅存在于心灵之中，而且是在一个晚到的哀伤者那里，才可能进入这个第五季。策兰还写道："时间跳出钟表，向它示范并命令它正确地走。"① 与上面相通，只有时间在时间之外，只有不合时宜，诗歌才找到自己的准星、自己的节奏。对于已经丧失了传统诗歌意味与意境的我们而言，置身于第五季，而不是企图强行闯入传统，或者自认为可以重新在传统已有的意义世界再次挖掘现存的宝藏，都是幻想，只有处于第五季，才可能找到一个转换传统的外在轴心：一个体外的心脏！因撕裂感与疼痛感而写作，但又并不强化这个撕裂，而是淡化它。因为现代汉语已经被置于其外了：她有一个外在的心脏，一个第五季的情感生命。

显然，处于这个第五季的写作是异常困难的，它并非现实世界，与想象世界相关，必须改造象征符号界，让传统的那些语象或喻象脱去它已有的语境，而置身于第五季之中，再次以心灵赋予其生命。沈奇找到了这第五个季节，因此，整个古典诗意就由此而打开，他可以随意挑选古典的意境与意趣来重新改写，写出了古意的时态——比过去更为久远的过去，比古典诗歌的古意还要古老的时间性。

二

让我们从这首《琥珀》开始：

抚摩一只
青涩的杧果

---

①[德] 保罗·策兰：《策兰诗文选》，王家新、芮虎译，河北教育出版社，2002，第163页。

那玉般的感觉
如白云的焦渴

手垂下——

空出的位置
灰烬依旧

这首诗首先写的是一种触感。琥珀在传统诗歌中，就有李白《客中行》中的名句："兰陵美酒郁金香，玉碗盛来琥珀光。"在西方传说中，琥珀也是人鱼的眼泪。作为可以佩戴的宝石，琥珀的颜色一般为黄红色调，而且透明。这玉一样的光泽，作为日常之物，乃是触感的化身：对于诗人，中国文化生命诗意质感的奥秘之一，就是通过爱玉、玩玉，培育了中国文化独特的"手感"或诗意的"触感"——可欲不可得的爱意。这个手感既是对古老——琥珀的玉质有着人类之前的那种自然气性，那种苍凉——的遥感，也是对青春——琥珀的玉质如同少女皮肤一样浸润而散发青春胴体气息，亦即一种秀润——的触及。因此，在琥珀里同时凝聚这双重的时间，如此古老又如此青春，此即中国文化所追求的至高境界——苍润。在这首《琥珀》中，沈奇写出了这种苍润。

诗歌开始于爱抚。琥珀一直召唤抚摸，如果是青春的躯体，那就如同青涩的杧果，是青春的，还不苍润，但玉般的感觉已经余留在手上。手就开始焦渴——触摸总是唤起更大的触摸，触摸是欲望的器官，最为柔软的器官，因此，这焦渴也只能如同白云一般，这白云也可能是琥珀上的纹理激发的幻觉。如果无法满足，触摸也便是去触摸那不可触及的，发生在第五季的触感，保留着永恒的幻觉。因此，只能垂下手来，放弃触摸，弃绝自身的欲望，只有放弃，手保持空出，仅仅是空出，在那个位置上，才可能出现苍润的琥珀，只是那已然是激情燃烧后的灰烬了，琥珀仅仅是时间的灰烬，激情触摸的余温。

诗人对传统琥珀光色的改写，保持了空灵，这是抽象的契机：

诗行之间的空格，破折号的形式指引，诗意弥散的内在空间，都有着可望而不可即的恍惚性，写出了语词的容颜。

三

沈奇自觉认识到汉语“字思维”的重要性。汉语是以一个个的字，在诗人灵感的连接中形成词句，并不具有句法的逻辑必然性，因此，激发汉字自身之美，形成新的句法，这是一种新的路径和趋势。

再读《提香》一诗：

香　怎么提
一种悦意

心到哪
悦意到哪

提香的那只手
如云的无法

这首诗的题目，或许来自意大利画家提香的名字。诗感起兴于对“提香”两个汉字的反转：“香”如何“提”？一个突兀而妙趣横生的提问，一下子打开了诗意。汉语偶发性与颠倒得来的妙语，尽在灵机一动中。《天生丽质》中的许多诗篇，都在此类语感禅悟之中萌发而得。

无法被提起来的香气却要被提起来，虚中求实，无形变有形，通感中激发“悦意”，一种想象的快意！这是心之感，仅仅有心之人，被萦绕的香气如何留存而心动之人，才可能在细微感伤中萌发此甜美意味。诗人在另一首诗《暗香》中，也用此手法表现梦中梅花的古意，如何引发心中冻土融化为流溢的春水。

进一步具体化：“提”，手的动作，提香绘画的手画出了画布上的香气。绘画要传达出味道，诗歌的文字也要有味道，这是不可学的，是云之无法，云也是缥缈，如同香气。这是诗之诗，无法之法，如此的妙语只有等待灵感之来临。

再品《依草》之作：

好在那个“依”字
静静地好

花枝招展后
有未落的骄傲
和残余的矜持
在向晚的记忆里
对夕阳说——

“依草”不是“落草”

这样的情景如何可以等到？多少年之后，沈奇获得了如此的心得，这是静静地好。要在平静中萌发悦意，也是那种淡然的禅悦——“静好是最好的好”（《静好》）！只有进入平静，才可能安好，诗人回到了汉语静美的内心处。

这首《依草》，又是把两个前人从未如此连接的字关联起来，并且横溢一派萧散而依旧烂漫的情态：好就好在那个“依”字，草们彼此偎依，彼此关切，且从不在乎是否被人关注——我们更多看到的是花枝招展，但是花朵凋谢之后，草还在，就有着骄傲以及残余的矜持。对矛盾情态准确生动的演绎中，暗含一种自得而适的意绪。其实这是开在第五季的花草，因此这是向晚的记忆，是对夕阳所说的：“依草，不是落草”。对“落草”的改写，打开了一个我们之前从未感受到的“诗意之草”的情态，可以说，这是一个晚到者的晚祷。

四

中国古典诗歌写作处于用典与化典的传承之中，尤其是咏怀诗，在书写历史的悲凉时，尤为强调用典，这既是由中国文化特有的仪式化转换出来的程式化套路，也是历史诗意延续的独立性秘密，即或在现代汉诗的写作中，这一秘密也并未全然失效。在沈奇的《天生丽质》中，传统典故已经浓缩为一个个的喻象：明月，白雪，暗香，孤云，听云，秋白，等等。它们已经脱离历史的境遇，但还互涉了诗意的余味，重新去体会与品尝这种余味，作为喻象，在更为抽象的第五季被赋予现代的意味，成为沈奇此类诗歌写作的核心。

沈奇的这些作品，小巧，精致，如同琥珀与美玉，如同宋代小令的温婉动人，但又有着一种超然的抽象性，更多是在“无语”之中展开，而不是传统用典的那种在有语之中展开，即在“似与不似之间”的传统象似美学中，更为靠近“不似”，而不是相似性。

试举下面这首《秋白》为例：

雨声……雨声
声声雨声……

声声雨声里
听：一把旧锁开启
无春
无夏
无语
无……听

唯清凉如寺
任孤独之钟
撞
飞
一天乱云

似
鹰

诗人巧妙借用传统宋词中“凄凄惨惨戚戚”的叠用程式，让我们感到似乎是语词“雨声”自身已然化作了下雨声，一味淅淅沥沥着。在这种被“雨声”浸漫包裹的情境中，峭然旁出“一把旧锁”。如何开启？开启后又是什么？诗人给出的是：无春，无夏，无语，也无听。诗中“无”与“听”之间的省略号，或许在暗示这是打开了一个内在的倾听空间：这是去倾听那个“无”？

雨声带来了清凉，如同寺院的那种清净，因此可以听到寺院的钟声孤独响起，且随意地撞飞了天上的乱云，这才有倾听，倾听到孤独的声音才是进入了对无的倾听。而且这声音还被赋予了具体的生命形态：如同一只鹰冲向天际，打开了一个声音的空间，一个秋天的空白。

而且，其现代性体现为对欲望的重新谐调，不是简单地否定欲望，而是追求在欲望中控制欲望，前面的《琥珀》就是如此。还有那首《云心》——第五季的心，在进入体验的空白——如同坐禅的修炼，才可能从“云白”感受到“天静”之敞开，从“心白”进入“人静”之深广。但现代性乃是人群聚集的时代，是大众社会，如何可能如同传统那般再次进入天地人同时入静的状态？这是倾听到细微的叹息，那转瞬即逝的心灵的叹息。以此叹息，可以转渡到第五季，在那里，个体可以再次进入一个空灵的世界：空山灵雨中，看鸟自在飞过！

再看另一首《灭度》：

身在其中
其中有身
何以独化？

一念至此的那人
遂遁木而逝
化身：一尊古琴
引高山流水

抚云卷云舒

——梦醒七点钟
早茶、早点、早间新闻
以及远方亲友的
短信、微信、以及……

春风醉人
遛狗出门

细读上面这首《灭度》——一个看似佛教的修行用语，可以看出沈奇如何在古代与现代之间进行巧妙的移步焕新：也是针对欲望，需要寂灭，但是身体还是在身体之中，任何的幻觉都消灭不了这个坚实的肉身。诗人用“身”这个名词，显示动词性——身处自己的身体中，然后名词化，身体在身体之中，这样就打开了身体的间隙，因此，分裂的身体无法独化，这也是借用庄子的典故，独化玄冥之境。这是一个依然富于现代性的有着分裂症的身体。

诗言志的传统经过佛教闯入之后，心志已经转变为“心念”，修炼针对的是瞬间变灭的意念，如果还残留诗性的意念，那就是返回到古代的场景，弹琴者要与古琴融为一体，不是自身演奏的技艺，而是在自然之中，让自己的念头随着云的变化而变化，随着流水的节奏而流动，因此，演奏乃是要重新成为自然的陪伴与爱抚者，使自己化身为自然的元素。

但是，这样的返回无疑是南柯一梦而已，因此，诗人立刻说到梦醒了，一大堆早晨要做的琐碎的事情，与修行无关，与静默无关，名词的罗列以及语词的急促暗示了身体的忙碌，那么，哪里还有诗意？诗人在这里无疑已经带有反讽性地在思考传统的“灭度”，恰好要灭了那个超度的幻觉？

因此最后落脚点就尤为有着正话反说的谐趣了，这就需要最后一句的顿步或者碎步：因为有着前面的对比，诗人转而代世人或时人，去感受醉人的春风，去不无时尚地出门遛狗，与普世同行进入红尘之中，省略了很多的交代，并且衍生余味——这余味不无反讽，更多一息叹惋。

五

最后品读《种月》——一首以诗论诗、论诗人的代表之作：

万影皆因月

种月为玉
再把玉种回
月光里去

怀柔万物的诗人啊
连影子也一一种到
那梅　那菊
那桐　那竹
那细草的
摇曳中去了

德将为若美
道将为若居

坐看云起
心烟比月齐

整个古典诗歌的意境，几乎都是围绕月亮而展开的。这个经典的喻象如何被置于第五季而得到改写与重写？沈奇写了《种月》，月成为诗意的种子，这是诗歌的因子。如何种月？从影子开始。如同消逝的过去的美都仅仅是梦幻泡影了，但诗歌写作不就是一次次种月？“月”是色泽与想望的种子。对于沈奇，种月即是种玉，把传统诗意触感的玉质感一直余留下来，只有恢复月的玉质感，才可能唤醒字词的生命触感，才可能感人，并且再把玉种回到月光里，月光再次焕发出玉质的光与色晕，这是汉语诗意光晕重新闪亮的时刻。

如此写作才是诗人们怀柔万物、触摸万物的手法，这样才可能把那些在第五季看似幻影的影子，再次种回到身边或想象中的梅、菊、桐、竹，以及细草的摇曳之中。沈奇在这里除了在写一首具体的诗歌，也是在书写诗歌本身，古典的诗歌喻象如何再次可以被激活。然后，让“德”与“道”成为美好栖居的核心。只有如此，才可能重新看到：云之起，心烟可以抵达明月。否则，就仅仅如同《烟鹂》中所言，尽管诗人期待与烟为伴，却只留下一个并不存在的失忆的语词：这第五季的语词——烟鹂。

如烟，如玉，这是汉诗至高的诗境：前者是传达飘散远离，生灭的瞬间，以及生动的姿态；后者则是凝固的、坚贞的、切近的召唤。能够写出这两种情态的诗人，真是有福了。

2012年2月6日

重渡“汉语”的“诗人”之心

——沈奇诗集《天生丽质》读记[①]

霍俊明[②]

几年前就陆续读到过沈奇先生的《茶渡》等诗，对此我一直觉得有话要说。这不只是关于沈奇的这些特征明显和“用心良苦”的诗作，而且还关涉到当下汉语诗歌如何发展的一些思考。

反观当下看似自由繁华的诗坛，我们却不得不面对那些面貌极其相似的诗人和文本。吊诡的是：一方面，无论是作为一个专业的阅读者，还是普泛的受众，接受诗歌的机会越来越多，因为自媒体时代以来，我们都不能不充当热闹的旁观者；另一方面，我们却又日趋丧失对当下诗歌臧否的能力，或者说，面对海量的诗歌生产，我们的阅读和批评都变得从未有过地困难。对此，我曾在与中国艺术研究院的最近的一次对话中提到过类似的印象——面对二十一世纪以来热闹生猛又看似正常繁荣的诗坛，我却留下了一个模糊的印象。更多的诗人丧失了对汉语的敬畏之心，丧失了真正的介入能力和言说力量。

换言之，我们这个时代不乏优秀的诗人，但是这些诗人的面目太相似了。我一直在疑惑这些相似的面影一夜之间或十年之间是被什么力量塑造出来的，同时更为令人惊惧的还在于诗人对此状况的不自知。

由此，在北京的一次诗歌研讨会上，当我粗略地翻阅沈奇先生郑重交付我的打印诗稿《天生丽质》后，直觉中感到了这份薄薄诗集的特殊分量。当然也有诸多惶恐，怕难以恰如其分地说出我的感受。

---

①本文原载《诗探索》（理论卷）2013 年第 1 辑。

②霍俊明，中国作家协会创研部研究员。

1

沈奇致力于新诗理论与批评近三十年，然而，作为一个“两栖”写作者，沈奇作为优异诗评家的形象，却在一定程度上遮蔽了他的诗人身份。较之他在二十世纪八十年代开始从事新诗批评，沈奇早在二十世纪七十年代就开始了新诗写作，其对现代诗的热望可见一斑。而其几十年来诗心不改且数次苦苦寻求诗歌写作的“新变”之路，足以看出诗歌写作在他心目当中不可替代的位置和不言自明的重要程度。

诗人诗评家沈奇一直未能割舍他和诗歌写作之间的“天然”关系，这在当代诗歌界是较为罕见的，也是尤为可贵的。众所周知，很多的诗歌批评家都曾多多少少写过诗（尤其是在青年时代），但多“羞”于示人，或者轻易放弃。沈奇从 1975 年开始现代诗写作，1989 年推出第一本诗集《和声》，此后众多著作都是诗歌与评论的合集（比如《生命之旅》《淡季》等）。“两栖”并重，一以贯之地对诗歌抱持虔敬甚至敬畏之心，而这正是众多诗歌批评家和诗人们所普遍缺乏的。

对于“诗人批评家”的诗歌写作，学界历来抱着或搁置或不屑的态度，认为无非是“业余”“玩票”或“跑龙套”之类而已。但是我想，作为一个诗人和成为一个诗歌批评家有什么必然的不协调和冲突吗？至少，当我们面对沈奇的诗歌写作，尤其是这批以《天生丽质》为总题的新作时，则会发现：我们面对的是一个“诗人的”沈奇，而不是一个“批评家的”沈奇。

2

2007 年夏秋之交，终南山的落叶开始缓慢而静静地扑落山野。一度开采过度的中国山脉，在这里呈现出少有的氤氲之气。诗人沈奇，也正是在此时开始了他带有实验性的难度和挑战极大的《天生丽质》的写作。

还是让我们搁下成见，从《天生丽质》的每一首诗歌开始吧。

我想反复想强调的是这是“诗人”之诗，而非“批评家”之诗。当然我这样说并没有上面提及的对“诗人批评家”诗歌写作能力的某种不满或者怀疑，而是说写诗自是需要特殊的才能和情怀的——古训早已经告诉我们，诗歌写作不是知识，也不是常识。在我看来，一定程度上说，写诗比起越来越难以捉摸的“现实”来要更为可靠，也更合我心。或者像米沃什所说的，较之现实的“谬误”来，诗人更需要倾心于写诗的“谬误”？

近年来，沈奇曾数次在各种场合谈起他对汉字思维和当下中国诗歌写作的重新思考与深深忧虑。而沈奇体现在《天生丽质》写作中的这种与“母语传统”相关的“朝花夕拾”般的用心与努力，自有其特别的诗学价值。当然这种写作也具有不可避免的危险性。尽管就诗歌写作而言，“当代”和“传统”之间的关系并非那么直接，但是像沈奇这样体现在《天生丽质》中的诸多短章，却在不期然中就会与巍然而不可逾越的“唐诗”相遇。我不知道是否西安的诗歌气脉早已经影响到沈奇的诗歌根系，但可以想见的是，这种短诗写作所被要求的质素，在很大程度上与“古诗”之间具有了躲避不开的“观照”性。古代的20个或28个汉字就足以言说尽万物和内心渊薮的可能，那么当这些字以“现代”分行的形式出现的时候，我们该用什么样的成色来言说和发现另外的可能性空间？

每次看到“天生丽质”这四个字，我总是不由自主地“想入非非”。一次次想起西安，想起长安，想起那曾经以丰腴名动天下的唐朝女子“杨家女”。好像这种印象很难将其和沈奇在此所体现出来的诗歌精神和文本特殊质地联系起来。但是通读诗集再三，我似乎终于明白了这些诗出自沈奇之手的必然性，也似乎明白了“天生丽质”这四个字背后无尽的精神趣味、理想诉求和汉语写作新的可能性前景的“蛛丝马迹”——“天生丽质”是属于曾经的盛唐气象的，是属于曾经的“长安”气度的，更属于去除雕饰甚至伪饰、最为天然真实又被遗忘太久的汉语诗歌的母体部分。

3

值得注意的是，沈奇在其《天生丽质》诗集的每一首诗后面，都附上了批评家或诗友们的精短品评文字，这似乎又有着向古代“随性小品”式诗学精神和诗歌批评致敬的方式。其实仅仅看一下沈奇每一首诗的题目，如《云心》《茶渡》《雪漱》《印若》《提香》等等，即可略窥其独特的精神禀赋，和一种在个人化与现代性重新观照下的“古典”写作话语的寻溯与重新构筑（当然硬性地将沈奇的这些诗作与“古典”和“传统”进行比照又显然不太适宜）。甚至可以说，沈奇的这种精神走向与话语方式，在一定程度上与当下“中国诗歌”场之间有着相当大的缝隙和龃龉。我在此之所以强调“中国诗歌”这个概念，在于尽管十年来不断有批评家和诗人们共同鼓吹这是一个难得的诗歌“黄金时代”，但我却仍然坚持认为“中国诗歌”的“本土化”写作并未完成。尤其是依然有那么多来自西方异域的写作资源和高大诗人身影在深深影响着“汉语”诗人们。换言之，一种贩运体、翻译体和“夹生饭”式的诗歌写作仍然在大行其道。你从这些诗歌中看不出这是一个什么“地方”的诗人。这不仅体现在那些业已成名的诗人那里，而且在出生于二十世纪八十年代之后的写作者那里，也不乏数目可观的“同道中人”。

这种“非本土化”写作泛滥的现实情势，不能不说与来自上个世纪末期的写作语境所无形中形成的某种“传统”或“潮流”有关。换言之，被冠名为“九十年代诗歌”的写作，在与时代和生存发生实实在在的碰撞时，所焕发出的写作的及物性、现场感和担当性的同时，也呈现出了“知识性”写作和“民间性”写作的“派系”倾向和运动式冲动。以“知识性”写作为例，这种倾向曾经在时代转折点的早期具有不可忽视的诗学价值和思想文化史的意义，但是很快这种对话性、互文性和翻译体的贩运式的写作方式的弊端也越来越明显，甚至使得其及物性和“中国化”大打折扣，好像一个中国本土诗人成了一个异域诗人，或者说一个中国诗人的身后站立着很多个“西方”的诗人。这也在一定程度上显现出“九十年代诗歌”的去个人化、本土化的“自信缺乏症”的特征，并一直延续及当下的诗歌写作中。

由此回视《天生丽质》，我看到了一种可以说真正来自诗人自身的、可靠的“中国气息”和“汉语之美”的重新寻找。在无数中国诗人仍然不同程度地走在“西游记”的路上或心存“异域”幻景的时候，沈奇开始摸索与行走的，却是名副其实的“东游”之旅。

4

《天生丽质》所体现的诗歌“内倾性”和“知性”的心理势能是显豁的，同时，强大的语言自觉也更为明显。而这些文本在总体性上所呈现的精神风度，若仅以不少论者所用“现代禅性”或者“现代禅诗”来概括，似乎并不十分全面和准确，尽管沈奇先生自己也大体持有这种看法。这或许在一定程度上低估了这些诗歌的实验性和“先锋性”所带给我们相关的诗学问题思考的意义和价值。

我们知道，沈奇尝试《天生丽质》这一类型的诗歌写作并不是偶然的，而是其持续性前行的必然。当我们用“现代禅性”来评价这些诗作时，显然是有意或无意地缩减了沈奇这些诗歌丰富的质地和诗性空间的宽远。在我看来，“现代禅性”也只是我们阅读《天生丽质》的一个初步印象，而在他的诸多诗作中有着远非“现代禅性”所能够统括和归类的部分。表面看去，这些诗作确实有着明显的静观、顿悟、内省、禅思和哲趣，但每一首诗却又都是通过诗歌自身的成色和汉语字词自身的“形象性”，以及形与质之间不可言说的可能性关系来呈现和生成的。也即是说，诗人并没有为了表白自己构建某种新的诗歌质素的“心悸”，而忽视了诗歌自身的语言、构架、肌质所形成的“天然”成色。

因而我只能说，这些诗作是一个诗人的“天然”之诗。这些诗歌不是做和吟出来的，甚至也不是写出来的，而是一种天然的生发和成长。正因如此，我们在一首首精短的诗歌文本面前一次次停留，阅读时间被一次次延宕。这一首首精短的诗歌看起来是闲淡明净的，但是当你真正探询和察看它的质地时，又是幽深旷远的。应该说，沈奇给我们呈现的并不是一个禅意十足的山水小景，而是递给我们一个个取景框，其中精细的远近变化和更为幽深的纹理与氤氲气象，则需要我们耐心地去探询和体味。乃至于，说这些诗歌在方寸之地尽容天地之心，也并不为过。

由沈奇的这些诗作，我想到了现代汉语诗歌写作历史中的一些现象。沙鸥和蔡其矫都曾尝试过短诗的写作，比如沙鸥的“沙八体”、蔡其矫的四行体，还有沈苇的“柔巴依”（四行体），等等。需要追问的是四行的现代短诗是否能够与古诗绝句相提并论。再有，为什么偏偏或刚好是四行诗句？这四行之间有怎样的内在关系？能不能被压缩成三句、两句甚至一句，还是可以像散文一样被稀释成五句或者更多？当我以这样的思路，试图将沈奇的这些诗歌进行删减或压缩的时候，我不得不徒劳而返。这再次印证了体现在《天生丽质》中的诗歌语言和诗歌质地，其天然的非稀释的品质。品味这些诗作，清幽而峭拔，闲淡而不平淡，像一杯凝结了时间光影和人生记忆的淡绿茗茶，而其后的背景则是黄昏向晚的一阵雪意和隐隐山林间难觅的啼鸣。

5

显然，沈奇意欲在《天生丽质》诗作中表现及达成“现代性”“古意”，无疑有着相当大的难度。无论是“古典理想”还是“禅意”，在中国以往的诗歌话语谱系中都有着强大的根系。而作为一个现代诗人，既要激活“古典”的“理想”与“禅意”，又要呈现出个人化的气象，这是非常具有挑战性的。当诗人试图榫结“古典”和“现代”时，不仅有语言自身系统的压力，更有诗意自身重塑的无边难度。就沈奇的诗而言，我想我们没必要端出德里达或者海德格尔，说出“语言是存在之家”这样的“西方”常识。显然就这些诗作而言，在语言的固定象征和文化体系中，用适切的汉语呈现不一样的“古典”化的现代之诗，确实是最大的挑战。

多年前，《诗探索》曾经组织过两次有关“字思维”的讨论。这些讨论无疑是有诗学价值的，但是讨论者都是“纸上谈兵”而未有实践者。相反，作为也曾参与其中的诗评家沈奇，多年后复以“诗人”之心，在具体诗歌写作中刻意为这一诗学价值寻求实践，而重新思考“字词思维”和“古典气韵”时，其意义所在，自是不必赘述。

平心而论，沈奇这些诗作中的部分文本，现在看来足称完备意义上的好诗了。而由沈奇的这些诗作我还想进一步追问的是，当代中国诗人应该用什么“材料”和“能力”来构建起诗歌的“精神现实”？重构“古典的诗意和理想”并探寻一种新的汉语写作当然是有难度的，但是在这种重构的过程中如何于具有诗歌体温的同时，不但能直通“古代”，而且又有直达“当下”的方向感，这才是至关重要的。

记得2009年，著名艺术家徐冰用废弃的钢铁、建筑垃圾等材料打造成了两只巨大的凤凰。这本身更像是一场诗歌“行为艺术”：时代这只巨大“凤凰”的绚烂、飞升、涅槃，却是由这些被废弃、被抛弃、被搁置的“无用”“剩余”事物所构成，这是否正是我们所处时代的诗歌的真实与艺术的真实？讽喻性的诗歌写作已经逐渐成为带有伦理化倾向的一种潮流和趋势。面对当下各种媒体上所呈现的离奇、荒诞、难以置信的社会事件和热点现象，我觉得我们似乎已经进入了一个真正意义上的“寓言化”时代。各种现实生存图景越来越复杂，越来越具有多层次性，越来越具有差异性，已经远远超过了一般诗人及文学家、艺术家的想象和虚构能力。而沈奇的诗歌却刚好回应了这个诗歌难题。沈奇的《天生丽质》所呈现的诗歌写作方向，既没有随便拿来就用的“当下”粗糙、廉价、伦理化的“现实性”材料，也没有重新套用古代诗风进行新一轮的复古家具式的摹写，而是用一颗真正的“诗人”之心和重新焕发生机的“汉语”再次出发的努力，同时也一定程度上打通了诗人和“现实”与“传统”之间的复杂关系。或者说，这是一次真正的对“母语”的重新寻回和再次发现，是名副其实的当代“母语”写作。

6

细读《天生丽质》，有时看起来不经意的一个字、一个词，却突然让我们真切感受到汉字母语，曾经最初的伟大生命力和难以言说的“空白”与“未尽”的部分。这种汉语诗歌的“字词思维”和“母语”的自身光晕，使得沈奇的这些诗歌，具有了一种对新诗写作之“新”的可能性的提示价值，而导向一种被搁置和荒芜的母语诗性之重新拓殖和生成的可能。而其实，这本应属于“中国”诗人的自然和必然之路，但是却被“西行”者们视为“歧路”。由此，沈奇的这些诗歌写作的大胆尝试，无疑具有了另一种意义上的“先锋”性质。沈奇的“东游记”，实际上是和“母语写作”同时进行的。这种同时前进又不断折返的“漂泊—寻找”（现代—古典）的方式，恰恰呈现了他诗歌精神地形学的繁复和容留程度。

但同时，我也一直坚持认为沈奇的《天生丽质》还具有强烈“对话性”和盘诘体验之共置性的“现实感”。这里所提出的“现实感”，与一般意义上的“现实生活”“现实主义”有相当的差异。“现实感”显然来自一种共时性的诗人对时间、命运、文化、当下以及历史的综合性的观照和抒写。这种观照方式和抒写方式，显然除了与当下的时代和写作具有关联之外，也同时延展到过往的伟大的诗歌谱系之烟云的深处。也就是说，沈奇的这些诗歌的“现实感”写作是共置性的，既通往当下又打通历史，既有介入情怀的温度又有疏离能力的“静观”，而这种写作路向正是当下诗歌和文学写作普遍缺乏的，呈现了沈奇作为诗人的独特眼界和心灵视域。

换言之，沈奇以诗歌的方式完成了首先属于个人的精神式的自我提请，当然也是对“古典理想”的诗歌精神的一种“现实性”和“现代性”的回应。尽管沈奇先生强调这些诗歌实验是企图实现“古典理想”的现代重构，并且也认识到其间遇到的种种写作难题，但我更愿意认为诗人所言的“古典理想”也同样是现代人的理想。在一个全球化的祛除地方性和诗意性的“拆迁时代”，与其说沈奇是在进行现代性视野的“古典理想”重构，还不如说是对“诗歌精神”和“诗人身份”之当代“生存处境焦虑”的再次确认和发问。

换言之，诗人寻找的，正是我们缺失的，也正是我们必须找回的。

当然，具体到《天生丽质》的每一首作品，我也持有一点自己的观感：其中不少诗作中，夹杂着一些具有文化定式色彩和过于具体的情感指向的程式化用语（比如“寂寞”“繁华”“苍茫”“澡雪”“荒原”“落日”“向晚”“暮色苍茫”“一声叹息”“转瞬即逝”“不辞而别”等），这对于诗歌的整体品质成色和“未说出”的部分，多少会有一些影响。

笔者最终想说的是：这些“天生丽质”的诗歌来自一个诗人的自然呼吸和天然生成，是真正意义上重新渡回“汉语”诗性的“诗人”之“心旅”。在这样的旅程里，诗人并不一定希望自己的名字最终铭刻在路边什么石碑上，他也许只怀有一颗“写诗之心”——或许在茶烟尚温时，诗人已起身消失，然后留给我们一抹精神的雪意和无尽的母语的“远方”。

2012 年 8 月改定于北京黄寺

另一种表达方式
——读沈奇诗集《天生丽质》①

谢　冕②

沈奇的《天生丽质》诗集，印制精美，版式别致。内容中除沈奇的诗作之外，还有几十位诗人和诗评家们的精短评语，读后觉得诗评这样写就很好，有味道，也很精彩。

我知道沈奇一直在写诗，不过我读他的诗不多。他是很有成就的诗歌批评家，影响及两岸，成就卓著。我曾经给我的一位也写诗的博士生说过，写诗与做论文两种思维不同，先别写诗，把论文做好再说。沈奇做我的访问学者时，可能听到这位博士提到我的这个说法，以为我排斥我的学生搞创作，便少了这方面的交流，差点与其失之交臂。

沈奇是可以写诗的。

昨天拿到他的这本《天生丽质》，一直在读。“云心”“归暮”“青衫”“听云”“种月”“晚钟”，等等，还有“大漠”的苍茫思绪，这些古典的意象，引起我们遥远的怀念。不仅遥远，而且已经很陌生了。它们本来属于我们，却相当疏远了，什么“暗香”“野渡”，都找不到了，只有无尽的怀念。我们已经丧失了那样的感知和再造那种情韵的能力，变得非常简单、粗糙、神不守舍。

沈奇生活在“长安”，他用心捡拾这些古典的碎片，重新编制这些美丽、高贵的诗句，来挑战我们的迷惘与遗失，来比对当下的匆忙、疏忽和嘈杂。他似乎伤害了我们，但没有恶意，只是在呼唤。

我注意到诗集中马玉琛先生的那段评语，意思是说沈奇的这种

---

①本文为 2012 年在西安召开的沈奇诗集《天生丽质》学术研讨会上的发言。

②谢冕，北京大学中文系教授。

写法，使“新诗之美，忽而有了落脚处”。那么我就想，我们创造的别样的新诗有没有错？如果有错，我们错在哪里？是否我们必须要重新编织古典的梦想？当然沈奇自己并没有这样说，沈奇只是用他的苦心，用两个汉字组成的诗题，来提醒我们想起汉语的美丽和高雅，警示我们那些被我们遗忘了的一切有多么可贵！

同时，这些诗也并没有完全脱离现实，还可以读出内心的伤感、疼痛，和袒露着的一颗美好的心灵，以及东西方思想的碰撞。他只是换了另一种表达方式，这是一种有针对性的方式，提示我们如何摆脱影响了我们很长时间的翻译体，以回到汉语内在的力度。现在的很多诗歌是什么状况呢？冗长，杂乱，乏味，无节制，没韵致，沈奇为我们换了一种方式，写一种新的诗，可细细品味的诗。

沈奇的诗歌评论影响深远，现在看来，他还是一个有创造性的诗人。

2012 年 11 月 9 日

沈奇新诗写作的新探索 ①

陈忠实 ②

欣闻沈奇诗集《天生丽质》学术研讨会召开，谨表诚挚祝贺！

我和沈奇君子之交很久，尽管平素往来不密，却也知道他坚持纯正写作和评论三十多年了，成就沛然，影响日盛。在商潮挟裹的、物欲膨胀的生活世相中，三十年痴心痴志于诗歌创作和学术研究，这种精神令我钦敬。

近日收到他的新著诗集《天生丽质》，拜读的第一直感是新奇和新颖，好像当代汉语诗歌很难见到有这样的写法，读来很雅，意蕴和内涵咀嚼不尽，常有令人忍不住击掌叫绝的佳句，便领会到诗人沈奇独特体验的鲜活，也有对新诗新的表现新式的探索。

书中附有很多学界诗界名家的评点，对沈奇诗歌的点睛式解读，不仅可以看出大家公认的共识，也让我得到更深体味佳作妙句的启示。沈奇新诗写作的新探索，不仅是陕西诗歌创作的重大收获，相信有更大更久远的影响于未来，成为诗坛百花园里尤为别致的一枝。

2012 年 11 月 9 日

【附记】

2012 年 11 月 10 日，由西安财经大学和陕西省作家协会联合举办的沈奇诗集《天生丽质》学术研讨会在西安举行。筹备研讨会时，本省邀请嘉宾，首先就想到忠实先生。刚好在与一个友人餐叙时，知道“老陈”也在请要来，便提前准备了相关材料，席间呈送邀约，得先生应承。临近会期，与会主要嘉宾、

---

①本文为 2012 年在西安召开的沈奇诗集《天生丽质》学术研讨会上的书面发言。

②陈忠实（1942—2016），原中国作家协会副主席，陕西作家协会主席。

我的恩师谢冕先生和前辈诗学家吴思敬先生的日程安排错不开，便将原定 11 月 3 日开会改为 11 月 10 日。这才向本省嘉宾发送正式邀请函，很快接到忠实先生打来电话，说这日期和他早就定好出席的另一个会议冲突，来不了，继而说："我给你简单写几句话，发个贺信好不好?"一时好生安慰。11 月 8 日，本校同事、小说家马玉琛教授接到省作协电话，让去"取陈主席写好的贺信"。玉琛知道我忙，操烦专门跑了一趟取回贺信送到我家。接过手，中号黄牛皮纸印有"陕西省作家协会"的信封，上写"致沈奇诗集《天生丽质》学术研讨会"，落"陈忠实"款。打开看，两张方格稿纸，"老陈"在背面笔正画端地写了一张半文字，无一笔潦草，无一点墨渍涂改，仅有一个添加字，也极认真地旁书标示。虽是背面书写，却除了落款外，无一字不在方格里，显见是草拟定稿后特意誊写的，最后见落款日期，更刻意挪后到"9"号，以贴近"10"号会期（其实推算下来应该是 8 日早上誊写的）。拜领这些形式上的小细节，感佩至深，敬重有加！——此次编选结集，特地建议收入此贺信，一作资料存档，二者也是一种难得珍贵的纪念。（沈奇）

以不说为说
——论《天生丽质》写作的留白艺术 ①

熊英琴 ②

留白，原本指国画创作时以“空白”为载体渲染营设的美的意境，有意识地留白使作品章法精美协调，内蕴丰富有想象空间。留白艺术，极富中国美学特征，是中国艺术作品常用的创作手法：书画的水墨留白，“以无为有”；乐曲的“余白”休止，“无声胜有声”；文学有余味，讲求含蓄蕴藉，注重“象外之象”“味外之旨”“韵外之志”③。诗歌创作中的留白是诗人写作时对丰赡诗美境界的追求，是诗歌作为召唤文本对读者的纳入，也是诗质语言凝练性的必然要求。

沈奇《天生丽质》系列实验诗作篇幅皆十分短小，语言简约平实，大多在数十字或十数行的句子里，便已然含蓄典雅、意味深长，引发读者审美想象和情感共鸣的诗美空间，究其根由，首先在于诗人对留白手法的成熟运用。我们知道汉语诗歌无论古今，语言形式越精练，用字用语越少，留下的审美空间就越大，艺术表现力也就越强，当然也就对诗人的艺术修养和语言能力的要求越高。读《天生丽质》，我们不得不佩服诗人沈奇敏感的诗心感悟、独特的诗美创造以及老到的文字功夫。在其创造性的“召唤结构”的诗歌空间里，读者可参与和可发挥的“二度创造”空间较大，以此获得独特的审美体验。由此，笔者尝试从内容留白、情感留白、结构留白三个层次，来探析《天生丽质》创作的留白艺术。

---

①本文原载《安康学院学报》2017 年第 4 期。

②熊英琴，女，陕西商洛师范学院人文学院教师。

③司空图：《二十四诗品》，浙江古籍出版社，2013，第 37 页。

二

内容留白，在无画无语之处生妙境，在方寸之间成天地。“中国画的留白是建立在艺术想象基础上的一种艺术创造，它通过虚实关系，无中生有，对意象造型的美学追求，展示了中国画的独特艺术境界。”① 诗歌创作也可借用此法，沈奇在《天生丽质》的内容取舍上运用了留白手法，通过对意象虚实关系的艺术处理，拓展了诗歌的审美空间，丰富并深远了诗歌意境，达到“以不说为说”的艺术效应。

《天生丽质》5辑64首诗，留白的艺术充盈在取舍的分寸间。关于青春的“小姑待嫁//收不拢的小心思/熟一半/生一半”（《小满》），关于爱情的“揽镜自问：假如/真有一杯长生酒/喝还是不喝”（《胭脂》），关于记忆的“坐下/听云//千里之外/有人因失恋而自残”（《听云》），关于梦想的“却问梦归何处？//一地鸡毛/满天星辉”（《别梦》），关于生存的“说：也算一种活”（《浮梦》），关于生命的“——看谁/老得更漂亮”（《秋瞳》），关于生活的“喇叭吹酸曲/老日子穷人不穷心”（《古道》），关于世事的“尴尬在于——/无论人事还是季节/都不会因你/心情的变化而/改变它们的流程”（《杯影》），等等②，可谓含括百味人生，原本惊心动魄的生、老、病、死和爱、恨、别、离，在诗里都锻造成精致的片段或截面，留下一片可供读者自由想象的空白，潜藏在字句背后的是复杂交织的生活场景和丰富深刻的人生感悟。

《天生丽质》的内容留白，虚实相生，疏密有间，具有中国写意画式的古典诗美效果。南宋马远的《寒江独钓图》，一舟，一渔翁，无水，读来却烟波浩渺，空灵幽冷。现代齐白石的《蛙声十里出山泉》，只画了数十只蝌蚪在山泉中游动，观后却声声在耳，生机一片。如此以无为有、以少胜多，精心拓耕那广阔的艺术之地和深远的艺术之境，正所谓“咫尺之内，而瞻万里之遥；方寸之中，乃辨

---

①陈建：《蕴藉深远　情在无言——从王维〈杂诗〉三首谈其诗歌的留白艺术》，《福建工程学院学报》（社会科学版）2007年第5期。

②沈奇：《天生丽质》，文化艺术出版社，2012，后文所引《天生丽质》内容均据此书。

千寻之峻”①。由此可见，诗人对诗歌内容的选取谨慎而精微，那些对意象的提炼、省略和留白，真可谓“积之也厚，发之也薄”。为此，诗人一方面极少用关联词，有意识地省略、跨跳，以词类活用、截句或构建横断面增加语言的张力与弹性；另一方面又灵活运用那些非表示物象、动作或性质的虚词，转折或联结，以传达其复杂微妙的情感和曲折丰富的意义，进而在笔墨之外给读者留有巨大的填补空间和再创作余地，让读者自悟自证、自求完满。

二

情感留白，于写诗讲究虚实，要写三分，留七分。那留下的大部分，恰是诗之要旨所在、主意所在、神韵和灵气所在。所谓“无字处皆其意”“不着一字，尽得风流”②。中国画重视留白，讲究计白为黑，中国书法讲究疏密布白，中国园林注重空间铺排，中国诗歌则讲究含蓄蕴藉，以实带虚、以虚带实，以实现诗人的主观情意与客观生活物境的完美结合。对此沈奇说：“诗有虚实，相济为宜”③。

《天生丽质》的虚实与留白艺术，不仅体现在诗人对内容的取舍，也体现在写作时诗人对自我情感的抑制和涵养，即情感留白。试读《星丘》：

星星也会死吗
死了埋在哪里？

那划过天际的
一瞬间的亮丽
可是她　生前
设计好的葬礼？

①王夫之：《姜斋诗话》，上海古籍出版社，2012，第 43 页。
②刘墨：《中国画论与中国美学》，人民美术出版社，2006，第 55 页。
③沈奇：《诗与诗话》，香港高格出版社，2009，第 39 页。

却也不失凡间的想法
以山丘为墓地
好让寻梦的女孩
来这词里拜祭

这首诗以“轻”写“重”，是诗人对死亡的思考。整首诗的画面静谧安详、真幻交映，充溢着诗家的浪漫和通脱的生命观。生死本沉重，诗人却轻松作比，让“星星”“以山丘为墓地”的“凡间想法”是诗人的达观、超然和自得其乐。而“好让寻梦的女孩/来这词里拜祭”，又何其浪漫而寓意深远，且隐隐透露其参透世事的澄澈和空明生死的禅意人生境界。

日本有这样一首著名的俳句，可供比照：

某种不知名的
树叶
粘在蘑菇上。

雨蛙
骑在芭蕉的叶上
摇摆。[①]

这是一首禅诗，诗人的情感含蓄深微，直接可供读者揣测的仅“某种不知名的”一句，除此我们得凭借诗里的意象“树叶”“蘑菇”“雨蛙”“芭蕉的叶”和动作词“粘在”“骑在”“摇摆”来体味诗人的意绪与情思。并且，这里诗人在写出那些能够反映自己心灵对世界的体会的景象之外，也留下了大片的空白——一种比写出的真实景象更重要的空白，而只有当读者直觉体悟到这些“空白”，才算真正读懂了此诗。

《天生丽质》中另有可观，如“——了然‘人物’/比之‘天

①［日］铃木大拙：《禅与艺术》，北方文艺出版社，1988，第56页。

物’/总少不了　那点/无奈的恓惶”（《放闲》），“所谓荣誉　知己/不过　一抹流云/的优雅　和　虚”（《若忘》），“未竟的思想/过时的性”（《秋洗》），“安的种子/静的阳光/春日桑柔/谁与携手”（《风流》），“天生高贵者/无从伤害//谁能伤害一片云彩?”（《烟视》），等等，均在平静优雅的表层结构下，潜隐着诗人那些更深刻和更强烈的情感。

这些诗句，或隐或显地具有某些情感暗示，而又以恰到好处的留白手法与虚实处理，给读者留下自主的理解与想象空间，诗人刻意收敛和有意识地压抑而不一语道明的情感在字句里沉淀，亦会在引起读者共鸣后的内心爆发出震撼性的感受张力。而诗人正是以这样看似朴素轻松的外在形式，结合矛盾、断裂、跨跳、并置等手法技巧，使诗歌的内在情感既深且厚，而诗境既丰且远。

三

古人曾用“余音绕梁，三日不绝”来形容音乐的袅袅弦外之音。清代的恽南田在论画时说，“今人用心，在有笔墨处；古人用心，在无笔墨处”①，就强调了作画要在笔墨之外用心。这里的“笔墨之外用心”，也可理解为留白。诗歌创作讲求留白之法：言外有耐人寻味的饱满情致，方可为有神韵、有深度的诗之杰作；诗歌结尾运用“言有尽而意无穷”之法可在诗末另辟境界，造成时空的无穷或余情的不绝，并达到“事外远致”和“弦外之音”的丰神余韵之境。

结构留白，深谙古人为诗之道的当代诗人沈奇，在《天生丽质》的组诗写作中，就常有这样的“笔墨之外用心”。其具体于结构留白，除了对每首诗“起”“承”“转”“合”采用不同的省略与择取的经营策略，使其“语不接而意接”外，更显著体现在对结尾的艺术处理。大体概括起来，或可分为以下三类情况。

其一，以提问与回答作结。如“谁是卷帘人”（《羽梵》），“谁是清醒过的人”（《月义》），“谁与携手”（《风流》），“不必追问：酿酒的人/去了哪里”（《微醺》），“‘落草’不是‘依草’”（《依

①恽南田：《南田画跋》，转引自《山东画报》2012年第12期。

草》），“……那一种豪华的孤独”（《野葵》），“凤仙花开过五月/可以睡了”（《胭脂》），“人世的安排/原只是　这/小小的一个满”（《小满》），“——或许如此”（《如焉》），“——孩子不哭”（《含羞》），“静好是最好的好”（《静好》），等等。之所以把提问式与回答式放在一起，是因为结合这些诗的结句之“提问”，其实也是一种“回答”，而“回答”又是另一种“提问”，这里的肯定和否定思辨成趣，颇合禅道的以不说成其说或以说成其不说。

其二，以意象作结。“白云安适/天心如梦”（《野逸》），“空山灵雨/有鸟飞过”（《云心》），“长安一片月/万户捣衣声”（《朗逸》），“日影悠长/古风沉郁”（《古道》），“天地清旷/一鸟若印”（《大漠》），“玉心尽弃/岁月静好”（《微妙》），“寂水无念/菊影微明”（《怀素》），“一月独明/天心回家”（《晚钟》），“一地鸡毛/满天星辉”（《别梦》），“西风残照/高天厚土”（《叶泥》），“白云淡定/落花安详”（《深柳》），“艾风洗练/影瘦香素”（《若忘》），“远山独苍茫”（《放闲》），“听秋水渐远渐冷”（《松月》），“思　美人迟暮/品　江山暧昧”（《怀沙》），“春风醉人/遛狗出门”（《灭度》），等等。从现已出版的 64 首来看，意象式的结尾所占比重最大。以意象作结也是古典诗词最常用的手法，这种以意象“推开作结”的方式，常常在诗之末尾另开一个新境界，使诗的余味隽永悠长。

其三，以平述作结。“两种不知所措中/苦无葬心之地”（《彷徨》），“只留下这个/失忆的词/让人失意……”（《烟鹂》），“静静的　苦”（《艾风》），“……叶、落红/沉默的根/都是后来的事”（《冷梅》），“寂寞是繁华的月/——月落有声！”（《始信》），“微笑已在/千里之外”（《烟视》），“天按时黑了”（《杯影》），“野风还是笑了”（《野逸》），“你不说/我也不说”（《缘趣》），“而山自惬意”（《岚意》），“今夜　在高原/不洗澡　洗心”（《高原》），等等。这种看似平常的结尾其实并不平常，因为那些极其简单、不很完全、于表象的肯定和对现象的直述等均是对表层和真实的分离以及意义的潜藏。正所谓“看似寻常最奇崛”，值得深入咀嚼品味。

简而言之，《天生丽质》组诗的结尾艺术确系诗人沈奇的用心经营之果，这样的留白处理不仅为每一首诗的整体成功锦上添花，同时留下充足的余味余韵，使全诗更不至于意随语竭。由此，我们可知诗人在创作《天生丽质》组诗时，以内容的取舍和意象的选择为内容留白，以对自我情感的抑制和诗性情感的抒发为情感留白，以提问与回答式、意象式、平述式作结的结构留白，实现了其独具特色的“以不说为说”。

总之，写诗无论古今，运用留白艺术，既可出丰富博大之境、难以言传之情，又可出曲径通幽之趣，如同画作里的大片空白、音乐里的休止空拍、戏曲里的虚拟动作一样必不可少，而那些因留白而隐在的言外之意，就如同佛陀的拈花微笑，供岁月和读者去琢磨了。《天生丽质》正是以其精短凝练的篇幅抒写之“实”，内容、情感和结构的留白等没有写出之“虚”，加上隐藏在诗中须由读者想象生成的“象外之象”，成功构建了一种多向互动的召唤性文本形式。而通过对《天生丽质》写作中留白艺术的探析，我们发现留白不仅是诗歌创作的必然，也具有其自身独特的审美价值与意义。

2014 年 5 月于西北大学

秘响旁通：现代禅诗的反讽突围
——以沈奇《天生丽质》诗歌实验为例[①]

孙金燕[②]

1

“没有比现在更暧昧的时刻”（《晚钟》）。沈奇如是书写时是否已意识到，“现在”将是他诗歌生涯中一个充满隐喻的戏剧性转折——放逐意义的苍白与逻辑的铁青?《天生丽质》的实验，或回归于汉字本身诗性的发现，或昭示出对古典诗词灵敏乐感的倾心[③]，皆在召唤关于某些形式的记忆，这记忆存留着包括禅思传统在内的各种古老的传统[④]，是对我们“习以为常”的先锋诗歌规范的背叛。悖论在于，它出自一个追随当代中国先锋诗歌理论、批评尤其是创作近三十年的诗人之手，无疑是“怪异的”“陌生的”与“自相矛盾的”，或许还会被纳入违反了先锋写作的“正确或是错误的命题”范畴。

事实证明，艺术上的先锋派们，从来就是对“当下”不可克服的憎恨者、语言上的暴力狂欢者。于先锋诗歌而言，内容超载，往

---

①本文原载《作家》杂志 2014 年第 4 期。

②孙金燕，女，云南民族大学文学与传媒学院副教授。

③沈奇自称“我是将《天生丽质》作为相当于古典诗歌中的‘词’的感觉来写的”。参见沈奇《我写〈天生丽质〉——兼谈新诗语言问题》，载《天生丽质》，文化艺术出版社，2012，序二第 8 页。

④不仅沈奇自称《天生丽质》写作“有机引进现代禅诗的运思维度”，一些评家也将“禅思”视作《天生丽质》的主要特色。参见沈奇《我写〈天生丽质〉——兼谈新诗语言问题》、赵毅衡《看过日落后眼睛何用? ——读沈奇〈天生丽质〉》、胡亮《被抛弃的自由——沈奇〈天生丽质〉散论》等，上述文章已收入《天生丽质》，文化艺术出版社，2012。

往导致“语言在重负之下损伤、迸裂，有时甚至破碎”①。而作为走向寂静、孤独及空无的进程，诗歌其实是一种倒退和回归的行动。它可以只回归到某种较早的诗歌——语言的回归，或通过某种原始活动而回归。因此，百年新诗史中，珍视汉语文学传统，“以现代视角回眸传统”而求“古典理想的现代重构”者，非沈奇一人；而在现代化语境下，视禅思为打通“古典”与“现代”的奇妙出入口，坚持发掘禅思传统与现代诗的内在关联，同样非沈奇的一时偶发奇想。

问题是，禅宗美学于现代汉诗的意义为何能被赋予？禅思的以习惯语言为阻挠登岸的“筏”，主张“不说”而悟，与先锋诗歌的“拒绝隐喻”（于坚语）、“不拘形迹纵情抒写言说狂欢”，是否能够秘响旁通？沈奇《天生丽质》业已做出的探索，或许能提供答案。

2

《天生丽质》以诗言说，说“——总是别说破”（《太虚》）②，说“——或许如此”（《如焉》），悬疑处理所企图勘破的，既是语言的故弄玄虚，也是意义的非此非彼。而在“破”与“不破”之间，是当下禅诗写作以双重形式想象，却只被认作单一形式的尴尬。究其根底，源自禅诗美学追求的悖论：即禅诗写作，必须穿梭于由禅的“平常语”追求与诗的“陌生化”追求相互否定的矛盾语境中。

杜甫要“语不惊人死不休”，释惠洪洋洋得意于“不易其意而造其语，谓之换骨法，窥入其意而形若之，谓之夺胎法”（《冷斋夜话》），均指出诗语必须“存心机”以“陌生化”。“是在此陈述周围建立起一种‘沉默的边缘’，把它与日常语言环境之间隔开，但却不形成断裂……诗是从日常语言内部退出”③，将日常语言推后为背景而使自己呈现出“前推”景象。对日常语言所营造的规范标准相悖

---

①[英] T. S. 艾略特：《四个四重奏》之《焚毁的诺顿》，裘小龙译，漓江出版社，1985。
②本文引用诸诗，均来自沈奇诗集《天生丽质》，文化艺术出版社，2012。
③[法] 热拉尔·热奈特：《诗的语言，语言的诗学》，载赵毅衡选编《符号学文学论文集》，百花文艺出版社，2004，第548页。

离的程度，与其语言中诗的可能性成正比。

与此相反，佛教视语言、逻辑为纠缠禅理的葛藤与遮蔽本性的理障，“本性自有般若之知，自用智慧观照，不假文字”。然而为续道接宗、指示门径，禅又不得不从“不立文字”退守到“一切经书，因人说有”。既要“用”语言文字，又要去除语言文字之障，见月忘指，“不空迷自惑”。因此，禅宗语言逐渐疏离义学倾向的佛经语言，走向不新奇、不雕琢甚至略显粗笨的平常语，便是必然。禅宗语录随处可见信手拈来的俗字俗语，无非是以平俗但流畅的语言，首先在表达方式上避开堂皇与精致的“机心”。

是以，无文而不立的禅诗写作，在语言运作上也大多采用“不存机心”的平常语。其中深意，赵毅衡有言：

> 禅诗是双重解构，而且是从相反方向解构：禅诗因为是写出来的，必不是禅；禅因为拒绝被说出，因此不会进入禅诗。如果一定要形诸语言，禅要说得笨拙，诗要写得漂亮，完全是南辕北辙：禅诗如果可能，必定是吞噬自身的意义旋涡。①

取平常“象”隐深层“意”，于诗“反常”、于禅“合道”，是以诗禅互否，才能抵达禅意。

3

许多迹象表明，《天生丽质》确然渗透着禅诗“否定”的艺术：

> 野渡/无人/舟　自横//……那人兀自涉水而去//身后的长亭/尚留/一缕茶烟//微温　　（《茶渡》）

——暗示孤独和逃亡，同时包含肯定和否定的双重意义。

---

①赵毅衡：《看过日落后眼睛何用？——读沈奇〈天生丽质〉》，载沈奇《天生丽质》，文化艺术出版社，2012，序第 2 页。

焉知不是一种雪意//深/浅/浓/淡/以及，卸妆后的/那一指/薄寒……//揽镜自问：假如/真有一杯长生酒/喝　还是不喝//凤仙花开过五月/可以睡了　　（《胭脂》）

——疑问和对疑问的惊兀，最终落回对期待的阻挠。

绝峰一草庐/老僧半间/云　半间//僧闲/云闲/屋子也闲//只有山下的风忙/忙它的万紫千红//或许　明日/云做了僧　僧做了云/云再随了风去/做了另一番/万紫千红/——总是别说破　　（《子虚》）

——以“绝峰”“山下”向读者示意“比拟”，却又阻断读者对比拟的理解。

五十而知天命//睡觉之前，不再/想“明天”这个词/且按时吃药/也不再做梦//这是个好习惯/它使你早晨醒来时/有一些些/比较真实的/感动，而且/一转眼就是黄昏　（《开悟》）

——平直陈述的完整意思里，隐藏着一种奇特的不确定性。

《天生丽质》5辑64首，充盈着对于“抑制”的坚守。生老病死间的普遍情感，与“行到水穷处”（《光荫》）、“大漠孤烟直”（《大漠》）的诗句之前文本相联系，都向读者表明，在诗歌的平静表面下，隐含着某种更深刻的意义或更强烈的情感。然而，诗人却总将真意隐含于似是而非的面具之下，所说出来的不再一定是所要表达的，如同《浮梦》：“接近于透明的/水膜，　一碰就破//鱼从荆棘中游过/吐一串梦的泡泡/说：也算一种活”，诗中形象完整却意绪不明，看似陈述却隐藏诘问，不过是浮生若梦，不碰不破。

此间，情感的抑制，在诗歌形式上外化为刻意绚烂之后的素朴，在《天生丽质》中处处可见自相矛盾的技巧，呈现为试图战胜技巧的技巧、简朴的技巧：或者并置那些相互漠视或对立的文言与现代汉语，如“薄暮月初升/能饮一杯否//尴尬在于——/无论人事还是季节/都不会　因你/心情的变化　而/改变它们的流程”（《杯影》）；或者不避俗语，如“牛粪边开满鲜花/岩石上锈出图画”（《静好》）。它们因诗句并置比照时所产生的不确定的联系，而同样能将此类诗歌从素朴向新奇做压迫解读。

尤其在诗句的结尾。某种程度上，所有的文学样式都会在结尾上下功夫，诗歌也不例外。《天生丽质》大多数诗篇的结尾往往提供一种表述——“天按时黑了”（《杯影》）；一个问题——“谁是卷帘人”（《羽梵》），“谁是清醒过的人”（《月义》）；一种意象——“白云安适/天心如梦”（《野逸》）。偶尔极其简单，偶尔很不完全，对于表面的不信任、外表和真实的分离以及意义的隐藏，迫使读者从中寻找关于诗意的重要期待。这种形式的成功，完全依靠诗体期待；而对期待的控制，可以引逗读者寻找简朴面具后面的深意。

4

社会价值的“外在风景”与个人内在自由之间的冲突，所谓“欲望和对欲望的控制”（《云心》），在《天生丽质》这里，是更大的抛弃模式的一部分。并且在这个抛弃模式中，占上风的运动依然是“否定”，而非“对立”，是“从……自由”，而非“对……自由”。

> 高处不胜寒//是身寒/还是心寒？//——从梦的侧面/问完这个问题/那块顽石/伸出最后一只/感性之手/把秋阳抓个满怀/不再理睬/外在的风景//玉心尽弃/岁月静好
>
> （《微妙》）

“不再理睬/外在的风景”，方法是“玉心尽弃”，目标是一种寂静无为的形态：是将自己与现实世界分隔，而不是放任行为以显示对世俗的蔑弃。因此，诗中会采取一种类似象征抛弃人类社会、结束社交活动的姿势：或者“前世的浪子如约归来”（《虹影》），或者

"天心回家"。

——霍然立定/你微笑并沉默//一抹残阳/自远山的云隙/破身而出//悟，或不悟//一月独明/天心回家　（《晚钟》）

自由的获得，是通过归来抑或回家，而非沉浸其中，它指示对想望未来、控制未来的意愿的否定。某种形式上，它还与自我的否定有关："粲然一笑/你同自己握别后/便去了一个/不确定的远方"（《听云》），自由来自"不确定"，来自先"握别自己"。

与任何文学形式一样，让作者在诗歌中消失是无法达到的目标。叙述是将时间人格化的过程：对过去的记忆，对未来的期望，以及对当下的描摹，都与叙事的身份有关。因此，无论是王国维的"有我之境""无我之境"，还是结构主义者将语言限定为能指的自我指涉体系，指认语言只对自己言说，无非是指示作者的虚拟不在场。因此，在《天生丽质》的大多数诗中，如《野逸》《灭度》《子虚》《大漠》《归暮》等，叙述的诗人只是一只眼睛，扫视过风景和孤立的重要成分，将强烈的结构意识设置在视觉世界和表象世界之间，借以消解自我：

……午后//没有鸟的天空/没有梦的眠床//鸟变成树/树变成池塘/池塘变成水的意象//梦呢//梦变成鸟/鸟变成树树变成池塘/池塘变成/水的意象//意象不是诗/是存在的空茫//午后……

《印若》一诗，叙述留下一个充满意义联系的简单形式和要素世界，抵制时间的社会结构：时间上，无"午后"之前，无"午后"之后，一切都是变动和"存在的空茫"的"当下"；意象上，声色诱惑的空幻事物，回环吞噬，不仅制造谜语阻挠读者寻找简单意义的冲动，也意在驱除意义重重叠叠的烙印，还原一个本真的澄明之境。

是以，抛弃"外在风景"以及诗歌的复杂性，《天生丽质》这种基本的否定姿态，使其更像一场文化的突围。

5

禅诗写作的“否定”艺术，以平常语消解诗歌的陌生化，又因诗体期待压迫平常语的诗意解读向新奇求。所言非所示，一套符号代码两个意义层面（字面义/实际义；表达面/意图面）对立并存，具有假相与真实的双重含义。这种语言运作方式，新批评理论主将布鲁克斯称之为悖论（paradox），也时而叫反讽（irony）[①]。它作为一种重要的修辞手段，同时是一种思维方式和人生态度，是观照和看待世界的独特方式。

众多事实告知我们，世界的完整表象来自意义的组织，如果没有意义的进驻，世界乏善可陈。然而，许多时候，“物”并不单纯为“物”，意义迫使“物”卷入象征的坐标体系，纳入另一个符号体系，服从另一种编码秩序。于是，人们在消费其使用价值时，偶尔也被其符号价值所消遣。罗兰·巴尔特即如此解析“物体语义”，他指出物如何从使用价值转换为符号，是“一种重要的意识形态现象”：

> 意义永远是一种文化现象，一种文化产物。但是，在我们社会中，这种文化现象不断地被自然化，被言语恢复为自然，言语使我们相信物体的一种纯及物的情境。我们以为自己处于一种由物体、功能、物体的完全控制等等现象所共同组成的实用世界中，但在现实里我们也通过物体处于一种由意义、理由、借口所组成的世界中：功能产生了记号，但是这个记号又恢复为一种功能的戏剧化表现。我相信，正是向伪自然的这种转换，定义了我们社会的意识形态。[②]

---

①[美] 克利安思·布鲁克斯：《反讽——一种结构原则》，载赵毅衡选编《新批评文集》，百花文艺出版社，2001，第 112 页、第 379－381 页。

②[法] 罗兰·巴尔特：《物体语义学》，载《符号学历险》，李幼蒸译，中国人民大学出版社，2008，第 190 页。

意识形态往往不动声色地进行意义植入。然而，任意利用意义重组这个世界，是否会过于遮蔽纯粹的自然与过于冷漠？要想与世界坦诚相见，“否定”便成为必然。

克尔凯郭尔曾从两个向度促使“反讽”概念由古典意义向现代意义转型：其一，反讽标志着主体性的觉醒，“反讽是主体性的一个表征”，它使“主体感到逍遥自在、现象不得对主体有任何实在性。在反讽之中，主体一步步往后退，否认任何现象具有实在性，以便拯救他自己，也就是说，以便超脱万物，保持自己的独立”；其二，反讽是“无限的、绝对的否定性”“反讽是道路；它不是真理，而是道路”①，唯有在绝对的否定反思中才能获得宗教性的肯定。能指以掩饰自己的在场而推迟出场，能指不再有确定的所指，而通过其他的符号、符号的阐释、阐释的阐释，滑向无穷无尽的意义链条无限衍义下去，反讽以“否定”获得被意义遮蔽的主体自由与世界真意。

因此，中国现代汉诗自二十世纪八十年代中期“诗到语言为止”“拒绝隐喻”，到二十一世纪以来“低诗歌”的反饰（语言的直白、直截与不假修饰）、粗陋玩世、不拘形迹纵情抒写的言说狂欢，三十年的众声喧哗，终究不过一场“反讽”尝试：以意义的归约抵制面向意义的归约，打开指涉的多向性，在绝对否定中发现“自性”。而也正是在这种绝对否定的“反讽”意义上，禅诗写作与当下诗歌写作相契合的美学追求，可以为禅诗的现代化提供契机，沈奇的《天生丽质》便是这个契机的产物。

6

符号学家赵毅衡称我们的时代，是“反讽时代，不是犬儒时代。恰恰相反，反讽最认真：承认彼此各有是非，却不借相对主义逃遁。欲在当代取得成熟的个人性与社会性存在，反讽是唯一方式”②。正

---

①［丹麦］克尔凯郭尔：《论反讽概念》，汤晨溪译，中国社会科学出版社，2005，第221、284页。

②赵毅衡：《反讽时代：形式论与文化批评》，复旦大学出版社，2011，第280页。

因能“承认彼此各有是非”，反讽也使我们的时代成为一个奇特的场域：现代性历史曾经导致古典文学的衰落，而当下，曾因相异的意识形态脉络而交锋的观念正在相互交织，古典禅的淡泊宁静似乎正依附反现代性而无声复活。

沈奇在二十世纪末即撰文倡导以禅入现代诗，视“其易于接通汉语传统和古典诗质的脉息，以此或可消解西方意识形态、语言形式和表现策略对现代汉诗的过度‘殖民’，以求将现代意识与现代审美情趣有机地予以本土内化”①。除此而外，禅宗反讽美学追求以自由无羁取代社会规范，将物的物性放回到虚空粉碎的原点，它与先锋诗的精神契合，于愈来愈疲劳的中国现代汉诗写作而言，将能打开另一些可供拓展的空间。

“现代禅诗”，无疑将是一个意义深远的重大命题。

2014 年 8 月

---

①沈奇：《口语、禅味与本土意识——展望二十一世纪中国诗歌》，《作家》1999 年第 3 期。

沈奇诗歌论

——陕西地域性与地方意识 ①

［韩］金素贤　白贞淑 ②

一、引言

位于中国西部与中原过渡地带的陕西，其历史、地理、社会心理层面的特点和苦恼，经过长期的糅合发酵，酝酿成了沈奇的诗歌。他扎根于西部诗坛，同时也时刻关注着中国当代诗歌的整体发展与变化趋势，构筑了他独有的兼具地域性和普遍性的诗歌世界。他的诗歌作品，从西北的人文地理出发，经历了改革开放这一重大的社会经济变化，最终拓展至中国当代诗歌的范畴。

本文旨在通过追溯当代中国诗坛中坚诗人沈奇的诗歌创作轨迹，分析其在当地诗坛的作用，以此来探讨地域文学的当代意义，以及市场化、全球化趋势下对人和人生价值的再评价，等等。沈奇拒绝主流诗歌意识，坚持民间立场，致力于以客观的视角观察现象背后的真实。笔者期待沈奇的诗歌能够提供一个契机，向我们展现中国当代地域文学的力量和意义。

二、"民间立场"与陕西先锋诗歌

沈奇，1951 年出生于陕西勉县，是当代中国诗评界相当活跃的诗人兼评论家。他是闻名诗坛的中坚诗人，却从来没有一刻忘却过自己"陕西诗人"的身份。"陕西"是他的生活空间，也是他诗歌创作的源泉，是他拓展自我的后盾，也是束缚自我的藩篱。西北远离

---

①本文为 2016 年在西安召开的沈奇诗与诗学学术研讨会上的书面发言。

②金素贤，女，韩国东亚大学教授；白贞淑，女，韩国东亚大学教授。

政治文化中心，这种物理上的距离感会产生一种心理上的疏远，使他能够坚持独立精神，从更为客观的角度来观察当代中国诗坛。

诗人于坚指出，沈奇的诗歌评论保持着“敏锐的感觉”，他特别强调沈奇的“外省身份”，“这种身份使他超然于话语权力游戏之外，坚持着诗歌批评的良知，公正性以及有效的专业精神”。①

但不无遗憾的是，因为僻处边缘，沈奇的诗学观点和提议不可能形成一股强势影响力。二十世纪九十年代，围绕着中国诗歌的成就，“知识分子写作”和“民间写作”势同水火，争论不休。沈奇当时对“知识分子写作”持批评态度，也可以说是对以北京几所大学为中心不断壮大的特定同盟的一种反驳。沈奇为这场论战赋予了新的意义：“这里真正被动应战的是一再被遮蔽、被忽略、被排斥在‘阐释话语权利’之外的民间一方诗人，亦即非‘知识分子写作’圈内的诗人，以及广大代表着更新的诗歌生长点的年轻诗人。”② 有言论指责“民间”率先举起“反旗”，向“知识分子”诗歌阵营发动了一场论战，引起不和。针对这一质疑，沈奇竭力主张这绝不是什么隐秘的权力之争，而是在争取同一阵营多元共存的“生存权”，但这其中肯定也蕴含着他作为一个地方诗人的困惑和郁闷。

沈奇在反对八十年代之后主流诗歌的同时，一直坚定不移地确认自己的“民间”立场。他挺身而出，“反主流宰制”“乐于为新生的和被遮蔽及被忽略的一些人和事摇旗呐喊”“拾遗补阙，打点边鼓”，坚持“体制外思维”，致力于探索新的道路。③ 也正是因为这个原因，在1999年震撼中国诗坛的“盘峰论争”中，沈奇与主张“知识分子写作”的程光炜等针锋相对，捍卫“民间写作”的正当性。他以“民间写作”的发言人自居，把“盘峰论争”视为将问题摆上桌面的必要契机，力图借机促成批评和创作的多元化，恢复二者之间相辅相成的共生关系。

不仅在世纪末的诗坛论争中勇做先锋，沈奇同时也致力于直视

---

①于坚：《沈奇的诗歌评论》，《沈奇诗学论集》卷三序，中国社会科学出版社，2005。

②沈奇：《中国诗歌：世纪末论争与反思》，《诗探索》2000年第1、2辑合刊，第17页。

③胡亮：《在场的游离与专注——沈奇访谈录》，《中国诗歌研究动态》2009年第2期，第276页。

并且改善他生于斯长于斯的地方文坛现状。1999 年论争后的纯正诗歌阵营，逐渐开始出现了裂变与分化。[①] 论争十周年之际，沈奇作为主编，编辑出版了《你见过大海——当代陕西先锋诗选》[②]，这绝对不是一个偶然。沈奇在长达一万余字的序文中写道：

> 近 30 年来没有过一份能持久办下去的诗歌刊物（包括民间诗刊），没开过一次有分量的诗歌研讨会，没出过一部像样的陕西诗选。……向以“长安”（在世界文化史中，这个名称不仅代表着汉唐帝都，也代表着诗国之都）为荣的所谓“文化大省”之陕西，按说，早该有自己的诗歌节、自己的经典诗选、自己的当代诗歌史以及当代文学史、当代艺术史、当代文化史等，让世人不仅是从口号上而且是从文本上切切实实地感受到“文化大省”之博大精深，但至今仍是痛心者可望而不可即的一点理想而已。[③]

诗，是中国文化传统的核心，是“汉唐气象”的灵魂，但是在遽变的文化环境中却渐渐为大众所摒弃。沈奇在诗选序文中对中国诗歌所处的现实提出了警告，并试图唤起人文情怀和历史责任感。这番言论不仅仅是针对陕西地方诗坛，也是对新时期中国诗歌整体窘境的慨叹。沈奇再三强调西安在中国文化史上的意义，大声疾呼有责任心的文化界和文学界人士应该争做“诗城的守望者”，重现“诗歌帝都”的辉煌。他以“汉唐气象”继承人自勉，竭力维系陕西诗人的骄傲，挑战了九十年代末挑起“知识分子写作”和“民间写作”之争的诗选编辑方式和观点。当年程光炜编辑出版了副题为“九十年代诗歌”的诗选集《岁月的遗照》，书中收录了十多名“知识分子写作”阵营诗人的作品，“民间写作”阵营诗人几乎无一入选，也因此招致非议：这本诗选集收录的诗人是否能够代表“九十

---

①沈奇：《中国诗歌：世纪末论争与反思》，《诗探索》2000 年第 1、2 辑，第 21 页。

②该书由沈奇主编，杜迁编选，由西北大学出版社于 2009 年出版。

③沈奇：《回看云起时：〈当代陕西先锋诗选〉序》，载《你见过大海——当代陕西先锋诗选》，西北大学出版社，2009，序言第 23 页。

年代诗歌”？尤其是这本书中仅仅收录了“民间写作”代表诗人于坚和韩东的各两首短诗，“民间写作”诗人沦为“知识分子写作”诗人的“陪衬”，这更是招来了诸多不满。①

地方文坛艰难的生存环境导致诸多陕西诗人不得不“背井离乡”，沈奇对这一现状痛心疾首的同时，也在卓有成效地证明着地方诗坛三十年间累积的成果。所谓引领“陕西先锋诗”的陕西诗人，其定义并不局限于出生于陕西、活跃于陕西的诗人，还包括以陕西为创作根基，或以各种各样的方式为当代陕西诗歌发展做出贡献的诗人。由此也可以看出沈奇在编辑此诗选时着意保持相对的客观性。

《你见过大海——当代陕西先锋诗选》标榜摆脱主流诗歌创作意识的束缚，重建“民间”机制。诗选收录的诗人也是不拘一格，这些诗人以独立的人格和独特的诗风摸索新的诗歌创作道路，为陕西诗歌发展注入活力。书中将他们大体归为八个范畴，收录了年代、性别、诗歌倾向各异的三十位诗人的一百五十余首作品②。尤其是作为诗选最重要的“开篇”辑一，收录了诗人胡宽③的作品，更是单刀直入地揭示了《你见过大海——当代陕西先锋诗选》一书的基调。诗人胡宽，不但不为一般读者所知，在中国当代诗歌史上也未见着

---

①详细经过请参考沈奇《中国诗歌：世纪末论争与反思》一文。

②《你见过大海——当代陕西先锋诗选》各辑所选诗歌作者构成如下。辑一：陕西老一辈当代诗人中的代表人物，沙陵、胡宽。辑二：陕西先锋诗歌三十年最具代表性的重要诗人，韩东、丁当、杜爱民。辑三：此组诗人风格各个不同，但都是长期坚持在陕西本土创作并影响及全国乃至海外的诗人，沈奇、渭水、李汉荣、秦巴子、孙谦。辑四：80年代中期在西安校园开始创作，后来影响到全国各地，也是被称为当代大学生校园诗人群体中的陕西代表，唐欣、马永波、杨于军、仝晓锋、王建民。辑五：九十年代陕西先锋诗歌阵容，伊沙、马非、朱剑、南嫫、李岩。辑六：实际上是辑五的一个分延编选，九十年代大学生诗歌的代表诗人，夜林、方兴东、陶醉、谭克修。辑七：是一个特殊单元，陕西本土诗人创作中以实力日趋坚实，创作日趋丰富而为诗歌界所瞩目的重要人物，吕刚、刘亚丽、之道等人。辑八：以李小洛、杜迁、高璨为收尾，分别代表“70后”“80后”“90后”三大后起之秀。

③胡宽，“七月派”诗人胡征之子，1952年生于西安。胡宽一直生活在父亲因受所谓“胡风反革命集团案”牵连而遭受各种迫害的历史阴影里，1995年因哮喘病去世。1996年，胡宽的友人集资出版了《胡宽诗集》，诗集书稿由沈奇具体担纲编选。

一笔。诗选对他作了介绍，并重新审视了他的价值。[①] 沈奇有一种使命感，想要维持地方文坛的自主生命力。而这些诗人在诗歌精神、立场和风格等方面思潮各异、百花齐放，为陕西诗坛注入了活力。这本诗选适时烘托了他们的先锋性，可以说是沈奇使命感的结晶。

三、沈奇诗歌与地方意识

在反对被沈奇称之为伪浪漫主义和伪现实主义诗歌方面，沈奇与“第三代诗人”志同道合。但是“非非”及“他们”为了文学的真实和刺激效应，故意放弃了诗歌的美学考虑，而沈奇则举起“后客观”的旗帜，宣扬诗歌的美学指向和结构美。“后客观”这一口号建立在对“第三代诗歌”，尤其是以韩东为代表的“他们诗群”的认识之上，“客观地陈述真实的世界”是其美学核心，而主流诗歌无异于对虚拟世界的主观抒情，“后客观”可以说是对它的反驳。沈奇明确了自己的“后客观”诗歌指向，写出了《上游的孩子》《家园：主题与变奏》等以西部为背景并将生命的意义客观化的作品。

沈奇的“后客观”不是单纯的客观指向，而是发现现象背后存在的偏见和无知，让读者独立思考理性途径的精神态度。他捕捉日常生活的瞬间，并用平易的“口语”进行重现。他观察日常生活瞬间和现实矛盾构造是否相连接，但却不进行现实批判，转而诉求普遍的人性和良知。因此，与其他“民间写作”诗人相比，他的作品冲击力稍显弱化，多少有些旁观者的感觉，但客观上却余韵悠长，耐人寻味。沈奇坚守的“民间写作”的必要性，就与这种诗歌追求密切相关。

改革开放后急剧变化的社会现实，为诗人重新思考西部边陲的意义提供了契机。沈奇开始关注八十年代中期之后出现的“文学消费意识”。体现在诗歌方面，他认为主要表现为“轻松”“明快”“亲切”“宣泄”“参与”“不断求新”等。“新的消费者群体结构呈现为

①胡宽有“陕西的食指”之称，沈奇引用韩东的评价，称赞胡宽秉持非主流诗人身份，在体制外反抗命运，他的诗歌品质可以和食指、北岛相媲美，是陕西先锋诗歌精神的主要源头之一。

一种短暂、游离、个性化、多元化的离散状态”，“人们总是不停地从这个频道跳到另一个频道，追求着新奇与变化”。①

尽管僻处一隅并自矜于传统，市场化和全球化还是为陕西带来了变化，西安的日常也逐渐趋同于其他城市。改革开放的普遍性压倒了西安以及西部的地域特色，经济特区的吸引力和地方人口的迁出在全国成为常态。变化铺天盖地，来得让人猝不及防，沈奇竭力在旋涡中稳住自己诗歌创作的重心，但他固守真我的努力却势必会带来阵阵忧郁。

> 窗外大雪，屋内没有炉火/暖气暗示着一种城市生活/朋友们都去了南边/只有书待在老地方//（中略）书真是个恋旧的好朋友/随时会来到你的身边/且从不会悄悄地背叛你/兼有情人和仆人的优点//（中略）四十岁的你便如初恋的小伙/数着窗外的雪花静静地飘落②

沈奇总是通过诗歌将自己他者化。他常常在诗中将“你”的形象赋予多重变奏，并维持一定的距离感，就像在描述别人的生活一样，客观化自己的过去和现在。沈奇渴望在变化的现实中书写真实的诗歌，这种渴望令他意识到，自己是一个无能的“守望者”，就像一个“稻草人”（《稻草人或最后的守望者》）。

虽然无法自行选择，但沈奇没有离开自己出生成长的现实环境，并力求在日常生活中探寻时代的真实。评论家陈超指出：“沈奇的诗有自己独特的情感背景，他诚朴而自明，不是寻新求异匆忙披挂；而是在透明的语境中，寄寓深永的历史叹息。”“他的写作准则是仁慈、明净、诚朴、适度以及形式主义的快乐。”③

---

①沈奇：《过渡的诗坛——关于当前诗歌创作的断想与推论》，载《生命之旅》，陕西人民教育出版社，1992，第 186 页。

②沈奇：《北方冬日的读书生活》，载《淡季》，香港高格出版社，2003，第 60—61 页。

③陈超：《清峭心曲诚朴诗——读沈奇诗集〈寻找那只奇异的鸟〉》，载沈奇《淡季》，香港高格出版社，2003，第 196 页。

午后的时光，有如/没有情书的信箱/接纳的……是事务/空落的……是向往//当然，还能偶尔写点诗/写一些分行的想象/这些宁静中坠落的词语/会像飞鸟衔来的浆果/在日子的平面上溅落/诱人的光彩、芳香和声响//而终是寂然……（中略）便不再刻意守候：所谓/诗意的时光、爱情与幻想/看人以人的命运“人”着/观物以物的形式“物”着/不再书写别人书写着的“书写”/不再思想别人思想着的“思想”①

沈奇自身和这个世界仿佛都置身于“午后的时光”，浪漫隐去，各种困扰纷至沓来，却“还能写点诗”。但是在这个诗和人都逐渐成为孤岛的时代，在当今中国现实中，不合情理的颠倒，无缘无故的分离，使得个人愈感孤立，沈奇的叹息，恐怕也只会愈加深长。

四、结语

沈奇致力于探寻生命与生存之日常真实，他的努力值得肯定。他对自己诗歌的根源一刻不曾或忘，作为地域社会的一员，他意欲通过诗歌来刻画自己的形象。他没有选择顺应诗歌潮流，而是着力刻画跨越时代的人性的深度和平凡生活的瞬间。对人的基本信任和捕捉真实的渴望，构成了沈奇诗歌一以贯之的脉络。目前，沈奇的诗歌创作已迈过了盛年，并日臻化境，他的未来的文学历程，值得我们去持续关注。

2016年8月

---

①沈奇：《疏影》，载《淡季》，香港高格出版社，2003，第64—65页。

沈奇《胭脂》诗之我读我译[①]

杨于军[②]

《胭脂》一诗，是诗人诗评家沈奇所作系列组诗《天生丽质》中的一首，也是大家比较看重或喜欢的代表作。

先读原诗：

焉知不是一种雪意

深
浅
浓
淡
以及，卸妆后的那一指
薄寒……

揽镜自问：假如
真有一杯长生酒
喝　还是不喝！

凤仙花开过五月
可以睡了

沈奇的《天生丽质》组诗，几乎每首都像是一尊古瓶。阅读时需小心翼翼，担心打碎。这些古瓶制作工艺繁复有致，不一而足：

---

①本文原载“诗生活”网站《诗歌翻译》专栏。

②杨于军，女，诗人，广东省台山市第一中学教师。

有彩绘，有描金，有缂丝，且器型多变，有观音瓶、凤首瓶、藏草瓶、天球瓶、菊瓣瓶、橄榄瓶，等等。

这首《胭脂》可看作一尊柳叶瓶——清康熙官窑独特的器型之一，侈口、细颈、敛腹、卧足，曲折多姿，隽秀典雅，若悬垂的柳叶，故而得名。

换言之，这首现代“小令”，有赋的华丽、词的清雅，可以低吟，可以浅唱。集诗词歌赋于一身。

一件艺术品，一件艺术精品，一定有其设计感，但此诗却又给人自然的感觉，浑然天成。且慢慢读来——

焉知不是一种雪意

“焉知”与“胭脂”同音，借汉语特性，同音翻转反义，劈头设问：难道胭脂底里不暗含另一种“雪”之“寒意”吗？

千古之问，诗人之问。

其实平日里，司空见惯的涂脂抹粉爱美打扮，没有谁会从中联想到什么“雪意”——

将欲下雪的景象，如王安石《欲雪》：“天上云骄未肯同，晚来雪意已填空。”郑燮《浪淘沙·江天暮雪》词：“雪意满潇湘，天淡云黄。”更少有人在如此装扮时陡生什么“寒意”，如欧阳修《渔家傲》：“惟有酒能欺雪意，增豪气，直教耳热笙歌沸。”

唯有现代诗人，借由汉语之妙，提出了这样的“命题”，或可翻译为 How can you deny it’s not another form of snow，意为：我们如何否认胭脂可能传达的雪意呢？我们怎么知道胭脂不是另一种雪意呢？

下面一节前四行一字一行，顿挫之间，让人心惊：

深
浅
浓
淡

不论化妆还是绘画，色彩都因着深、着浅、着浓、着淡，而传达不同的意趣，深、浅，不可简单理解为颜色，还有意思、含义层面的延伸。是妆容用心的深浅和用意的浓淡。

以及，卸妆后的那一指
薄寒……

原来“焉知”是“胭脂”之后的“焉知”，诗人代言设问复代言答问：卸妆，洗去铅华后，肌肤失去了作为保护的色彩，露出本质、本色，面对外界，表面的微寒，渗透到内心，没有遮蔽的素面女性要面对女性自我：

揽镜自问——

自省，自视，自然而然需要一面镜子。一个“揽”字，绝妙，不是人走到镜前，而是把镜子取过来，拿到面前。轻或重，柔或刚，力道恰到好处。我们想象女子对着镜子，即直视自己，自我拷问、追问，设想：

假如，真有一杯长生酒
喝　还是不喝！

“真有”，表明心迹，明知没有，却渴望有，是英语中的虚拟语气。但是我感觉她是宁愿相信有。所以斟酌再三，不想残酷到直接用虚拟，还是直接翻译为 if there's really，really 将信将疑，若真的有，便是大喜过望。a cup of wine of eternality 给予些许希望，哪怕微弱，渺茫。drink it or not 让我们联想到 to be or not to be 的名句，内心纠结、苦楚，被看似轻描淡写的语句再现，效果更佳。

凤仙花开过五月
可以睡了

仿佛在自我安慰、自我解围或者自圆其说。我们知道，凤仙花又称指甲花，民间常用其花和叶来染指甲，也是制造胭脂的一种原料。

于乱世之中独善其身，于姹紫嫣红中保持素颜，一瞬的辉煌还是一生的平淡？似有似无的最终答案，交由读者，尤其是女性读者自忖了。

now it's time
to lay yourself down

没有直接翻译为 sleep/go to sleep/fall asleep 等，而是让自己躺下，把自己放下，也许更具诗意。

睡，是顺其自然，也是一种稍稍的自我放纵。我们不禁想象，一个女子经历了世态炎凉、内心挣扎，能否这么轻易地放下，能否这么轻易地入睡。可以睡，但未必真的睡。身体可以放下，心能否真的放下？

由此，我们继续想象，这究竟是结局，还是开始？

如此细读后，试英译全诗如下——

Rouge

How can you deny it's not
another form of snow

deep
or shallow
thick
or thin

feeling of removing the makeup
slightly shivering

asking yourself
before the mirror
drink it or not
if there's really
a cup of wine of eternality

balsamine blooming till May
now it's time
to lay yourself down

2016 年 9 月 6 日于台山

找寻“心”之栖所

——关于沈奇近年的诗与诗话创作[①]

王士强[②]

说起来，在当代中国诗歌界，沈奇一直是一位“非典型”、不好“界定”的人物：他写诗，但主要的是以学者知名，作为诗人的沈奇，则一再被遮蔽或时隐时现；他研究诗歌、评论诗歌，但路子比较“野”，不那么符合所谓“学术规范”的要求，也不太为学界“主流”所接纳；二十世纪“新时期”之初，诗歌界的主导潮流是现实和浪漫，他注重的是先锋和现代，及至新世纪这些年，“现代”已经无往不胜所向披靡时，他却好像转而回归了传统？

没错，沈奇确实比较特异，还有点不“合群”。不过，对于一位真正的诗人、学者来说，难道还一定需要“合群”吗？独立、自由与个性，难道不正是诗与诗学存在的基础和前提吗？无论是在诗歌研究还是诗歌写作中，沈奇也确实都有些不按套路出牌，常常剑走偏锋。不过，现在看来，他的剑走偏锋，却往往能直击要害；或者说，他的戛戛独造或独辟蹊径，实际上从未偏离诗与诗学之正途，而恰恰是对诗与诗学之本质和尊严的捍卫。

这是我读沈奇先生近年来的作品，具体来说，是其诗集《天生丽质》（文化艺术出版社 2012 年版）和诗话集《无核之云》（陕西人民教育出版社 2015 年版）的一些感想。阅读中，我产生了少有的发自内心的欣悦，我感觉，我可能读到了两部重要甚至杰出的作品。这两部作品虽然形态、内容上均有差异，却也有相得益彰相映成趣的地方，于是想到放到一起讨论，或可得出一些有意思的发现。

---

①本文原载《诗探索》（理论卷）2017 年第 2 辑。

②王士强，天津社会科学院研究员。

一

一定意义上，当今时代，是一个崇“脑”而抑“心”的时代。“脑”代表理性、冷静、权衡、社会化生存，“心”则代表情感、温度、自足、个体化生存。现代社会的高度竞争、快速流动，使得“脑”的向度被极度张扬，而“心”的向度常受到压抑。如此，越来越多的人越发聪明、高智商，但也同时心脑分离，情感冷漠，变成了政治动物、经济动物、冷血动物，并产生形形色色的社会问题。究其原因，还是现代人走得太快，把自己的“心”走丢了。现在人们说某某是“有心人”，已经成了极大的褒赞，可是，难道不是本应如此么？

“心”，古已有之，人皆有之，只是现在的人不小心把它弄丢了，或者，而今人的心其实也还在，只是不受重视，被遗忘在了角落，让人以为它早已缺席不在了。沈奇近年于诗、于诗学所探求的一个重要方面，就是重新发现、找回那颗素朴、原初的“心”。他在《高原》一诗中写道：“今夜在高原/不洗澡　洗心”。早已蒙尘的心，洗一洗方可找回“初心”“本心”，找回原初本在的那个自己。“洗澡”只能清洗身体的外在，“洗心”才是更为内在、根本的，“洗心”方能真正“革面”，否则即使“革面”，也只是一种表面现象，难持长久。沈奇诗体诗话《无核之云》的第一节就说“诗意如灯/天心回家”，这里的“天心”庶几与“真心”“童心”“赤子之心”近之，有这样的天心，自然处处会有诗意，有发现的惊喜，有思绪的飞扬。

现代社会追求“快”，高速度、快节奏、变化多端，而沈奇近年的“诗心”所在，无疑是在召唤一种“慢”，静一静，等一等，慢慢来：“慢的历史中——/方有生的乐趣/方有美的细节/方有诗意的/回忆与向往//急生事/慢生诗”（《无核之云·89》）。的确，诗由慢而生，慢下来的时候，人才会注意周边，发现“环境”以及环境中的美，才会贴近自然，重新与自然建立真切的关联，同样，也才能发现自身，聆听自己的心跳，感受自己的体温。慢下来的状态才是诗意的状态，也是自然的状态。精骛八极，心游万仞，观古今于须臾，抚四海于一瞬，思接千载，视通万里，神与物游……由此，他打开了自己，扩展了自己，宇宙成为自我的器官，同时，又收缩了自己，隐匿了自己，自我消泯于万事万物之中。这是真正的自由状态，真正的诗之状态："诗要自然/如万物之生长/不可规划//诗要自然/如生命之生成/不可模仿"（《无核之云·91》），"诗是天然的//天然的诗/居住在——/天然的诗心//天然的诗心/居住在——/生命的初稿"（《无核之云·93》），"浑圆地生成/宁静地坠落/带着汁水、芳香和核//诗一个完整/而独立的创生"（《无核之云·94》）。这样一个自然、天然、浑然的世界，未经篡改与污染的世界，方是"天心回家"的诗的世界，沈奇近年的诗与诗话，正是对这样一个世界的描述、厘清、唤醒。

贫乏的时代，诗歌何为？没有诗意的时代，诗歌何为？奥斯维辛之后，诗歌何为？今日之诗歌，到底是不可承受之重，还是不可承受之轻？沈奇给出的答案是："有重的诗/有轻的诗//重要重得/有骨头有肉/有风韵/而非/一块道学家/用来唬人的惊堂木//轻要轻得/如一只飞鸟/而不是一根羽毛"（《无核之云·79》）。诗歌可以"负重"，但应做到"负重而不失灵性"，诗歌应该"承美"，但应做到"承美而不失心魂"（《无核之云·80》），诚哉斯言！

面对现实生存的种种功用、效用，诗歌终归是"无用"的，这种"无用"不是对于诗歌的贬低，有时恰恰是一种褒扬。"无用之用""无用之为大用"，正是诗歌的核心特质之一。沈奇以"云烟"概括此种特质："山无云烟/不生灵物//人无云烟/不生逸气//文无云烟/不得润活//诗无云烟/不得灵动"（《无核之云·131》）。进而叹赏："回看云起时/诗意独苍茫//得'云烟'者/得千古"（《无核之云·133》）。云烟者何？若有若无，若远若近，若即若离，可远观、可回味、可怀想，而不可亵玩、不可窃为己有。诗有云烟，方得生命；人有云烟，方有襟怀。

二

在"一切坚固的东西都烟消云散了"（马歇尔·伯曼语）的时代背景之下，其实仍然有道统、文脉在暗中流传。所谓文化，正是这样一种顽强甚至顽固的存在，而诗正是这其中的一部分；诗歌所守护的，是文化中最为核心、最为恒常的部分，一切在变，但诗意如常，诗的精神和本质并没有改变。

现代新诗与旧诗、古体诗相比，无论在内容、形式还是在语言、技艺等层面，都已发生天翻地覆的变化。其中，诗与非诗的边界越来越模糊，乃至分崩离析，造成新诗影响力渐次衰微，是不可忽视的一个方面。沈奇近年潜心《天生丽质》系列诗歌的创作，其立意在“古典理想的现代重构”，特别在语言层面上，刻意改变现代汉语过于僵硬、失去弹性的状况，重寻汉语原本的丰饶、优雅与灵动，且于整体诗风上，让人重温了某种暗香浮动、似曾相识的古典诗意，接通了一个伟大而悠远的传统，这是文化上的“根”或“本”。而其随之伴生的诗话集《无核之云》，则是以诗的形式，对新诗的本质和基本问题进行阐发、述论，在“新”诗之“变”中论说其“常”。

沈奇近年“心仪”的这一诗歌理想与旨趣，自然并非要返身复古，而是试图在极言现代之单向度语境中，唤起一些被遗忘的文化记忆和汉语诗性，同时也力图在现代情境中，发现生活背后所隐藏的古今一脉的诗意。

我们都知道，当此时代，简单地回到古典意境的意义并不大，因为人们的生活方式、思维方式都已经发生了巨大的改变，不可能再返回过去了，重要的是要找到现代情境中与古典意境相融通的部分，使之润泽、滋养、丰富现代人的精神生活。沈奇的这些作品里面，包含了“现代”与“古典”的对话，是具有当代性、现实性的，而不只是书斋生活、文人趣味的拾遗。唐代诗人韦应物有诗句云“我有一瓢酒，可以慰风尘”，而到沈奇这里：“花间一壶酒/酒是勾兑的假酒/花是塑料花/愁是真愁……”境况已然大为不同。再如《烟鹂》所写：“烟是烟雨/鹂是黄鹂//不是读张爱玲的小说/早忘了人世间/还有这样的丽词//听‘鹂’已奢侈/如古老的经典/何况还有‘烟’做伴//南朝四百八十寺/多少楼台烟雨?”——

楼台早没有了
鹂　便不知去了哪里
连炊烟也变味了

雨　是酸雨

只留下这个
失忆的词
让人失意……

这里面所包含的情状非常复杂，富有张力，由“失忆”而“失意”，却委实又呈现出一个“诗意”的世界。古今对照，举重若轻，沈奇的如此诗笔，亦堪称“神奇”。

中国新文学的先驱鲁迅有诗句云“寂寞新文苑，平安旧战场。两间余一卒，荷戟独彷徨”，沈奇也写有他的《彷徨》。他如此写道：“在城市/我们失去自己/在荒原/我们寻找自己//人群的深处/是人的消失/自然的深处/是自然的荒废”——

两个深处
两重孤独

两处彷徨
两种寂寞

两种不知所措中
苦无葬心之地

这里面所表达的情境与鲁迅所写自不尽相同，却也不无相通之处。那种孤独、寂寞、彷徨、纠结，庶几近之。这里所谓“葬心之地”尤其值得重视，人们常说“死无葬身之地”，“葬身之地”固然重要，可是认真想想，“葬心之地”其实更为重要：设若心无归依，即使有葬身之地，生命亦无栖所，若有葬心之地，即或无葬身之地又有何妨，生命同样可得自在、圆满。如此，有无葬“心”之地，才真的是至关重要。

三

何谓诗人？沈奇说："被命运所伤害/或准备去/伤害命运的人"（《无核之云·125》）。一语道出了诗人与"命运"之间的关系，其中所包含的内容极为丰富。

关于诗人，沈奇又说："生命理想的/'捕虹浪子'//语言家园的/'守望人'"（《无核之云·127》）。这里指出了诗歌"生命"与"语言"的双重属性，两者确如鸟之双翼，缺一则不平衡，飞之不高、不稳。

关于诗，沈奇又言："诗是'隔岸观火'/疏离于时代而又/窥视着时代的变化//诗是'火中取栗'/投身于生活而又/跳脱于生活的拘押"（《无核之云·122》）。诗歌之于时代，确实需要这种既"入乎其内"又"出乎其外"的能力，既要体现诗歌之"常"，又要体现诗歌之"变"。这当然是有难度的，但唯其如此，才是诗歌之为艺术的理由。

此生如寄，白驹过隙，而诗歌则可能比肉身存在更久，甚而获得"永生"，如沈奇所写："物的世界/是一种借住//诗的世界/方是永生"（《无核之云·6》）。如此，诗歌自然具有极为重要的意义。不过，这种意义更多在于其个人性、内向性，在于对个体内心的滋养、抚慰，《无核之云》中有多处论及诗的此种特质，略引数则：

诗是弱者的深呼吸/那隐秘的/自尊和骄傲/没钱也直着腰

（《无核之云·157》）

诗　是偷闲者/淡淡的下午茶/喝的人各喝各的味道/不喝的人忙别的/什么事去了　（《无核之云·160》）

诗　是于时代暗处/发光的萤火虫/提着一盏/只照亮自己的小灯笼/在荒荒的野地里跑/不为什么地跑（《无核之云·161》）

诗　镀金时代的/私人邮件//诗　物质暗夜的/精神闪电

（《无核之云·163》）

在这样的偏于“弱”的、个体的、诗歌本体功能方面的论述之外，沈奇也对于力量型、外向型、社会化的自由等，有着鲜明的推崇与强调，“自由”的品质之于诗歌而言，同样是不可或缺的：

> 诗　让我们免于/成为类的平均数/并重新获取/独立自由的/本初自我　　（《无核之云·87》）

> 一个能跳脱出/体制与惯性的拘押/而自由思考的人/总是会最先接近/诗与真理的人//诗是选择“不”的选择
> （《无核之云·88》）

> 在体制的网络上/诗　永远是一只/失效的“鼠标”
> （《无核之云·124》）

如此的形式亦“诗”亦“话”，实际上是以诗论诗，具有元诗的性质，完全可以当作诗来读。这些诗话称得上切中肯綮，对诗歌的本质进行了形象化的解说。诗歌最为本质的部分的确是不可见、不可知、不可解、不可说的，正如沈奇所谓之“无核之云”。云朵的组成是看不见的水汽，花朵的核心空空如也，但是通过变化的云图、零落的花瓣，无疑可以让人们更好地认知其构成，也能够在一定程度上领略其神韵。

四

写到了这个份上，活到了这个份上，历经四十余年诗路历程的沈奇，确乎称得上是写明白、活明白了，其人其诗均呈现出一种通透、澄明、淡远的特质。

这么说，并不是要否定沈奇此前诗与诗学的意义，主要的是，在我看来，沈奇晚近的这些诗与思，有着更为鲜明的个人烙印，艺术水准和价值也要更高一些，的确写出了属于自己的、别人所写不出的作品。沈奇此前的一些作品也很优秀，但大多仍是在时代的写作潮流框架之内，未必能凸显出其独有的特质和追求，而现在的这些作品，更像是在经历长跑之后有意或无意的一次爆发，异军突起而成为一个高峰，在其个人作品谱系中的意义更为重要，在诗歌史上应该也能留下印记。

沈奇《天生丽质》和《无核之云》的写作，是在接近六十岁，以及六十岁之后，一定程度上说已经是创作上的“高龄”，而他近年的创造力仍可谓繁茂强韧，达到了一种自如、睿智、随心所欲、无所挂碍的境地，可以说是向晚愈明。由清晨而黄昏，沈奇数十年与诗歌亲密无间、同舟共济，为诗所“害”的同时也受诗之“惠”，如此的人生智慧与境界，便是诗歌给予诗人最重要的回馈之一。

对沈奇而言，他的内心是有所归依、有所依靠的，“心”有所属、有所本。其中难免会有纠结、痛苦、无力甚至无望（在这样一个艰困、矛盾重重的时代），但他身上仍然有着不一样的气质，有着某种古风、傲骨、诗性。这一切，自然还是由于他独特的“诗心”所在，由于他自己所言的“心斋”所在：“诗贵有心斋/方不为时风所动/亦不为功利所惑/而得大自在//有大自在之诗心/方通存在之深呼吸”（《无核之云·141》）。

在《无核之云》压轴的第200则中，沈奇写道：

此刻——谁
没有经过洗礼
谁就没有归宿

——诗的洗礼
自由
孤独
还有……爱

诗意如灯

天心回家

——“天心回家”！拥有“天心”、初心、本心，并守护它，这样的人是有福的。当然，“天心回家”并不是一个静态的结果，而更多是一个动态的过程，不断地返回天心、不停地找寻本心，才可谓“活着”，才可能更为长久地“活着”。诗歌存在的意义，便是让人真正地“活着”，并且能够更为长久地“活着”。

2017 年 2 月于北京—天津

当代新诗的一副“古典主义”面孔
——沈奇论①

程继龙②

沈奇是中国当代新诗界中一个独特的存在。这不仅在于他是一位职业的批评家，一位从事诗歌写作和诗歌活动达四十年之久的诗人，还在于他在这些历程中，所展示出的令人敬佩的风骨和气度。在沈奇这里，写诗、讲诗、批评诗、研究诗，皆关乎“记忆与尊严”，或成为“过客的遗产”（沈奇几部诗集的封面自题词）。诗人丁当说：“他一直苦苦地用一条他的准则来维持诗歌和日常生活”③。批评家南帆说，在沈奇那里，“诗仿佛是这个世界唯一的重心”④。

读沈奇的诗集《沈奇诗选》（陕西师范大学出版总社 2010 年版）、《天生丽质》（北京文艺出版社 2012 年版）及几部理论著作《沈奇诗学论集》（中国社会科学出版社 2008 年修订版）、《诗心、诗体与汉语诗性》（陕西师范大学出版总社 2016 年版），可大体寻绎出他诗艺、诗学发展的脉络。从二十世纪七十年代末到二十世纪八十年代前期，为浪漫抒情时期；二十世纪八十年代中期到 2007 年，为现代主义时期；近十年来，借助“天生丽质”和“无核之云”两个系列实验文本的诗与思，进入到对汉语“诗心”“诗体”“诗性”的体认与重构。设若不满足于这种线性的、表面化的归纳，深入一层，肯定会撞见一些揪心的、岩石般坚硬的问题。与新诗发展的整体状况相当，“古典”的确是沈奇诗艺、诗学发展的一块基石，一个参照

---

①本文原载《诗探索》（理论卷）2017 年第 2 辑。

②程继龙，岭南师范学院副教授。

③沈奇：《沈奇诗选》，陕西师范大学出版总社，2010，第 415 页。

④南帆：《改变语词的方向——读沈奇的〈无核之云〉》，《中华读书报》2012 年 12 月 19 日。

系，甚至一个带有归宿意味的所在。

新诗在“现代性”的路上一路狂奔，但也一直承受着“古典”的反向拉力，可以说是在“现代”和“古典”的张力空间中前行的。有所谓“现代性”，也有所谓“古典性”。作为与当代中国先锋诗歌同甘苦共患难、一路奋斗过来的沈奇，最令人深思的，正是他最终展示出来的“古典主义”面孔。

一、“道”与“势”——沈奇的“哲学”

沈奇有他的“哲学”。

单一的现代人，很难有自己的“哲学”。“古典”一词，自然使人联想到近代从法国兴起的古典主义思潮，强调理性、原则、规范，克服基督教文化式微所带来的全面混乱；也使我们想到中国“天人合一”的信仰，想到屈陶李杜、唐诗宋词，人们生活在一个相对统一的世界中，恪守着一种普遍的法度，践行着人人皆可理解的成规。及至现代，在一个彻底变乱的、以“动”和“反抗”为主要精神（闻一多语）的世界，人往往难以形成对世界和自我的完整的看法。沈奇逆时而为，仿佛一位穿越到现代世界的古人，置身世界的混乱，他竭力想找到一套说法和活法。这一套世界观体系，化合了生活经验、审美想象、时代观念和古今中外哲学的碎片。他在年深日久的臆想和实验中，有着强烈的冲动，渴望一次性解决存在的混乱，找到自我存在的位置和安身立命之所。参照海德格尔的“天地人神”模式，我们亦可归纳出沈奇“哲学”的图景，“天地—人—语言—诗歌”，四要素及各自的衍生物配合相互间的实际关联和辩证逻辑，共同撑起了沈奇借以生存其中的思想殿宇。

“上游的孩子/还不会走路/就开始做梦了/梦那些山外边的事”，这是沈奇早期诗歌代表作《上游的孩子》中的诗句。“上游”固然和他所出生的“汉江上游”“沔水古城”有关，但更是他对世界的一种自我命名。“上游”是世界的初始、源头和本相。他近乎固执地认为，他心目中世界的模样，就应该等同于实际存在的世界，最起码应该朝此方向回返与进化。他甚至发展出一种“上游的诗学”：“上游，水出发的地方”“上游，为成熟走失、永远想回而回不去的地方”[①]。在这个世界，“声音是向上走的/云烟是向上走的/心是向上走的/诗也是向上走的//‘上’是什么？/上是轻/上是空/上是无”，而“世界是原在的”[②]。这个世界本质、纯粹、未受尘俗的污染，且恍兮惚兮，充满形而上的色彩。那里日月空蒙，草长莺飞，野花静静开放，滋生万物的自然力量生生不息。这样的世界寂静到听不到声音，浩渺到看不清物象。沈奇自然地接通了老庄哲学的精要，征引《道德经》和《庄子》的话语来进一步描述这个世界：“万物源道”“众妙之门”“天地有大美而不言”。于是老庄所启示的“体用不二”的“世界”的形象和性质，融入沈奇通过沉思、冥合所得到的内心那个“只属于自己的荒原”。在反复的言说中，还加入了尼采、海德格尔式的言说。“万物先于人类的诞生而存在/此‘存在’即为‘道’”，“存在无言——/存在只是在着”。[③] 这个世界呈不断敞开却自足的状态，人源于它，也臣服于它的内在规定性。

在这个理想化的、彼岸化的世界之外，当然还有一个现实中的现代世界。如果说前者是依于“道”的、依道而存的，后者就是依乎“势”的、依势而存的。在这种事关重大的元叙述中，沈奇还征引了孟子的话——“枉道以存势”，“势”取代了“道”，天地的大美和心中的“澄明之境”被强行遮蔽了。现代人处在一个失去“原粹”的、沦落了的世界。沈奇的“哲学”看似古意盎然，使人产生“不知今夕何夕”之感，但内里却有着强烈的现实针对性。作为一个当代诗人学者，他对“全球化”和中国社会、中国人在此浪潮中的巨大变化，有切肤的体验和深入的思考。他借用本雅明、恩斯特·卡西尔、尼尔·波兹曼等西人的说法来印证自己的看法。那个原在的、自然的世界不断被降解、宰制，世界被空前地“物化”，“灵晕”消

①沈奇：《“水，一定在水流的上游活着”——论麦城兼评其长诗〈形而上学的上游〉》，载《诗心、诗体与汉语诗性》，陕西师范大学出版总社，2016，第 201 页。

②沈奇：《无核之云》，陕西人民教育出版社，2015，第 125 页。

③这里的一些观点，可参看沈奇《“味其道”与“理其道”——中西诗与思比较谈片》，《文艺争鸣》2014 年第 11 期。

失，工业化统治一切，标准化大行其道。世界被冷静而迷狂的工具理性肢解，变成可以量化、称量的平均物。对此，沈奇充满了焦虑，对一个时刻追求“自由呼吸之空间”的诗人，这显然是难以忍受的。“楼台早没了/鹂便不知去了哪里/连炊烟也变味了/雨是酸雨”（《烟鹂》），由“古典”到“现代”的变迁，呈现出剜心刺目般的尖锐痛感。这种体验和焦虑，也正是二十世纪以来整个现代主义文学的普遍主题。在诗人的感知与表意中，“人”，也由庄子“逍遥游”般的个体变成了处境不幸的存在，“现代人类本质上是一种‘语言的存在’，并且都是一种被‘体制化’、被‘通约化’、被‘公共化’而成为类的平均数式的存在”①。于是，“人”分裂了，一个逍遥的、原在的人，成为被奴役的、面目模糊的人。就像尼采在《查拉图斯特拉如是说》中描述的“悬在深渊上的绳索”，靠自身的张力而存在，处于不稳定的过渡态，需要奋力抵达前方另一端的彼岸。

这是沈奇对“世界与人”的性质和关系的基本认识，我们也借以看到了沈奇对更多文化问题的沉思。他没有就事论事，只在自己“诗”之思的范围里，抑或修辞的、审美的领域里，展开自己的精神劳作，并以一种隐秘而深沉的抱负，继续建构他的体系。这就是沈奇的某些神秘、难懂之处，尽管他的“元叙述”是用诸多话语化合、缝缀而成的。分裂了的人，处在一个同样分裂了的世界里，面临着一系列重大的、亟待解决的问题，在这样的危急时刻，“诗”自然地出场了。

二、“诗心”与“诗性”——沈奇的“诗学”

沈奇的诗学是以对世界的“道器论”式的认识为基础、对人的处境和价值的追认为起点的。在这样一个离“道”与“本源”越来越远、日益下行的世界中，人受现代社会经济、体制、观念的重重宰制，失却了自由意志和神性，然而在诗人这里，一切似乎仍可挽回——经由诗，返回原在，返回人的自由心性；诗的存在，成为一

①沈奇：《诗心、诗体与汉语诗性》，陕西师范大学出版总社，2016，第169页。

种精神信仰，一种救赎行为——所谓“诗意如灯，天心回家”。

“诗意”如永不寂灭的长明灯，点亮在社会文化空间，烛照晦暗的灵魂，指引人们找到回家的道路。“诗的存在是家园的存在——对于迷失的现代人，诗已成为唯一来反抗生命中的无意义以及对现代科技文明的焦虑与迫抑感，从而获得充实与慰藉的最后栖息地”，“现代诗的本质，正是在于通过诗的获救之舌，来不断颠覆我们生来遭遇的语言制度，以求在新的语言之光中找回独立鲜活的生命个性”[1]。诗不单是抒情言志的行为、锻炼修辞的技艺，它还集合审美和实践的双重特性，提醒人警惕社会习俗、文化体制、时代观念对人精神潜意识的反制和规训。诗激活感官和智性，驱导人们投身观察世界和反思自我的精神活动中，看见迷人的微光，唤醒遗忘的初心，进而重新开始自救与自新的行为。诗歌最终是要造就自由、自得、自在、自若的个人。在沈奇的理解中，“自若”这个汉语味十足的词语，即自由在个人身上得到实现后的真实状态。[2] 依了诗，自由穿梭于各种边界之间，反顾自身所带来的诸种背景，看到现实的痼疾，沉迷于自我自由呼吸的状态。这样的“人”，这样的人格状态、精神主体，带有浪漫主义的气质，闪现着人文精神的强烈光芒。

在原本分裂的时代，在极言现代、后现代的当下，沈奇反倒找到了相对统一的、一贯的人格主体样式，甚至将诗本身，反向地变成了一种用以人格再造的审美功能和意志机制，以顽强对抗主体的矛盾和混乱。沈奇由此激活了汉语古典诗学的“文心论”与“诗心论”。“诗者——/为天地立心/为生命立言”。心，是更内在的关键，是诗性行为和诗意过程得以开启和推衍的肇始、本源。正如传统心性之学所强调的，离开人、离开心的一切事物和行为，都是凌乱的和无意义的，新诗必须找到“心”的源头。只有这样，才能正道直行，进入“众妙之门”，而避免一时的妄作。

在对“诗心”的沉思中，沈奇拿来了“生命体验”这一法宝，

---

①沈奇：《诗心、诗体与汉语诗性》，陕西师范大学出版总社，2016，第 162 页。

②参看沈奇《无核之云》上篇第 153 则，陕西人民教育出版社，2015。

而这正是当代新诗最可宝贵的一个财产。“人生来是完整的、个性的、自由的，人对外来的强制、命运的折磨，对不能自由发展自己以获得幸福的生存局限的反抗是天生的，且到了现代愈演愈烈。正是这种对生命之痛的不断追问和不断超越，才使诗人的言说成为人类存在之最本质的言说。”① 沈奇偏离了传统心性之学的规范，接通了现代人生命活动的真实存在，吸收了现代生命哲学的精华。生命之流在冲荡中左右奔突，又有它最终的方向，本身具有“无目的的合目的性”（康德语），一切长久或短暂的感觉、幻想、梦想都寓于其中。生命体验，就是将生命活动本身当成一种有意识的、持续的审美行为。沈奇尽管高度警惕现代社会的冲荡和混乱，但同时也将生命体验自觉地当成诗歌内容的来源、诗性行为的内在驱动力，以生命化的审美眼光来批评和衡量诗歌的优劣与成败。诗与生命合一，生命体验的种种因素和力量，充实原本抽象的诗心，也发展了诗心论。

接下来就是“语言”的出场了。这不单纯是因为“语言学转向”的影响、语言哲学对生命哲学的刷新。几十年来置身当代诗歌创作、评论现场，沈奇以其超乎寻常的问题意识，不断发现问题、提出问题，寻找解决问题的可能途径。可以说，沈奇有自己的逻辑。不能无视语言的存在，“诗到语言为止/诗到语言为始//恢复命名功能/重返生命初稿……/诗由语言而生/语言由诗而生”②。诗是语言的艺术，海德格尔时刻提醒人们：语言是存在之家，人依靠语言诗意地栖居在大地之上。语言不仅记录生命，而且为世界命名，语言的起源就在对事物命名，这种命名本来就是诗的、美妙的。汉语就是中国人、中国诗人栖居的殿宇、最后的家园。这是沈奇最后认可的结论。然而这仍旧难以满足他心灵的渴望，他强烈地意识到，正是在当代新诗中，汉语本身的问题日益迫切地呈现了出来。

沈奇认为，新诗是现代汉语的产物，新诗的问题正在于现代汉

①沈奇：《无核之云》，陕西人民教育出版社，2015，第126—137页。

②沈奇：《无核之云》，陕西人民教育出版社，2015，第11—43页。

语的问题。现代汉语是“移洋开新”的产物，以翻译语为主要形态的现代汉语之书面语，受西方分析性思维和逻辑化结构的作用，加重了理性运思的机制，长期以这样的书面语来写作，难免造成“食洋不化”甚至“本根剥丧、神气彷徨”的严重问题——沈奇用鲁迅的话来追认这一问题，也在郑敏、木心等人那里找到了大致相似的看法。由此，沈奇最终开出的药方是“汇通”。现代以来持“汇通论”者不在少数，比如宗白华、梁宗岱、卞之琳等。沈奇则有自己的论述：“内化现代，外师古典，汲古润今，融汇中西，重构传统，以求在现代汉语的语境下，找回一点汉语诗性的根性之美”①。同时借用当代画家石虎先生所提出的“字思维”理念，认定汉语特性及其诗性思维的根本在“字”，汉语的感知与表意，是依据一个个汉字来进行的，汉字本身音、形、义具足，带着文化的沉淀和情感的温度，这样的汉语才能贴切传神地表达中国人的神采和呼吸。现代汉语的不足，正在于违背了这一宝贵传统，“字思维”被代之以分析运思和谋篇布局，离观念近而离感觉远，变得诗性匮乏。因此，要提醒进而推进在现代汉语的惯性“编程”中，加补并融入“字思维”的传统，尤其是诗，正是恢复这一传统、实现“字思维”的最佳途径——诗和语言就这样相互提升。

现代人在现代社会漂泊无依，现代诗学也散乱无稽，沈奇花费了数十年时间，走了漫长的道路，最终找到这种建立在“汇通论”基础上的“字思维”法门，并以此来解决当代诗歌的问题，进行可能的平等对话。

三、“字思维”与“云烟感”——沈奇的诗

沈奇近年潜心持久创作的系列实验诗作《天生丽质》，有效实践了“字思维”的诗学设想。作为诗写与诗评双栖的沈奇，一边思考，一边实验，文本创作与理论思考双向推进，互为表里，别开一界。

在《我写〈天生丽质〉——兼谈新诗语言问题》一文中，沈奇

①沈奇：《无核之云》，陕西人民教育出版社，2015，第142页。

详细阐述了自己的观点。立足于单个的“汉字”，兴发成词，便是诗题的来源，如“茶渡”“怀素”“桃夭”“光荫”“依草”等。这些作为题目的“词”，有的是从古典诗词中提取出来的，有的是现成的地名、物名，有的是旧词翻新，更多的是文字逗引、碰撞、一时偶发的创造。这种命题，本身就兼顾了汉字音形义及文化内涵等多种资源和可能，诗思的起兴、文本的展开，就这样开始了。将这些特殊的“词”剥离原有的语境，搁置它们背后沉积的隐喻及意义，暂时置于完全陌生的情境，然后调取各方资源，煞有介事地进行亦真亦幻、错空镂虚的再创造。沈奇认为这样才切中了汉语的本性，恢复了语言最初命名的功能，并有效发挥创作主体自在自若的心性。

接下来对诗歌正文的写作，就是一种随方就圆的衍生、假戏真做的“填充”行为，他认为这才符合“情生文、文生情”的诗文传统。在这个过程中，自我前后奔突，又左右逢源，潜意识中的情结被激活，日常生活的经验被调动，阅读得来的想象被利用，旋生旋灭的意象被缝缀，等等，这是从内容方面而言。从修辞方面看，很多重要的方法或姿态被灌注了进来。一个是“悬疑性”，即“将诗中所有的意象和意境，均置于一种不肯定、不明确、自我盘结、古今对话的‘悬疑语境’中”[①]，打破线性思维和闭合时空，将古典诗句、古意、现代意识都错置在一起。另一个是“戏剧性”，将各种“意象”“语象”都角色化，使其在一个共时的舞台上进行自我表演。就文本实验的具体情况而言，所用的修辞不止此二者，还应该有诗人常说的“寓言化”，以及叙事、戏仿、悖谬、反讽等。

如此“天生丽质”式的“现代古典诗”之创生过程，应该说，不仅是一种写作方法，还是一种特殊的诗艺运思机制。它独辟蹊径地弥合了内容和形式的对立，且将其反复书写、塑造为新诗的一个新“体”——“字思维体”或“沈奇体”——新诗文体范畴内部一个新生的“小文体”。沈奇多年来苦苦找寻新诗可能的“诗体”，或许就此暂可成立，成为合乎他理想的一个结晶、一种收获。这种

①沈奇：《我写〈天生丽质〉——兼谈新诗语言问题》，《文艺争鸣》2012 年第 11 期。

“天生丽质体”，符合沈奇“诗是有造型意味和一定音乐性的语言艺术”的文体定义，也切合了汉语诗歌精要简洁的语言传统。① 或许，这也暂且告慰了沈奇对新诗诗体混杂、不稳定问题的焦虑。最初的白话诗人胡适、刘半农等人有“增多诗体”的构想，新月派闻一多实验《死水》以验证自己的“格律诗”观念——百年新诗一直在找寻诗体，以应对“文体”的压力。沈奇这种探索，于诗歌发展、诗歌史是很有价值的。

试举二例——

酒　醒了
雪还没醒

是谁昨夜不辞而别

空空盈盈
一个白里

唯三两麻雀
叽叽喳喳

（《雪漱》）

“雪”“漱”二字并置，生造出一个私语化的“词”，这一碰撞，犹如口误或笔误，无意间开启了一种使人“想入非非”的奇幻之旅，也仿佛返归了汉语初始生发、命名的天地玄黄中。于是开始“填词”，苦心孤诣地将“雪漱”二字草创的器皿填满、做细。题目涵隐的“雪”之意，被充分调动了起来，“是谁”一行很明显地有了情节感和角色想象：谁（友人？抑或一个根本与“我”不相干的人）昨夜不辞而别（“不辞”，是哀怨而去，还是兴尽而归?），时间、事件、

①沈奇：《无核之云》，陕西人民教育出版社，2015，第 99—102 页。

角色均已具足，而“起因”被隐去，故事的一半不说了，只留待读者去补白。

其实从一开始，“雪漱”的大情境就已经设置，酒醒而雪未醒，暗示诗人似乎在“晚来天欲雪”时即已饮过，历经一夜梦游、一夜雪落，而后迎来一个美丽的雪朝。第三节直言雪之底色、之本质、之境界，结合情境来看，诗人酒醒，记起共饮者已逝，而后放下，安心赏雪。临了在天地一白的空旷里，添上三两麻雀，其色灰黑，其音啾唧，是说万物自由，还是曲意传达落寞别绪？按照“情境”来逆诗人之意，似乎通畅而圆满，一首诗也水到渠成地成立了起来。然而这样读诗，无乃过乎！机心过重而显造作。“酒醒了”难道一定意味着“我饮过酒，现在我醒了”？还可能意味着是在说完全无关的另一人或一物“醒了”，酒也并没有饮，雪也没有下，无雪也可以“空空盈盈一个白”，这是禅家完全可以做到的，至于“漱”所暗含的意味，诸如“澡雪精神”“枕石漱流”之类，就须另寻索解。这就有了解构的意味，陷入解释的黑洞。还应看到诗中超量的空格、分行、分节，依照传统见解，此三种起调节节奏（视觉的和听觉的两方面）的作用。从语义表达角度，可以将三者统一命名为“留白”，留白是停顿、是分割，也是解压，随意、随缘地打住、跳跃，松开语言在时空中线性推进的波线，沿着小路旁逸斜出、观望、凝神，以求发生更多的弥散性和歧义性意涵。歧义性即是丰富的表征，这样最大限度地恢复着汉字的丰饶。那或大或小的空白，反向生发出无尽的意味，“无字胜有字”，这本身也应该属于沈奇所认为的“汉语诗性”。

沈奇的实验还有更为丰富的内容，即“现代禅诗”。他一直有意地“引进‘现代禅诗’的运思维度”，“既是‘现代禅诗’，骨子里便少不了现代感的支撑，古典的面影下，悄然搏动的，仍是现代意识的内在理路，只是这‘理路’中多了几分‘禅味’而已”[①]。庄禅美学，是古典思想、艺术中最可能通约于“现代性”的部分。道家从

①沈奇：《我写〈天生丽质〉——兼谈新诗语言问题》，《文艺争鸣》2012年第11期。

实有看到了“虚无”，禅家更进一步，从“无”看到了“空”，“空”可说是“有/无”之一体两面的完整存在状态。沈奇于此类诗思中，不仅喜欢指向“虚无的事物”，而且整个运思方式也经常呈现出时断时连、去留无迹的特点。切入，展开，分叉，宕开，追求艺术思维的复合性、共时性，刻意塑造文本结构的开放性和多样性。因而，一首诗的发生也就像禅悦、道悟的过程了——

云白天静
心白人静

欲望和对欲望的控制

——人群深处
谁的一声叹息
转瞬即逝

空山灵雨
有鸟飞过

（《云心》）

“云”“心”二字就如国风中的“桃夭”“子衿”一样，突兀地并排站在一起，难分宾主，究竟是云的心、云一般的心，还是看云之心，不可确知，莫可名状。语法从前而后的限定律似乎暂时失效了，语义由一趋于多。从一开始就旨在破解言说的固定与单一。“云白”则“天静”，目击道存；“心白”则“人静”，天人互证。第一节塑造出自我观想、若迷若悟的禅意氛围。“欲望和对欲望的控制”，则是横插进一句谶语般的论断，打破此前塑造出的宁谧气氛，芒刺般划出一道漏着黑光的口子，且其内部逻辑本身就是矛盾互诘的。分节的空白和长长的前置破折号，意味着思绪的中断与陡转急下，茫茫世间，一声“叹息”破尘而出，而此“叹息”本身，亦不能出离世间。禅总是一种破解行为，包括对自身的破解，禅寄生在一切伪作带来的矛盾的罅隙里，无数的破解行为直至抵达“云在天心水在瓶”的空明境界。“叹息”的失效、被破解，甚至推翻了此前一切的观想，“云”“心”“欲望”，“人”和“我”的分别，只不过是“无相”之“相”（《金刚经》）。在心智与言说的轰然坍塌处，又重新生出一层天地，“空山灵雨/有鸟飞过”，天地本来自然、万物本来自在，“树为呼吸而绿/花为自在而开”（《怀素》）。

沈奇的这些诗，充满了“云烟感”——这也是从风格学的意义上来说的。

余论：作为方法之一的古典

沈奇以自己独特的方式，顿悟的、分析的、诗话的、论证的，建立起了自己诗学的小世界。其中，对一个原在世界的想象，对人的完整性和价值尊严的守护，对诗歌救赎与重塑功能的期许，以及对汉语诗性本能的追认，均闪现着古典主义的光芒。

沈奇的诗学、“准理论”，作为创作观念，帮助他结束了诗歌的偶发性和零散性，给他多年的创作一个多少有点终极意味的方向，将数个阶段、数种理路的探索统领了起来，使其成为一个有连贯性的过程。比如对早年生活的记忆，对现代社会的焦虑，对个人生命的内视，对传统的眷念，均统摄、笼罩在一种既先锋又怀旧，既现代又古典的格调中，也因此成就了个人写作的风格，提高了辨识度。此种批评理念，使他的批评，遵从了相对统一的理论，在较为一致的基础上发现问题、作出命名。贯彻乃至反向深化他自己对诗歌的精深思考，助长了批评文体的形成，使批评真正有可能成为“一种别样的写作”①，使他的批评和研究成为“有根的”行为，入乎个人心性之内，出乎学术公器之外，既能宏观把握，又能有的放矢，避免了习见的“强制阐释”。同时，也使他有了“沟通古今”的抱负。这都是难能可贵的，没有辜负他“为只顾造势赶路的新诗之众提个

①耿占春：《当代诗歌批评：一种别样的写作》，《文艺研究》2013年第4期。

醒”的想法。

然而，有一些问题还值得商榷。

例如，将新诗诸多问题的解决之道归结为“字思维”，是否有大脚穿小鞋的感觉？不错，汉字从其源头来看，确实有“象形”“切体”“及物”等先天优长，文言是以单音节为主的孤立语，具有简洁雅驯的特色，高本汉、张中行等有识之士也都持此种看法。但是不应忘记汉字、文言本身也有向抽象、曲折和繁复发展的倾向。更不应忽略现代汉语发展的时代语境和历史目标。一种语言质地的优化和品位的提升，包括词句的丰富、功能的改善，均应充分地语境化、历史化，更深地放在时代发展的现场和潮流中来整体推进。近几十年来哲学、文论的发展已充分说明，语言符号是多维的整体，语词的能指、所指、指称功能，都是通过反复的、多向的话语实践来实现和提升的。现代汉语在塑造自己的本体、实现自己的目标过程中，固然出现了质胜文等诸多毛病，但现代汉语的改变已成大势和定局，有自己的规范和功能，一些问题也不是通过简单反顾古典所能根治的，充其量只能提供一种镜鉴。另一方面，也应该充分认可并尊重当代新诗经过艰苦努力所获致的多元发展、多样展开的局面，这不是一句空话，多种感觉在积累，多种技艺在形成，众声喧哗、姚黄魏紫，多元就是多样，常以混乱无序为貌，不必为此太过焦虑。或许，更重要的是要忍受混乱，观察、记录、描述，维护这种开放的态势，这种正在展开的空间。要甘做尼采的“负重的骆驼”。

最后，还应重估“古典”，不应将其“本质化”。南帆先生在《无核之云》序言中敏锐地指出了这一点，“与众多反本质主义者不同，沈奇承认‘道’的存在”。“本质主义”是一种根深蒂固的思维方式，坚信事物背后有稳固而统一的本质，透过现象看本质，最终可以找到唯一的解决之道。即使认可“古典”在宽泛的意义上更多的是作为一种气质、态度和泛型，也应该看到“古典”的开放性和多样性。欧洲有欧洲的“古典”，中国有中国的“古典”，即使是中国的古典，也有儒释道的“古典”、庙堂与江湖的“古典”等，不可定为一尊，不管是显在的还是隐形的。寻找一个稳固的本质、建构一套统一的体系容易，但是建构一个真实有效的体系难。在此，想到日本学者沟口雄三“作为方法的中国”的思路，“古典”，不管是哪一种古典，都只能作为方法，而不能作为目标，而且只能是其中之一种。要高度警惕将“古典”当成一种整体的态度和目标，要将其局部化和策略化，使其服从于建构真正的“现代汉诗”的目标。我们在郑敏、胡兰成、木心等人对新诗、中国语言文化的论述中看到了很多本质化的偏颇之举。

“古典”之风日盛，这与新诗应对传统的压力的实际情况有关。如前所述，新诗一直是在古典与现代构成的张力空间中存在、发展的，新诗需要在歧路彷徨中携手或利用唐诗宋词、庄禅美学。对“古典”的推行，既有国家意识形态的需要，也有萨义德“东方学”的意味。西方人以殖民者的偏见想象出一个景观化的“东方”，实际上身处“东方”内部的中国人，在现代性后起的关口竟也自觉地以西方殖民者的眼光反观自己的内心、自己的文化，结果是情不自禁地找到了一个本质化的“古典”，并以此进行自我界说和国际对话。——坚守古典和现代的界限，差之毫厘，将蜕变为一个复古主义者，而遗忘“现代”的初衷。

2017 年 2 月于湛江岭南师范学院

现代诗：文本张力的化学键“通约”

——以沈奇《天生丽质》系列实验诗为例[①]

陈仲义[②]

一

诗学与化学原属根本不搭界的两个学科，但在笔者看来，却存在某些“镜像”关系，其中最有可能产生“通约”的，当属“文本张力”与“化学键”。

化学键主要指原子或离子间相互结合的作用力。早在十九世纪，化学家们就在两个化学符号之间画上一条短线（—），表示两者间的键价关系。别看这小小的一横“中介”，可是一条大大的生命线，牢牢焊接元素们的“共振”框架。[③] 想象化学键是一条或多条橡皮筋或弹簧，“拉伸”着对象奔跑，依靠这样的共轭“锁链”，不仅能够给分子结构定性，还能概括出许多化学反应的事实。

化学键有三种极限类型：离子键，共价键，金属键。

离子键越强，熔点越高；半径越小所带离子越多，作用也越强；它没有方向性和饱和度，故拥有向周边不断扩张的势头，堪称原子世界“弱肉强食”的头儿。共价键共用原子间的“电子对”，它与离子键的重要区别是，只负责非金属区域内的组织工作，职责专一，虽不及前者能量广大而活跃，但它的共用、共享涵盖面，完全符合当今世界互利互惠的双赢路线。那么金属键呢，它怂恿电子自由运动，没有固定方向，且带着金属的很多特性，其强弱通常与金属离子半径成逆相关，与自由电子密度成正相关，它是奔走忙碌在金属

①本文原载《文艺争鸣》2023 年第 7 期，此篇系删节修订稿。

②陈仲义，诗学家，厦门城市学院教授。

③[美] L. 鲍林《化学键的本质》，卢嘉锡等译，上海科学技术出版社，1966，第 2 页；《化学词典》化学键条目，化学工业出版社版，2013，第 435 页。

辖区内得力的“高管”。总之，三种化学键的强大统辖力，可视为连结物质结构与性能的桥梁，体现了轨道杂化与成键动力学的特征。①如此看来，化学键在取舍、强度、结合力方面，与文本意义上的张力，多少有些沾亲带故。好比同一栋寓所里的住户，虽国籍、省籍不一，但可能成为过从甚密的好“邻居”。

有趣的是，1981 年诺奖获得者、化学家、诗人罗德·霍夫曼考证出一点小秘密：1809 年，大诗人歌德出版过一本独特的小说叫《亲和力》，居然先知般提出了有关化学键的“隐喻”，并据此编造出一段艾都尔与夏绿蒂关于“亲和力”的对话，他写道：“亲和力”只有在导致“离异”时，才显得有趣；“甚至可以把化学家称为‘促使物与另一物离异的艺术家’，对他们而言，还是一种恭维呢；使事物结合是更伟大的艺术和功劳，能够把任何一个主题统合起来的艺术家，将会受到普遍欢迎”。② 在这里，歌德强调亲和、离异、统合的交互作用，真有几分化学键的形象代名。就此问题，笔者曾特别咨询请教于当代台湾诗人、化工专家白灵教授，他认同作为化学学科中的“化学键”可以约等于或接近于现代诗学所讲的“张力”。

不无巧合，近日又偶然在网上听到一首《化合键之歌》③，欣然全盘抄录：

只是因为在人群中多看了你一眼
再也没有忘掉你的容颜
梦想偶然能够成为化学键
强烈相互作用契约你我
你偷走了我的心
而我却心甘情愿
阴阳离子在一起，便成了离子键
宁愿相信往后余生

①孙长庆、黄勇力、王艳：《化学键的弛豫》，高等教育出版社，2017，第 1 页。
②[美] 罗德·霍夫曼：《大师说化学——理解世界必修的化学课》，吕慧娟译，漓江出版社，2017，第 91 页。
③《化学键之歌》，https：//www. bilibili. com/video/BV1CY411H7Ds/，2021. 12. 16

我们是两个身体，却共享在一起

宁愿用这一生，等待你发现

我们是共价键呐从未走远

歌词中有三行关键句，特别用黑体做了标记，能够嗨起来的歌曲说明陌生的化学键早已走进生活，意想不到。很快，又发现一首外国歌曲，由男女青年分别穿着钠离子与氯离子的彩色服装进行伴舞，成为教学课件。没想到，化学键竟被谱成两种不同性质的歌曲，广为传播，可见其广涵性可以覆盖到生活的方方面面——男与女、聚与散、阴与阳、合与分、0 与 1、金属与非金属等。两者之间的吸引、分离与结合关系，反映到诗文本上，不是与“张力”挺“合拍”的吗？

2012 年，笔者曾专门对现代诗之文本张力进行详细讨论：张力是对立因素、互否因素、异质因素、互补因素构成的关系结构。张力通过多种管道：远 / 近、大 / 小、内 / 外、虚 / 实、正 / 反、因 / 果、具体 / 抽象、瞬时 / 恒久、有限 / 无限等互动（如同离子键中电子、离子、原子之间的互动路径）。具备多种样态，如长短、离合、隐显、明暗、强弱等（如同金属键中呈现的光泽、延展、导热、导电、可塑等属性）。此外，张力与诗意基本呈现正相关关系：当张力无限扩大时，诗语趋于晦涩；当张力无限解除时，诗语落入明白（也与金属键的正负相关象限大有干系）。除此之外，张力在文本表现上，还形成由低而高、由零散而整体的三层级结构，分别是词张力、句张力、篇张力。这样的层级结构，不也应和着键价间的从弱到强的梯度关系与作用力吗？

由此是否可以做出如下推断，从总体上看：词张力——相当于较弱（或保持最低程度）的化学键；句张力——相当于稍强一点（或中等程度）的化学键；而篇张力——毫无疑问，与更强大的化学键可以掰掰手腕了。

试以诗人诗评家沈奇的《天生丽质》系列实验诗为例，略作展述。

二

二十世纪八十年代初，诗人沈奇乘着“后客观”坐骑，提一把短制偃月刀，冷冷地走入诗坛。代表作《上游的孩子》，其实是非常早慧地看到赶现代性潮流的人们，在走出大山之后又重返故里的“回流”式悲剧，一下子击中民族文化在新形势下的惰性心态。三十年后，他一骑绝尘，携带冠名为《天生丽质》的系列实验诗，流霞回雪，韵味悠长，引发关注。这一飞升与变化，仅以笔者管见，可谓皈依“字思维”、内化“新古典”、通和“词张力”与“句张力”及“篇张力”的结果。

1. 词张力

不言自明，汉字本源是先民生命意识与审美意识的凝聚，一字一世界，以形会意，随形赋意。字与字摩擦，词与词磨砺，产生的弹性非同寻常。奇葩的是，以弹性组阁的《天生丽质》所有诗的标题，皆清一色以两个字为名，焕发出蔚为壮观的词张力，且不是那种偶发的散兵游勇，而是成上百规模系列的：《云心》《茶渡》《雪漱》《岚意》《朗逸》《秋白》《宽唐》《放闲》《雪义》《秋洗》《发濛》《桑释》……表明作者多年积储的诗心，了然于胸而灿然绽放，精心淘洗而妙手偶得。其中诸多词组、语象、意象，无一不由单字合成：种月、浮梦、听云、叶泥、依草、秋瞳、灭度、烟视……以单字为最小构词单位，形成多词性的陌生词结构。所谓多词性的陌生词结构，主要指的是词性的“转品”——在特定语境下进行各类名词转动词、动词转形容词、形容词转名词以及虚词转实词、实词转虚词的互动：种←→月、浮←→梦、听←→云、叶←→泥、依←→草、雪←→漱、秋←→瞳、灭←→度、烟←→视……。其效果不是1+1=2，而明显是1+1>2，亦即种月 > 种1+月1、浮梦 >浮1+梦1、听云 >听1+云1……字与字的对峙、抵抗、和解、融会，便构成词张力。由此，可对照人们日常生活的调味品食盐——氯化钠（NaCl）所形成的化学键原理：Na^{+}和Cl^{-}本来就颇不稳定（犹如汉字的字与字之间之不稳定），而通过共轭间的相互吸引、排斥（得失电子），造成金属钠与卤族氯的结合，从而产生新化合物质（新词）。可见该化学键的相互牵扯，与本文间的词张力，庶几对等？

以“茶渡”（《茶渡》）为例。独立看，单一的“茶”字本身已内潜着色、香、味、泽、韵、趣之弹性；同样，单一的“渡”字本身也隐含着泅、洇、浸、泡、津、游的动势，两相搭配，于国色大香中可体悟腾挪翻转之功夫，也可在形意裂变与形质并茂中分享创设的新鲜。“依草”如是，既通俗又亲切，依字充满依偎、依恋、依依不舍、小鸟依人的足够弹性，草字虽稍逊一筹，但草的天然本色承载巨大的自然内容，况且细小到可在“薰衣草”之类上坐实，当能溢出格外的诗意。弹性也可做直截了当的拆解，“古是古典 / 早是早先 // 错过古典 / 便是错过 / 黎明的呼吸 // 想起早先 / 便觉衣袖飘动 / 暗香梅花消息”，古与早的分别释义合成了有味道的“古早”（《古早》）。“上野”（《上野》）本是日本东京一处公园，从直觉慧根出发，结合“说文解字”，“野”变成自由的形象代言，“上”则成了自由的微笑。上和野，兀自不交集的两厢，随缘随性起舞，产生你呼我应的暗电流，以至于 2019 年，笔者全家自由行来到东京近郊的“上野”公园，面对日本最早（1873）的公园牌门和飞洒的樱花，竟脱口而出：“自由的微笑”。

汉语五万多个汉字，排除大部分“生、疏、锈、朽”字，尚存不少“熟、老、固、便”字，一方面被时光磨损日趋僵化，另一方面又萌动着尚未被发掘的内敛弹性，而汉语诗人内向“语言学”意义的工作，就是从反词、非词的擦拭中唤醒汉语的晨光。汉语的字本位及其表意优势，让字词、语象、意象自身拥有发达的分蘖、发酵功能，包括形态、声音、本义、衍意、排列，可延伸为多重语境，其间带动的种种绽放、波折、逆挽、顿挫、悬宕、余音，都具备裂解、包容、阻抗、枘凿的张弛，它们构成词张力的基础与天地。① 此天地既小且大，但是要做到得体而富创意，殊非容易。没有优渥的古典涵养与独到的生命领悟相结合，要么画虎不成，要么生硬造作。

与此同时，作为诗人批评家的沈奇，还将词张力的“衍生物”延伸到诗说、诗话、诗评领域，从时潮、流派、现象、“聚讼”、“论剑”的纷争里，竟然萃得一系列“独出”之“命题”：“脱势就道”

①详见陈仲义《沈奇诗集〈天生丽质〉学术研讨会发言纪要》，2012 年 11 月 10 日。

“移洋开新”“汲古润今”“守常求变”“拓殖”“收摄”“自若”“原粹”等等，一路论开，洋洋洒洒，在诗学理论上另辟蹊径，也为文章学自铸新词提供了范例。

2. “句张力”

句张力是相邻语词之间构成的紧张关系。沈奇《天生丽质》系列实验诗的句张力，是大量启用汉语古典诗词曲赋的菁华——对举结构，让老祖宗的传家宝，于信笔拈来或暗自化用中生花暗香：

日影悠长 / 古风沉郁（《古道》）
寂水无念 / 菊影微明（《怀素》）
艾风洗练 / 影瘦香素（《若忘》）
玉心尽弃 / 岁月静好（《微妙》）
西风残照 / 高天厚土（《叶泥》）
数芽雨前春意 / 半晌草木性情（《永嘉》）
繁华一半执于身 / 寂寞一半执于心（《始信》）

多少人抵不住自动惯性，落入对举的掉书袋，“天生丽质”之隐忌，在于如何进入又如何脱颖。要是没有源自生命体验与人生感悟的积淀，就无法从陈辞熟调中集结起新鲜的象外之象：“一月独明/天心回家”（《晚钟》）；“白云淡定/落花安详”（《深柳》）；“天地清旷/一鸟若印”（《大漠》），也就很难成功构建召唤文本，经受时间与读者的检验。

但“对举结构”总不能独霸天下，占据所有“新诗经”。那么长短错落句便围绕、穿插其间，犹似宋元小令势必增补五绝七律一样：

虹非虹 / 影非影 / 空门不空（《虹影》）
牛无意养花 / 石头从来不说话（《静好》）
唯杜鹃的叫声 / 惊心动魄：逼问（《终南》）
居原抱朴 / 直到青苔慢慢长出（《居原》）
真水无香 / 那么清风 / 也就无痕了（《悉昙》）
风吹 / 花开 / 水流 / 其实各无情 // 鹰或许孤独 / 而天籁没有所指（《让度》）

由于高度浓缩、洗练、简劲，《天生丽质》在词与词勾连的句子空隙中预置了充分留白。留白所产生的句张力或句张力制造的留白成为该诗集一大特色。千万不可小觑留白：反衬、对比、相间、插入、疑问、假设、转捩、延宕，短途跳越、长距割裂、异军突起、八面埋伏、意象逸轨、语汇交接，咫尺间布满戏剧针脚，而处处留下紧致的言外之意。

在简劲的句式里，保留顿悟的含蓄，偶尔也会拉开长矛阵式，挑动幕后压缩的复杂心绪，移到前台展示：

那个吻，带着
你不免有些恍惚的

眼神，不湿不潮
只是一片干爽的

晚云，轻轻掠过
断续一生的疼！

（《净因》）

少见这样的情思运行，吻——眼神——晚云——疼，四重乘换，于两段“空白”区间传递通往极乐世界的因缘，无须细会，也会感受句子的张力扑面而来。

揪心的是，沉潜在骨殖与血脉里的，是那个梦魂牵绕的汉文化，回归与复生——绷紧的弦，日积月累地搭上等待呼啸的弓：“从粘稠到冷寂 / 郁闷的汉语，渴念 / 惊蛰式的深呼吸”（《启蜇》），且难得的是在苍茫的古意中再加入现代鹰隼的审视：

每一只眼睛后面
跑着“七匹狼”

（《彷徨》）

一般来说，作为人的心灵窗户的“眼睛”，在常态下是用来观看、浏览、扫描或者窥视什么的，但在这里，却被别有用心地套上一只狼，且不是自然界饥肠辘辘的老狼，也不是动物园绕着铁栅栏蹒跚的幼狼，而是念念“生意经”于政坛与商海浮沉的“七匹狼”。在当代中国，“七匹狼”这个名牌符号的含义太丰富了，它是打拼、挣扎、撕咬、丛林法则的执行者与受益者，又是欲望膨胀、贪婪追逐、奋不顾身的代言。一个动词组“跑着”，切切实实地显示出这个急功近利时代——以时间、速度、效率为鲜明特征的 logo；而每一只眼睛（代表每个人、所有人?），更不无放大式地直指“族群”性“集体无意识”之“与时俱进”。如此陌生化的惊悸组合，迸发异乎寻常的角力，撬开常规语言的坏组织，让那些被离子键“剥夺”的平静抑或平庸“电子”，重新化合新的生命有机体。

由此，《天生丽质》之“句张力”，多能珠圆玉润而令人眷顾。如《种月》的句子特别透剔：“种月为玉 / 再把玉种回月光里去”，一如环佩，婀娜腰际间，叮当温润；《艾风》的句子格外老道：“老亦可入诗 / 再老便是禅了 / 无须打坐　只是 // 静静　的苦”，自然苍劲，笃定熨帖，人生晚秋的真实况味，溢于言表。《如故》的句子特地抱朴：“远方的自己 / 回到老屋 / 重新喜欢 / 白粥咸菜烤红薯”，比口语还白的“告老还乡”，平白淡远，自有一番深层蕴藉。《佛子》的句子特别智慧：“非儒非释非道 / 非基督的泪 / 从汉语的眼角滴落!”在世界性四大宗教的眼眶里，唯有伟大的汉语最具殇之祭。就这样，弹性的词张力连缀着诗性的词张力，共同打足句张力的底气，一座诗的彩门便呼之欲出了。

3. 篇张力

“篇张力”是由通篇之上下、前后“文”铺开的语境关系，有时要动员全部兵力，扼守各个要津，自始至终保持高度“威慑”，有时故意四处失守，仅在结尾处布置绝地“反扑”。或者说，篇张力可以一开始就全面启动，处处玄机隐伏，绷紧不懈，也可以在通篇平白淡远之后，突施冷箭，声响鹊落。

试读《天生丽质》的两个梦。较简单的是《浮梦》："接近于透明的 / 水膜 / 一碰就破// 鱼，从荆棘中游过 / 吐一串梦的泡泡 / 说：也算一种活"，全诗一开始就抓住标题"浮"字，在水的透明与鱼的吐沫中，吐露人生百态一种"活法"，形象完整，意绪挑明，浮生若梦，昭然若揭。复杂的是《别梦》，掺杂了"梦田春早"、"早于鸭、早于梅、早于繁华过后的追悔"，也掺杂了"相信一切、遭遇一切，永不设防的高贵破碎"，于青春、信仰、纯洁、悔与不悔的追问中，如鲠在喉，实难呛声。但出乎意外的巧智结尾，在对照、反讽、谐谑中回答"一地鸡毛、满天星辉"，鬼使神差、异响旁音地完成了出彩答案，顿时把全篇的张力提升了一个档次。

另如《秋白》一诗，对"声音"的特别处理贯通全篇。先是连续叠词，再从音响转移到象形，形成完整的声—听—鹰的听视结构："雨声……雨声 / 声声雨声……// 声声雨声里 / 听：一把旧锁开启 / 无春 / 无夏 / 无语 / 无……听 // 唯清凉如寺 / 任孤独之钟 / 撞飞 / 一天乱云 // 似鹰"。只有 45 字的短笛吹奏，有意或无意安排一个"三段式"，或者说三层张力。第一层听：用四重复沓的雨声直接领进读者的听觉器官，不是听自然界和谐的呢喃而是听人世间陈旧的锁声，不和谐的音响落差构成第一层张力；第二层不听：用绝对而紧凑的四重"无"，呼应、对称前头的"有"；于无声处其实还是听到了唯一的"孤独之钟"，在"无"与"有"的转折中，延续着第二层斩不断的韧性张力。直至结尾，孤独之声撞飞乱云，似一只鹰影、一点鹰迹，完成从听觉向视觉、有声向无声、无形向有形的通感"倒腾"，渐远渐去、似有似无的"天籁"，化作一抹淡淡的"秋白"，使得尾声拖曳着第三层张力，夹带禅机，形成前后三层张力叠加的总体篇张力。倘若再以化学键"套用"，似可认为，化学键与张力"合谋"，可共享文本的"电子对"——在"听"与"不听"的戛然静默中，尚露出些许的禅意。

沈奇一直对现代诗禅的结合情有独钟，但不是那种隐没于深山老林自绝烟火的枯寂，也不同"酸馅"于理念网罩里的叨叨念词，而多出自尘世意义之散花式禅意的慰藉与托付：清明典雅，恪守本位，超越红尘，自明明人；以口语悦众耳，以禅味伴独坐；[1] 最难得还是在争取“意”“语”“味”三者都不隔的禅化，而且不是刻意的冲突或暴涨的矛盾，乃生命之深化与澄化。[2] 要知道，禅化之难，难在化解“三隔”，许多人未能至臻胜境，就是窒息于悖谬里的“隔空”。而一旦日常草木沾满幽灵般的影子从潜意识转运笔底，随风起雨落，便迹近化境，无论外露的《孤云》抑或内藏的《灭度》——

孤云如佛 / 独立晴空 // 孤云不语 / 也 无雨 // 雨在心里 / 语在山溪 // 其实孤云不孤 / 孤独的只是那片 // 再无其他云彩的 /……天空（《孤云》）

云与雨构成天文气象的一种因果关系，“孤”与“无”的修辞，亦在人文与心理的通道埋下伏笔，而“不语”与“无雨”更存在相互感应的关联，有音韵之合，又有语义之通。因果、感应、联通三者，足够完成一次主人翁——“孤云”的张力场域建构。具体轨迹：首先肯定孤云如佛独立（孤云可视为某种超迈卓绝的人格），接着展开孤云的某种秉性（本该形成积雨层的“有雨”却古怪成“无语”），最后笔锋一转，所谓“无雨”也并非“无语”，是雨在心里，语在山溪。结局再做出全盘否定：孤云其实不孤，孤独的只是庞然而无一点云彩的“天空”（天空象征热闹繁华的主流大物）。抑扬间的反衬张力（或正反合张力），把构思、立意之妙引到全篇，理趣横生。

身在其中 / 其中有身 / 何以独化？// 一念至此的那人 / 遂遁木而逝 / 化身一尊古琴 / 引高山流水 / 抚云卷云舒 // ——梦醒七点钟 / 早茶、早点、早间新闻 /以及远方亲友的 / 短信、微信……以及 // 春风醉人 / 遛狗出门（《灭度》）

---

①沈奇：《口语、禅味与本土意识——展望二十世纪中国诗歌》，载《沈奇诗文选集》卷二，中国社会科学出版社，2021，第 273 页。

②沈奇：《“诗魔”之“禅”——〈洛夫禅诗〉序》，《沈奇诗文选集》卷七，中国社会科学出版社，2021，第 56—57 页。

《灭度》第一节，提出“三千烦恼身”的普世命题：何以独化？第二节贡献出度之法—— 一尊古琴，引高山流水，抚云卷云舒。缘此涅槃逻辑，可遁入一切本空之境，自然自醉。然更强大的世俗逻辑，是早茶、早点、早间新闻、短信、微信……包抄周围，切断去路。最后，只得落了个“春风醉人／遛狗出门”。这样的度化，是自性的觉醒，也是无奈的命定。

著名诗人学者赵毅衡评价沈奇之奇：是让三个对抗性元素——汉字、禅、现代诗——相撞成一个可能，就像建在瑞士地下五百米的强子对撞机（LHC），在近光速的粒子相撞后，或许会产生一个黑洞。禅非常神奇，它是靠自己从内部解构才得以存在；诗是禅翻个面儿的镜像：写出来的才是诗，不写出来的不可能是诗；而汉字就是一套接近禅境的工具。①

笔者倒以为，被坊间戏称为当代诗界“老中医”的沈奇，以一生之体悟，推出自己独门的“望闻问切”，用“汲古润今”的笔墨，开出似禅非禅的人生处方：破除执念，觉醒自性，反常合道，秀采天成。具体于诗歌文本生成，其手段是以字、词为基原，遇字引象，由字构而词构，由词构而句构而篇构，② 这恰是我们所认领的整体性篇张力。“老中医”还兼熟书画，深谙从点画到笔墨的形势，流动与氤氲的节奏韵律。诗禅的涟漪，微波荡漾，在整饰的排序中，笔者更愿意读出词张力—句张力—篇张力的完美组合，或者，把整体性气韵也都看成篇张力？

三

以上粗略分析，意在“推销”文本张力的化学键表现，或化学键在张力文本中留下的影记。本质上说，一个化学反应过程得以完成是旧化学键遭到裂解而另一个新化学键建成。而文本的生成，相当程度也是伴随着张力的萌生、发展与扩张而展开的。换言之，张力是文本的轴心或龙头，由是推测，张力与化学键存在最大可能的

①赵毅衡：《看过日落后眼睛何用？—— 读沈奇〈天生丽质〉》，阳光出版社，2020，第3—5页。

②熊英琴：《试论〈天生丽质〉对古典诗美的建构》，《商洛学院学报》2017年第3期。

“通约”，盖因化合键是建立在不相容原理与共振理论基础上，张力本身也存在着对立、互否、异质、互补的既胶合又离散的关系。这样，张力结构有足够能耐容纳——不相容且相共振的空间，或者说，张力结构本身，就是某种相斥相振的合体。

如果这一推想可以成立的话，那么在张力与化学键的交接处，必然存在一个棘手的“关卡”问题。毕竟是两个不同世界，少部分进出无阻，大部分断然受阻，一部分进退维谷，这就是诗学与化学能否“打通”的瓶颈。承认瓶颈相当逼窄，难以破壁，但不一定意味着走不出去的死胡同。如果我们把瓶颈当作假想中的“虫洞”，而“虫洞”就是一丝儿可能的通道。

虫洞亦译作蛀孔或蠹孔，是 1916 年奥地利人路德维希·弗莱姆提出的概念，理论上指连接两个不同时空的狭窄隧道（又称“时空细管”或“灰道”），不管假说的最后结果如何，借用虫洞来说明不同维度的事物——文本与化学存在某种“通道”是可能的。

因为受到化约主义的影响，由此假虫洞通道再接续浮想，并推及：诗学与化学之间，应该伫立着一道“旋转门”。两个世界，隔与不隔，通与不通，关键在于找到开启“旋转门”的按钮。在范畴、本质、现象、属性诸方面，接上同一性电源，大可忽略玻璃门的坚硬阻隔而走向开通。比如一些范畴、概念、现象、术语，因其广涵而根本不用说明约定，其实就可以直接拿到诗学上来使用，一些具备相当亲和力的，稍加变通，也可以获得共生共享。如此这般移植、嫁接，或许不能做到完全连镳并轸，至少可以借箸代筹。首先从可能通约的地方入手，效仿张力与化学键的“合谋”，于“诗化学”的实验田，初犁耕浅，何妨一试？

2023 年 4 月于厦门

论沈奇对“诗味”传统的再发现与重构[①]

罗小凤[②]

在面对百年中国新诗发展所存在的问题时，身兼诗人与诗评家双重身份的沈奇，其姿态是独特的，他不是就当下论当下，就问题谈问题，而是“返身”古典诗词传统，将新诗与古典诗歌进行对照，从中比较分析出新诗发展所存在的问题症结，进而重新发现可用于新诗建设的同源基因质素，其中“诗味”一说，尤显突出与关键。

沈奇在其诗论如《“味其道”与“理其道”——中西诗与思比较谈片》《口语、禅味与本土意识——展望二十一世中国诗歌》等文章和诗话专著《无核之云》中，多次阐述“诗味”的重要性及新诗中“诗味”的缺乏，并由此质疑：“当所谓现代意识已逐渐经由大众传媒化为当代人共有的普及性意识，而所谓现代审美情趣，也已为其他艺术、亚艺术所能承载与传播时，我们的现代诗还有多少‘诗味’能赖以立身和凭恃呢?”继而认为中国新诗量多好的少，“读来有意思（意义、思想之意思）没味道，或者说是没了汉语诗质的味道”[③]，并在其诗话《无核之云》中指认：“新诗之大弊，在‘道’有余而‘味’不足——‘味’淡了，那‘道之质，也就日渐淡薄不存了”[④]。由此，沈奇主张一边“汲古润今”，一边“内化现代”，“寻求一种真正能熔融中西诗性的语言与形式理路，以避免新诗一直以来存在的同质仿写、有‘道’无‘味’的弊病”。[⑤]

---

①本文原载《昭通学院学报》2024 年第 2 期。

②罗小凤，女，扬州大学文学院教授。

③沈奇：《可能与局限——关于“字思维”和现代汉诗的几点断想》，《诗探索》2002 年第 3—4 辑。

④沈奇：《无核之云》，陕西人民教育出版社，2015，第 79 页。

⑤沈奇：《天生丽质》，文化艺术出版社，2012，第 8 页。

中国古代的“诗味说”，曾是古代汉语诗学理论的重要部分。最早用“味”形容诗文之美的是陆机，指出：“或清虚以婉约，每除烦而去滥。阙大羹之遗味，同朱弦之清氾，虽一唱而三叹，故既雅而不去艳。”此后，不少文论家开始使用“味”的概念进行诗文批评，如刘勰在《文心雕龙》的《情采》中指出“繁采寡情，味之必厌”，《隐秀》中则指出“深文隐蔚，余味曲包”，《物色》中写道“物色虽繁，而析辞尚简，使味飘飘而轻举”，显然是将“味”作为诗文评判的重要标准。钟嵘在前人基础上提出“滋味”说，并对诗中的“味”进行了阐释，使“味”正式成为诗歌审美特征的重要范畴。司空图在此基础上进一步对“味”进行深入阐释，指出“辨于味，而后可以言诗也。”（《与李生论诗书》）还由此提出了“韵味”说、“余味”说，明确将“味”作为评诗的标准。

沈奇在比较古典诗歌与新诗时发现了“味”的重要性，并在其近年别开一界总题为《天生丽质》系列实验诗创作实践中，力求重视并凸显此一根本要素。在沈奇看来：“汉语之于世界、之于人生，说什么都讲‘味道’，且首讲‘味道’，次讲‘营养’，从物质到精神，概莫如此。”[①] 沈奇还从“味”与“道”的关系角度阐述“味”的重要性，认为所谓“文章千古事”的要义在“味其道”：“‘味是对世界的体味或体味后的说法，‘道’是世界的原在。‘道’由‘味’生；无味则无道，味成道身。”[②] 对于“味”的内涵，沈奇亦进行了深入探析，将“可意会而不可言传”作为“味其道”的主旨，指出“这里的‘不可言传’，不仅指万物之道原本就说不清楚讲不明白，而且暗含最好‘不要说清楚讲明白’的意思。”[③] 在沈奇看来，汉字与汉语本身就是“味其道”之感知方式与表意方式的根源，具有诗性本质与非逻辑结构。

在上述认识和理念的基础上，沈奇建构了他独特的“诗味论”，并在其诗歌理论与批评和其《天生丽质》系列实验诗创作中，具体

①沈奇：《新诗：一个伟大而粗糙的发明》，《文艺争鸣》2015 年第 8 期。

②沈奇：《无核之云》，陕西人民教育出版社，2015，第 6 页。

③沈奇：《无核之云》，陕西人民教育出版社，2015，第 7 页。

落实于禅味、韵味、雅味、趣味四种“味道”的建构与实践，构成其“诗味”论的核心。

一、禅味

对于如何构筑新诗的“味”，沈奇提出的路径之一，便是增加“禅味”。在二十世纪末展望二十一世纪诗歌发展前景的时候，沈奇便将“现代禅诗”列为二十一世纪汉语诗歌发展的主要路向之一，明言主要看重其“易于接通汉语传统和古典诗质的脉息”，认为“以此或可消解西方意识形态、语言形式和表现策略对现代汉诗的过度‘殖民’，以求将现代意识与现代审美情趣有机地予以本土内化”。[①]同时在沈奇看来，现代禅诗在意象的营造上“也多恪守本味，不着‘洋相’，读来有中国味”。[②] 由此可见，对“中国味”、“汉语诗味”的重视与渴求，是沈奇倡导现代禅诗的内在动力。

古典汉诗与禅的关系渊源甚深，元好问曾言“禅为诗客添花锦，诗是禅家切玉刀”，汤显祖则认为“诗乎，机与禅言通，以若有若无为美”。[③] 王维、苏轼、辛弃疾、陶渊明等都曾留下大量禅诗。尤其王维，自幼受禅宗影响，晚年崇佛修禅，创作了大量禅诗，其后期代表作《辋川集》中所收录之诗可谓古典禅诗的代表作。诗与禅的复杂渊源关系，也影响到一大批现当代诗人，如现代诗人卞之琳、废名等曾创作过不少禅诗，当代诗人周梦蝶、洛夫、孔孚、车前子、从容、南北等都先后倡导现代禅诗。沈奇时近“禅范”，也写了不少如唐晓渡指认的“诗禅互济，情怀自现”[④] 的“现代禅诗”，并将自己的书房命名为“印若居”[⑤]，让人联想到“佛印”“般若”等佛教用语，折射出沈奇内心深处对佛禅的重视。由此，沈奇在重新发掘古

---

①沈奇：《无核之云》，陕西人民教育出版社，2015，第 110 页。

②沈奇：《口语、禅味与本土意识——展望 21 世纪中国诗歌》，《作家》1999 年第 3 期。

③汤显祖语，转引自赖永海：《中国佛教文化论》，中国人民大学出版社，2007，第 250 页。

④沈奇：《天生丽质》，北京文化艺术出版社，2012，第 216 页。

⑤“印若”为沈奇曾祖父之字，沈奇认为暗含“人生若印，来此一趟，好赖盖个印”之意，故承之为书房号。

典诗词中“禅味”魅力的同时，倡导重新认领并拓展现代禅诗的创作，以消解新诗主流发展的一些积弊。当然，沈奇此举并非要单一地返回古典路数，而是寻求于“古典的面影”下搏动“现代意识的内在理路”，“只是这‘理路’中多了几分‘禅味’而已”，由此在他看来，现代禅诗由式微而转倡行，“恐只是迟早的事”。[①]

基于对“禅味”的重视和对现代禅诗的倡导，诗评与诗写“双栖”的沈奇，自己亦实践现代禅诗的创作。沈奇在构筑其诗中“禅味”时，首先一点，喜欢援用与禅相关的典故。如《岚意》中“风动／那约了黄昏的佳人／才心动”，化用了大家熟悉的禅宗典故中关于“风动，幡动还是心动”的公案，并反其意而用之，认可“风动”，也认可其后果为“心动”，令全诗充满禅味却又不落窠臼。《悉昙》一诗中则以“真水无香”“清风无痕”和“昙花如烟”三个客观现象阐释来去、有无的禅理，但并不说破，而是以一句“拈花凝笑”对禅宗中“拈花一笑”典故进行化用，禅味禅意顿时盎然。同时，沈奇的不少诗作题目，也都源自佛禅或道家用语，如“禅悦”“开悟”“灭度”“菩提”“拈花”“本相”“让度”等无疑为整首诗预设了一种禅味氛围。另外，沈奇还常在其诗作中设置空灵澄澈的禅境，并在其诗论中多次强调“澄”之诗境的重要，如《无核之云》诗话中“诗是由混沌／走向澄明／复由澄明／走向混沌的／精神之旅”，诗性之思是“于澄明里生悬疑”，诗性至境则是“纯然而澄明，澄明而浑然”等[②]。他还以“澄”作为评价诗人诗作的一个重要理念，如评价洛夫的诗是“神澄笔逸[③]，彭燕郊的诗“澄怀如镜，空明中得鉴照[④]，王小妮的诗是“澄明之镜中的月光浴”[⑤]。众所周知，“空灵澄澈”是禅宗每每强调的一种境界，慧能那首著名禅诗“菩提本无树，

---

①沈奇：《口语、禅味与本土意识展望21世中国诗歌》，《作家》1999年第3期。

②沈奇：《无核之云》，陕西人民教育出版社，2015，第132页，第170页，第171页，第189页。

③沈奇：《洛夫诗二首点评》，《诗探索》2002年第12辑。

④沈奇：《入常读卞之琳、彭燕郊、辛笛三位名家晚年诗作有感》，《诗探索》2005年第2期。

⑤沈奇：《澄明之镜中的月光浴——读王小妮诗月光白得很》，《名作欣赏》2005年第1期。

明镜亦非台，本来无一物，何处惹尘埃?”（《坛经》）强调的便是禅宗的“虚静”而致的“澄澈”境界。沈奇在其诗中也常探求这种境界，如《灭度》一诗：“一念至此的那人 / 遂遁木而逝 / 化身：一尊古琴 / 伴云卷云舒 / 抚高山流水 // ——梦醒，七点钟 / 早茶、早点、早间新闻 / 以及远方亲友的手机短信 / 以及…… // 春风醉人 / 遛狗出门”。诗中先行构筑一种与世无争的淡泊超脱、冲淡虚静之禅境，继而又于下半阙直白给出不无反讽意味的现实情境，出示另一种禅机，耐人品味。另外如《本相》《让度》《自若》《悉昙》《羽梵》《菩提》《拈花》等诗，都属于此类之作，彰显其不失现代性底背的禅味与禅意。

对于沈奇的现代禅诗写作，陈仲义曾将之与废名、孔孚、洛夫、周梦蝶等进行比较，认为沈奇“自成一格”，“是在现代生命感中融化了禅，与别的禅诗明显划开了界限，需要再深入总结”[①]。可以说充分肯定了沈奇的禅诗写作亦肯定了沈奇构筑“禅味”的诗写路径。

二、韵味

沈奇在《新诗：一个伟大而粗糙的发明》一文中，对“道”和“韵味”的关系进行了细致阐述，进而指出“韵味”的重要性：“此中的关键在‘以韵载道’，即载‘道’之‘形’之‘象’的‘韵味’如何？书法如此，汉诗亦如此。故，新诗比之古诗的根本落差，既在‘道’之浅近深永，更在‘韵味’之多与寡。”[②] 此说将“韵味”视为“载道”的前提，可见“韵味”在其诗学观念中的重要性。

需要注意的是，此说中的“韵”不是指韵脚的“韵”，而是“韵外之致”的“韵”。在沈奇的诗学话语体系中，“韵味”与“余韵”、“气韵”等密切相关甚至可互换使用。在论及“气韵”时，沈奇对“气味”做了独特阐释，指出：“将‘气’与‘味’列入构成世间万

---

①陈仲义：《别开生面的“戏剧性”张力——以〈天生丽质〉为例》，《西安财经学院学报》2012 年第 6 期。

②沈奇：《新诗：一个伟大而粗糙的发明》，《文艺争鸣》2015 年第 8 期。

象基本元素，是东方文化的一大智慧”[①]。在沈奇看来，气韵是将“气质”“气格”“气度”等与“韵味”“味道”“余味”等合为“气韵”而被推为要旨，由此体现出“韵味”与“气”及“气韵”的密切关系。“文以气为主。古今诗学，别的诗美元素及其取向尚常见争议，唯此一要义，向来无有歧义者，可见气之重要。”“气可感而不可见，见的是文字，而字里行间，则有气存活流溢。如女子，有色而无气韵，终只能讨得一时之喜而难得百日之好。”[②] 可见，在沈奇的诗学认知系统，“气”与“气韵”为家族谱系，“气韵”乃“韵味”之一，对“气韵”的强调亦是对“韵味”的重视。

“韵味”在古代诗学中的重要性是不言自明的。《文心雕龙》认为：“异音相从谓之和，同声相应谓之韵。”可见，“韵”最初指涉音韵方面的“味”。司空图在总结前人诗歌创作与批评经验基础上提出“韵味说”，并对“韵味”进行了细致阐发，从此“韵味”成为评判诗歌的一个重要标准。司空图强调“韵外之致”，还提出“象外之象”和“景外之景”均属于“韵味”的具体呈现，都是诗中精神境界和思想意趣的一种评判标准。后期的司空图崇尚佛与道，因而其“韵味”说不可避免地带有空灵澄澈、明净悠远等审美内涵，此均为“韵味”的具体内涵。司空图的“韵味说”与钟嵘的“滋味说”、唐宋时期的“神韵说”等一脉相承，共同建构了古典诗学传统中举足轻重的“韵味论”。

沈奇在对照古今汉语诗歌时重新发现了“韵味”的重要性，并将其作为评价诗歌好坏高低的标准之一，如他在评论翟永明《在古代》一诗时指认其“韵味十足”，写出了“特别的情调与风韵”[③]，评论古马的诗时指认其“散发出新的韵致”有一种让人心头发颤的韵律”且“余韵悠长”[④]，给泰华小诗集《磨坊小诗》作序中充分肯定

①沈奇：《“味其道”与“理其道”——中西诗与思比较谈片》，载《诗心、诗体与汉语诗性》，陕西师范大学出版社，2016，第 164 页。

②沈奇：《无核之云》，陕西人民教育出版社，2015，第 96 页。

③沈奇：《寻常翻出新意来——读翟永明在古代》，载《沈奇诗学论集》卷二，中国社会科学出版社，2005，第 310 页。

④沈奇：《执意的找回——评古马诗集〈西风古马〉》，《名作欣赏》2006 年第 1 期。

所选之诗具有“古典韵致”“令木质之质发青铜之韵”[①] 等，都在强调“韵”的重要性。由此亦可见，在沈奇笔下，“韵味”“余韵”“韵致”“韵律”“气韵”“风韵”等词几乎可以互相替换使用，均指向“韵味”。

“韵味”不仅成为沈奇评判他人诗歌的一个标尺，亦是沈奇自己诗歌创作的一个重要特征。为了营造“韵味”，沈奇喜欢采用“留白”手法。“留白”体现的是中国传统的艺术精神，通过虚实结合而达至空灵之境。但需注意的是，“留白”并非简单的空白与省略，而是通过虚化之物传达只可意会不可言传的深意，以求形成韵外之致。如《雪漱》一诗，起首一节“酒醒了／雪还没醒”后，破空一句设问“是谁昨夜不辞而别”，却并不作回答，转而用“空空盈盈／一个白里／/唯三两麻雀／叽叽喳喳”两个物象场景的切换替而代之，以虚白回应虚白，令人余想无限。《羽梵》诗中临近结尾突兀一问“那只受伤的鸽子／飞哪去了？”接下来亦无回答，而是转向“浮羽一阁／静日无尘”的场景，继而再度设问“谁是卷帘人”并戛然结尾，“留白”于欲语又止。其他如《听云》《太虚》《禅悦》《别梦》《烟视》等诗，都无不如此用“留白”手法，为诗意想象的延展拓殖足够空间，蕴含“韵外之致”、“象外之象”，令人回味无穷。同时，沈奇还善于在诗的结尾处借用现代“互文”手法，引用或化用古诗词名句，以古今唱和而增华诗绪，延展余韵，如《朗逸》一诗中，以“长安一片月／万户捣衣声”作“穿越”性结尾，丰富“朗逸”境界与意味。另如《拈花》的结尾“木末芙蓉花／山中发红萼”、《如故》的结尾“春来发几枝？／——心入根泥／何须逐春飞絮”、《光荫》的结尾“行到水穷处”等，都是直接引用古诗词句，互文印证，别生韵致韵味，令人会心一笑。

此外，由于禅的重要特点在于“不说破”，依靠“妙悟”“顿悟”体会禅语中的真意，因而禅诗亦要讲究言有尽而意无穷，言近旨远，不尽之意见于诗语之外，方富含“韵味”。沈奇的禅诗均如禅语般讲究“悟”，因而大都简净空疏，不求饱满，如《茶渡》《睡莲》《种

---

①沈奇：《瞬目苔色小诗风——〈磨坊小诗〉2014卷序》，《华文文学》2014年第4期。

月》《浮梦》《暗香》《别梦》《烟鹂》《古道》《清流》等诗，都以禅语的非逻辑性、妙悟式思维构筑韵外之致、象外之象、景外之景，给人留下品味、咀嚼的空间，产生不尽的“韵味”。对此，唐晓渡认为沈奇的禅诗富有“清韵”：“所言悟字当头，以简驭繁；诗禅互济，情怀自现。炼当世人生百般况味，而有清韵存焉。”① 可见，沈奇所倡导的现代禅诗，亦是构成其“韵味”的重要方式。

三、雅味

沈奇所强调的诗“味”中，“雅”是颇为重要的一种“味道”，并在其诗论中明确指出：“当今中国诗歌界，真该大力提倡一种优雅的诗歌精神才是”②。他还从词性角度考察了“雅”的古今含义，发现“雅”在现代汉语中是形容词，而在古代汉语中则有“动词”之意：“意为‘正’，正以‘礼’，正以‘道’，正以丘壑内营，真宰在胸，脱去尘浊，与物为春。”③ 由此沈奇指认：“一人，一族，一国，一时要发奋图强，必是于斯时斯地先堵了一口气，进而再赌了一口气起而行之的。如此，生志气，生意气，生豪气，也必不可免随之生出些‘戾气’来。此一‘戾气’，可谓百年中国之时代‘暗伤’与国族‘隐疾’，发展到今天，无须讳言，从庙堂到民间，教养的问题已上升到第一义的问题——此一要害问题解决不好，必然是谁也过不好，也必然难得长久之好。”对于如何消解“戾气”，沈奇认为“唯有以‘雅气’化之。而这‘雅气’，从古至今，汉语文化中，总是要诗文来负一点责任的。”④ 而新诗的诞生与成长，大体上均处于这种“戾气”浸漫的社会语境，因而亦常常疏于诗语之“雅”：“新诗‘移洋开新’，本意在思想启蒙，前期多求时代之‘真理’，当代多求日常之‘真切’，唯以‘情生文’为要，一直疏于对诗体之

---

①沈奇：《天生丽质》，北京文化艺术出版社，2012，第 216 页。

②沈奇：《无核之云》，陕西人民教育出版社，2015，第 55 页。

③沈奇：《无核之云》，陕西人民教育出版社，2015，第 4 页。

④沈奇：《诗心，诗体与汉语诗性——对新诗及当代诗歌的几点反思》，《星星》（下半月）2013 年第 5 期。

‘文’、诗语之‘雅’的‘商量培养’”①，因此难免诗多而好诗少，诗人多而好诗人少。对于“雅”的内涵界定，沈奇则借用中国书画理论进行参照，认为古人谈论书画雅俗问题时，常将过于切近现实之作归为“俗”，而将“雅”视为“审美功能和超现实性”，可以说是对“雅”的重新发现和现代阐释。

自古以来，“雅”都是汉语诗学的一个重要概念，最早见于《诗经》，本是《诗经》六义之一。而在《毛诗序》中的“雅”，已被引申为“正”之意：“言天下之事，形四方之风，谓之雅。雅者，正也。言王政之所废兴也。政有大小，故有小雅焉，有大雅焉。”从此，“雅”成为儒家文化及文学艺术的一个重要理念，被规定为“正”的含义。至魏晋南北朝，“雅”指文辞严整、语出经典的一种文章风格，曹丕便曾将“辞义典雅”作为判断作品好坏的重要标准。南朝刘勰在《文心雕龙·体性》中，则将“典雅”列为文章八种基本风格的首位。唐宋时期，“雅”则发展为一个美学范畴，与当时注重禅宗之风相契合，形成“淡雅、清雅”等内涵。至此，“雅”发展成为古代中国一种重要的文学传统和诗学传统。新文学革命以来，白话取代了文言，“雅”与“俗”无法再从语言上进行区分，二者互融互嵌，进而形成以“俗”为美的倾向，导致现、当代诗歌的俗化倾向愈演愈烈，“雅”的诗学传统几乎被解构殆尽。

反顾汉语诗歌“雅”的传统并反思当下诗歌现状，沈奇对其进行重新阐释与再发现，进而通过自己的创作实践，探寻现代汉诗重建“雅”范的诗学路径。如其近作《木雅》一诗，“木雅”读音暗通南方乳儿口语“姆吔”，但在此诗中已被沈奇所惯用的“字思维”诗写方式，将“木雅”二字拆开各自衍生诗意、引发诗思，先是感叹“草木比人雅致呢”，随后描画“雅”的具体表现——“细切春日古槐／文质彬彬／风里抽枝发芽”，由此得出“质于木文以雅”的雅论，结尾忽而宕开，以“——谁家小孩／学步叫‘妈妈／木雅／木雅”的现实情境，回到“木雅”作为“姆吔”谐音的本意，且与

①沈奇：《诗心，诗体与汉语诗性——对新诗及当代诗歌的几点反思》，《星星》（下半月）2013年第5期。

“木雅”本身所暗含的“神性和母性的仁爱”之意相契合，无疑是对“雅”的一种别具诗意的阐释。

同时，沈奇在其诗写中，还特别注重炼字、炼意，雅化诗语，其《天生丽质》系列每首诗的标题，可以说都经过精心锤炼、推敲，而特地清雅。如：《茶渡》《云心》《雪漱》《岚意》《悉昙》《羽梵》《烟鹂》《深柳》《水仙》《澡雪》等诗，只看这些经过特别“雅化”的标题，便已领略一种“古雅”而又不失现代意味的审美愉悦和享受，具体于诗中的用字造句，也都处处留心汉语独有的“雅意”。此外，沈奇还注重构筑“雅”的诗境，如《睡莲》一诗中为突出呈现“睡莲”这一意象，复以“花落叶枯时/或有晚钟低回”和“在微云的远空/水面了无一痕”两个场景进行衬托，呈现出一派清雅、幽静、淡远、远离人世纷扰的境界与氛围，与“睡莲”本身的淡雅气质与形意特质亦暗合相契。其他如《野逸》《云心》《自若》《依诺》《朗逸》《让度》《岚意》等诗中所构筑的，也大都是这种清雅、淡雅之境。另外，在这种整体“雅化”营造过程中，还特别注重无我之境的取向，几乎每首诗中都未曾出现“我”，均以一种以物观物、超然物外的姿态，呈现一种典型的直面现实又超脱现实的淡泊之境，亦显得格外清雅、淡雅。

四、趣味

“趣味”亦是中国古典诗学中颇为重要的范畴，古代诗人大都讲究妙趣、谐趣、理趣等各种“趣”，将“趣”作为“天下之至妙者”，是诗文之“味”中的重要旨趣。姜夔在点评陶渊明的诗时便指出：“陶渊明天资既高，趣旨又远，故其诗散而庄。”（《白石道人诗说》）沈奇亦颇为强调“趣味”，他在《关于“字思维”与现代汉诗的几点断想》中指出“诗毕竟是诗，是有律动感与造型性审美趣味的语言艺术，汉诗尤其如此”[①]，肯定诗作为一种有“趣味”的语言艺术的审美属性，并由此指认新诗“缺乏语言肌理的妙趣”，可见其对“趣

---

①沈奇：《可能与局限——关于“字思维”和现代汉诗的几点断想》，《诗探索》2002 年第 34 辑。

味”的重视。

在各种趣味中，沈奇最为重视“妙趣”。“妙趣”亦是古代诗学中颇为凸显的一种诗歌风格。严羽曾指出，“夫诗有别材，非关书也；诗有别趣，非关理也。然非多读书，多穷理，则不能极其至。所谓不涉理路，不落言筌者，上也”（严羽《沧浪诗话·诗辩》），即为著名的“妙趣说”。

沈奇的诗写探求，对“妙趣”的构筑主要体现在三个方面。其一是设置悬疑性语境，即“将诗中所有的意象和意境，均置于一种不肯定、不明确、自我盘诘、古今对话的‘悬疑性语境’中，以求生发更多的弥散性意涵和歧义，尽量避免单一的旨归或闭锁性的联想”①。循此理念，他在使用古典意象或引用古典诗句时，均以戏仿、反衬的手法将这种“古意”与现代视角进行对照，形成一种印证或对质的悬疑性语境，且不给出解答，而是特意留下这种“悬疑”让读者去思考，进而从中体验“悬疑”的妙趣。如《缘趣》中的“打开一把锁 / 再将它锁上 // ……然后 / 钥匙丢了 / 谁的钥匙 / 谁的手 // 你不说 / 我也不说”，诗中一直在追问“谁”，但结尾一句“你不说 / 我也不说”让整首诗的疑问悬而不知解，且戛然而止。《雪漱》中的“是谁昨夜不辞而别”、《胭脂》中的“假如，真有一杯长生酒 / 喝　还是不喝”、《禅悦》中的“野风问灵龟、何以长寿”、《羽梵》中的“那只受伤的鸽子 / 飞哪去了”、《听云》中的“江月年年照何人”、《始信》中的“今生的骄傲与荒寒 / 说与谁听”等设问，都在诗中或无解答，或稍有解答亦随即被解构，显然是诗人有意将语境置于一种古今盘诘、虚实对话的悬疑状态，暗藏玄机妙趣。其二是善于在诗中设置戏剧化语境，有“预谋”地将诗中的各种意象，无论是古典意象还是现代意象，都作为“戏剧性角色”对待，在诗中互文、互动、互证而有机转换成一个新的生命体。如《悉昙》中的“却见一昙如烟 / 以　有来有去 / 证　无来无去”，如禅语般严肃、一本正经，结尾转而一句“笑　凡外时人 / 竞相喊‘郁闷’”，则戏剧性地将整首诗转向现实场景，亦庄亦谐，妙趣横生。《风流》

---

①沈奇：《天生丽质》，文化艺术出版社，2012，第 15 页。

中对“风流”二字进行戏谑化阐释，“旷世风流——／‘后现代’之后／谁的手将远方的海／煮成‘八宝粥’?”如此解构、嘲讽后，复明确指认“花间一壶酒／酒是勾兑的假酒／花是塑料花／愁是真愁!”将古代经典诗句中的诗意场景与现代社会弊病比对印证，在戏剧性的谐趣中，出示尖锐的抨击和辛辣的嘲讽。其三是禅趣，此亦为前文所述的“禅味”之重要构成。由于禅宗常设置含意颇丰的话头、机锋、公案等，无法依靠逻辑思维和理性思考，因而强调“悟”，注重“直觉顿悟”，强调“只可意会不可言传”，由此充满妙趣。沈奇在诗中也常用玄妙的话语，诗里行间暗藏禅学机锋，需要瞬间顿悟和细切妙悟方能体验其中堂奥。如《印若》中的“鸟变成树／树变成池塘／池塘变成水的意象”，转而“梦变成鸟／鸟变成树／树变成池塘／池塘变成／水的意象”，在“鸟”“树”“池塘”“水”“梦”等各个意象之间非逻辑地跳跃回旋，读之如参禅；《胭脂》《开悟》《让度》《拈花》等诗，亦都是沈奇实践现代禅诗理念的代表作，如拈花微笑般暗藏机锋妙趣，在虚实相间中机智转承，常出其不意令人“一击而悟”。难怪赵毅衡特别指认道：“《天生丽质》是一本奇书，它让三个对抗的元素——汉字、禅、现代诗——相撞成为一个可能。”①

综上所述可见，沈奇不仅在考察比较新诗与古典诗词后重新发现了“诗味”的重要性，还深入古典诗词传统探寻了“味”的具体内涵，重新发现了禅味、韵味、雅味和趣味等各种诗味，并在自己的诗歌创作中进行实践，既是对古典诗歌传统中“诗味”的再发现，亦是对现代汉诗“诗味”的一种重构尝试，无疑对“诗味”淡寡的百年新诗，具有纠偏与矫正的重要诗学启示意义。

2022 年 2 月于扬州大学

---

①赵毅衡：《看过日落后眼睛何用？——读沈奇天生丽质》，《文艺争鸣》2012 年第 11 期。

论沈奇《天生丽质》的实验诗学、字象思维和禅意之境[1]

熊英琴[2]

当代汉语诗学界有一特殊现象，即许多诗歌批评家和诗论家，在下重力于诗学研究的同时，也对诗歌创作投入极大热情，可谓“双栖并重”，成为一道特别的“风景线”。其中，作为诗人与诗评人的沈奇，便是一个较为典型的个案。沈奇在大学任教，研究与教授新诗及新诗理论的同时，更以其潜沉修远且有探索性的诗歌创作，活跃在当代诗歌与当代诗学前沿四十余年，不乏影响力。尤其是新世纪以来，沈奇着意于古典诗歌传统与现代汉语新诗的多维交互关系之探究，提出“内化现代，外师古典，通和中西，再造传统”[3] 的核心命题，并以其新古典实验诗《天生丽质》系列的持续创作探求，及其引发的相关学术研讨，为当代汉语诗歌与诗学提交了一种新的位格与气度。

1. 前瞻与后顾：惊艳的新古典诗歌实验

1986 年，作为诗人的沈奇，第一篇诗论《过渡的诗坛》[4] 问世，之后，他参与诗歌理论与批评的活动越来越多，发声也越来越响亮，使人渐次忘了他原本的诗人身份。关于诗评家沈奇，有学者称：“无论是生活的地域、所在的高校、为人处事，沈奇一直保持着与地理、专业、体制的公认标准和核心价值相当的距离……在‘他们’以陌

①本文原载《当代作家评论》2024 年第 1 期。

②熊英琴，女，陕西商洛学院人文学院教师。

③沈奇：《诗心、诗体与汉语诗性——对新诗及当代诗歌的几点反思》，载《诗心、诗体与汉语诗性》，陕西师范大学出版社，2016，第 147 页。

④沈奇：《过渡的诗坛》，《文学家》1986 年第 5 期。

生诗风初上诗坛的时候，他为支持者；而当口语泛滥、叙事无节制成为时尚被无由传播时，他又较早地表示担忧。他向被政治抒情诗束缚许久的大陆读者介绍台湾现代诗歌，在诗歌现场中琢磨适合自己的写作路向，向传统诗歌资源取法，他写诗论也写诗话，写富有古典味道的现代诗。”①概括而言，如果“诗人”是沈奇精神主体的根本，那么“古典”则是其诗学理路的核心。

从1987年《生命之旅》诗集中的《浅草》《淡季》《寻找那只奇异的鸟》的部分诗作，到1997年《淡季》诗集中的《疏影》《沈园》《睡莲》一些小诗，再到2000年《印若集》诗集中的《月义》《初雪》《开悟》多篇尝试，是沈奇对古典诗美的持续求索。2007年，经过长久的思考和实践后，沈奇在《新世纪诗歌面面观———答诗友二十问》时指出：“近年来，我反复提出要倡导一种优雅的诗歌精神，一种现代版的传统文人风骨。”② 之后，便有了《天生丽质》的实验性写作，以此试图于重塑现代版的文人风骨与优雅的诗歌精神的同时，汲取传统诗歌的意象表达和语言方式，以丰盈新诗的文本形质，而成为其于翻译体为主导的当代新诗之外，对汉语诗心、简劲诗体与现代诗美理想的集中探索与呈现。

《天生丽质》见诸正式命题呈现始于2007夏秋，实际孕育构思应更早。2008年第一次以《小诗近作十首》亮相于台湾《创世纪》诗杂志。2009年8月，大陆《诗探索》“作品卷”一次编发《天生丽质》20首，接着，《钟山》文学双月刊于2010年第6期卷首以《天生丽质》为总题一次性刊发50首，继而《诗刊》《星星》《作家》《诗潮》《星河》《诗歌月报》等陆续刊发其新作及转载旧作总计近500首次。2012年10月，初次结集的《天生丽质》诗集由文化艺术出版社发行。同年11月，《文艺争鸣》11期开辟《当代学者话语系列・沈奇》专辑，刊出赵毅衡、陈思和、杨匡汉三位著名学者评论《天生丽质》的专文及沈奇自撰文《我写〈天生丽质〉——兼谈新诗

---

①陈卫：《找寻路上风景　探究合理路径——沈奇1980年代以来的诗论与诗歌写作》，《海南师范大学学报（社会科学版）》2015年第9期。

②沈奇：《新世纪诗歌面面观——答诗友二十问》，载《沈奇诗学论集》卷一，中国社会科学出版社，2005，第251页。

语言问题》。当月，由西安财经大学和陕西作家协会联合举办的“沈奇诗集《天生丽质》学术研讨会”在西安举行，谢冕、赵毅衡、杨匡汉、吴思敬、陈仲义、谢有顺等专家学者出席会议，陕西作家贾平凹、红柯，评论家杨乐生、邓艮等到会发言，陈忠实等发来贺信和书面发言手稿，影响可谓巨大。

自此，《天生丽质》成为沈奇别开生面的“新诗体”，不断引发诗界和诗学界的持续关注。2016 年 9 月，“沈奇诗与诗学学术研讨会”再次于西安召开，与会专家就沈奇诗与诗学研究进行了深入讨论。2020 年，新版 112 首的《天生丽质》诗集由宁夏阳光出版社出版发行，同时，相关研究论文 30 余万字经中国社会科学研究院文学所资深研究员刘福春先生选编结集为《沈奇诗与诗学研究》文集，由陕西人民教育出版社隆重推出。至此回顾梳理，我们研究和解读《天生丽质》这一特殊诗歌现象，既不能脱离沈奇长达四十余年的诗歌创作历程，也不得跳脱他数十年孜孜耕耘的诗学理论与批评，以及由此造就的诗人独特的人生际遇、文化气质和艺术理想，尤其是他对古典诗美精神矢志不渝的追寻，或许由此兼顾而再作深究，能有更为细切而全面的认知。

2. 从古典到现代：汉语诗性与字象思维

当代诗学一直将人的存在及其意义作为研究重心，将人的体验、感情、直觉放在首位加以考察，通过对人的精神内涵之揭示，去探寻艺术的本质和世界的审美本相。这一方面因为人与世界的普遍关系从根本上说是一种语言关系，一方面也基于身处当代历史的伟大变革中，文学理论与创作处理种族、环境和时代交互关系的实际需要。其中，“面对传统文化被放逐的内心焦虑，沈奇通过重新挖掘现代汉语中的诗性元素，去探寻人与世界、人与人、人与自我的更深层关系。表面看去是借由古典诗意的现代诉求，但直接面对的还是当下中国的精神自足和文化自足的问题。”① 并且，在以语言介入存

①龚奎林：《古典意境的诉求和文化记忆的追寻——对沈奇组诗〈天生丽质〉的解读》，《西安财经学院学报》2009 年第 3 期。

在的诗美实践中，沈奇借助“解字诗”昭示出汉语诗性本质是一种以字象思维为基的艺术符号和语言存在的本体性关系。

汉字作为中国传统文化的指纹，积淀了无数世纪的光荣与梦想，它的本义、引申义和隐喻义，本身就是一种象形化和写意化的视图结构。于《天生丽质》，古典意境的现代转换与汉字密码的象征谱系产生于苦心孤诣的重构，或可称之为诗人沈奇与汉语世界的“诗性艳遇”，成为其渴盼回归抒情与意象的独唱方式和诗意探索。具体过程，简要解析如下：

首先，选定诗性汉字为题。每首诗的题目用字本身就是“诗的”，如“云心”“木雅”“雪漱”“提香”“灭度”“微醺”“秋白”“听云”“出魔”“根让”“烟视”“古早”“发濛”“桑释”“黑泽”“怀沙”等。这里的每一个词均是诗人特意为之，通过逐一打捞它们留存在现代汉语语境里的诗情妙意，并以此触发诗味感兴，创生新的诗性天地。以此再造生成的古典诗美幻化成某种氛围、某个意绪，以无形的痕迹渗透在诗句的现代节奏、现代空间和现代造型中，由此别开界面，在孜孜以求古典诗美与现代诗美之意境、语境和体式的苦心经营中，常常有“石破天惊”的艺术效用。至今一百多首的《天生丽质》诗作，其所有诗题均由两个独立的汉字组成，放置在一起的两个汉字以各自意象生成新的意象，整首诗则在阐释、演绎所选定的两个汉字字象以及由其生发的诗性内涵和诗意联想[①]，亦即以诗的形式证明并衍生汉字本身的先天诗性，所谓“天生丽质”。

继而，以诗证字生成文本。《天生丽质》的创格从辞藻开始，“词藻的色调往往形成一位诗人的诗格”。“因为词藻是一首诗歌的心灵外化成形体所产生的。字词上附有无形的心灵，情思的痕迹，因而赋有无可掩饰的魅力。”[②] 诗人先是选择诗性汉字组建意象诗题，再从这个辞藻出发，延拓、聚合与其关联的诗性“记忆”，结合现代诗歌写作互文、拼贴、跨跳、戏剧性等手法，杂糅物象、意象、文言、叙事、口语等，并借鉴古典诗词韵脚、节奏、句式等体式，从

---

①熊英琴：《试论〈天生丽质〉对古典诗美的建构》，《商洛学院学报》2017 年第 3 期。
②郑敏：《中国新诗八十年反思》，《文学评论》2002 年第 5 期。

字词到句子到篇章，生成“诗歌文本实验”的微妙过程。

试以《茶渡》为例——

野渡
无人
舟　自横

……那人兀自涉水而去

身后的长亭
尚留
一缕茶烟

微温

题目“茶”“渡”二字，本无直接关系。但茶和酒，可借浇胸中块垒，诗也是宣泄心中块垒的孔道，因而汉语文学中茶、酒、诗的关系向来亲厚。何况，茶香中有一片淡远余韵，好似诗心。汉字“渡”本身意味深长，其义横着过水，由此到彼，亦名（词）亦动（词），直指佛禅，内蕴与联想空间极大。沈奇在谈及此作时说当“茶渡”二字偶然幸会跃然于心时，便惊喜仅此二字一词已近“元诗”境界，遂以此为题，顺其形质并茂衍生下去，当相互的攀扯和对话完成，一首别具风味的诗歌写就[①]。细察《天生丽质》的大部分诗作，几乎都历经了这样一个过程，特别之处在于《茶渡》是第一首，别有意义。《茶渡》不仅证明了汉字“茶”和“渡”自身的诗性，也证明了“茶”“渡”二字“碰撞”出的诗歌意外，而《天生丽质》之“质”，就是汉字本身的诗性根质。由此，沈奇从辞藻的选择上保证了古典诗美之现代重构的可能，以及个人风格的绰约——或将辞藻的遮蔽之美召唤出来，或通过辞藻确立一种崭新的诗意生

①沈奇：《我写〈天生丽质〉——兼谈新诗语言问题》，《文艺争鸣》2012 年第 11 期。

命感，或以语言艺术使人与现实疏离而得以用更高的眼光来观看世界。如此，诗歌艺术一方面将人的深层体验和生命激情化为具体时空里的人事场景定格下来，一方面与“年岁”俱进，使言说本身处于不断超越自我的更新之中。由此，沈奇更探寻出汉语诗性的根柢，即字象思维图式。

围绕“字（象）思维”，学界曾以《诗探索》为主要阵地，在新世纪前后开展了两次大规模的讨论，持续近10年。对此，沈奇给予高度评价，并在《可能与局限——关于“字思维”与现代汉诗的几点断想》一文中，提出“汲古润今”、以“字（象）思维”解决现代汉诗语言问题的重要论断。沈奇认为：“石虎的‘字思维’说，对诸如新古典一路诗风，是具有现实启示意义的。这路诗风所凭恃的隐喻系统、想象世界和抒情维度，仍与汉语文学传统本体保持着血缘亲情，故可以以‘字思维’为新的参照，更加深入地探究作为汉语诗性与诗意的源泉之汉字根性，在现代语境中再造与变构。”[①] 由此诗学理念导引而出的《天生丽质》实验诗写，可以说是对这一重要诗学讨论的实践成果，且是至今当代诗歌中几乎唯一成形态、成规模的文本成果。对此，陈思和先生敏锐指出：“《天生丽质》不是天籁，而是沈奇从他独特的诗歌理念出发，苦心经营而成的文本实验……把‘字本位’思维的创作方法进一步程序化，他精心策划了‘汉语字词思维’的三元素：题目—命名—记忆，三者合成一首诗的实验文本……沈奇在‘字’的意义上构筑起一个现代诗人的古典理想。”[②]

字象是汉字的灵魂，字象与其形相涵而立，是汉字的玄机所在。[③] 当一个汉字映入眼眸，人首先感知的是字象，是线条的抽象框架和声音、形象所激发牵引的语言图式，然后才去复合字所对应的物象、事象，正是在这种音义幻化的复合表意中，字象有了意的绵

①沈奇：《可能与局限——关于“字思维”与现代汉诗的几点断想》，《诗探索》2002年第2期。

②陈思和：《字词思维·诗歌实验·文本细读——读〈天生丽质〉的几段札记》，《文艺争鸣》2012年第11期。

③石虎：《字象篇》，《诗探索》1996年第3期。

延。而这样的绵延是内涵诗性的，字象意识与感知记忆的延展交织、瞬息变化，就是诗意本质的不可言说性。归根结底，汉字与其表现的世界是一种诗性“对应关系”：“汉字的世界，包罗万象，它是一个大于认知的世界，是人类直觉思维图式成果无比博大的法典，其玄深的智慧、灵动的能机、卓绝的理念，具有开启人类拥有的意义。汉字不仅是中国文化的基石，亦为汉诗诗意的本源。”①说到底，这得益于汉字形—象—道的诗性构造方式，是汉语诗美的根本发生机制。正是通过对这一机制的深层把握，《天生丽质》方实现了沈奇长期以来对母语文化、汉语思维模式和新诗艺术的融合性思考，并通过汉语新诗与母语文化传统的深层打通，确证了白话新诗的诗性本体地位和新的发展向度。

3. 美的迷津：现代禅诗及其意境

近、现代以来，随着白话诗进而新诗的兴起以及西方诗歌的翻译传入，汉语古典禅诗的精神传承几近式微。但毕竟大潮之下不失潜流涌动，其间仍有沈尹默、宗白华、卞之琳特别是废名等现代诗人，周梦蝶、洛夫等当代台湾诗人以及当代大陆部分诗人，对现代禅诗的倾心探幽，别有贡献。作为台湾诗歌研究专家，沈奇分力现代禅诗、着力从汉字根性思考汉语诗性和新诗体格问题，完成其从诗人到诗评家再重返诗人位格的探索中，台湾诗人洛夫、周梦蝶等对现代禅诗的成功实践及其启发不容忽视。事实上，《天生丽质》正是沈奇在长期考察当代诗坛、拥有成熟文化视野和诗与诗学实践之后，从根本上思考并解决现代新诗问题的文本实验，其中以禅为契合，不仅实现了古典智慧与现代意识的多维互动共建，也证明了汉语作为一种精神实体，可以穿越时空沟通人的心灵之域的诗性真相。

诗与禅相通是中国诗歌史的古老传统。达观禅师曾在《石门文字禅》的序文中深刻揭示：“禅如春也，文字则花也。春在于花，全花是春；花在于春，全春是花。”② 即在阐明诗与禅在精神本体上的

---

①石虎：《论字思维》，《诗探索》1996 年第 2 期。

②李春华：《中国诗禅文化的现代传承》，《求索》2011 年第 7 期。

融合与互鉴关系。进一步说，禅为诗提供了一种体验当下、直观整体的生命境界，不假于外、超圣回凡的神妙智慧和真俗不二、心物同源的艺术精神。

先说以禅入诗的妙与趣。人生苦短，生命之“痛”与生活之“重”随时可能燎原，而引禅入诗可得禅悦、禅趣和妙悟，以消“火气”。比如宗白华“心中一段最后的幽凉／几时才能解脱呢？／银河的月，照我楼上。／笛声远远传来——／月的幽凉／心的幽凉／同化入宇宙的幽凉了。”① 有天地与我为一的解脱之悦。洛夫“月落无声／从楼上窗口倾盆而下的／除了二小姐淡淡的胭脂味／还有／半盆寂寞的月光。”②有真俗不二的妙趣而洗心。沈奇的《天生丽质》也有很多“立处皆真”③的诗，比如《上野》《太虚》《禅雾》《野逸》《灭度》《提香》《子虚》《悉昙》《如焉》《野葵》《风流》《缘趣》等，在“唯三两麻雀／叽叽喳喳”“今夜　在高原／不洗澡　洗心”“一尊佛　从寺庙／走出　渴望爱情”“笑到最后的人／笑着笑着也死了”“提香的手／如云的无法”“行到水穷处／唯见‘机器人’”等妙语禅机里，盈盈然印刻着诗人智者的微笑和禅家的喜悦。

其次，诗禅合一的静境美。洛夫认为“诗和禅都是一种神秘经验，但却可以从我们的日常生活中体验到。从生活中体验到空无，又从空无中体验到活泼的生机。诗与禅都在虚虚实实之间……”④沈奇为诗，从“先锋”到“常态”，多以明净冲淡的语言，写澄澈秋水般的博览，复以天真性灵的眼光阅世观物、物我混沌、任运自然，表现一种源自生命根底的诗禅合一之自性之光。比如《静好》一诗：

牛粪边开满鲜花
石头上锈出图画

牛　无意养花

---

①宗白华：《艺境》，商务印书馆，2011，第454页。
②洛夫：《洛夫诗全集（下卷）》，江苏文艺出版社，2013，第401页。
③吴言生：《禅宗诗歌境界》，中华书局，2002，第283页。
④《诗探索》编辑部：《洛夫访谈录》，《诗探索》2002年第1期。

石头从来不说话

只是　偶尔
与路过的风说道

道可道　非常道
静好是最好的好

原本大家都熟悉的俗语“鲜花插在牛粪上”，经诗人以禅之力，借美的法眼重新观览后，探寻到生命自在的魔力。特别是紧承上文的“石头上锈出图画”一句，以诗的逻辑打通人类历史、宇宙万象；“图画”即“文化”，是无数生灵随时代、运命、欲望在恒久无言的“石头”上演绎、陨灭后留存的一些符号和印痕。继而，看“风”的手继续开凿，牛无意，石头也无语，而最终“静好是最好的好”。在此，诗人以禅宗不脱离“有”而讲“无”的言荃，表达一种静寂超然的生命境界。“静”是绝弃苦患，“寂”是摆脱烦恼，“从来不说话”是一种“气和客众，心静如空”①，如此“静好”，表现了诗人立于红尘滚滚之当下，所持的一种优雅清净、超于象外的人生观。同时，在其他一些近佛近禅的“天生丽质”诗作中，诗人也不忘融入一些现代意识和生活实感，到达“万物与我为一”的静美和永恒。

最后，心物同构的不二法门。古今艺术皆讲究从心而发，以象写意，以心为源。“心源”在禅宗又名佛心，一指如来的悲悯慈爱之心，一指不执着于任何事理、人人本来具足的清净真如心。从客体之心到主体之心，禅宗“不立文字，教外别传，直指人心，见性成佛”的法门确立了以心传心、以心证心的传道方法和证悟路径。禅宗美学认为佛性和智慧皆人心固有，若悟得离思虑分别之心识，即是真知见，获真知见，即得佛心。从佛心到诗心，诗人要有才学涵养，方可吟咏性情。所谓“明心见性”，诗人首先得照见自然持存的朗朗万物，以纳入审美之境或写作之维；其次要培养感物寄情的文

---

①董乃斌：《王维集》，凤凰出版社，2006，第2页。

字功夫和诗美体验，以实现“比德”寄托、渐悟顿悟；最后也最重要的是心性天真的人生追求，[①] 因为自性有清净又有染污，天真可以使它去染得净、去污得清，时刻葆有一颗生动活泼的性灵之心。如此，照见—证悟—性灵，为诗禅无碍的同构法门，也是沈奇修持的“行解”。

总之，在感性与理性、传统与现代、现实与理想、经验与超验相对胶着郁结的现代抑或后现代，人们面对世界和自身的分裂，希望以包括诗歌在内的语言艺术中介，去弥合某些裂隙和断痛。佛禅诗学对生命体验、诗美表达所持的适化无方的态度，以及主张诗人立足当下，从生命日常、自然物象中澄览宇宙流转之静美无限的言语倾向，无疑暗自契合了这一点。作为思想的修辞，《天生丽质》通过心物同构的诗语、诗体从汉语诗性、字象思维之源头与渐已消隐的古典诗质照面，在随缘自适、简净明畅的诗美表达中涵泳中西、沟通古今，为当代汉语新诗奉献了一种笔随神具、气韵有致的禅诗之风。由此，从汉字根性入手，诗人沈奇将人的存在及其意义作为诗的重心，建构诗美的内在与形态，不仅显露了一位诗人对语言艺术的不懈追求，一位诗评家对诗歌、社会及其与人类存在处境的意义与功能的探索，也昭示了当代汉语诗学别具一格的理念风貌和价值取向。

2022 年 3 月于商洛学院

①皮朝纲，潘国好：《诗心禅境了相依：禅宗诗学内容研究》，《中国文艺评论》2016 年第 8 期。

“开倒车”的先锋
——沈奇诗歌的“另类先锋”精神①

枕　漱②

引　言

初读《沈奇诗选》（陕西师范大学出版总社 2015 年修订版）是在一个秋日的下午，如沐夕照，如饮清茶，于清淡融和之中引入浑然圆觉的境地，痴痴呆呆陶醉里忽又愣怔起来，“众里寻他”（辛弃疾）竟也疏忽了，这不正是汉语诗歌的妙绝之处吗？而当时，我也的确在喝茶，这两厢的碰撞竟似一场雅范之邂逅了。说到喝茶，不禁使人想起古人说的话来，“一杯为品，二杯即是解渴的蠢物，三杯便是饮牛饮骡”（曹雪芹），又闻“同二三人共饮，得半日之闲，可抵十年尘梦”（周作人）。且读沈奇先生的《茶渡》：

野渡
无人
舟自横

……那人兀自涉水而去

身后的长亭
尚留
一缕茶烟

①本文系网上发布稿，尚未于纸媒刊布。
②枕漱，原名拓国涛，青年诗人。

微温

这里的长亭似有李叔同亦即弘一法师“长亭外，古道边”的调性，但又旁逸出一些孤高的心气儿。身后的长亭茶烟微温，说明当是送友人离开，或是友人前来相送，两人对饮一番，那人，便兀自过河去了……但又确乎不是。在无人的渡口，“那人兀自涉水而去”，想是无人前来相送，只能自斟自酌，独自品咂人生的苦涩。同为人生感慨，一清旷悠远，一孤寂自若。好诗如茶又不尽相同，可细品，也可豪饮。解诗如此，却做他个饮牛饮骡的蠢物又如何？如此“茶味”，我愿与众人豪饮，也愿与二三人细饮，更不怕独饮——得这样的“知己”，喝这样的“茶”，确也真是“胜抵十年尘梦”，偷得又岂止“半日之闲”？

《茶渡》一诗，系沈奇先生近年所创《天生丽质》系列实验诗中的代表作。依先生的意思，“要求每首诗的题目本身就是‘诗的’”，那么这题目便有了意味。“茶渡”，“茶渡”，恐怕不仅仅是个人的一趟精神涉水，同时也是想以“诗之茶”而渡人之迷惘、孤独抑或执念吧？从这点上来说，这孤寂倒也不孤寂而反倒有些莫名的热乎劲起来了。

一、摸着石头过河

仅就笔者个人感受而言，不论读《沈奇诗选》还是《沈奇诗学论集》三卷（中国社会科学出版社 2013 年增订版），都能强烈地感受到先生对诗歌的赤诚热爱，而我也坚信，他所探索到的东西值得诗爱者用心体味。及至《天生丽质》实验诗系列的诗学探求，按“夫子自道”曰“内化现代，外师古典”，看似有迹可循，实则并无模本先例，倒似乎是“摸着石头过河”来的。虽不知先生到底如何摸而过之，却也不妨试着猜他一猜。

（一）心理机制：打开汉语新诗的三重门

既然要以现代的方式重构古典理想，通过反顾汉语的字词思维来进行诗歌实验，那么形式上，当是以新诗之自由打开古典格律的枷锁，但仍要继承古典诗歌精练简约的“基因”要素，发扬浓缩之美，美得有弹性，以攫得“弦外之音”；内容上，则当是以当代国人于现代汉语语境下之人与人、人与社会、人与自然之间的深切体验为生鲜自若，而不是为写诗而写诗，将中国人的生活样貌刻版抑或刻录进翻译体的躯壳中——这样的诗写所造成的板结，又岂止是诗歌本身的僵化，恐怕连精神也要被固化的——是以必须来一场破例的“地震”才是。

如此，回勘《天生丽质》的创作心理机制，概而言之：其一，溯源古意，复苏汉语诗歌审美之简约素雅品格；其二，回涉乡土，挖掘汉语诗歌灵魂之诚朴素淡品性；其三，鉴取禅道，发挥汉语诗歌气质之空灵素直品味。

老子《道德经》有言：“道大，天大，地大，人亦大，域中有四大，而人居其一焉。人法地，地法天，天法道，道法自然。”可见，中国人确实“生活在一种心灵、情感抑或人类之爱中”（辜鸿铭）。这心灵，这情感，这爱，是人性与神性的融合，是内在的精神自由与外在的“格物致知”的融合，是“心外无物，心外无事，心外无理”（王阳明）的超脱与自在。心外无物，故能蔚蔚然森林，构筑心灵之生态；心外无事，故能芸芸乎众生，修缮灵魂之宗教；心外无理，故能描无状之状，知无相之相，从而达到“宇宙即是吾心，吾心即是宇宙”（陆九渊）的境界，实现内在之超自我。

由是，仅就汉语“基因编码”而言，与其说“诗是一种形象思维”，倒不如说汉语本身就是一种形象思维，且“天生丽质”为一种典雅、纯正的美。对此，沈奇先生在《现代汉诗杂记——读瞿小松〈音乐杂记〉共鸣》一文中，作过一点别开生面的“验证”，将李白的“孤帆远影碧空尽”诗句，重新拆裂组合，竟得以别样的“风致”与“阐发”来——

分行排：

孤帆
远影
碧空尽

倒序排：

尽空
碧影
远帆孤

如其文中所言，重新排列的诗句，不但能够成为一首完整独立的诗，而且似乎比原句的诗味更浓，确有“一笔细含大千”的张力。由此回头看，沈奇先生说他写《天生丽质》是“开倒车”，实则颇有点“倒着走的人倒着前进”的自诩之意。转而纵览当下汉语诗歌写作，太多的不是“轻薄”就是“生猛”，给人的阅读感觉则不是“粗鄙”就是“矫情”，“失了汉诗语言的‘味道’”。而“失了汉诗语言的‘味道’，便是失了汉诗的根性与指纹；根性不同，何来诗运长久？指纹模糊，怎得安身立命?”（沈奇）由是，在完成心理机制的转变后，继之便是艺术机制的转变。

（二）艺术机制：从语言艺术生发的开枝散叶

艺术机制上，汉语古典诗歌讲究“造音”“造意”“造型”“造境”四造，而其中造境是最为重要的。汉语古典诗歌真正的别致之处就在于它的造境，“有境界则自成高格”（王国维），这是汉语古典诗歌与西方诗歌以及与汉语新诗的主要区别。中医自来讲究“对症下药”，既然要为汉语新诗寻药方，则不可不“把脉”其症结之所在。

其一，语言杂乱，赘肉太多。原因所在，主要与翻译诗有关。汉语新诗是借翻译诗歌学来的，结果连毛病也都学来了。一则因为翻译者未必是诗人，二则即便是诗人也未必就能翻译好。诗歌翻译本身就隔着好几层膜：文化差异一层膜，语言差异又一层膜；翻译者的修养一层膜，阅读者的素养又一层膜。有此四层膜在，则诗歌翻译若不是创造了一首诗，便是败毁了一首诗。如此导致的结果是，以外国诗歌为阅读范本的汉语诗爱者，特别是初学写诗者，看到翻译质量高的诗歌，他们会说这就是好诗；看到翻译质量不高的，他们会想，好诗或许就是这样的，不然就浅薄、矫情了。这便使得汉语新诗的写作学习越来越糟，且人们大多浑然不知，以至于走入死胡同，而诗人们则永远在那里辩称“诗歌是小众的”。

其二，结构臃肿，诗文莫辨。大量汉语新诗结构之臃肿，近于窒息，缺少适当的空间以舒爽呼吸，造成胀气乃至哮喘。但凡诗人应该首先懂得，语言是富有弹力的，纵横幅度较大，往往人的想象力有多丰富，语言建构起来的空间就有多大。因而诗人往往说得很少，而这必然导致语言真空的出现，笔者习惯称之为“艺术空白格”。如是，转而接受维度，必得借助想象力来填充，此亦是意境与思想的建构过程。当然，这个过程最终必得诗人与读者共同来完成。

其三，内容贫瘠，有名无实。诗歌原是一种疼痛美，尤其是现代诗，是诗人用刻刀在自己大理石的身上进行艺术雕刻，不掉肉如何成型？遗憾的是，当下的汉语诗歌创作经常陷入“两个误区”，往往不是因为太过矫情而脱离生活，就是因为太过“先锋”而失去读者。前者多半是年轻的诗人容易犯的错误，后者多半是学者型的诗人容易犯的错误，致使汉语新诗不是因水分过多而浮肿，就是因干旱板结而皴裂。脚底贫瘠，头顶虚妄，变成“泡沫版”式的抒情，或成了一种“三合板”式的说理。原因很简单，因其大部分皆已脱离当下中国人“原生态的生存体验”与“原发性的生命体验”及“原创性的语言体验”（沈奇诗学“三原”说），仅凭内里空胀而妄自抒情或叙事。

二、素心漱字：一种刺骨的温柔

“诗是语言的宗教”（沈奇），是一种高度收摄的语言艺术。沈奇先生的《天生丽质》“开倒车”实验诗系列，正是要从语言艺术方面着手勘破“溯源古意”“回涉乡土”“鉴取禅道”这三道难题。

譬如《云心》小诗。起首“云白 / 天静 // 心白 / 人静”两行八字，本身就充满了禅意，且是以“云”这样简单得不能再简单、常见得不能再常见的意象为起首，而化熟为生。紧接着以“欲望和对欲望的控制”一句纯“现代汉语”句式，把人又猛地拉入现实生活中，随之发问“人群深处 / 谁的一声叹息 / 转瞬即逝”，随后却又戛然而止，唯化古为今轻轻甩下一个意象性的尾巴“空山灵雨 / 有鸟飞过”，留悟者自悟：都市的意象抑或乡土的意象？禅道的柔抑或逻辑的硬？古意的超脱抑或现代的迷惘？——一首纯粹的新古典诗而又如此细切地与现代性息息相关。

这不禁使我想起了与沈奇先生的一次谈话。先生问我为何那般愤青（他是从我初期的诗作中看出来的），然而，我却做了一次诡辩于先生：“你信仰什么？”我曾在内心无数次这样问自己，而我的回答则始终只有一个：如果信仰只是将我们拘禁在一个蜗牛壳里，那我们还信它作甚？不如打破，不如跳出所有的监禁，理解脆弱的东西，并寄之以深刻的同情，即以悲悯的情怀理解世间的一切事物。许多人以为现代主义就是“愤世嫉俗”的代名词，这实在是一种极大的误解，真正的现代主义是有着深刻的悲悯情怀的，我想这才是那些大作家与大诗人之所以“大”的原因。大而故能空，“天空”之空；空而才能有，“纳万境”（苏轼）之有。这是一种明觉的胸怀——云心即素心，如此为诗、为诗人，赞之为“素心漱字”，想是再恰当不过的。

再读仅仅三节五行二十二个字的《岚意》：起首一句“云揉山欲活”，亦古亦今，如晤故人，如叙旧情；中间一节“风动／那约了黄昏的佳人／才心动”，不难想起“人约黄昏后”（欧阳修）的佳境。而一个与古意相约的现代诗人想来总会还是一个与禅意相约的现代诗人，而一个与禅意相约的现代诗人，也必是一个与乡土相约的现代诗人——你听这个小老头在结尾处说什么？“而／山自惬意”——身在闹市，却“瘾”在山川，此谓之“心隐”“大隐”，也是真正可以称得上“隐君子”的人。

但先生之隐，隐在心中固守的净土——说先生是一个很古意、很禅意的人，莫若说先生是一个很乡土的人；说先生是一个很乡土、很禅意的人，莫若说先生是一个很古意的人；说先生是一个很古意、很乡土的人，莫若说先生是一个很禅意的人。故而沈奇的诗，就像他的人，平和，文雅，平和得贴肤，文雅得刺骨。所刺之人，既有粗鄙之徒，又有君子正人；刺破前者的“空心喧哗”，点通后者的“任督二脉”。

而我观先生，是《青衫》中“身儿轻／心思重”、“藏起旧衣衫”

“嫁与风”的先生；我观先生，是《小满》里“收不拢的小心思／熟一半／生一半”、“燕子飞过”“眼里”都能“起云烟”的先生；我观先生，是《暗香》里，在“有或没有的梅下／站了一会”，“心中的冻土”“静静流出／一江春水”的先生；我观先生，是《大漠》中“一沙独白……／无适／无莫”、“天地清旷／一鸟若印”的先生；我观先生，是“空空盈盈的／一个白里／唯／三两麻雀／叽叽喳喳”喜欢《雪漱》的先生；我观先生，是“一世界的浮华里”有着《野葵》的“那一种豪华的孤独”的先生；我观先生，是《松云》中“听秋水渐远渐冷”的先生；我观先生，是《杯影》里“和虚构中的／两只乌鸦／愣了一会儿神”的先生；我观先生，是《秋意》中“错过季节”却“梦浪漫的花／梦甜蜜的果”而心“一下就绿了”起来的先生；我观先生，是《归暮》中“鞭影如梦／如柳丝的朦胧”而“蹄印散散落落／比残阳重／比月光轻”的先生；我观先生，是《鸽灰》式的“寓言的空巢里　唯余／一羽年少的心事亮着”的先生；我观先生，是《彷徨》间“两种不知所措中／苦无葬心之地”的先生；我观先生，是《种月》时“连影子也一一种到／那梅　那菊／那桐　那竹／那细草的摇曳中去了”的先生；我观先生，是《深柳》“在时间的某个裂隙”里“留下一点小小的疼”的先生。

其实，如此种种意象之“表象”背后，时常也思而诗之的弟子最终发现，作为诗人的沈奇，从早年与“新诗潮”及“先锋诗歌”一路走来，到午后斜阳里以“开倒车”另寻“先锋”之路，说到底，骨子里原本就是一个暗自与“思想风暴”——思乃哲思，思哲学之司；想乃想象，想意象之相——有约的先生。

三、黑子“试错”：一种文质彬彬的“暴力”补充

当年，诗人韩东以“贫穷的水手”之身，“顺流而下”，贩卖“无穷无尽的故事”（韩东《水手》），而沈奇先生则说，“上游的孩子／还不会走路／就开始做梦了／梦那些山外边的事／想出去看看／真的走出去了／又很快回来／说一声没意思”。由此或可假定，也许沈奇先生在一开始“出山”寻找出路时，就已经想着回家的路了。是以或可推想，《天生丽质》恐怕在1984年《上游的孩子》写

就时，便已受孕，只等“怀胎”二十余载，诞下这个另类的“先锋”。以愚意度之，先生前期的作品，看似与《天生丽质》判若两类，其实却是《天生丽质》的补充部分。向以素色为主的沈奇诗歌的精神内里，实则却一直跃动着一种不安的黑色风暴。只是这不安，在诗人沈奇这里，更多的却是一种文质彬彬的“暴动”。

然而，人的思想总是以阶段性裂变的，它需要一个过程去不断“试错”——“去看一座山 / 看一些很野的地方 / 对着它着迷 / 我们知道 / 那些地方和我们 / 没有什么关系”，但却使他——也许是整整一代人——“渐渐学会了 / 自己给自己下定义”（《看山》，1985）。“山”以及“海”，可能是沈奇先生那一代人精神世界的理想象征。但他们到底在寻找什么？王家新说“山的那边是海”（王家新：《在山的那边》），而沈奇先生回答“山的那边还是山”。不管是山还是海，是归宿还是迷惘，他们都从未放弃过。或许，“乡愁”本来就是“流浪”“寻找”“放逐”“迷惘”等所共有的同义词，这既是现实中的，亦是精神上的。这“乡愁”，是一个时代所蔓延的迷惘；这“迷惘”，同样也是整整一个时代所蔓延的乡愁。

由此，或许可以说，沈奇那一代人也算是历史遗赠给我们这一代人的礼物。面对精神日益荒漠化的时代，他们的精神世界怎能不掀起一场“暴风雨”：“夜　鱼鳞般地被剥落 / 闪电的手指高傲而又苍白 / 远远的　涨潮的芳馨 / 带着原始的记忆 / 鼓满风的羽衣扑地而来”，而当一切都成为多余，“只有雨声　雨声　雨声 / 雨声泛过的荒原 / 有殷红的美人蕉 / 作疯狂的开”（《暴风雨》，1983）。这首诗或许并未引起评论家的多少注意，但却深深震撼到了我这个后来的诗爱者。如果稍作些删改，这可能是现代汉诗把精神风暴写到极致的一首力作。从此，沈奇开始了他的“《生命之旅》（1989）”，一心“《寻找那只奇异的鸟》（1993）”，直到“曾经深澈的眼睛 / 开始起雾”，他才复归于预支的《淡季》（1987）里的那种平静，去沐浴“秋日里的一束阳光”，“去到郊外 / 看了一位旧日的恋人 / 为她新增的皱纹感动不已”，他想，“该为她写首诗 / 却总怕堕入 / 旧式的矫情”（《秋日咏叹二十行》，1993）。渐渐的，他的灵感如一只懒猫，在暮色里缓缓踱步，开始懂得享受“《北方冬日的读书生活》

（1994）”。终于，他把自己想成“《稻草人或最后的守望者》（1994）”。然而这些终归是凄凉的，遂慨叹自己“总是在最为成熟华美的／时节／颓然老去……//没有西风　长安的／落叶　也照样／斑斓了一地//而一阵　发自呼吸深处的／剧烈咳嗽，告诉你／秋　已很深了//尚未穿旧的牛仔裤／锁进抽屉／风衣的口袋里／多了一页怕冷的诗”（《霜降》，1997）——曾经的迷惘、离乱，而今复归于平淡，复归于琐碎，复归于病（身），复归于痛（心），也便自然而然离“古意”、离“乡土”、离“禅道”不远了……

由是“间歇”（《间歇》，1987）年间，诗人渐渐明白，“那个真实的世界／离我们很远很远”，他对自己说：“你累了，可你不能转身／于是你消失”，瞧，多么倔强的一个小老头。“而幻想总是存在的”，“当天很蓝，云朵很白”时，他又问起了那个二律背反的问题：“是海凝固了贝壳／还是贝壳凝固了海”？（《世纪回声》，1992）诸如此类的问题也许用尽一生也永远无法得到答案，那就不要再关心什么“时代殇”了，而开始说谜，说空，说无，说禅，说道，说“万古愁”——

焉知不是一种雪意

深
浅
浓
淡
以及，卸妆后的
那一指
薄寒……

揽镜自问：假如
真有一杯长生酒
喝　还是不喝

凤仙花开过五月
可以睡了

这是《天生丽质》系列中的代表作《胭脂》。以“胭脂”的谐音“焉知”打开诗题，接着就像自上而下掉下四个汉字似的“深——浅——浓——淡”，这种古典式的编排方式，使得一字一个节奏，而字字掷地有声，又好像是自悬崖上坠落下来的天马行空的思绪。而对通感的运用，使人不知“雪意”是“胭脂”还是“肌肤”，不知“薄寒”是“雪意”还是“卸妆后”的惨淡人生。揽镜自问“长生酒”，想是人已老，发已白，复又思量，那“雪意”可是镜里的三千丈白发？而“凤仙花开过”，“开过”，那必是没有“长生酒”的了。

“开倒车”的诗人如此思量着，终于摸到了一个禅意的《琥珀》，像是在抚摸人生，“抚摸一只 / 青涩的芒果 / 那玉般的感觉 / 如白云的焦渴 // 手垂下 // 空出的位置 / 灰烬依旧”。但这并非寂灭，而是一种生命的自然归宿，一种通悟。佛家讲“空”讲“无”，讲“明目见心，明心见性”，是以，老头的《秋瞳》睁成“响晴的一个天”，“斑斓里—— / 核桃　在 / 阳光的纵深处 / 默默比试 // ——看谁 / 老得更漂亮”，是“秋瞳”在和“核桃”比大小，还是“秋瞳”在和“阳光”比灿烂？听听结尾这话，“看谁 / 老得更漂亮”？我敢打赌，若不是那“秋瞳”里放牧着层层涟漪，他何敢如此放肆？

如此赤子之心近道、愚人之心近禅，遂听得《秋白》喃喃：“雨声……雨声 / 声声雨声…… // 声声雨声里 / 听：一把旧锁开启 / 无春 / 无夏 / 无语 / 无……听”，缠绵悱恻，似有《诗经》复沓，“三叠”是得；而“一把旧锁开启”出春夏，又分不出春夏，也无论春夏，而言语消无，观念消无，只剩下一“无”，“无名天地之始”。前番雨声里“听”，听得“无春”“无夏”“无语”，最后竟在“无”中复又“听”之，竟是“声在无声中”而“须从淡泊听”——始之在“声”中“听”，继则在“无”中“听”——如是，便形成一个闭合的空间，一个圆，一个无限的宇宙。而随后，听得这样一幅景象：

唯　清凉如寺

任孤独之钟
撞飞
一天乱云
似
鹰

以意象性的结尾点活意念中的世界，然而，却了无踪迹可寻，是以得禅味。可以说，这首诗无论从形式上还是内容上，无论从思想上还是意境上，都达到了完美的境地，是一首纯味的汉诗，有别于那些翻译体的刻板诗，高出其上又岂止十里八里。

结　语

真的，读沈奇先生的诗作，不知何为古意，何为禅道，何为乡土，但待你不复思量时，古意、禅道、乡土却又俱在了。眼界大，是以每每从小处入手；体悟深，故而往往从浅处见出。也许，好的作品就是这样，归于平素，臻于自然，所谓“见素抱朴”（老子）是也。

当然，《天生丽质》毕竟是一个无模本先例的实验之作，虽卓有成效，但也并非完美无瑕。如《上野》等篇便有语言失真之嫌，还有一些句构虽佳，但篇构还有待匠心多磨。诗歌是语言的艺术而非语言的游戏，语言玩得多了过了是要出问题的。一则软，软则容易陷入矫情的旋涡；一则硬，硬则易患理念之“结石”，这两种病，乃当今汉语新诗的通病。《天生丽质》在极力规避老毛病的同时，也存在或者出现了一些新的问题，似乎有“软”病之嫌，但问题不大。事实上，无论如何你都无法抹杀它别开一界的先锋价值。可能一些人会以为《天生丽质》是新古典诗，与先锋精神是悖逆的，但在所谓“先锋诗歌”日益伪先锋的当下诗坛，《天生丽质》却反而显得极其“叛逆”，且“叛逆”出许多有益的探索。这种先锋精神不仅值得肯定，而且值得学习。在这个语言粗鄙的时代，沈奇先生“三个方向”的有益探索——浅禅、厚土、深古——如三粒种子在先生的“素心”上抽枝、发芽、开花、结果，你承认也好，不承认也罢，总有一天会发现，这样的创作方向自有其另一番大放光彩。

在《我写〈天生丽质〉——兼谈新诗语言问题》一文中，沈奇先生“自白”说他的《天生丽质》是一种“试错”而非“示范”性写作，但这样的试错，未尝不可一试，也未尝不可一错。可这哪里是试错，这简直就是在为汉语新诗的精神质素“安灵招魂”！笔者以为，所谓“先锋”，并不是刻意的标新立异，而是一种或向外或向内的有益探索。从这点上来说，沈奇先生虽是向后的，却也是向前的；虽是向内的，却也是向外的，我想这也正是“先锋”的含义。先锋未必就要时刻张扬个性，处处逞奇数能，直把废话也当先锋。记得沈奇先生曾说：“道成肉身，安身则立命。‘身’不安，‘道’就总是如幽灵般漂游不定，也难成正果。”这个“道”，当是一种身份的认领，认领“五四”“重估一切价值”（尼采）而丢失的价值，认领“汉语的生命意识与诗性指纹”（沈奇），这是对传统文化精神的一种尊重。以此看来，与其说先要“安身”，倒不如说先要“安心”，心安则神安，神安则身自然安。

然，何以安心？曰：默牛成佛。（《本相》）

2015 年 7 月初稿于西安
2023 年 9 月修订于太原

“现代词”：另创一种新诗的体格
——论沈奇对古典“词”传统的再发现[①]

罗小凤[②]

在中国当代诗歌场域，沈奇无疑是一个特立独行的存在。他曾经是先锋诗歌的力挺者和主将，近年来却返身传统“汲古润今”（沈奇语），试图从古典诗词中探寻“润今”之质素，进而重新发现了“词”的形式感觉，并在自己总题为《天生丽质》的系列实验诗创作中，探求“词”的现代转型，建构出一种既不同于自由体新诗亦有别于古典词的新“词”体，另创一种新诗的体格。笔者认为，与学界使用较多的“旧体诗”、“古体词”等概念相对应，这种新奇独特的新诗体格，或可被称为“现代词”。

沈奇独创的这种“现代词”，一时让诗坛和学界“惊艳”：以发表小说为重的《钟山》文学双月刊于2010年第6期卷首位置一次性选发其50首，之后又于2011年第5期、2013年第1期、2015年第2期、2016年第1期接续发表其后续新作及相关诗体诗话。《文艺争鸣》则于2012年第11期辟专辑发表赵毅衡、陈思和、杨匡汉三位名家专论，并配发沈奇自己的创作谈，之后又于2017年第1期辟题为《边缘与中心的对话——“沈奇诗与诗学学术研讨会”七人谈》专辑，刊发谢冕、陈思和、杨匡汉、吴思敬、贾平凹、李浩、李震相关发言文稿，在诗歌界引起热议。此期间前后，洛夫、陈仲义、夏可君、霍俊明、胡亮、段从学、孙金燕、宋宁刚、吕刚、刘波、凌逾、王士强、程继龙等诗人和批评家，也纷纷撰文研讨，有关《天生丽质》的十多篇评论先后在学术期刊刊出，而不足百首的《天

①本文系未刊稿。

②罗小凤，女，扬州大学文学院教授。

生丽质》在海内外发表及选载竟多达五百余首（次），成为新世纪以来当代诗坛一个颇具热度的“诗歌事件”。

何以如此？笔者认为：沈奇对“现代词”的独创，是对中国新诗史上一直悬而未决的形式问题的有效探索，具有不可忽视的诗学价值与现实意义。

在中国新诗史上，虽然“新诗是自由诗”的声音一直占据主流位置，但不可否认的是，有关新诗形式的探讨一直未曾停止。自20世纪20年代初，刘半农、陆志韦等便思考并探索新诗的诗体建设问题，随后，闻一多、徐志摩等“新月诗派”的新格律诗、林庚的定言定行体、冯至的“十四行体”与何其芳、卞之琳的“现代格律诗”，以及后来周策纵提出的“定型新诗体”、骆寒超等倡导的“格律体新诗”、王珂提倡的“准定型体”新诗、蒋一谈等一批诗人试验的“截句”等，都是新诗诞生以来，诗人或学者对新诗形式问题的探索。沈奇则在这些形式探索之外独辟蹊径，从古典诗词传统中重启“词”的形式感觉，既是对新诗“诗体”的反思与纠偏，亦是对古典“词”传统的再发现。

一、对新诗诗体的反思

自胡适提出“文当废骈，诗当废律”①、“作诗如作文”② 等主张以来，由西方翻译而来的自由诗便大行其道，在新诗百余年历史中，一直占据主流位置，成为主导形式。当年胡适倡导“诗体大解放”的动机，在于意识到“旧诗”发展至清末已陷入“固体化”泥淖，因而别求新声于异邦，借鉴和“拿来”西方的自由诗，用白话及至现代汉语嫁接出中国的“新诗”，并由此将“新诗”与“旧诗”对立进而否定“旧诗”，彻底走向西方诗歌的翻译体模式。显然，胡适这种做法不免武断与绝对。事实上，“新诗”与“旧诗”二者并非你死我活的对立关系，而是可以共存互济的。但新诗发展至今，翻译体

---

①胡适：《文学改良刍议》，《新青年》第2卷第5号，1917年1月1日。

②胡适：《依韵和叔永戏赠诗》（1915年9月21日作），载《胡适留学日记》，商务印书馆，1947，第790页。

依然占据主导，有关新诗形式的探索均被淹没在“自由体”的畅行风潮中。进入新世纪以来，尤其是在新媒体平台上，自由体新诗已出现更加严重的“诗体”危机。而正如谢冕先生所指出的，诗歌是最讲究章法、规则的文体①，正因如此，诗体问题一直是百余年来诗界与学界纠缠不休的诗学话题，却始终莫衷一是。直至当下，诗人和诗学家都未曾停止对此话题进行各种的探讨和争议。

对于新诗是否需要建设以及建设怎样的诗体，身兼诗人和诗论家双重身份的沈奇亦一直在思考，尤其在对“新诗潮”以来的当代诗歌发展的观察和不断反思中，试图“寻求对新诗由来已久的一些根本问题的破解可能，以求于新诗文体的探求或典律的生成多少有所裨益或启示”②。新世纪以来，他连续发表相关论文进行探讨，如《重涉：典律的生成——当前新诗问题的几点思考》(2003)、《“动态诗学”与“现代汉诗”——再谈“新诗标准问题”》(2008)、《反思当代诗歌——诗心、诗体与汉语诗性》(2013)、《新诗：一个伟大而粗糙的发明——新诗百年反思谈片》(2015)、《“汉语诗心”与“汉语诗性”散论》(2017)、《浅近的自由——说新诗是种“弱诗歌”》(2019)、《从“别立新宗”到“百年和解”——新诗百年反思兼谈汉语诗歌之“大传统”与“小传统”》(2019)，以及其诗话专著《无核之云》(2015) 等。

沈奇对于新诗诗体问题的思考，来源于他对当代诗歌尤其是新世纪诗歌弊病的深刻体认：“什么都可以写，怎样写都行；无标准，也无典范；无中心，也无边界；无所不至的话语狂欢，几乎荡平了当下生命体验与生存体验的每一片土地，造成整个诗性背景的枯竭和诗性视野的困乏”③。沈奇认为这些问题与危机的关键在于“浅近的自由”和“自由之轻”，导致了新诗尤其是当代诗歌的各种弊病。正因如此，沈奇转身思考新诗的诗体形式问题。在他看来，当代汉

---

①谢冕于 2012 年 4 月 20 日在接受记者采访时所言，见王庆环文章《请维护诗歌的尊严》，《文摘报》2012—05—01 (6).

②沈奇：《天生丽质》，文化艺术出版社，2012，第 6 页。

③沈奇：《“自由之轻”与“角色之祟”——有关“新世纪诗歌”十年的几点思考》，《南方文坛》2010 年第 5 期。

语诗歌的唯一文体属性是“以无限可能之自由分行”，“只剩下假以‘诗形’而自由‘说话’与‘作文’的‘范’了”[①]。同时，随着口语化、叙事化趋向的泛滥，以及散文化、戏剧性、小说企图等“跨文体”的倡行，导致“除了无限自由的分行，再无其他诗体属性可言”，且“如此拿‘他者’彩头充门面的事，是否只能是更加‘降解’了自身的本质属性，导致诗体边界的更加模糊?”正是基于此现状之忧，沈奇对新诗诗体问题重新发问并深入思考，认为新诗的“诗体”是“诗之‘道’所以然的根本属性”[②]，若新诗无体，诗将不存：“新诗无体而有体：各个有体，具体之体；汇通无体，本体之体；本体不存，具体安得久存？这是新诗一直以来的隐忧。”[③] 可见，沈奇将新诗的“体”视为“本体”和诗之为诗的本质属性，同时认为新诗其实是“无体而有体”，换言之，虽然没有古体诗词那样的固定体式，但依然有自己的“体”，这个体是每首诗“各个有体，具体之体”的体，依每首诗的具体内容和诗意而定，因此诗人要“汇通无体”，构筑新诗的“本体之体”。沈奇是敏锐的，也是犀利的，同时亦是冷静客观的，一方面他认为新诗是需要有一个“诗体”的，但另一方面他并不主张新诗要有像旧体诗词那样的固定形体。由此他进一步指出：新诗整体缺少三个因素，其中颇为重要的一个因素是“更精微的诗体意识”，另外两个则为“更高远的理想情怀”、“更深广的文化内涵”[④]。最终，沈奇借用姚丹教授激赏《天生丽质》的话，引申出一个革命性的诗学命题：“现代汉诗是否可以在翻译体的曲折之外，另创一种简劲的体格”?[⑤]

那么，如何在翻译体、自由体倡行百年之久的汉语诗坛，另创一种新诗的“体格”？沈奇将目光投向了古典诗歌传统中的“词”传统。

---

①沈奇：《反思当代诗歌：诗心、诗体与汉语诗性》，《文艺争鸣》2013 年第 7 期。

②沈奇：《浅近的自由——说新诗是种“弱诗歌”》，《文艺争鸣》2019 年第 2 期。

③沈奇：《无核之云》，陕西人民教育出版社，2015，第 80 页。

④沈奇：《无核之云》，陕西人民教育出版社，2015，第 90 页。

⑤沈奇：《天生丽质》，文化艺术出版社，2012，扉页题句。

二、重启“词”的形式感觉

“词”又被称为“诗余”或“长短句”，这种诗体形式于唐朝时产生，在宋朝成为主潮，但唐朝所作之词大都为短词即“小令”，晚唐五代时词的主导形式才正式成立，《花间集》五百首便是最早的词集。宋朝时于小令、中调以外增添了长调，至此词体发展完备。这种诗体形式至现当代依然流行，但影响力渐趋式微、颇为有限。

在对新诗百年来占据主流位置的自由体颇感失望与焦虑之时，沈奇重新回望传统，发现了“词”对于规避与纠偏自由体新诗积弊的某些效用，因而尝试在其现代诗创作中重启“词”的形式感觉，对此沈奇自己曾坦言：“我是将这些诗作为相当于古典诗歌中‘词’的形式感觉来写的”①。自 2006 年开始，沈奇返身“完全与‘先锋’无涉，甚至还有点‘开倒车’嫌疑的《天生丽质》系列实验诗之写作探求”②，并自认是一种“试错性”实验，与当代诗歌发展主流相悖，亦与其此前三十余年的先锋诗歌立场与诗歌身份相悖，却又从此一发不可收，继 2012 年出版 64 首版的《天生丽质》（文化艺术出版社）之后，依然延续这种同样体式与风格的“试错性”写作，并于 2020 年重新结集出版 112 首增订版（阳光出版社）。这些作品无疑已形成一种独创的“诗体”，但沈奇自己并未对之进行具体命名。段从学则认为沈奇的《天生丽质》不是我们通常所说的“新诗”，而是“另一种新诗”③，但亦并未对之做出明确命名。而笔者认为，与“旧体诗”、“古体词”的命名相对应，沈奇探求的这种诗体可被称“现代词”。“新诗”是相对于旧诗而言的，破除了旧诗在行数、字数、平仄、韵脚等形式方面的限制，而沈奇独创的“现代词”则破除了旧体词在词牌、形式等方面的限制，是对应于“旧体词”、“古体词”的一个现代性“变体”。

沈奇的这些“现代词”，体型精短简约，讲究内在节奏，字词组

---

①沈奇：《我写〈天生丽质〉——兼谈新诗语言问题》，载《天生丽质》，文化艺术出版社，2012，第 8 页。

②沈奇：《天生丽质》，文化艺术出版社，2012，第 5 页。

③段从学：《〈天生丽质〉与新诗的“另一种写法”》，《诗探索》2013 年第 1 期。

合的形式则多种多样，以两字、四字为主，中间穿插以长句，形成长短句交杂的形式。如《云心》：

云白
天静

心白
人静

欲望和对欲望的控制

——人群深处
谁的一声叹息
转瞬即逝

空山灵雨
有鸟飞过

第一、第二节两字一词、两词一句构成内在的顿和节奏，第四节和第五节大体都是四字一句，而第三节却穿插了一个长句，形成全诗长短句交错的形式，参差错落，与古代的“词”所给人的形式感觉颇为相似，显然构成一种新的“词体”。如前所述，古代词亦称“长短句”，意即长句和短句交错，沈奇所创造的“天生丽质体”便是一种当代“长短句”，是对古典词传统的一个重新发现与再造。

需要注意的是，沈奇重启“词”的形式感觉，对古典“词”传统进行再发现，并非回归传统或复古，而是从传统中选取一些可作古今通和的质素用于自己的创作，“一边汲古润今，一边内化现代”①，旨归依然在于新诗现代化。

对于如何重启“词”的感觉形式，沈奇自呈：“仅就基本语感而

①沈奇：《天生丽质》，文化艺术出版社，2012，第8页。

言，我是将《天生丽质》作为相当于古典诗歌中‘词’或‘散曲’的形式感觉来写的，尤其是在字词、韵律、节奏和诗体造型方面，不过换了现代汉语的语式，并杂糅意象、事象、叙事、口语、文言等元素，及现代诗中诸如互文、拼贴、嵌插、跨跳、戏剧性等手法。”① 可见，沈奇的“现代词”汲取了古典“词”的形体元素，用之于自己的诗歌创作实验中，几乎每首“现代词”都模仿了古典“词”的形式，句子长短不一，错落有致，无论是排列上还是字词上都简约疏落，节制含蓄，有一种词的节奏和感觉。重要的是，沈奇并未完全照搬套用“词”的形式，而是用现代汉诗的语感、语态、语式及语境，替换了旧体词的文言套路，亦破除了“词”在外在形式上的固定形体，将“词”的形式魅力与现代诗的一些新元素、新手法进行结合杂糅，创造出一种与自由体、翻译体相颉颃的“另一种新诗”。

具体而言，沈奇实验其“现代词”最常用的一招，便是互文重构，杂糅并举，即将古典诗词的句子进行拆解或稍加改动后，再穿插夹杂以现代汉语，然后仿“词”的体式重新分行排列，由此形成别具一格的“现代词”体式。如《茶渡》中的“野渡 / 无人 / 舟自横”、《光荫》中的“一唱雄鸡 / 天 / 下 / 白”、《大漠》中的“直 / 烟 / 孤 / 漠 / 大”等都是如此，故意拆开原诗句分行排列，形成一种奇妙机巧的内在节奏。在有些作品中，沈奇并不直接引用古诗词，而是将原诗词语句进行细微改动，在破碎断裂的古诗词句子或语词间楔入现代汉语，收到意想不到的效果，如《岚意》中的“风动 / 那约了黄昏的佳人 / 才心动”是对古诗句“人约黄昏后”和禅语“不是风动，是心动”进行改动后的化用。《羽梵》中的“谁是卷帘人”是对“试问卷帘人”的化用，将“谁”与“是卷帘人”分开，以停顿和间隔的形式形成一种内在节奏。此外，在有些作品中，沈奇则直接引用古诗词的句子，或穿插夹杂现代汉语，或将不同古诗词中的句子进行变相拼贴，如《光荫》中的“总是新桃换旧符 / 朝露换朝珠”“行到水穷处 / 唯见‘机器人’”，《青衫》中的

---

①沈奇：《天生丽质》，文化艺术出版社，2012，第 8 页。

“莫问梦归何处 // 藏起旧衣衫 / 待月影青青”、《微妙》中的“高处不胜寒 / 是身寒 / 还是心寒”等。如此，沈奇在多种语言形式和形体排列的实验中另创新诗的“现代词”体格。

对于现代汉诗的体式，林庚曾试验“九言诗”“十言诗”“十一言诗”等，亦曾提出“自然诗”的诗学概念并以系列作品进行实验，但他为了求“自然诗”的韵律而误入“格律”的“不祥魅力”中，最后陷进“新格律诗”的误区，让“自然诗”的理想破产。而沈奇显然更为清醒和自觉，他所实验的“现代词”，既不因循古典词牌的各种“款式”规定，也没有自我固定的“型体”束缚，更不苛求“体式”的齐整和“韵律”的唱和，无论句式、体式皆随单首“流程”自然生成。正因如此，沈奇笔下的“词”并未形成一种固定的格式和型体，而成为一种独特的、可称之为“沈奇体”的“现代词”。

三、词体的解放与新诗的“消肿”

胡适曾在《尝试集》序中宣告其所倡导的“诗体大解放”之主旨，就是“把从前一切束缚自由的枷锁镣铐一切打破：有什么话，说什么话，话怎么说，就怎么说，这样方可有真正的白话诗，方可表现白话诗的文学可能性。”① 沈奇所创格的“现代词”，与胡适所主张的“诗体大解放”其实颇有相似之处：既未依谱填词，亦未按古代词牌形式规定填词，而是用现代汉语甚至包括口语入“词”，并用自由分行体进行排列，随心所欲、随性而作，因而也算得是一种“词体大解放”。

具体而言，体现在语言和形体两个方面。一方面在诗歌语言上，沈奇虽然返身传统，心怀古典理想，但他主张用口语、现代汉语入诗，不遵守词的平仄、韵脚，如《灭度》中的“梦醒七点钟 / 早茶、早点、早间新闻 / 以及远方亲友的 / 短信、微信……以及 // 春风醉人 / 遛狗出门”、《悉昙》中的“竞相喊‘郁闷’”、《怀素》中的

---

①胡适：《尝试集·自序》，载《胡适学术文集·新文学运动》，中华书局，1993，第381页。

“汉语的老祖宗啊 / 什么时候想起 / 把头上的那片大天 / 叫做：‘天空’!”等，所用均属现代汉语、口语甚至大白话，且不乏现实及现代性指涉。沈奇虽然重启“词”的形式感觉，以“词”的实验性写作另创现代汉诗的体格，但他出离了古典词在平仄、韵脚、字数等各方面的严格限制，是在语言上对“词”的一个大解放。当然，如前所述，沈奇的“现代词”在有机化用口语、现代汉语入诗的同时，也同时夹杂化用文言语句或古典诗词，体现出沈奇与主流诗歌的不同取向。另一方面是在形体上，沈奇虽重启“词”的形式感觉，却不受词牌、词体形式的束缚，而沿用新诗分行体式，随心所欲随缘就遇地写。古典词在形式上均有固定的形体，不同的词牌名下所填的词，在行数与每一行的字数等方面均不同，由此形成的“形体”亦不同，而沈奇创格的“现代词”更加自由随性，不拘于行数、字数，更不讲究韵脚、平仄，体式亦不定，皆随诗思与语感而作，从不削足适履，因而自然流动，近乎天巧，其诗中处处有“词”的影子，但已然是被解放的“词”——“现代词”。

在自由体占据主流的百年新诗史中，新诗在“自由”的旗帜下，逐渐丧失了诗之为诗的许多形式特征，越来越趋向铺排、冗长、繁复和芜杂、粗疏、散漫，过于散文化、口语化，让新诗初期招致“仅为白话而非白话诗”① 的批评。当代诗歌更是如此，自 20 世纪 80 年代中后期开始的新生代诗歌转向个人化、私密化的生活流书写，大都成为对日常生活的复制和琐屑鸡毛蒜皮的流水账记录，由此，汉语诗歌固有的凝练含蓄、言近旨远等诗美特质丧失殆尽，因而杨景龙提出：“新诗诗体建设的当务之急，是对越来越散漫冗长、越来越像平庸散文的诗歌文本进行‘消肿’。”② 沈奇对此深有体悟，他用“繁复”描述自由体新诗的特征，认为这种“繁复”可通过密植意象营造朦胧之美，但在既有的许多新诗写作中“实则是混乱，一些碎片似的流泻和堆拥，自己心里没整明白，拿语言蒙人”③，沈奇这里

①胡先骕：《评〈尝试集〉》，《学衡》第 1 期，1922 年 1 月。
②杨景龙：《中国现代新诗的诗体建设》，《河北学刊》2007 年第 5 期。
③沈奇：《无核之云》，陕西人民教育出版社，2015，第 108 页。

所说的“繁复”与杨景龙所言的“浮肿”，都在于指认新诗过于自由的问题核心。而至于如何“消肿”，沈奇提出其“简约”论，“为越写越长越松散的现代汉诗‘消肿’，重新找回并确立汉诗诗语简约、精微的本质特性”，并认为这是汉语诗歌体式的“底线”：“至少‘简约’这一点，是应该作为‘底线’来加以守护的”。[①] 这种“简约”既涵括新诗形体、形式和语言，亦指涉诗歌内容、精神气质，已成为沈奇对诗歌语言与形式和诗歌精神的重要美学标准。沈奇在《天生丽质》诗集扉页上特别标明“现代汉诗是否可以在翻译体的曲折之外另创一种简劲的体格”，显然是将“简劲”作为一种关键的、核心的诗歌标准进行标识与强调的，而“现代词”正是沈奇所探索的一种“简劲的体格”，去除了大多数自由体诗歌的冗长、繁复体格，简洁、干净而余味曲包。同时，沈奇曾在其诗论文字中反复强调“简约”的重要，如：“简约，自由，合心性，是汉字文化及其艺术的精义，也是汉语诗歌最根本的语言传统”；“简约已不只是语言品相，更是一种精神气质”；“用最少的语词和尽量简约的形式改写世界的诗人，才是好诗人”。[②] 而沈奇所言的“简约”，主要包含三方面的要求：一是语言品相上，要有高度浓缩的语词和语言质地；二是要采用简约的形体；三是要有对生命体验的高度浓缩形式，在最少的有限语词中聚敛并表现无限的深远含义与韵味。——此正为沈奇对于其所另创的新诗体格的审美预设与内质规定。

为了达到“简约”，沈奇强调“精炼”，他提倡“把诗写得更精炼些，把长诗写成短诗，把短诗写成‘现代绝句’”[③]，事实上，此言中的“精炼”主要亦指形式上的“简约”，因为“把长诗写成短诗，把短诗写成‘现代绝句’”所指涉的都是“体格”上的变化。这与他在《“自由之轻”与“角色之祟”——有关“新世纪诗歌”十年的几点思考》一文中，所提出的解决自由诗弊病的可能药方之一

---

①沈奇：《现代汉诗语言的“常”与“变”——兼谈小诗创作的当下意义》，《廊坊师范学院学报》2002 年第 1 期。

②沈奇：《无核之云》，陕西人民教育出版社，2015，第 102—103 页。

③沈奇：《无核之云》，陕西人民教育出版社，2015，第 105 页。

为“简其形”[①] 是一致的，形式、体格上的“简约”是沈奇所探寻的用以纠偏自由诗弊病的突围路径。而要“炼”，则必得“洗”，在沈奇看来，“洗是减法，古诗深得此要义”，而“新诗用的是加法，思维上是发散的、外张的，语词上是累积的、叠加的，生怕说不够，看似丰富，内里却已空泛”[②]，因此他提倡用“减法”对诗进行“洗”，所谓洗尽铅华方见本质。此言中的“洗”与“炼”无疑主要指语词上的“简约”。但无论是形式上的“精炼”还是语词上的“洗炼”，其所指向的都是“简约”，都是想以有限蕴涵无限，以高度浓缩的形式呈现无限广阔与深远的内涵与韵味，彰显了沈奇对于“简约”的重视。

具体到沈奇的“现代词”《天生丽质》百余首，几乎每首都控制在十余行左右，有的还不足十行，简约凝练，字斟句酌，力求“消肿”。为此，沈奇常在现代汉语中楔入文言句式，如《青衫》中“其实早早就嫁了……”“嫁与风的小女孩”是现代汉语之日常口语，但下来一句“身儿轻 / 心思重”则采用了三言句式，有古体味，而“莫问梦归何处”则完全是古语句式，“藏起旧衣衫”是现代汉语，与“待月影青青”古语句式夹杂在一块，构成一种五字句式，文言和现代汉语相生相济，诗意更为凝练，语言愈益精炼，言尽而意无穷。正如孙金燕所指出的，沈奇的《天生丽质》诗作，“让那些相互漠视和对立的文言与现代汉语，在现代语感与形式的转换中，获得新的生命”[③]。沈奇自己也曾坦言：“字与字、词与词偶然碰撞到一起，便有风云际会般的形意裂变，跳脱旧有的、符号化了的所指，而生发新的能指意味，新的命名效应，及新的语感形式。”[④] 此言透露了沈奇的语言策略基点，是让现代汉语与文言偶然碰撞到一起，让原本的字词产生“风云际会般的形意裂变”，从而形成意想不到的语感效果。由此，沈奇笔下的《天生丽质》，常如古人古诗般“炼

①沈奇：《“自由之轻”与“角色之祟”——有关“新世纪诗歌”十年的几点思考》，《南方文坛》2010 年第 5 期。

②沈奇：《无核之云》，陕西人民教育出版社，2015，第 103 页。

③孙金燕：《我们的故事，与一种不死的渴望有关》，《诗探索》（理论卷）2011 年第 1 辑。

④沈奇：《天生丽质》，文化艺术出版社，2012，第 8 页。

字”、“炼意”，形成其形体简括、言简意赅、辞约意丰等特征，也成为其“现代词”的诗学预设之关键所在。

沈奇曾在《从“别立新宗”到“百年和解”》一文中，以“别立新宗”和“百年和解”描述新诗百年发展历程中新诗与传统的关系，而事实上，这一描述亦符合沈奇自己的诗与诗学历程，他在新诗百年之际返身与传统握手和解，与其秉持三十余年的先锋诗歌立场“背道而驰”，重新发现古典诗传统中“词”的形式感觉，在诗体上另创“天生丽质”的“沈奇体”之“现代词”，由此自成一家、自立一派，既是对长期占据主流位置的翻译体、自由体积弊的纠偏，亦是对古典“词”传统的一次重要发现与再造，对当下及未来汉语诗歌在语言、形式与精神气质等方面的发展，均具有毋庸置疑的诗学价值与启示意义。

当然，对于沈奇所独创的“天生丽质”体“现代词”，诗坛和学界在“惊艳之余”需要反思的一个问题是：这种试验能否得到推广而成为广泛认可的一种现代汉诗体式？显然，沈奇重启“词”的形式感觉，以求“汲古润今”而纠偏新诗自由体发展的弊病，其理想是美好的，然若沈奇的“现代词”仅为其个人为之的诗学个案，而无法为其他诗人认可与采纳及广泛推行，那么，这个实验则是十分局限的。因此，如何让沈奇的“现代词”创作从个人走向群体，从“惊艳”走向实践，可能依然是一个艰苦而曲折的诗学课题。

2024年4月修订于扬州大学

《天生丽质》评语辑录

陈超　等

清旷、腴润，孕禅机而不刻意。——陈超（2007 年 9 月 16 日）

大作读之亲切，不仅是一种汉语的缅怀，其中的文化情怀，尤其值得珍惜。——谢有顺（2008 年 7 月 19 日）

这是一次汲古润今、缩龙成寸、一花一世界的诗学实践。祝贺你的创新！——杨匡汉（2008 年 7 月 31 日）

这组诗非常有意思，非常有想法，也非常特别，它简直是再造了一个文本，其意义不仅是实验，而是预示着丰富的可能性之一种。——柏桦（2008 年 8 月 13 日）

不论语言还是诗的境界，都是如此清丽纯净，而那诗的情绪，却又分明在似乎淡远的背影里，跳着一个活泼的现代生命。古典与现代，浮梦与现实，记忆与体验，都“静静地在着”，好像有一个巨大的秘密在里面，等着我们去捡拾或捡拾而不得。——邓良（2009 年 11 月 21 日）

《天生丽质》语言之清丽，意象之脱俗，韵味之悠远，均为当下喧扰尘世的罕见诗品。——孙良好（2011 年 5 月 25 日）

《天生丽质》体现的独特性、先锋性，尤其是在古代诗学精神与现代意识的融合方面，为当代诗坛做出了可贵的尝试，值得很好地总结。——吴思敬（2011 年 10 月 3 日）

干净，飘逸，却又充盈着世间的爱意。汉语可以如此澄澈，汉语诗也可以在翻译体的曲折之外另创一种简劲的体格。——姚丹（2011年12月5日）

在这个心烦意躁的年代，沈奇的这本诗集给人们提供了精神卜居。乍嗅，它们像一缕古香；细品，却是当下生命的清气。——陈超（2011年12月10日）

沈奇经由《天生丽质》的探索，找到了自己说话的形式，有了自己的私人语法和私人修辞，用自己的方式写下这些诗，有着某种暗语属性，是与另一个深藏的世界建立和保持联络的钥匙。这暗语不只是自己与那个被遮蔽的世界接头的密钥，也是与更多不幸被遮蔽和掩埋的诗性生命接头的密钥。——李汉荣（2011年12月17日）

悟字当头，以简驭繁；诗禅互济，情怀自现。炼当世人生百般况味，而有清韵存焉。——唐晓渡（2012年1月11日）

《天生丽质》创作，企图对中国古典的意象、语感、神韵甚至汉字本身，实行现代化流程的拆卸分解以及重新组装。这种努力，先前也有人“局部地”做过，但现在看来，沈奇想做得更加完整，更加圆满，更加坚定不移，更加“天生丽质”——端庄、细腻、婉转、沉静，用了另外一套非重非轻的笔法。——路也（2012年1月22日）

《天生丽质》像是“荒原”上风吹过的一株青绿的草，风格含蓄而细腻，带着唯美的意志和一个自由的传达渠道，切入我们存在的内核。——虹影（2012年2月6日）

一种惜字如金的减法式写作，是对文字的数量化生产的一次抵御和反拨；在极简主义的留白处，是一位当代悟道者的沉思默想和凝神静气。——沈苇（2012年2月6日）

智慧与美妙的精神“撤退”，如此境界，令人神往！——何言宏（2012年2月10日）

玄美、空灵、静雅，是古典之美与现代之美结合的独家法门的可贵蝶变。——人邻（2012年2月14日）

《天生丽质》是微熟的石榴，古意的皮层下，包含着现代的果核，在带给我们水分和糖分的同时，还送给我们快意的联想和慢启的感悟。——高大庆（2012年2月20日）

《天生丽质》语言凝练，文质彬彬，有血色，含禅意，诗境清新，温暖可居。——古马（2012年2月21日）

思虑精微，机锋灼灼，自成一路，有其独特价值。——赵野（2012年2月22日）

每首诗都有人在，纷呈各种况味。飘零的古诗残屑中，绽放别样的现代趣味。况而有图，趣而耐玩，新诗之美，忽而有了落脚处。——马玉琛（2012年2月22日）

欲罢不能的感伤中，埋伏着一颗年轻的心。这既是东西方先辈有活力的思想熏陶的结果，更是试图逆时风而行的文人天性。这类含蓄婉约的诗篇，用字平易，却每每让中国书袋从天掉下，可知它们是面向知音的篇章。——彭德（2012年2月23日）

有独钓寒江雪的自得——以怀柔万物之心，偶遇或琢磨而成的诗语，微言大义；写来意犹未尽，读后余香悠长。——杨于军（2012年2月23日）

这是能让我们回到古典、源头、血脉的作品，更是让我们沉醉、吟味、低回不已的诗篇。——唐欣（2012年2月24日）

定居在他诗中的独特语言，凭风格这根吸管吮到了汉语的美，“天生丽质”地一点一点说着中文的“诡计”，随处都能查到智慧的下落。——麦城（2012 年 2 月 24 日）

巧妙事理，情韵自在，禅味蕴藉，诗性盎然。古与今，情与理，禅与诗，象与境，多重维度巧妙交融，感通无碍。这组诗为中国当代诗坛带来了颇富创建的实验，足以引我们探究古典诗学的现代建构的有效和可能。——孙晓娅（2012 年 2 月 24 日）

《天生丽质》具有真正意义上的“中国风格”，既显示了庄严、优雅、跳脱的汉语在贫困之当下的可能性，同时也接通并拓延了亘古以来中国人的价值观、思维方式与审美模式。——王士强（2012 年 2 月 25 日）

新诗的写作离汉语越来越远了。《天生丽质》写精致的、现代的、汉语的新诗。找回汉语，重归精致，更显现代的光芒。——刘福春（2012 年 2 月 26 日）

回到人与自然的关系中。回到隐喻，禅机。农耕文明时代的读者看不到它们；对今天的诗坛来说，却是一个独特的、多少有些意外的收获。——陆健（2012 年 2 月 26 日）

这是真正有追求的诗歌：作者的苦心与雄心，是要打捞、擦拭汉语失落多时的“天生丽质”，以此参与建设我们的“存在之家”。——贾梦玮（2012 年 2 月 28 日）

汉字的体温，茶的清香，附着汉诗风雅、风度、风骨的现代之“体”，不期而遇，令人惊艳。——张渝（2012 年 2 月 28 日）

“禅思”，一直是诗人在写诗这桩语言劳作中得以超脱“诗情”的不二法门。惜今人不识，堕入啰唆中。《天生丽质》是对“禅”与“诗”之间关系的一次前所未有的努力。唯丽辞稍稍嫌多，有失简朴。——树才（2012 年 3 月 3 日）

因诗而为诗学，因诗学而为真诗，“两栖诗者”为我们见证了这一历程。——李怡（2012 年 3 月 4 日）

以现代人的眼光，去寻找那些在橡皮擦痕下的、有着永恒意境之美的古典言语的影子，并让那些相互漠视和对立的文言与现代汉语，在现代语感与形式的转换中，获得新的生命。——孙金燕（2012 年 3 月 7 日）

推崇古代汉诗的“推敲精神”和现代科学的“试验精神”，不但追求诗的“滋味”与“境界”，还大胆地让诗的“丽”大于“质”。前者是对混合本体的重视，后者是对形式本体和表现本体的重视。
——王珂（2012 年 3 月 11 日）

将古典诗质的魅力纳入现代诗，以期引申现代汉诗诗意的进一步变化——《天生丽质》不失为一种特别的提醒。——黄梵（2012 年 3 月 13 日）

这些诗，让人心静，又让人心动。在这静和动之间，边界消隐，一缕缕清香，意蕴的清香，汉语的清香，徐徐吹拂，引领着你，在古典和现代之间，在内在和外在之间，在时间和词语的深处，做一次贴心的漫步。——高兴（2012 年 3 月 24 日）

在翻译体诗盛行的大背景下，诗人希望通过凝练的词句、禅意的境界，为中国当代诗歌恢复汉语的内在气质。——李亚伟（2012 年 3 月 27 日）

这些诗，让我一次次感受到生命的开悟，其境界的核心是智慧静好，和“那一种豪华的孤独”。——潘维（2012 年 3 月 29 日）

凿开历史的积尘，打磨汉语纯粹的美。读这些诗作，有梦回长安的感觉，倾心于汉诗“天生丽质”的遥远回音。——红柯（2012 年 3 月 31 日）

沈奇是在有意识地为当下的新诗创作寻找一种新的表意形式，即在新古典主义的基础上去找寻一种新的诗体，或许由此可以重新找回诗歌本源的生命性和汉语诗歌本源的生命性，走向一个新的诗歌表意时代？我为此很受鼓舞。——赵毅衡（2012 年 11 月 10 日）

这些诗写得很高贵，很雍容，很雅致，让人想到“老员外”在温酒，想起李贺的“诗袋”。这种诗年轻时写不出来，六十岁左右才能写出来。——贾平凹（2012 年 11 月 10 日）

诗人的心和他的诗是一致的，都是那样静静地去获取诗的灵感和境界。特别是能把古典和现代很好地融会贯通到一起，寻找到了一种新的诗体，很难得。——钟明善（2012 年 11 月 10 日）

《天生丽质》的写作，回归了一种经典写作意识，且同时回归自然、回归心灵、回归个性，所谓“一片冰心在玉壶”，是真正文学的自觉。——杨匡汉（2012 年 11 月 10 日）

《天生丽质》不同于一般的诗歌写作。它是作者基于深厚的诗学理论指导和长期准备之后的一次创作实践，从语言、结构到整体布局，都是非常自觉的，力图划清界限，超越当下，实现其诗学理念和诗歌理想。由此为当代汉语诗歌的新探索，提供了一种新的对策，即反观汉语字词思维后的诗歌实验，有完全不同的、重要的艺术特点。——吴思敬（2012 年 11 月 10 日）

在现代诗写作中楔入禅境、禅理、禅味、禅趣、禅机……是古典与现代一条奇妙的通道。新诗以来，多有诗人孜孜以求，但总觉得有些“隔”，成功者不多。《天生丽质》中有许多富有禅意、禅境的诗，以它娴熟的灵觉区别于三十年代的废名、八十年代的孔孚、晚期的洛夫，以及彼岸成就最高的周梦蝶，自成一格。沈奇是在现代生命感中融化了禅，与别的禅诗明显划开了界限，需要再深入总结。——陈仲义（2012 年 11 月 10 日）

在精短的、纯粹的、简约化的表述后面，有整体性的“我”的面影，一个带着我的内心生活，带着我的情怀、心境和胸襟的诗人，站在那里，观照外物、景象，敏感而安静，接续了中国古典诗歌的传统。有些意象装饰性强了些，过度经营，有失自然朴素。语言的具体运用中，一些判断性的、分析性的、逻辑性的东西还存在，这都是需要克服的。——谢有顺（2012 年 11 月 10 日）

《天生丽质》写得很精致，对汉语传统有精确、传神的把握和运用，有机利用、化用古典的东西，有很大的发展空间。就个人阅读范围来说，没看过有谁这样写，这种追求应该肯定和鼓励。显而易见，他在诗歌艺术的追求上是有野心的，试图为今天的汉语诗歌寻找一条新的出路。也有不满足的地方：风格单调，整体感觉气象不够博大，缺乏生气，缺乏更丰富的表现，单一化了些。我很欣赏他在从事诗歌理论与批评的同时，还能以自己的诗歌写作来探索实践，并且不亚于他在理论与批评上的成就。——杨乐生（2012 年 11 月 10 日）

沈奇的《天生丽质》在我们《钟山》以五十首的篇幅首次完整亮相，且是卷首头条，可以说，开了中国文学期刊的一个先例，或许也是新诗发表史的一个先例。其反响从当时到现在，既是意料之外，也是意料之中。此前我们也组织过有关“汉语作为文学语言”的笔谈讨论，沈奇的诗和我们对汉语文学的思考和理想是一致的。他的《天生丽质》，是重新从汉语的本源出发的一种写作，这种探索值得我致敬，他也由此反而成了另一种意义上的“先锋诗人”。——贾梦玮（2012 年 11 月 10 日）

这些年我常与沈奇老师接触，他不止一次地流露出对当下中国汉语新诗的忧虑，其深刻迫切，令人动容。《天生丽质》就孕育其间。这些不同于沈奇以往诗作的实质性意义，是为当下诗歌乱象提示一点可能的校正，探索一种新的体式，一种不再依赖翻译语体或过于贴近当下语境的，具有原生性的汉语诗歌。细读之下，还能感受到其深处，更有一息儒雅心境和文人情怀，是一位诗人与诗评家在对人生和艺术深刻反思后的一次成功超越。——之道（2012 年 11 月 10 日）

现代的古典诗，古朴幽远苍凉，静穆，一念一世界，一字一生命，真是天生丽质。——张思怡（2013 年 5 月 19 日）

源自对中国诗歌传统“干细胞”中“象”思维的激活，以汉语“字词意象”作为“活”的材料，重探新诗诗体之新的可能。——潘鸿宾（2013 年 5 月 22 日）

初看是一种“轻逸”的诗，反复读后，又奇怪地感到是“超重”的诗。一句话，一行诗，似乎随意停留，而每一个字，甚至字间的空白（顿），都能生出无穷无尽的意味，令人遐想。——程继龙（2014 年 3 月 13 日）

【下编】

敏锐、热忱、切实、敬业：谈沈奇的诗歌批评

——《沈奇诗学论集》卷一序 [1]

谢　冕 [2]

沈奇是当代中国诗评界相当活跃的一位诗评家。他的诗评有着鲜明的特色；他密切关注诗歌发展的现实，他时刻关心诗歌潮流的涌动，他能够敏锐地把握诗歌发展的脉络，并及时予以总结和归纳。很难说他的每一个归纳都是准确的，他的批评中有时也存在着对诗歌发展景观缺乏全面审视的缺憾。但是，他的敬业精神，他对诗歌批评热情的投入，以及他期望通过自己的工作促进诗歌发展的强烈愿望，无疑都是非常感人的。

沈奇的诗歌批评除了有很强的现实性之外，还有一个重要的特点，那就是他从来都是针对事实说话。他很少有一些批评家容易犯的毛病，即他们往往热衷于自说自话，而不大顾及诗歌事实。直接面对文本，而不是从抽象到抽象，我以为这是一切文学批评应当依从的、最根本的出发点。这当然也包括诗歌批评在内。进入二十世纪九十年代以后，批评中夸夸其谈的习气有所发展，下笔数千言而不知所云者并非个别现象，人们习惯于名词的轰炸而不大肯在文本上下结实的功夫。浮躁的世风似乎也浸染到这里来了。

其实，做文学批评也如盖房子，基础打好了，房子才盖得高。一砖一瓦都不能马虎，然后才有杰构伟阁。诗歌批评当然也需要宏观的概括，但这种概括是从一个一个基本的构件上做起的。在这样的背景下，沈奇切实具体的批评作风，就显得非常可贵。沈奇的批评有时措辞也较尖锐，但因为是从事实出发，有不同意见的争论，

---

①本文原载《沈奇诗学论集》卷一，中国社会科学出版社，2005。

②谢冕，北京大学中文系教授。

也是具体而不空泛的。所以，不怕有争议，怕的是令人无所适从的空泛。

沈奇也写诗，是个诗人，曾有多部诗集出版，诗歌创作的实际体悟，反过来增强了他的诗歌批评活力。从事批评的人要有一些创作经验，这样，谈起具体的作品时，才没有隔靴搔痒的弊端。有创作经验的评论和没有创作经验的评论，其效果是很不同的。沈奇无疑从中得到了好处。这些年沈奇还编了许多诗歌理论选本，西方的，中国的，这些工作对他理论素养的提高也有极大的助益。

作为诗评家，沈奇和海内外老中青诗人有着广泛的交往。因为对诗人有了感性的认识，使他的批评能楔入诗人的创作实际，使他的笔下始终充满了鲜活之气。这些年来，沈奇更把批评的视野延伸到台湾诗界，并和海峡彼岸的诗人们建立了广泛深厚的友谊。他对台湾的诗人创作写过系列的诗评，得到同行们的好评。沈奇的涉足台湾现代诗研究，使他成为诗评家中既了解大陆又了解台湾的、发展比较全面的一位。

沈奇曾应我的邀请来北大做过访问学者，从道理上讲，我们之间也有“师生之谊”。几年前，他的诗学文集《拒绝与再造》出版时，要我在前面说几句话，我便写了上面这些文字。现在看来，依然不算过时。近年来，沈奇越发勤奋成熟了，现在又结集这套三卷本的诗学论集准备出版，可喜可贺。但时逢我为各种事务缠手，不能潜心再为之序，遂征得他的理解，以这篇旧文作以纪念。希望沈奇有更多的新作出版，为中国诗歌的繁荣和诗歌理论与批评的发展做出更多的贡献。

2005 年 4 月 15 日

沈奇的诗歌评论

——《沈奇诗学论集》卷二序[①]

于　坚[②]

作为中国举足轻重的诗歌评论家，沈奇的意义在于，他的评论使当代诗歌评论的天平得到某种重要的平衡。相对于当代文化的话语权力中心而言，我特别强调沈奇的外省身份。这种身份使他超然于话语权力游戏之外，坚持着诗歌批评的良知、公正性以及有效的专业精神。

沈奇评论的魅力，在于他总是保持着敏锐的感觉和朴素的价值观，以及具有独创风格的鲜活语言和一语中的的精彩阐释。沈奇的声音非常原始。他坚决拒绝对诗歌毫无感觉又要把这碗饭混到底，从而只剩下狡猾世故的修辞技术的学院式批评。他敢于直言不讳，在基本的美学判断上，决不模棱两可，决不模糊他对诗歌质量的是非好恶；他心直口快，有感而发，并不因此缺乏深度，而是比那些故作高深的时文更有力量和阅读的快感。

因此我们发现，在当代诗歌批评由于长期以来的鹦鹉学舌、味同嚼蜡，已经完全不知所云，几乎被遗忘、付诸阙如的时代，沈奇的诗歌评论一直是中国诗坛上一个不可忽视的亮点。

2005 年 3 月 1 日于昆明

---

①本文原载《沈奇诗学论集》卷二，中国社会科学出版社，2005。

②于坚，诗人，云南师范大学文学院教授。

谈沈奇台湾现代诗研究

——《沈奇诗学论集》卷三序①

洛　夫②

在为数不多却品质优良、研究台湾现代诗卓然有成的大陆诗评家中，我认识的有刘登翰、任洪渊、陈仲义、李元洛、龙彼德、陶堡玺、章亚昕、沈奇等位，其中有的长于宏观观照的理论把握，有的专注于探幽析微的个别评述，而沈奇则两者兼擅，所述、所评、所论，无不精深独到，相当杰出。

沈奇与台湾诗坛的因缘甚厚，十多年来，和不少台湾诗人保持密切联系和真诚友谊，并曾应邀赴台参访讲学，其间还亲身经历了一次百年罕见的大地震。他对台湾现代诗的研究与评论，涉猎颇深，并能有机地将其纳入两岸诗学比较中予以梳理深化。迄今已先后在台湾出版《台湾诗人散论》《拒绝与再造——两岸现代汉诗论评》两部专著及多部编选，并在大陆率先编选出版了《台湾诗论精华》《九十年代台湾诗选》，形成广泛影响。最近将向诗界推出的三卷本《沈奇诗学论集》之第三卷“台湾诗人论评”，更是一次总结性的亮相。

沈奇对台湾现代诗的观察与评价，当然不是仅出于情感因素，更不是自居中心，站在高处俯视彼岸的那种非理性的优越心态，而是以对等的、超然的、专业性眼光来看待台湾现代诗，并客观地确认其在大中国新诗版图上应有的历史地位。在一篇我和他的对话录中，我们曾极其严肃地讨论到这个问题。他的一些意见我认为至关重要，因为他提出的问题，一般台湾诗人因“不识庐山真面目，只缘身在此山中”而从未加以省察深思，我则开始一惊，继而深有所

---

①本文原载《沈奇诗学论集》卷三，中国社会科学出版社，2005。

②洛夫（1928—2018），诗人，台湾《创世纪》诗社创始人。

感，恍然大悟。

他首先提到我在二十世纪八十年代中期曾提出“建立大中国诗观”这一命题，而这一命题涉及百年中国新诗的历史书写、版图梳理和对台湾与海外华文诗歌重新定位等大问题。沈奇认为台湾第一代诗人（1949 年赴台如笔者等）恐怕从来就不乐意被“历史老人”认领为“台湾诗人”。他说：“台湾诗人本来就是中国诗人，一脉相承的大版图中一个特殊的板块而已，可长期以来两岸诗坛一直各自为政，各自以我为主为重。本来大陆诗坛应更主动些，却一直在各种的历史书写框架中，屡屡将台湾与海外诗歌单列，不予整合，成为症结，困扰至今。”同时，他又提到一个同样被一般人所忽略的观察，这就是：“台湾这块土地，这段双重放逐的特殊经验，造就了一批杰出的重要诗人，也造就了一段相当悲壮的诗歌历程，有它与这块土地和这个时代血肉相连的体验与记忆，因此而骄傲与自豪，便也难免常有独书历史又何尝不可的情结”。

事实的确如此，这可说是具有强烈意识形态的部分台湾诗人的一块“血痞”，尤其近年，在“去中国化”的政治符咒蛊惑下，他们对能否纳入中国新诗的历史版图毫不在意，而他们所谓的“骄傲与自豪”，并不是建立在诗艺的高超、作品的成就上，而是建立在与诗无关的对“本土性”和“主体性”的狂热追求上。其实，百年来的中国新诗历史，从来没能与政治撇清关系，新诗的历史定位，将来势必取决于不同意识形态下的历史书写者的解释权。不过，这对一向怀抱“大中国诗观”的我来说，不能说不是严重的历史错位和难以释怀的内忧。

沈奇对台湾现代诗研究的另一创见，是他的新诗“三大板块”论，并在论及台湾现代诗这一板块时说：“这是在特定的历史时空下中国新诗的一次特殊繁荣期，因政治困扰而偏离正常发展渐趋萎滞的新诗进程，在这里得到良好的承传和拓展，使这一板块成为一个具有特殊意义的存在。”在整个中国尚处于政治意识形态主导的大背景下，这一定位之论，堪称空谷跫音，弥补了历史的缺憾。

沈奇最早接触台湾现代诗，缘于与《创世纪》诗社和其诗人们的结识。他的这部论集的卷三“台湾诗人论评”，其中被论述的诗人近半数是《创世纪》的同仁，而另外四篇宏观论述中，就有两篇是在《创世纪》上发表的，四篇的内容也多与《创世纪》有关。如此情有独钟，依我所见，还是他对《创世纪》的开放性、独创性、纯粹性和批判精神所融会的独特风格的认同，尤其看重《创世纪》诗人们半个世纪来，为创造中国现代诗与拓展现代诗学锲而不舍、坚持不懈的精神，以及其代表诗人在整个现代汉诗领域的突出表现和耀眼成就。

这一点，沈奇在《“回家”或“创造历史”——〈创世纪〉创刊五十周年感言》一文中说得更为明确而肯定：“在这一板块中（指台湾现代诗），始终起着重要支撑和强大推动作用的，正是历经五十年风云而越发高标独树的《创世纪》诗刊，且最终成为这一板块的重心、坐标与方向，成为新诗近百年历史最为珍贵的遗产，且在新的时空下，生发出新的意义和价值。”进而指认“这是一个奇迹——一群渴望‘回家’而不得的人，将诗的创作化为持之一生的‘回家的路’，并由此浓重改写了中国新诗的历史，创造了这一历史进程中最为壮观而特殊的篇章”。

以一个《创世纪》的创办人、长期总编及永远的同人立场来说，我对沈奇透过独特观察力、高度诗学修养和专业眼光，所给予《创世纪》的溢美之词，完全可以了无愧怍地接受且深感欣慰。

我一直认为，在当代中国诗坛，沈奇的诗歌评论可谓当行出色，其立论之精准、推理之周延、措辞之典雅，均属少见，尤其面对诗歌现实和诗歌文本时，从宏观到微观、从理论耙梳到个案评析，都能有效把握、精彩表述。所成文章，立论鲜明，态度诚恳，有担当，有情怀，言必中理，且不乏文采，好读有味，使我常想到古龙武侠小说中的那句话：

小李飞刀，例不虚发。

2005 年 3 月于温哥华

沈奇诗学批评述评

——兼议沈奇诗评论集《台湾诗人散论》①

吕　刚②

一

沈奇是从诗歌创作转入诗学批评的。

有着二十年以上诗龄的沈奇，于1986年第4期《文学家》发表了集数年思考而全面评价第三代诗人的重要论文《过渡的诗坛》，引起诗界反响。之后，便逐渐把主要精力投注到现代诗学批评，尤其是对第三代诗人与诗歌的研究上，时有重要文论刊发。1991年5月，沈奇在西安与台湾著名诗人张默、大荒、管管、碧果结识，随后渐次开始对台湾现代诗的研究。1994年秋，又作为访问学者到北京大学中文系，师从当代著名学者、诗学家谢冕教授研习一年之久。其间，沈奇继续潜心于台湾现代诗研究，并于1996年，在尔雅出版社出版了他的第一部诗歌评论集《台湾诗人散论》。至此，沈奇在诗学批评的路途上整整跋涉了十年，共发表诗学论文五十余篇，出版诗评论集一部，还编选出版了《西方诗论精华》和《台湾诗论精华》，可谓所获不薄了。

衡量一个有成就的批评家，我认为有两点至为重要：其一，批评的个性，一个优秀的批评家，必然以其具有艺术性的批评文本表现出独特的批评个性；其二，理论上的贡献，一个重要的批评家，必定以其具有突破性、创建性的理论影响当时文坛，并在文学发展史上确立自己的位置。实际的情形是，有的批评家优秀但不重要，

---

①本文原载《唐都学刊》1994年第4期。

②吕刚，诗人，西安建筑科技大学文学院副教授。

有的批评家重要但不优秀，有的批评家则既优秀又重要。

以此标准检视沈奇的诗学批评，我认为他属于最后者。

二

指认沈奇是一位优秀的批评家，是因为在他所提供的那些颇具艺术性的诗学批评文本中所表现出的与众不同的批评个性。

其一，从文本出发的本色批评。

从文本出发，以具体文本感受为本，而不是从属于别的什么，这是保证本色批评的出发点和可靠依据。文本是诗人存在之根本，诗人最终要靠作品说话。阅读沈奇的批评文字，我发现，在他的批评视野里，“没有诗人，只有诗”①。

《静水流深——评杨于军和她的诗》这篇长达六千余字的诗评，写于 1986 年底，是沈奇较早一篇诗评文章，而出手便与他人和时文大不一样。在文中，通过对校园未名女诗人杨于军诗歌文本的细致解读，沈奇认为，作者是“那种天造自成式的特殊的诗人”，“她的诗的根子似乎扎在一个我们不熟悉的地方”，“她的诗格外是本能的，表现了她天性深处的东西，保持了她自己对生命、自然和世界独特的感悟和由此产生的独立的诗性”②。之后，几乎是一夜之间，杨于军的名字和她的诗作，便频频闪现在《飞天》《诗刊》《人民文学》《作家》《诗歌报》等刊物上，并入选数种诗集。二十世纪九十年代后期，青年诗人伊沙和他的颇具后现代色彩的口语诗，走出陕西，响遍大江南北；青年诗人李汉荣与他的颇具“野心”的现代浪漫抒情长诗日渐为诗坛所重视，都得力于沈奇伯乐式的发现与推介。当然，沈奇相的是“马”，而不是马的主人或别的什么东西。

在台湾诗学研究中，沈奇坚守一贯的批评立场，潜心细研文本，决不人云亦云。郑愁予是名重台湾诗坛的大诗人，沈奇在《美丽的错位》一文中，既肯定了前期的诗人因错开主流思潮，保持个在本真写作而形成的独具一格的“愁予诗风”，也毫不保留地指出，晚期

---

①沈奇：《谁是诗人——当前诗坛断想 A、B、C》，《诗歌报》1989 年 5 月 21 日第 1 版。

②沈奇：《静水流深——评杨于军和她的诗》，《社会科学探索》1989 年第 1 期。

由于“错开本土，错开母语环境……在异国他乡中创化的新的‘愁予诗风’，便大变了味”[①]。相反，诗人大荒在台湾诗坛名不甚大、位不甚高，然而一部《存愁》诗集，使沈奇无法避开一位真正的诗人而言他。在《历史情怀与当下关切》长文中，沈奇用较多篇幅对长诗《存愁》的意义价值进行剖析，指出“为历史作巨镜，为苍生刻大碑，是诗人大荒发自生命底蕴的意愿。故大荒的作品一开始就避轻就重，以个体生命与历史交融为一，作为‘血的蒸汽’，作为‘醒过来的人的真声音’（鲁迅语），关注大时代、大状态、大生命意识，且以大意象、大架构、大诗、长诗的艺术空间予以容纳和展现，充分显示了一位高段位诗人的大家气度”。他认为，大荒的诗“尽管尚有某些未完全突破的局限，但他的基本风骨，是我们这个时代所缺失的，他的诗，是为那些心智成熟的人们所写的，或不为当下所青睐，却可能为历史所铭记”[②]。

不“求疵”，不“捧场”，从文本出发，保持一种健康本色的批评姿态，这是沈奇独有的极具个性的批评立场。

其二，独特的切入角度。

从文本出发，是健康本色批评的基点，但这并不必然构成有个性的批评文本。沈奇的诗学批评文章，几乎每一篇都别具一格，面目各异，既不落俗套，亦无固定的模式，关键在于对独特的切入角度的选择。当然，切入角度的选择与深入的同时，也离不开相应的诗学理论的观照。独特的切入角度也是为相应的理论实践提供恰当的切入点。

沈奇在《痖弦诗歌艺术论》一文的“上篇”，论析痖弦诗歌的“精神向度”时，把反驳“论者称痖弦为抒情诗人”这一“误读”作为文章的切入角度，用现代诗学理论做支架，从诗人“面对存在”所持有的“消解而非反抗的态势”，同外部事物对话，“将它看作可言说的世界一部分”的观察“角度”，“客观、冷凝、超然其外”的

---

①沈奇：《美丽的错位——郑愁予论》，载《台湾诗人散论》，尔雅出版社，1996，第262页。

②沈奇：《历史情怀与当下关切——评大荒两部诗集》，载《台湾诗人散论》，尔雅出版社，1996，第54、80页。

感受方式，以及“超现实、跨时空”的“民族性与世界性”的诗歌精神等几个方面，揭示了痖弦诗歌“彻底的现代主义”的本质特征。“下篇”仍以现代诗学理论十分关注的诗歌语言问题为焦点，将痖弦倡导的“准确和简洁”之“创造语言的不二法门”的诗学原则，作为切入角度，分别从“对口语的运用与对叙述性语言的再造”“浓缩意象与重构非意象成分”“卓然独步的戏剧性效果与张力效应”和“渐趋进完美的形式感”四个方面，对痖弦诗歌的“语言向度”进行了解析。结果表明，作为一个真正的现代主义大诗人，他的独特的“话语方式”与他“自身的天性和生命体验”是相契合的①。由此捅破了“抒情诗人”薄薄的窗纸，一个更为深在、广泛的痖弦式的诗性世界便凸显在了读者眼前。

像这样独特的切入角度的选择，其实也并非易事。沈奇自白：“像评痖弦的长文，从收到赠书，到用心细读，做笔记、打腹稿、找思路，直至落笔，前后竟一年时间”，其中“难在研读作品和寻找理论切入点上”②。这就是沈奇诗学批评的个性之所由。

其三，散点式研究方式。

所谓散点式研究，即没有预定的研究目标，没有预设的体系框架，随缘就遇式的研究，“不求学术格局”。沈奇在谈及他的台湾诗学研究时说：“所论作品与诗人，或因一时心热，或因一时好奇，或恰与当时思考中的诗学问题相契合，无涉价值判断和功利性操作”。“在这种消解了价值判断和体系束缚的散点式研究中，批评已不单单是关于作品的指认，而成为批评者同作品/作者的一种际遇与对话，注重的是精神的契合和审美激情的开启。”翻开一本不薄的《台湾诗人散论》，我们发现书中所评论的也不过十三位诗人。沈奇既没有按照编年的顺序依次研究下去，也不是照约定俗成的什么大诗人、小诗人等级序列分类研究，像余光中、纪弦这样的重要诗人什么时候能与他“幸遇”，我们也不得而知，恐怕就是沈奇自己也难以知晓。

---

①沈奇：《痖弦诗歌艺术论》，载《台湾诗人散论》，尔雅出版社，1996，第 86—116 页。

②沈奇：《我与台湾诗学（跋）》，载《台湾诗人散论》，尔雅出版社，1996，第 327—328 页。

因为这种散点式研究不是说做就能做的，它缘自批评家“散漫的激情”。沈奇说：“批评同创作一样，不能没有激情，且同样是可遇而不可求。”这种散漫的心境，“可以保持每一次投入的鲜活，保持一种诚实而个性化的批评，不至于陷于功利，也就同时保证了批评的质量”①。

其四，东、西方诗学批评相融合的独特的诗学批评方法。

新时期以来，在东、西方文化大碰撞的时代背景下，东、西方诗学批评的相互融合、取长补短、为我所用，已成为历史的趋势，沈奇的诗学批评方法与其他大多数批评家一样，也做了这种融合的选择。然而，融合并非两种批评方法简单的相加，其中有一个融合者的主观调节的因素。如此，这种融合的结果，便会因融合者的个性气质、学识修养、诗学观念等的不同而各有千秋。沈奇的“散文化批评”取向，使他不愿将诗歌批评“仅仅看作一种单一而枯燥的解码活动，在追求批评的科学性时，完全弃批评的自在性和审美性于不顾”。他认为，诗学批评“是诗之思，亦是思之诗；是论文，亦是美文”②。《台湾诗人散论》可以说是这种诗学观念之物化形态。台湾 TVBBS《每日一书》栏目曾这样介绍此书：“在评论的过程中，他（沈奇）一部分遵循过去诗话词话的传统，用了一些很优美的比喻手法，比方说，他评论到陈义芝的诗时，说他好像在瓷器上面上釉一样，非常光滑又不影响他原来物质的面貌；同时他也用了一些西方比较文学的手法，他提到米兰·昆德拉文学的意境，跟台湾某些诗人的作品来互相做比较。”这段话主要是就沈奇糅合东、西方诗学方法而形成的灵活多变的诗学批评方法而言的。概而言之，沈奇的诗学批评方法是这样生成的：他以中国古典诗话、词话为血肉，以西方严密的逻辑批评为骨架，再把自己个在的诗性灵魂安置在这么一个铮铮铁骨的血肉之躯上。沈奇的许多批评文本，如《1995：散落于夏季的诗学断想》《拒绝与再造》《无核之云》系列等，都是

---

①沈奇：《散漫的激情，固守的诗意》，载《台湾诗人散论》，尔雅出版社，1996，序文第5页。

②沈奇：《散漫的激情，固守的诗意》，载《台湾诗人散论》，尔雅出版社，1996，序文第6页。

既不乏论理，同时又充满诗情的“好读有味”的批评文章，使灰色的理论之门挂满了绿色的常青藤。

三

沈奇不仅仅是一个有着独特批评个性的，为诗坛提供了较高艺术性批评文本的优秀的批评家，他在诗学理论方面的贡献同样值得重视。

其一，提出“过渡诗坛”的理论。

沈奇是随着第三代诗人而出场的诗评家。他是“第三代诗歌最早的和始终重要的理论发言人”①。然而，沈奇绝不是一个盲目的吹鼓手，而是历史清醒的洞察者。

在“新诗潮”之后的当代诗坛沉浸在朦胧诗的崛起中时，沈奇及时发表了本文开头提到的那篇重要论文《过渡的诗坛》。在文章中，他尖锐指出：“客观派对朦胧派是一种历史的否定，但绝非历史的代替”，“新的多元化的诗歌群体在朦胧诗之后全面发展与形成，标志着当代中国诗坛渐次进入了一个多元化发展的过渡时期”。这一论断无疑给当时诗坛降了温，敲了警钟。沈奇认为，诗人、理论家和批评家都应认清自己所处历史阶段的过渡性，多一份冷静和自省，少一些偏执和浮躁，不要驻足于轻易的“拒绝”，须向艰辛的“再造”投足，“过渡”之后更需要自身的建设。② 沈奇这一“过渡理论”的要义，不仅对当时的诗坛有指涉意义，而且它对今天，乃至未来的诗坛都会有所裨益。

其二，揭示“运动情结”。

“运动情结”是沈奇从传统文化角度揭示影响现代汉诗发展的病根之一。

沈奇在回顾和反思了中国现代主义诗歌运动发展态势后，指出：“我们在过去十年的策略性运作中，不知不觉所借重的‘运动情结’，

---

①伊沙：《诗城守望者》，《文化艺术报》1996 年 4 月 13 日第 3 版。

②沈奇：《拒绝与再造——谈中国当代诗歌》，《二十一世纪》1992 年 4 月号总第 10 期。

已同样不知不觉地形成了新的遮蔽。”他认为：“一场文学运动，在其发动初期，必然要依赖于一种群体的驱动力，而一旦形成并走向成熟后，这种群体的驱动的惯性则常常导致负面效应，不及时消解，便成沉疴。”① 长期以来，活跃在诗坛上的诗人们此起彼伏地创新举旗、驱流赶潮，理论与批评家“抢山头”“占领理论制高点”，都是“运动情结”在作祟。基于此，沈奇认为要从根本上消解一切新、旧“运动情结”，提倡独立思考和科学精神，“返回自身”，返回诗，“从混杂繁乱‘市场’和‘运动会’退出”，“转为水静流深式的个体劳作”，真正创建“面向未来的现代汉诗之诗学殿堂”②。

其三，明察“角色意识”。

沈奇认为“角色意识”是一个长期被忽视了的理论问题。

在《角色意识与女性诗歌》一文中，沈奇对包括性别角色意识在内的所有角色意识进行了检视和清理，结果发现：“整个中国现代新诗潮的进程，多见于角色生命的出演，而难得有本真生命的自由呼吸。”他进一步指出：“无论在男性诗人和女性诗人那里，角色意识一直是个被暗自加强的东西，只不过在女性诗人那里表现得更为明显、特别，亦即多了一层性别角色而已。”沈奇认为“艺术生命的最高层面应该是超性别、超角色的，由此才能触及人类意识之共同的视点和深度，去‘混沌’而真实地把握这个世界”。所以，只有退出角色，才能进入生命的本真写作。引申一步讲，“退出角色便是退出至今困扰我们的二元话语场，去寻求另一种话语方式，乃至对所有既定话语范式、模式及权力的全面清理和重构”。其意义已经超出诗学范畴，涉及社会、人生更为广深的层面。③

其四，提出新诗“三大板块”理论，确立台湾现代诗之历史地位。

台湾现代诗与大陆现代诗同出一源。由于历史的原因，五十年代后两岸诗坛各自为政。但毕竟都在不同的环境氛围中为现代汉诗

---

①沈奇：《运动情结与科学精神》，《创世纪》1991 年 7 月号。

②沈奇：《沉寂、造势、导引、清理，以及……当前诗坛若干问题》，《诗歌报月刊》1994 年 6 期。

③沈奇：《角色意识与女性诗歌》，《诗探索》1995 年春季号。

的发展尽了力。新时代的到来又为两岸诗坛提供了共同发展的良机。因此，沈奇认为应该从一个大中国诗坛的概念出发，重新审视新诗发展史态。在《中国新诗的历史定位与两岸诗歌交流》一文中，沈奇提出了新诗“三大板块”理论。

沈奇将中国新诗八十年的发展历史，划分成三大板块：第一板块为二十年代至四十年代的新诗拓荒期；第二板块为五十年代至七十年代的台湾诗坛；第三板块即大陆自七十年代末崛起，横贯整个八十年代的现代主义诗歌大潮。他指出：“三大板块构成中国新诗山系的三座高峰，共同的标志是：1．拥有一批水平很高的代表诗人和诗人群体；2．产生了大批有广泛影响的诗作品；3．形成了整体的诗歌运动，并由此推动了中国新诗的发展，乃至促进了整个文学的繁荣；4．对新诗艺术的成熟有突破性的贡献；5．与世界文学的对接和人类意识的交汇。”这一理论的提出，不仅提供了宏观把握中国新诗发展的尺度，更重要的是，给了长期被大陆诗坛忽略的台湾现代诗以应有的历史地位。

沈奇在台湾诗学的研究上成绩卓著。他从二十世纪九十年代初致力于此，发表了近二十篇很有分量的论文，“其中如《痖弦诗歌艺术论》以及关于台湾重要诗人向明、管管、碧果等的研究论文在海峡两岸获得了广泛的关注”（谢冕语）。1996 年出版的《台湾诗人散论》一书，再次引起两岸强烈反响。大陆著名诗评家陈超教授称赞此书“写得颇有深度和专业作风”①。

著名学者陈仲义认为，沈奇“对台湾诗学的研究真正进入深层次”②。可以肯定地说，借助于沈奇对台湾诗学的深层次研究所取得的成果，以及他所提供的精彩的批评文本，大陆诗界会对台湾现代真正的面貌有所了解，渐次廓清对台湾诗歌“美而小”、精神堂庑不大的误识。沈奇以一个大陆诗评家的身份，潜心于台湾诗学研究，相信他的努力，必将促进两岸诗坛“世纪之握”的步伐，从而更加有力地推进中国现代诗的发展。

---

①见陈超 1997 年 1 月 21 日致沈奇信。

②见陈仲义 1997 年 2 月 1 日致沈奇信。

上文着重从积极的一面，对沈奇十年来的诗学批评做了一番检视，绝不是一味说好话。就像任何事物都有它的两面性一样，沈奇诗学批评的长处与短处、优点与缺点、特点与局限也是相伴共生的。比如他说：“就现代诗学来讲，我向来习惯于检视其发生与发展的进程中多了些什么，少了些什么，而不愿纠缠于什么是对的，什么是错的。”沈奇所自喻的这种“化验师”的身份，总让人觉得不免有态度模糊和立场缺失的弊端；再如，沈奇诗学批评中那种“散漫的激情”，致使他对许多有影响的重要诗人“漏评”，也不能不说是一种遗憾。

1998 年 11 月

守望中的担当与思考

——评沈奇诗评论集《拒绝与再造》①

王仲生 ②

《拒绝与再造》（西北大学出版社 1999 年版）是沈奇在孤寂中呈现给诗坛的又一本诗歌评论集。在这之前，他曾有《台湾诗人散论》在台湾尔雅出版社出版，在海峡两岸的诗歌界引起热烈反响。

与通常的学院派诗学批评明显不同的是，沈奇的诗评文章大都具有较强的现实针对性。他从来不从固定的概念、抽象的学理出发，拿一个自己认为正确的理论框架去框定批评对象，而是努力把握诗人、诗作的实际，去发掘诗人与诗作本体所蕴涵着的诗性特征，由此展开具体的同时又是理性的评析。同时，因为沈奇有诗歌创作的丰富而真切的实践体验，这种评析往往就能切入创作的内在规律，没有了隔与空的弊端，多了一份诗性与理性的交融所带来的亲切感与征服力。

与传统的因袭某些陈规旧说的评论不同，沈奇的诗评具有一种明显的开创性。如收入此集“诗潮篇”一辑中的《中国新诗的历史定位与两岸诗歌交流》一文，沈奇便大胆提出了关于中国新诗的“三大板块说”：二十世纪二十年代至四十年代初的新诗拓荒期为第一大板块；二十世纪五十年代至七十年代的台湾现代诗为第二大板块；大陆自七十年代末崛起，横贯整个二十世纪八十年代和九十年代的现代主义诗歌大潮为第三大板块。并认为由此“构成中国新诗

---

①本文原载王仲生《看到与没看到的风景》，太白文艺出版社，2005。

②王仲生，原《唐都学刊》主编，西安文理学院中文系教授。

山系的三座高峰”及其共有的五大“历史标志”。应该说这一理论是颇具超前意识的。

反思二十世纪，尤其“五四”以来，我国新诗创作的艰难而又辉煌的历程，我们不难发现，沈奇的概括有他的合理性。而且，在某种程度上，这种概括还适用于现当代文学的其他文体，如小说、散文、戏剧等。问题也许不在于某种文体，而在于站在二十世纪末，回眸一个世纪我们民族现代化进程的坎坷道路，我们理应以一种历史的眼光，梳理一番我们的文化、文艺的发展轨迹与现状，从民族复兴的高度，从经济全球化的走向，认真而冷静地思考我们该从怎样一个起点出发，在新的世纪的跋涉里，将其推向真正的繁荣。

应该指出的是，沈奇的开创性的评论，并未落入文化虚无主义的陷阱，在沈奇的“诗学篇”里，在散见于“诗潮篇”“诗评篇”的若干文章中，我们仍然可以看到，沈奇对于诗学的某种原则的尊重与倡导。例如，沈奇认为“‘道’不在于可不可载，而是载什么样的‘道’和如何载的问题”。这使沈奇与形式主义拉开了距离，与推卸和疏离诗歌社会责任的孤立主义也形成了对比。

在沈奇看来，诗性的把握，除了诗人的生命写作，还取决于“对已有的中国文化及世界文化的重新认识与整合的程度，对未来人类精神的深入程度以及继续上升的艺术动力”。从总的倾向上，沈奇对于中外优秀文化遗产仍然充满了热爱与尊重，他所期望的是在拒绝的基础上的再造。

沈奇之所以要以“拒绝与再造”为这本评论集命名，显然有他的一番苦心，有他的深层用意。在《第三代后：拒绝与再造——谈当代中国的诗歌》一文中，沈奇认为新时期以来的诗歌创作，朦胧诗是一种政治上的拒绝，第三代诗是一种文化上的拒绝。这种拒绝当然具有重大的历史意义，“然而问题的关键在于，假如我们从更宏观的历史角度审视这一段辉煌的过渡，我们会发现它的主要价值只是将自‘五四’以来中断的新诗革命再次复活并紧紧跟上了国际诗歌的发展”，“这主要的是一次新的革命而远非创建”，“而整个二十世纪近百年历史的中国文化，已是太多的革命而太少创建了”。从反思我们民族的百年历史的角度来看，沈奇的这种认识应该说有其合理性。对于当代中国诗歌创作不失为一种提示与警策，自有其高迈的意义和超前的价值。

2000 年 3 月

诗性生命的拓殖与延伸
——读沈奇《拒绝与再造》①

马玉琛 ②

1989年春节前，沈奇遇车祸招致骨折，在医院的病床上一躺几个月。我延至夏初去看他，他拿出刚刚在病床上草就的长诗《生命之旅——一首关于骨折的诗》让我看。我匆匆浏览一遍，刮刮眼皮又细读一遍，说：这是你写的诗中最好的一首。上帝使你身体遭受痛苦，却也使你的灵魂获得了诗的抚慰、诗的升华。诗最重要的是生命的体验。这首诗后来果然反响不错，还入选人民文学出版社出版的《1990—1992三年诗选》。如果沈奇在这首诗之上再有一次飞翔与超越，那他也应是当代诗坛的佼佼者之一了，然而他却转而搞了理论，作为他的文友和同一所大学的同事，我一直暗自遗憾着。

在我不经意间，沈奇除出版了《西方诗论精华》等几部编选外，近来又接连出版了两部新诗评论集，先是一部《台湾诗人散论》，现在又是一部诗学文集《拒绝与再造》，光这份热忱投入的精神，便让我再次刮目而视。作为致力于小说研究和创作的我，读了这两部书，忽然觉得，诗与小说之别，大概好比足球与篮球之别，尽管其内在精神有诸多一致，但具体操作和表现却大相径庭。沈奇的诗评论，正给了我一条捷径，使我获得了许多当代诗坛的信息，了解了当代诗坛的现状，看清了当代诗歌的变化与走向，大大地领略了当代汉诗的奇异风采。

沈奇是当代诗歌运动的积极参与者，又是其冷静观察者。全身

---

①本文原载马玉琛随笔集《零散集》，西安出版社，2014。

②马玉琛，作家，西安财经大学文学院教授。

心置于其中，使沈奇的诗歌理论与批评之行文充满激情和敏锐，时时又跨跳其外，以不乏科学精神的审视，评说其潮起潮落，自是纵横捭阖、泾渭分明。

一部《拒绝与再造》，于诗学本体，沈奇力主诗要进入生命体验，成为具有原创性的诗性生命的美的凝聚，并从发生、接受、意义价值、审美价值等各个层面予以阐释。于诗潮观察，沈奇对新时期以来涌动的诸多新诗潮都有独到的现场体验和学理解析，并在此基础上指认其大致走向，不但切实，且有一定的预见性。

同时，沈奇还提出中国新诗八十年发展历史的“三大板块”理论，给台湾诗歌在中国新诗史中以合法合理的席位，在两岸诗学界反响甚大。尤其是二十世纪五十年代至七十年代，台湾诗人以其丰富多彩的诗作和风格多样的创作方法及流派，填补了中国新诗这一大段时空下的空白。台湾诗人及其诗歌在中国新诗运动的历史嬗变中所发挥的作用，是极其重要且不容忽视的，因此中国新诗运动的链条有幸未有中断。

沈奇这一理论的提出，是经过对台湾诗人的精细研究和对台湾现代诗的整体把握而做出的断定，一部《台湾诗人散论》即是其有力的佐证。在这部书中，沈奇潜心研究评价了十数位台湾诗家，或褒奖有加，或指其不足，而对其具体作品的诠释，可谓直入诗心，令人叹服。针对不同诗人的风格差异，沈奇的评论切入也各有不同。或将人格与诗格合二为一，或将精神的拓殖与形式的创新结合一处，或将现代意识与历史情怀融会通观，或将生命之真实与诗之纯净相提并论。总之，沈奇的努力，使得台湾诗家如洛夫、痖弦、张默、郑愁予、罗门、向明、大荒、管管、碧果、辛郁、朵思、隐地、陈义芝等重要而优秀的代表性人物，以其清新的面貌展现于两岸诗界，并获得了合理的定位。

从政治俗念上讲，台湾的回归是人心的回归，而人心之回归，首先是文化观念上的回归。诗作为文化观念的重要因素，正是交流沟通的重要渠道，尤其在台湾，诗一直是处于文化与文学的中心地位，且已形成传统。为此，沈奇经由他的台湾诗学研究，无论是“三大板块”理论的提出，还是多年来与彼岸诗人广泛的诗谊沟通，都无疑是有功于当代文学史的梳理和书写的。当然，作为文学中的文学，诗固有的东西还会远远超越于此。

作为诗人诗评家，沈奇诗之理论与批评文本的最大特点还在于，既是评论，又是美文，实在是其诗性生命的另一形式的拓殖与延伸。这些年老听朋友们说沈奇现在把诗评当诗写了，如今信之确然。而我开头关于他诗的遗憾，大约需要修正了。

2000 年 9 月

认领真实与重构美学

——评《沈奇诗学论集》①

唐　欣②

如果说诗歌写作是少数“被选定者”的事业，那么，诗歌研究恐怕是在更严苛的标准下更少数人的事业。这大概就是我们这样一个诗歌人口众多的国家，诗歌研究却一直维持在一个“十几个人七八条枪”（其实以此为饭碗的好人也有不少，但多可忽略不计）这样不如人意局面的原因吧。尽管很多富有价值的诗学观点和诗歌批评都出自诗人之手，但在分工日益明确的现代社会，我们毕竟还需要更专业、更客观、更公允的批评家；“黑马来到我们中间寻找骑手”，诗歌也来到我们中间寻找知音。他们将带领我们跃升到某个高度来俯瞰诗歌，继而又引导我们深入到诗歌的内部，让我们模糊的感觉变得清晰和明确，让我们意识到诸多过去不曾注意、不曾思索、不曾明了的奥秘。简言之，他们将启迪并提升我们的诗歌智慧。

不用说这样的朋友对于诗歌是多么珍贵和多么难得。我要说，沈奇先生正是这样一位值得我们信任和期待的批评家。由中国社会科学出版社新近推出的、银灰色封面的、装帧朴素的、厚重的三卷本《沈奇诗学论集》，可说是中国当代诗歌理论和批评领域的一个重要收获。这一历时二十年、拥有开阔视野、追踪并全景式地评述了晚近汉语诗歌的著作，不仅再次证明了沈奇在当代诗歌研究领域中无法忽略也无法绕开的重要地位，而且，它也成为我们在探讨当代诗歌状况时同样无法忽略也无法绕开的重要参照。

---

①本文原载《沈奇诗学论集》（修订版）卷一，中国社会科学出版社，2008。

②唐欣，诗人，北京石油化工学院教授。

一

中国新诗是一门年轻的，但也不太年轻的艺术。对它的百年历程的估价和判断，将是我们进一步研究当代诗歌的前提。与那些急于“度身定做”和“削足适履”的人不同，沈奇指出：“看来新诗的‘野性’也就是新诗的本性，本性难移，就不妨继续自由放任”[①]。这种“革命尚未成功”，也许永不成功的认识，为我们理解和把握当代诗歌的发展打开了广阔前景。我们仍处在一个鼓励探索、倡导各种可能性的历史阶段。同时，与其他人文艺术一样，诗歌也面临着新的困难和挑战。“中国新诗，曾经是开启中国新文学的‘神经元’，且在整个二十世纪的中国文学发展中，屡屡成为撬动新的变革、新的跨越的有效杠杆。同古典诗歌一样，新诗也曾经一再扮演一个什么活都干的‘老祖母’的角色，多层面地作用于文学进程，自然要受到多层面的外部剥离而致自身的内部裂变。”“当多元文化将新诗挤迫到一个极狭小的生存空间时，只有直面认领这种宿命，方可安妥诗的灵魂，以求再生。”在这种情势下，沈奇认为：“世纪之交的诗学重心，还是要回到自身的内部省视上来。”

其中，“之一，是要追索一下新诗/现代诗何以至今难以寻求到元一自丰的规律和范式？其‘类’的丰化何以导致了‘度’的递衰？之二，作为曾经贵为‘文学中的文学’的诗，历经百年淘洗，到底发生了哪些裂变？其本质属性，有哪些还未被剥离且将成为最终唯诗所凭恃的特性？之三，在所有求新求变所开启的新的生长点中，哪些是一时炫华而不结正果的‘谎花’，哪些是有潜在发展生机以及有前瞻性与号召力，尤其是可能被新人类文化餐桌所接受的‘正根’”。这一论断也成为沈奇研究当代诗歌的主要思考方向，成为他诗学思想的起点。

正如我们知道的，自由是对各种可能性的承诺。同时，自由也是，并且只能是对必然性的认识。对新诗自由度的探讨，始终是诗歌研究的关键课题。

---

①本文中所有引文，均引自《沈奇诗学论集》卷一至卷三，中国社会科学出版社，2005。

“典律”概念是沈奇独创的一个衡量当代诗歌的重要尺度。“一种艺术的存在，在于与另一种艺术的区别，亦即形式的界限，包括材质、语感等基本元素的不同，及由此生成的脉络、肌理、味道等审美特性的差异。”典律即根性。“当代新诗的混乱，不仅因为缺乏必要的形式标准，更因为失去了语言的典律，这是最根本的缺失。”在这个把“新”和“变”作为时代图腾，作为拥有优先权、豁免权乃至话语霸权的氛围里，包括诗歌精神在内的“典律”的提出，具有重大的意义。诗歌之为诗歌，还是必须有一个潜在的，但也是毫不含糊的标准。沈奇就此为我们提供了一个在“可能性”与“典律性”、“变”与“常”、“先锋写作”与“常态写作”的张力、平衡和对比关系里，考量和辨别诗歌的认识框架。与此相关，在对新诗史的写作上，沈奇又提出了“对历史真实的修复”“对艺术真实的修复”“对知识分子立场的修复”“对民间立场的修复”“对独立、个在的写者立场的修复”以及“对新诗之典律的修复”几项原则，实际上，无论是诗歌研究还是诗歌批评，这都是富有启发性的，也是我们应该恪守和坚持的原则。

直面诗歌现实，沈奇特别指出，“这是个唯时尚是问的时代，看似个性张扬，实是无性仿生。而诗是最忌时尚的……诗的本质在于跳脱公共话语的驯化，重返生命本真，时尚正是商业时代公共话语的最大制造者”。由此，针对“体制外写作”潮流，他提出“广义的体制”这一说法，强调必须从所有的体制化角色中撤出。因为“体制外写作”也可能演化为一种姿态、一种时尚，进而成为一种新的体制。体制文学或者体制内写作，实际上是一种失效的写作或失效的文学。“体制人格已成为中国知识分子的一种文化潜意识，不是换一个身份与立场就可以解决的。”体制外写作应强调的“是一种孤绝的精神气质，方能保证写者对艺术的真诚和对思想的虔敬，进而保证写作的起码的品质，即其有效性”。这对澄清常见的派别争论、唤醒诗人的创作自觉，有着警示的作用。

对诗歌语言问题的关注，是沈奇诗学的特色，他大刀阔斧地把“诗到语言为止”（韩东）、“拒绝隐喻”（于坚）、“诗歌要说人话”

（伊沙）这三个诗学命题连成一线，为新诗潮以降的先锋诗歌勾画出清晰的发展轮廓。他对“现代禅诗”的发现和倡导，对“本土意识”的强调，是他异于众人之处，而他对“小诗”的重视以及“为诗消肿”的主张，更体现了他独有的诗学原则和趣味。他也对二十世纪九十年代诗歌语言中“叙事”和“口语”两大倾向里潜在的品质退化、难度降低等风险提出了警告，其判断也是切中时弊、发人深省的。

沈奇自二十世纪八十年代中期由诗歌创作转入诗歌理论与批评，曾多次称自己不是科班出身、学院正宗，而只是一名新诗研究领域的业余选手。的确，与那些旁征博引、生搬硬套（主要是西方典籍）、忙于构造体系的理论家不同，他始终置身诗歌的现场和前沿，始终是一个参与者而非旁观者，因此他对诗歌的言说，也就始终有一种来自诗歌内部的问题意识，的确是有感而发、有话要说。而他对这些问题的梳理和考辨，包括他的随想札记，也都多有创见，多有发现，在不期然间，见证了当代诗歌探索的大致轨迹，形成了某种自圆自足的诗学系统，成为对当代诗歌理论建设的重要贡献。正因为这样，在“盘峰论争”之中和其前后阶段，沈奇的几篇文章旗帜鲜明而态度公允，高屋建瓴又材料翔实，成为总结性的、不可或缺的重要文献。

二

发现并推举优秀诗人和杰出作品，永远是批评家的责任，但这种责任却不是每个批评家都能够承担和胜任的。换言之，优秀诗人和杰出作品，也在寻找和创造他们的批评家。经常的情况是，这些优秀的诗人和杰出的作品是同他们的发现者和批评家一起，珍藏和保留在我们的记忆之中（出于某种考虑，我就不点名和举例了）。正是借助批评家的阐释和解读，好诗得以进入经典行列，并进而进入体制和制度，成为我们文化和文学传统的一部分，这也正是诗歌批评的价值和功用。

如果说诗学讨论还比较抽象、比较空疏、比较容易藏拙的话，诗人论和诗歌作品论则是一个更为严峻的考场，也可以说，这也是诗歌批评的成色、水平、质量的试金石。但也恰恰就是在这里，沈奇向我们展示了他广阔而富于包容性的视野，卓越、锐利的敏感，精湛、微妙的鉴赏力和细读功夫，他也向我们证明，严肃而充满专业性的诗歌批评，像严肃而充满专业性的诗歌写作一样，同样能够给予诗歌以荣耀、尊严和创造性。

诗人于坚的《0档案》和《飞行》，是其二十世纪九十年代的两部重要作品，也是九十年代中国诗歌的两部重要作品。其惊世骇俗的挑战程度，也许超出了人们的期待视野和心理防线，一时出现了诗歌评论界普遍失语的尴尬局面。是沈奇最先指出："无论从诗学的角度还是从诗歌史的角度，我们都不可以绕开这座突兀而起的独在高峰。""《0档案》所体现的那种巨大的实验力量和完全生疏的形式魅力，是前所未有的。这是一种智慧和意志的而非激情与想象的写作。"在这部对"'档案话语'的解构性'命名'的鸿篇巨制中，诗人彻底洗刷了新诗传统中一味追求形而上和浪漫感伤与矫情的遗风，将自己置于'非诗'的边缘，以此来拓殖现代汉诗语言新的表现域度和对历史与现实的穿透力"。而对《飞行》这一"航空母舰"或"空中客车"式的大型史诗，沈奇也是最早总结并肯定其"主客互动，重新引进抒情之维；叙事与意象的杂糅并举；杂语并陈，纯驳互见和原创与整合"特征的。可以说，这些特点和质素正是我们理解变得纷繁复杂的二十世纪九十年代诗歌的关键坐标。

诗人伊沙则是第三代后新一代诗人的主要代表之一，同样还是沈奇最先把他的名作《饿死诗人》称赞为"拒绝抚慰或面对逃逸的诗性'呕吐'"，而把他的另一首名作《结结巴巴》总结为"极限实验或对失语时代的命名"。面对新世纪"伊沙式"诗歌的大面积崛起，沈奇又一针见血地批评道："只看到其游戏语言，解构诗意，不知其从不游戏精神，解构诗性和诗的力量，更不知在其表面'一脸无所谓'的'痞相'下面，一直恪守极为严肃的精神立场，这立场的底背甚至可以上溯至鲁迅的影响；伊沙把顺口溜写成了诗，他的追随者们却又把诗写回到顺口溜，其间的本质性区别，正在于这精神底背的不同。只看到伊沙的‘硬’，没看到那‘硬’后面的‘软’，亦即其逮着什么损什么的架势下面，其实还深藏着一腔悲天悯人的情怀和善意，冷嘲热讽之下，是为真实开道、为理想清场的侠骨柔肠。”这不仅是对伊沙诗歌的透彻认识，也是对目下甚嚣尘上的伊沙式诗歌的中肯提醒。

沈奇认为，新诗潮二十年形成的新的诗学传统，大体在两条路上发展：一是朦胧诗一路，以西方诗歌精神为底背，重在“写什么”上做拓殖，题旨高蹈，意象繁复，是为想象世界的主观抒情；一是第三代口语诗一路，以本土诗歌精神为要义，重在“怎样写”上求发展，转换话语，落于日常，是为真实世界的客观陈述。而在把这两种传统兼容并蓄为一体的方向上，他又向我们介绍了“在困惑里雕刻时光”的“提前到站”的诗人麦城。这也是新世纪诗歌的一个重要发现。

另外，沈奇对西北诗歌板块，对“七月派”老诗人牛汉，对朦胧诗诗人严力，对第三代诗人赵野、李亚伟、默默，对新时代诗人中岛、古马，对各具特色却很难划入流派、少有人注意的一些诗人如沙陵、关睢、牟心海、陆健、孙谦、杨于军、吕刚、刘文阁、刘向东、彭国梁、麦可、高琦等人的研究，也都精彩纷呈、可圈可点。在对“常态写作”的李汉荣的评论里，他主张：“关键既不在于怎么写，也不在于写什么，而在于是否有自我的真心性，是否抵达生命形态与语言形态的和谐统一。”可能是因为这样包容而通达的诗歌观，沈奇对各个向度、各种追求的诗歌采取的是一种分而治之、“一把钥匙开一把锁”的灵活策略，这也使他获得了一般人少有的对中国诗歌的某种全局观念。

在具体诗作的细读部分，沈奇更近乎炫耀地显示了一种摇曳多姿、鞭辟入里的批评风格。这是一种在诗歌里获得快乐并把快乐与人分享的阅读，也是一种试图发现也确实大有发现的讲解，它既让我们想到古人妙悟式的评点格调，也让我们想到新文学史上刘西谓等人的批评风度。应该说，这些东西在我们的评论界已经是久违了。

三

由于历史的原因，我们对海峡对岸的台湾现代诗歌，一直知之不多。间或有一些介绍，也是浅尝辄止，或者语焉不详。在为数不多的研究和评论中，沈奇因为与台湾诗坛的深厚因缘，因为十数年来的深厚积累，更因为他的深厚功力，向我们全面展示了“五四”之后新诗的另一方向、另一支脉即台湾诗歌的广大景观。在我的印象里，这也是继诗人流沙河先生之后，最为饱满、精到而益人神智的台湾诗歌研究，从而为我们在一个更大的参照系里观察现代汉语诗歌提供了视角。

沈奇首先在一种“大中国诗歌”的框架下，把近百年来的中国新诗分为三大板块。其中第二板块就是二十世纪五十年代至七十年代的台湾诗坛。“这是在特定的历史时空下，中国新诗的一次特殊繁荣期。因政治困扰而偏离正常发展渐趋萎滞的新诗进程，在这里得到良好的承传和拓展，使这一板块成为特殊意义的存在。”“台湾现代汉诗，发轫于五十年代。经‘移植’之开启，‘超现实主义’之拓展，晦涩、明朗、传统、归宗、乡土、新古典、口白体、知性、感性之纷争割据，反思而后整合，憔悴而后丰盈。”“台湾现代诗的出发，落脚于‘横的移植’与‘纵的继承’之交叉坐标上，其起步是稳健的，方向是明确的。这里的‘横的移植’，不仅是指西方诗质，也主要包括了西方精神；这里的‘纵的继承’，既指中国传统人文精神和古典诗质，也含有对新诗前三十年成就的承传。”沈奇特别指出：“对现代汉诗之意象的经营，是台湾诗坛特别突出的一大贡献。由此而创造的灿烂如星河的现代意象，不但极大地拓展了古典诗美以外的疆域，也大大增强了中国新诗的表现能力和丰富了现代诗的审美情趣。”但同时他也批评这个传统带来的负面效应，即“视意象营造为唯一之能事，唯一之尺度，陷入偏狭之见”。在漫长的隔膜之后，沈奇呼吁一种“世纪之握”，因为“对接是历史的必然，整合是时代的呼求”。

在沈奇看来，成名诗人大致有三种：“重要的、优秀的、既重要又优秀的。从史学的角度去看，许多优秀的诗人并非重要；从纯诗学的角度而言，许多重要的诗人又不尽优秀。真正既重要又优秀的诗人，是那些既以自己的诗学观念对诗歌艺术的发展起过重要的开启和推动作用，又以自己的诗歌写作质量足以自成一家而影响于后来的诗人”。

按照这样的标准，沈奇重点对洛夫、痖弦两位大诗人（早已超出台湾地域）进行了专门研究。他选取了洛夫诗歌中“雪白”与“血红”这两个核心意象，作为洛夫的诗歌母题，前者代表着出世之伤、时间之伤，代表着“禅”，即对意义的冥思；后者则代表着入世之痛、生命之痛，代表着“魔”，即情感的争战。沈奇由此指出：“如果将洛夫诗歌精神世界的‘红色向度’，看作是为清洗历史/生命的伤口而展开的话，其‘白色向度’，则是为守护现代人心灵的质量而展开……神韵飘逸的禅意美感下，不是生命意识的寂灭，而是生命意识的深化，是雪中红梅、石中电火。犹如诗人老来的风姿：一头雪峰般的白发下，是石榴般红亮的童颜！”这不光是论诗，也是论人了。而在对难度甚大的痖弦诗歌艺术的分析里，他从其诗歌创作的态度、角度、方式、民族性与世界性入手，抓住生存焦虑/生命委顿、文化困境/文明危机、主体漂泊/家园幻灭这几个关键视点，提取出“对口语的运用与对叙述性语言的再造”“浓缩意象与重构非意象成分”“卓然独步的戏剧性效果与张力效应”“趋近完美的形式感”这几项特征，成为有关痖弦的研究成就里，最具分量和眼光的重要成果。

我们也许不该忘记，沈奇同时拥有的资深诗人身份。提起这一点的原因是，虽然诗歌写作和诗歌批评分属不同的话语系统，但诗歌技艺的高度技术性有时确实需要同行式的默契和会心，这也是诗歌批评和其他文学批评的不同之处，更是诗人型诗评家与学者型或知识型诗评家分别之处。所以诗人们常持有的一种傲慢或者偏见，就是对圈子外的评论抱有根深蒂固的怀疑，而只尊重两栖者的自由穿梭能力。面对沈奇的诗歌批评，我们可能会加强这种印象。在清爽硬朗的学理支撑下，更多是来自明锐的艺术直觉和丰富的创作体察所形成的感性言说，不光是说得准，而且是说得好！

请看他这些台湾诗人专论的题目：《诗重布衣老更成》（大荒）、《异质之鸟、之蝶、之鱼或菊》（碧果）、《管管之风或老顽童与自在者说》（管管）、《冷脸·诗心·豹影》（辛郁）、《美丽的错位》（郑愁予）、《边缘光影布清芬》（席慕蓉）、《赤子情怀与裸体的太阳》（詹澈）、《清溪奔快　小风送爽》（隐地）、《向晚愈明》（向明）等，这是展现性情、充满体温的知人之言，它本身也是诗意盎然、神采飞扬。似乎只有这样才不辱没了诗歌，才称得上是诗歌的评论。

总之，经由二十年的宏观玄览奇思和微观体察敏悟，加之两岸三代的比较研究，沈奇的现代诗学架构已形成一个浩大庞杂而独特鲜明的话语系统，这一点，我们还需要在对当代诗歌的研究中逐渐体会和感受。尽管沈奇也难免因学养的局限和诗人气质使然，在其艰辛漫长而边缘游走的诗学之旅中，时有偏颇或缺失的遗憾，但对他自己而言，尤其是带有总结性质的三卷本《沈奇诗学论集》的出版问世，则完全可以引用保罗·瓦雷里的诗聊以自慰：“多好的酬劳啊/经过一番深思/得以眺望神明的宁静。”

2005 年 11 月于兰州

一方别有所得的诗性天空

——评沈奇现代诗体诗话《无核之云》①

庄晓明 ②

沈奇的现代诗体诗话《无核之云》，是其多年从事现代汉诗研究及创作中，渐次积累成型的一种别有所得的现代诗话。作品曾先后分别在台湾《创世纪》杂志、《幼狮文艺》《联合报》副刊和大陆《山花》《名作欣赏》《扬州诗刊》等报刊刊出选辑。无论是从诗的角度来看，还是从诗论的角度来看，这一近二百节的现代诗体诗话，都堪称优秀之作，而沈奇的真正卓异之处，是将这二者有机地结合起来，使之成为当今诗坛独特且令人难忘的创作之一。

诗话，是我国古代诗歌理论批评独具特色的一种体式，有着片断性、随机性、散点式透视等特征。沈奇将他的这部现代诗体诗话名为《无核之云》，想必也是意谓他的这些诗性之思、智慧之思，有如天空随意飘游的云朵，并由此组成了一方独特的诗的天空。诗话这一称谓，是北宋的欧阳修最早提出的，但如果探本穷源，却可以上溯到先秦。另外，宋之前的许多关于诗歌的批评文字，实际上也已具备了“诗话”的特点。而从文本的叠合性质来看，沈奇的《无核之云》，应更近乎晚唐诗评家司空图的《二十四品》，都是使用的诗体形式的诗论——只是一个使用的是新诗体，一个使用的是古诗体。由于时代的赋予，沈奇的《无核之云》显然要比司空图的《二十四品》涉及的诗论范围更为广泛。虽然沈奇亦涉及了诗风及诗境、诗法、诗艺等，但他的这部作品的重点所在，是对诗与诗人的价值、存在意义的探寻与确认。在这一意义上，沈奇的《无核之云》又可

---

①本文原载《诗探索》（理论卷）2010 年第 2 辑。

②庄晓明，诗人，诗评家。

作为当今的《诗辩》来看。自“五四”发轫的中国现代汉语诗歌发展到今天，可谓遭遇了空前的生存危机，商品与权力的双重挤压，加上诗歌艺术本身亦刚好发展到一个瓶颈期，致使其下一步如何发展尚不明朗，处于重重疑雾之中，总之，诗歌的未来亟须在为之一“辩”中建立起新的坐标。雪莱在他的《诗辩》中，将诗推为“神圣之物”，诗人成为“祭司”，并最终得出“诗人们是世界上未经公认的立法者”的结论。与雪莱的自信相比，沈奇的时代显然使他谨慎了许多，诗人从时代的祭司位置上退却下来，似乎成了偏居一隅的自我修炼的“禅师”。虽然，沈奇仍一如既往地维护着诗歌的神圣性，但这种神圣性，同样被有所修正，被渗入了东方“禅”的神秘，而更多地指向一种个人生命的超越。《无核之云》开篇第 1 节“诗意如灯/天心回家”，就有如禅家偈语，虽只有短短两句，却是《无核之云》的主题或展开的理由。一个需要点灯方能见路的时代，显然是一个幽晦的时代，作品的第 67 节，可谓对第 1 节的某种注释：“诗，物质暗夜的精神闪电”。对于今天这样一个物欲空前膨胀，迷失于商品与广告之阵的幽晦时代，“天心回家”，无疑有若一声“招魂”。“天心”，在诗意上令人联想到天空的星辰，《无核之云》全篇最后一句“看不到星星的人们/——就去读诗吧”，即是对此的呼应。康德曾言，世上有两件东西能深深地震撼人们的心灵，一是心中的道德法则，一是头顶的星空。当霓虹的欲望闪烁遮蔽了星空的时候，《无核之云》的全部努力，就是试图呼唤以“诗”升起一片新的天空。

当雪莱要求诗人们面向社会，成为“预言家”或“立法者”的角色的时候，他无疑是充满激情与信心的。但今天的我们大概只能把这看作是雪莱对自己诗歌创作的一种期许。实际上，浪漫主义之后的诗人创作的主体，大体上是背离这一角色的，多以向着个人的生命与灵魂的深处潜去。因此，对于沈奇所呼吁的“天心回家”中的“家”，显然不能理解为雪莱时代的诗人所居的角色，它应是对迷失于当今的商品与物欲之阵的诗人们的本真生命的一种唤醒。当然，我们不禁随之要问，寻到家、居于家之后，诗人又将何为呢？或者说，如何确立诗的位置与价值呢？《无核之云》第8节的“天言不言/人言有限//‘众妙之门’何以为通？/唯诗之言”，无疑是一个深刻的启示。从当今商业化社会的势利来看，诗人的地位显然是边缘化了，然而从生命价值与信仰的角度来看，当今社会实又无所谓中心或边缘，世界被分裂为无数大大小小的孤岛，一切均以商业利益为旨归，随波逐流。对于这样一个由“平面化”而趋“孤岛化”“碎片化”的时代，诗歌传统的法宝——抒情，显然在很大程度上已失效，而诗歌的另一个在历史上并非主流的功能，却上升到重要位置，就是如沈奇之言，以诗的语言，打通“众妙之门”，在这个被割裂被孤立的世界及人类之间，寻找到一种生命深层的联系，或实现更大的野心，在此基础上，为世界建立起一种诗性的网络。

如何寻到这生命深层的联系这“众妙之门”呢？中国传统的禅，给予了沈奇以启示。禅的要义，指向一种对人生、对事物的顿悟，它能够在刹那间，使个人的生命，与一斑青苔、一片落叶，乃至世上万物，建立起一个物我相融或相互置换的联系。当代大诗人洛夫先生将禅与西方的超现实主义结合起来，发展出一种“现代禅诗”，在理论与创作上都为当代诗歌的发展输入了新的动力，这种“现代禅诗”的要旨指向“一种生命的觉醒”。沈奇曾在他的《口语、禅味与本土意识——展望二十一世纪中国诗歌》一文中，针对当今诗坛所面临的困境，也提出了新世纪诗运两个可能的主要流向：一是口语化风格；二是现代禅诗。沈奇提出的第一条路径，可能要引起争议，何为“口语化风格”，对于本就源自于口头语言的诗歌来说，还有待进一步厘清。至于当下诗坛，那种正吸引着众多仿效者的“口语诗”，似乎有着主流化的气势，而其实它是所有诗歌风格中最难成就的，没有深厚的哲学底蕴，或一语击中事物本质及社会要害的洞察力，则极易沦为“口水诗”。至于第二条路径，或者说“洛夫的路径”，我以为是值得努力的。这不仅是因为在中国人的天性中，都存有几分传统的禅性，保证了写出来的此类诗至少能有几分味道，更因为这种“现代禅诗”经过洛夫等诗人的努力，已取得了卓然成就，为面向未来的发展提供了坚实的基础。沈奇作为敏锐的诗评家兼诗人，自然不会忽视对这一诗歌走向的把握，他不仅在纯诗体的创作中，写下了许多令人回味不已的禅诗，甚至他的这部现代诗体诗话《无核之云》中的许多诗节，也都充盈着禅意，将一些难以用散文的逻辑语言表达出来的诗学追求，以极具禅意的诗的意象呈现出来，而留给读者更多的思索空间。

有些秘密的漏洞
存在于时间之外
是诗的语言之灯
让它在一瞬间显形
……

——第 3 节

现实的白昼
物质的暗夜

以诗的虚无
给虚无的世界
一个有意味的
影子——
留给月亮去认领

——第 4 节

“秘密的漏洞”“有意味的影子”，这些充盈着禅意的意象中所寓意的诗学追求，令人联想到中国古典诗话中，以“水月”“镜花”等意象对诗境的探讨，它们在本质上无疑都属于东方的传统，只是今天的沈奇的诗话，多了几分现代思辨的色彩。在洛夫的“一种生命的觉醒”的“现代禅诗”的诗学基础上，沈奇希望诗人们能寻到那联通不同事物的“漏洞”“影子”，亦即那扇“众妙之门”，而创作出无愧于中国诗人的诗歌新篇。当然，这里我并非是说“现代禅诗”

就一定是中国未来诗歌发展的主流，我只是认为它是可能取得较大面积成就的主要路径之一。其实，我的这篇文章所探讨的沈奇《无核之云》的主要部分，就不能简单地称作“禅诗”，虽然它的许多章节充盈着禅意，但总体上它还是一部更为复杂的作品。《无核之云》的重要在于它的包容，它是诗与诗评的一个奇妙际遇，并以此呈现了一种大的气象。

比如，沈奇在《无核之云》第 12 节与第 19 节中反复强调的“诗是语言的起始”，我以为对于当代诗歌与诗学的发展，就不失为一个有着建设性意义的思想。应该承认，韩东的“诗到语言为止”，曾在当代诗坛引起很大反响，它对于将诗从一种附庸状态解脱出来，确立诗的独立身份，自有其历史价值，但其副作用却是使当代诗歌的创作往往自闭于语言之中。自然，这不能算是韩东的过错，实际上整个诗歌史发展的大惯性就是如此，放眼世界范围的诗歌，发展到二十世纪末、二十一世纪初，都已被其他文体剥离、压缩到了一个极限，似乎只剩下了“语言”，诗歌是显得愈来愈纯粹了，但也显得愈来愈单薄，失却了诗歌曾有的广博的力量，并正在令人不安地由“小众化”走向“圈子化”。因此，沈奇的“诗是语言的起始”，不仅是对韩东的“诗到语言为止”的一个反拨，也是试图对这一历史惯性的一个反拨。当然，这个“反拨”并非简单地将诗歌的被剥离的那部分再收编回来，而是要在一个新的高度，在已到达的诗性之上，使诗再次向着广阔的世界张开宽广的怀抱。

可以肯定地说，《无核之云》如果没有对诗话这一批评文体的包容，绝难拥有现在的分量，而或许只能看作一些有禅意的短诗的组合。批评精神的引入，使得沈奇的这部作品充满了创造的活力，形成一种排浪推涌的气象。“想象力只是模仿，批评精神才是创造。”王尔德的这句名言对于现代文学的评判来说，已成为一个重要准则。西方现当代重要的大诗人几乎都是杰出的批评家，或有出色的诗学论述。而中国的当今诗歌，之所以缺乏旺盛的创造力与大气象作品，批评能力的丧失无疑是重要的因素之一。批评力，是诗人以自己的精神世界，与过去的诗人和现在的诗人以及各种文化的相撞击，而激发出的创造的火花；或者说，是在更高意义上的承继，包涵。它与中国当今诗人们所擅长的颠覆力，决然是两个概念。可以说，没有批评精神，就没有《无核之云》与它的重要性。沈奇的批评家兼诗人或诗人兼批评家身份，无疑是成就他的这一部作品的保证。

我还注意到，沈奇在他的这部诗话中，始终言诗，而不语诗歌，是有他的深意的。关于诗歌，“台湾现代诗的点火人”纪弦先生早已做过这样极具前瞻性的厘清：“诗”是“文学”，“歌”是“音乐”。由此，它们可各奔前程，而无须相互羁绊。显然，沈奇对此是认同的，他的“诗是语言的起始”，某种意义上可看作纪弦的诗与歌厘清后的深化发展，他的《无核之云》，亦可看作这样一个建立在“诗”的基础上的一个大创作。或许，在这样的一个“大诗观”下，我们对文学史还会获得一种新的景观，司空图的《二十四品》，何尝不可以作为极具特色的诗来读，甚而老子的《道德经》以诗的形式来阅读，给人的感受空间可能更为广阔。在这一意义上，沈奇的现代诗体诗话《无核之云》，可谓是为自己的这部作品的一“辩”，亦同时是为所有真正属于“诗”的作品的一“辩”。

2010 年 3 月 30 日

改变语词的方向

——读沈奇的《无核之云》①

南　帆②

二十世纪七十年代末至八十年代初，我曾经尾随众多大名鼎鼎的朦胧诗人短暂地关注过新诗。然而，这种兴趣未能维持多久。我很快察觉，自己更乐于阅读小说或者叙事作品。大约是个人气质使然，比较“俗气”的性格。“俗气”并非自嘲，小说或者叙事作品更多地卷入日常生活，有着更多的烟火气息——我觉得三教九流的人物和街谈巷议的故事较之诗的崇高意象更为有趣。至目前为止，这种状态已经持续了数十年；我更为注重这个世界如何叙事而不是如何抒情。

日前沈奇寄来了他的诗话书稿《无核之云》，吩咐我发表一些议论，我深感踌躇——我能说得出什么呢？

《无核之云》提供的阅读享受是大多数理论著作所匮乏的。沈奇沿袭了中国古典诗学理论的特殊形式——诗话和词话，由两百则关于诗的短小感想组成，警句妙语，不凡的心得。作者无心把这些感想装配成一个巍峨的理论体系，而是如同散金碎银摊在桌上。如果说，“以曲意洗心/润化人生”或者“好诗如菊”这些命题也许曾经见诸古人，那么，更多的观点则闪烁着沈奇的独特光芒，例如“何谓‘诗人’？//被命运所伤害/或　准备去/伤害命运的人”，或者，“诗是表演吗？//差不多是这样/也永远不该是这样”。还有一句我也十分喜爱——诗是“‘天地眼’/‘万古心’/或一声穿透大地的/诗意叹息”。

---

①本文原载《星星》（诗歌理论版）2013 年第 8 期。

②南帆，福建省社会科学院院长，福建师范大学教授。

对于心爱的诗，沈奇毫不吝啬地动用了各种赞颂之词。《无核之云》的种种表述之中，诗仿佛是这个世界的唯一重心。没有诗的生活是不可想象的。

我不止一次地遇到这种场合：许多诗人竭尽全力把诗叙述成皇冠上的明珠。他们情绪激烈，态度坚决，甚至不惜为此挥动老拳打上一架。情人眼里出西施，这种夸张不是罪过。尽管如此，我还是想指出，没有多少人赤裸裸地以如此强悍的姿态为自己的爱好辩护。我喜欢阅读小说，同时喜欢论文和散文的写作，但是，我没有勇气将这些作品形容为天地之间的神器或者万物之源。从乒乓球运动、厨艺的钻研、收藏古董到登山、听音乐、设计服装，各项活动都有可能成为一个人毕生钟情的对象，而钟情的原因并不是由于它的重要。喜欢已经是最大的理由，可以不关心它们的价值。可以宣称自己仅仅为诗而活，没有必要固执地强求他人相信，诗是人类精神的唯一火炬。“诗之言——/言人之所未言/言天言之所不言”——这种表述多少有些过分。“祛魅”是现代的基本品格之一，诗无法代替上帝。况且，世界之大，尺有所短，寸有所长，谁知道什么叫作重要或者不重要？

因此，诗人对于诗的迫切捍卫更多地让人意识到其背后的某种焦虑。这个世界愈来愈明显地倾向实利主义，物质财富正在成为衡量大多数问题的标准。经济学声望如日中天的时候，诗急速地滑向边缘。诗的读者不断地减少，诗人自尊的严重受挫终于酿成剧烈的反弹。这种反弹的一个表征即是，诗人对于诗的夸耀远远超过了唐诗宋词盛行的年代。坦率地说，我不怎么重视这些夸张之词——如果机智的词句背后没有令人信服的证明。

然而，《无核之云》之中反复出现的几个关键词汇还是启动了我的思想——道、上帝、存在、语言和“我”。它们之间存在什么关系？

与众多反本质主义者不同，沈奇承认“道”的存在：“万物先于人类的诞生而存在/此‘存在’即为‘道’”。他认可“天不变道亦不变”的命题。如果说，“道”无法直接显现，那么，诗肯定处于与“道”最为接近的地方——“诗志于道”，“诗以道生/道为诗之骨”。

既然如此，诗人必定是这个世界无与伦比的人物，他们代表上帝立言："这个世界/连上帝也疲倦了——/把本该他干的活/交给了诗神"。这种"存在"或者"道"如何与每一个人衔接起来？这时，沈奇毅然指向了语言："只有语言——/作为存在的源头"；换言之，这如同每一个具体的生命与庞大世界的交接之处。诗的使命即是"开我诗性生命/本初自在"。由于诗的召唤，道、上帝、存在、语言和"我"终于联结为一个整体。

"诗表达什么？/诗不表达什么"，沈奇不再将诗的写作形容为惊天地泣鬼神或者济世匡时的伟业；他的表述出现了适当的分寸：诗仅仅"——改变语词的方向/获取另一种语言/和精神力量"。尽管可以将这种分寸解释为必要的谦虚，但是，在我看来，"改变语词的方向"已经隐含了深远的意义。

仿佛作为一种呼应，沈奇在另一处写下这些句子：

诗　是我们生命
内在的方向

这方向，不能
改变我们的命运
却能校正我们
看待命运的眼光

的确，诗仅仅是语词方向的改变，仅仅是字句的推敲和语序的重新排列，然而，还有比校正我们的眼光更为伟大的精神坐标吗？

2012 年 12 月

我读《无核之云》[①]

王充闾 [②]

刚一接触到当代诗人、诗评家沈奇的这部“诗体诗话”，脑子里立刻就联想到唐代司空图的《二十四诗品》：“俯拾即是，不取诸邻。俱道适往，着手成春。”但细一掂量，又觉得它的分量、内蕴是不同于《二十四诗品》的。

《诗品》从鉴赏角度探讨古代诗歌美学风格特点，从创作角度研索了各种艺术风格形成的规律；而《无核之云》，诚如庄晓明评论中所阐明的：“虽然沈奇亦涉及了诗风及诗境、诗法、诗艺等，但他的这部作品的重点所在，是对诗与诗人的价值、存在意义的探寻、确认，在这一意义上，沈奇的《无核之云》又可作为当今的《诗辩》来看。自‘五四’发轫的中国现代汉语诗歌发展到今天，可谓遭遇了空前的生存危机，商品与权力的双重挤压，加上诗歌艺术本身亦刚好发展到一个瓶颈期，下一步如何发展尚不明朗，处于重重疑雾之中，总之，诗歌的未来亟须在为之的一‘辩’中建立起新的坐标。”放到这样的背景和语境之下，审视这部现代诗话的价值，就知其非同凡响了。

沈奇先生是一位以诗安身立命的教授诗人兼诗评家，属于诗歌创作和诗学研究的“双栖者”。唯其是诗人，他才能通过自己的“内心的眼睛”，将世事沧桑、人间万象摄入灵府之中，再经过一番发酵、蒸馏功夫，升华为诗的形态。其间既闪现着一己灵魂的淬炼、人格的彰显，更蕴涵着真实的生存历练与非同寻常的文化承担；而唯其是诗评家，才能以现代视角回眸数千年的诗学源流，将个人独

---

①本文原载《充闾文集》第 16 卷《艺文说荟》，万卷出版公司，2016。

②王充闾，作家，辽宁省作家协会名誉主席。

特的创作体悟、文本实验，以及宝贵的智慧灵犀、思想资源，有机地融合到一起，外师传统，内铸当今，托举起一片崭新的诗性天空。由于他是诗人，得以纵情挥洒，升天入地，驰想无穷；由于他是诗评家，同时更娴于节制，惜墨如金，懂得如何以古典诗词的“极端写作形式”，把丰富的素材高度浓缩到诗的情境中去。唯其如此，才使其诗歌的写作与批评作为一种内在的生存方式，兼具美学示范意义和诗学先锋文本实验性的双重价值，使古典诗境通过现代语言、现代形式的有机转换，践行了成功的尝试。

作者借鉴古典的诗歌形式（比如词曲），来实行诗歌理论的现代书写。这其中有三个要素：语言、经验、哲思。三者统一于类似格言、铭文、禅偈一般的特殊形式，用以书写自己的经验、认知与感悟。对于诗人来说，语言即命运。它揭示了诗人的一种新的语言姿态、新的诗歌理想。这里说的经验，是相对于情感而言。这部现代诗体诗话，蕴涵着一种超常的思想承担。由是我想到了里尔克的一句名言：“啊，说到诗，……并不像一般人所说的是情感（情感人们早就够了）——诗是经验。”

至于哲思，历来有两种截然对立的说法：一般人常说，诗歌是理论的最大敌人，或者反过来说，理论是诗歌的最大敌人；还有一种说法，中国哲学本身就是诗性的哲学，即用诗的意境、诗的方式，甚至诗的诗言来表达哲思。二者孰是孰非，我未敢遽加判定，觉得各有各的道理。比如，前面说过的《二十四诗品》，还有数不胜数的古代咏史诗，如“东风不与周郎便，铜雀春深锁二乔。”讲没讲理？讲了。是不是诗？是诗。还可以沈奇的这部诗话为例，再问一次：讲没讲理？讲了。是不是诗？是诗。看来，它们本身也许就是可以共通、可以统一的，关键在于如何讲、如何写。

记得冯友兰先生说过，讲形而上学有两种方法，一种是用“长篇大论”的方式，一种是用“名言隽语”的方式，以表达其意思。前者可称为“散文的方式”，后者可称为“诗的方式”。用散文的方式表达意思，凡所应该说的，都已说了，读者不能在所说之外另得到什么意思；用诗的方式表达意思，意思不止于所说者，读者可因其暗示，得到其所说者以外的意思，其中有些可能是说者所“初未料及者”。从这里我们也可以窥见这部诗体诗话的文体价值了。

这部作品，理性与诗性相统一的独创精神，及其所发掘的思想深度，所提炼的经验普适性，在诗歌界，对于当前以至今后确是竖起了一座高标。在作者说来，当是一种“得之在俄顷，积之在时日”的淋漓挥洒，甚至可说是一种神来之笔；而在读者，灯前展卷，抑或缓步吟哦，则恍如获得一种灵示，心头总有一种被点亮、被提升的感觉，精神上之快慰，有笔墨之难以形容者。

2013年1月4日于沈阳

天心如灯
——读沈奇诗体诗话《无核之云》[①]

人　邻[②]

1

读沈奇诗话，觉得这古老文体，久违了。沈奇先前有厚厚三卷诗论，读罢掩卷，觉出他的古典修养，现在有同宗同源的诗话，并不叫人意外。

诗关人心
也关天心

人心为实
天心为虚

实据一物一时
虚纳万化之境

——第 18 节

读这样诗话，觉得若有人意欲转化为现代文，不仅烦琐，意味也将尽失。何为“天心”？何为“实”？何为“虚”？何为“虚纳万化之境”？岂是现代语文可以当得的。中国的文学艺术，无疑另有机杼，难以用西方的方式解索、究其底里的。前几日再看牧谿的《六

①本文原载《星星》（诗歌理论版）2013 年第 3 期。沈奇的诗体诗话《无核之云》，上篇 66 节，下篇 52 节，先后刊载于《钟山》大型文学双月刊 2011 年第 5 期和 2013 年第 1 期。

②人邻，诗人，作家。

个柿子》，无款亦无印的深浅水墨柿子，近乎人力不可为之神迹。牧谿当年不被重视，作品也才无奈“东渡”。即便是国人，也会有这样的误读，西方人是更隔着一层的。川端康成的小说翻译成瑞典文（想想一个瑞典人和日本人，尤其是川端康成那样的日本人在一起对话）是什么味儿。西班牙人要翻译汪曾祺小说里的诗句，问汪老，汪老爽快一声：删去吧。他老人家心里知道的，你们就那么翻译吧。那种味儿，那种语气，怎么能翻译得过去呢？

作为新诗的研究者，沈奇与其他学者不同的是，有着多年孜孜不倦的新诗写作史。诗心的澄怀远眺、潜心追询，方有可能一窥诗之奥妙。而此窥探，也必得那种最能切近底里的语言形式，才能相得益彰。由此，诗话也就自然成为沈奇找不到合适现代语言的、向古典的一次现代致敬。

2

读这样的诗话，若读哲思、读禅语，亦若读诗。文字之简，却如甘醇，小口啜之，已觉深味；再读，则欲沉思细辨其味，欲再啜，啜而大口，满腹醇香，使人怅然而神思涌动。沈奇近年所作“天生丽质”的诗，我称之为“蝶变”，短而精，静而寥廓。这些诗话，与古代的诗话相较，亦是另一“蝶变”。与古典诗论相较，这些诗话以现代汉语与古汉语相互浸染，入诗心，谙诗理，发诗之幽明为新语。

预期的晚祷
向晚愈明的仰瞻

因悲悯而宽宏
因旷达而淡定

铁的沉着
月的澄明

守势不妄

归根曰静

——第 179 节

沈奇此一节与唐释皎然《诗式》的“六至”虽不尽然相对，却有异曲同工之妙。皎然曰：“诗有六至：至险而不僻；至奇而不差；至丽而自然；至苦而无迹；至近而意远；至放而不迂。”两两相对，千年相隔，而心迹若然。再读：

天言不言
人言有限

“众妙之门”
何以为通
唯诗之言

——第 9 节

天，不言而言；人，言而不言。通向“众妙之门”的，有哲人的哲思，但是唯有诗，才能真正以不欲抵达的方式无意间从容抵达。反过来讲，一切不凡的，都是天授。杰出的诗歌，亦如同天授。所谓灵感，一瞬而得，一瞬而失，都是天意。我们再读：

诗之言——
言人言之未言
言天言之不言
是谓“诗”

——第 10 节

天之不言，并非不言，而是恶若“以万物为刍狗”，善若“悲欣交集”，以天之大，之容，之洞彻，之知晓天外有天，何肯置一言。诗人不过“白驹过隙”，得以窥其一线罢了。而能得此一窥，诗人幸也。王维“行到水穷处，坐看云起时”，是其一；陈子昂“念天地之悠悠，独怆然而涕下”，亦是其一。这些诗句，是人力所可为么？绝不！人哪里会有这样语力，不过是“受”天之所“授”。不过是于岁月静好间用心聆听，听见了那偶然的一声敲门——心之门的感应罢了。而为了听见，诗人已经静候了多时。此种静候，亦会偶然间恨恨失去而不可复得。宋释惠洪《冷斋夜话》卷四：黄州潘大临工诗……临川谢无逸以书问有新作否。潘答书曰“秋来景物，件件是佳句，恨为俗氛所蔽翳。昨日闲卧，闻搅林风雨声，欣然起，题其壁曰‘满城风雨近黄昏’，忽催租人至，遂败意，止此一句奉寄”，即是此恨。

3

作为许多诗歌选本的编选者，现代诗话亦必须深入现代诗的核心，沈奇自然深解之。

用最少的语词
改写世界的人
才是最好的诗人

——第 50 节

沈奇这一节诗话的关键词是“改写”。每一首杰出的诗歌，都是对世界的一次貌似游离而实际上鞭辟入里的“改写”。读读卞之琳的《距离的组织》：

想独上高楼读一遍《罗马衰亡史》，
忽有罗马灭亡星出现在报上。
报纸落，地图开，因想起远人的嘱咐。
寄来的风景也暮色苍茫了。
(醒来天欲暮，无聊，一访友人吧。)
灰色的天。灰色的海。灰色的路。
哪儿了？我又不会向灯下验一把土。
忽听得一千重门外有自己的名字。

好累呵！我的盆舟没有人戏弄吗？
友人带来了雪意和五点钟。

我们在这里看到，杰出的诗人卞之琳用一首只有十行的现代诗，对这个世界做了一次精彩的诗意改写。大千世界，风景苍茫，真真是距离的组织。试想，此前有人以诗意的方式如此认识解析过这个世界么？而卞之琳俯首数行之间，博大世界瞬间被驯服，纷纷前往诗人眼前薄薄一页纸上。这看似寻常的词语，一经诗人超绝的组织，时间之闪烁不定，空间之收缩自如，令人无语而叫绝。这样的改写，每一次的阅读，都给我们带来了新的感受。世界是多重的，而诗人才是多重世界的发现者。

“诗关别才”

“别才”者
语感之所谓

——第 60 节

沈奇在诗话中亦提到很少人注意的“语感”。细想之下，我们读《红楼梦》，读周作人、胡兰成，读当代的汪曾祺、阿城，其实就是在读那些同样的词汇组织的语感。人们常说，写得不顺，其实就是没有找到语感，这也有如画家、书法家找不到手感。所谓“别才”，大多人在“别”上、“才”上深究得多了，真不若沈奇的说法——“语感”。沈从文初作，也不过二十出头一个沅江乡下粗笨孩子，有一点乡间、军旅生涯，读过不多几本书，哪里有那么多的“别才”，不过是有自己的美善哀伤而痴心的语感而已。

现代诗的自由
不仅是解放了的
语言形式的自由
更是自由的人的

自由形式

“双手捧着太阳
而不被灼伤”！
——第 116 节

关于新诗形式，自新诗出现始，诗界争论至今。关于顿、节奏，内在节奏，跨行规律，适度的整饬押韵，等等，不一而足。沈奇曾下功夫研究过台湾现代诗，而台湾现代诗在形式上的探索，经由数十年的无拘束发展，可以说真正是百家争鸣。这样的研究，加之自身对于新诗的写作探索，沈奇的结论不是闻一多的“戴着镣铐跳舞”，而是“大而化之”，“双手捧着太阳/而不被灼伤”——这样的结论，不仅是聪明、睿智的，而且切合于新诗的发展。

新诗是否需要形式？需要什么样的形式，难说，以后似乎也难说。诗人对于世界的更为宽广深入的关照，人类心理的日益复杂，审美的空前多样化，新诗面临着更为复杂多义的抒写，所谓形式，很难有定论。绘画的放弃架上，其实也是放弃了某种单一形式。

4

《无核之云》两百则诗话，诗人写来不易，细细揣摩，似乎见此君东摸西触，怅然而望，俯首而自语，埋头于新文故纸，绞尽脑汁，写五行而删三行，苦不堪言，时欲罢笔，又乐此不疲，终不能舍弃。

沈奇文末有记：“2002 年起始断续撰写留记，2008 年至 2011 年初步整理结集成稿，2012 年增补修订于西安大雁塔印若居。”沈奇用语淡然，看似平实，其实不然，不欲显露，却是肺腑甘苦。某人数年卷罢，推窗掷笔，一声长叹。十年间，多少流逝，自在沈奇心间。

诗　不仅是
对生命存在的
一种特殊言说
也是生命存在的

一种特殊仪式

——在这种仪式中
个体生命瞬间澄明而自信
并　与神同在

——第 25 节

对诗歌尊崇至极的人，才会有如此的虔敬言说。读这样的话，让人对写作者不仅心存感激，而且心生敬畏。对诗的赞叹之高，上升为与神同在的仪式，让诗人沈奇谦卑地低下头来，由衷地歌颂，渴望“澄明与自信”，渴望“与神同在”。也许，只有这样的人，才能安下心来，面对诗歌，面对诗歌所能带来的所有喜悦和无奈。

这个“既是在想象世界的/未知地带/作业的人/也是在真实世界的/不明地带/作业的人”（第 124 节），他的作业，就是这本诗话。沈奇业已写完了，读者们会如何读，是沈奇关注的吧？可也许，沈奇是并不管的。《金刚经》说：“凡所有相，皆是虚妄；若见诸相非相，则见如来。”写罢而掩卷的诗人，早已经“山中无岁月”，安心于水色山光中饮茶去了。诗人心里知道，读与不读，世间都是山高水长、冬去春来。

2013 年 1 月 4 日

何谓入心的诗歌批评

——从《沈奇诗学论集》(增订版）看沈奇的批评美学 ①

刘　波 ②

在中国当代诗歌批评史上，沈奇的修为之深厚、话语之独特，但凡读过他文字的人，或许都不会陌生。从新近再版的《沈奇诗学论集》（2013 年 8 月增订第三版）来看，沈奇这二十余年的诗歌批评历程，在义理、考据和辞章三者上，皆有自己入心的领悟和发挥。而当他从那些刻板的规范中抽身出来时，视野变得更加宽广和开阔，下笔也更见力度和质感。二十一世纪以来，沈奇还写了不少整体观照的综合诗论，对中国当代诗歌做了全面的回顾与审视，一方面拓展了诗歌批评的疆域，另一方面，也让诗歌批评在现代和古典的融合中通往更为纯粹的方向。

一、批评的自由与民间立场

沈奇在诗歌批评中所持的民间立场，并不代表他要反叛知识分子精神，和学院派划清界限，而是与他的个性、情怀有关，和他对诗歌批评的认知相连。其实，沈奇自己也身在学院，但他很少受学院规范的限制，而是直接面对诗歌和诗人，不隐晦曲折，不拐弯抹角，从而让自己的批评更有针对性，更接地气。很多人可能觉得这样的批评并不难，就是面对诗歌现场发言而已，但就这“简单”的批评，也非任何批评家都可以做到，而且做得足够好，能真正对诗人创作和诗歌史产生影响的批评，是需要功力的。沈奇能够达到一定高度，全在于他的批评抓住了诗歌创作的核心，深度挖掘诗歌的

---

①本文原载《南方文坛》2014 年第 5 期。
②刘波，三峡大学文学与传媒学院教授。

本体价值。

我发现，沈奇很少写那种纯粹概括性或总结性的命题文章，并非他不擅长，而是他的艺术直觉决定了他要去探寻诗歌更为本质的存在，这样的存在大都集中于不同的诗歌文本中，也集中在风格相异的诗人身上。因此，沈奇的批评话语中融合了他独特的个性与风采。他在对作品进行价值判断的同时，也将自己对诗歌的理解投射到了研究对象上，这种切己及人的批评，是向下做扎实的挖掘，而不是浮在表面上做些凌空蹈虚的“研究工作”，或自说自话，或隔靴搔痒，总是不能一针见血地对作品做价值判断。这些年，我们确实见了太多循规蹈矩、四平八稳的诗歌研究文章，洋洋洒洒动辄万言，到最后不知其所写与诗歌本身到底有什么关系。沈奇想必也遇到过这样的疑惑或难题，但他力图从那种自我设限的方式中抽身出来，进入一片开阔的精神领地。真正的诗歌批评，最终还是与批评家的探索视野和思考深度有关，这一切都离不开“入心”，而现在不“入心”的批评实在是太多了，冷漠的肢解分析，晦涩的概念演绎，庞大空洞的总结，这样的文字可能很“学术”，但唯独见不到批评者的情感投入和灵魂落脚处，更谈不上文学的创造。

而沈奇的诗歌批评，很大程度上就是一种文学批评的再创造。他不依附于作品来就诗谈诗，而是在论诗的同时，也要为我们出示一种诗歌的价值观。也就是说，他的批评是自由的、独立的、富有延伸性的，他的言说立足于作品，最后还是超越了作品。这样的批评不会僵化，也不会板结。批评家是以智慧在靠近作品，以情感在化解作品，以自己的审美经验在对接诗人的创作理念。这种方式无疑有相当的难度，但这是诗歌批评的正途和大道。

沈奇诗歌批评的大道，很大程度上就是建立在他的自由风度和民间立场上。与其拘囿于那些小幅度的批评动作，不如彻底放开，让自己更轻松地进入诗歌现场，寻找，发现，捕捉，挖掘，以探索的姿态保存诗歌最精彩的那部分，以敏锐的洞察力直抵鲜活的文本中心。因此，他拒绝盲目的评论，抵制空洞的说教，以自由而高远的心性来从事诗歌批评，这是一种高度，也是一种境界。就像他在回答诗友胡亮的提问时，说自己从事诗歌批评完全是“爱好所致，性情使然”，但他却以执着和坚守走出了一条自己的路。虽然他也曾以自嘲的口吻道出了自己与诗歌相伴的历程和感受：“自大学毕业后就一直在高校工作，并硬是挤进教师队伍，混上教授职称，但毕竟不是科班出身、学院正宗，是以也一直未上‘学术产业’的轨道，只是个‘业余选手’而已。如此处境，不免尴尬，却也便由尴尬生了如履薄冰般的虔敬，且因‘业余’而少了功利的促迫、学科的驯化以及专业的拘押，得自由自在之言说的爽利与率意。”① 这个回答里，自然不免谦虚的成分，但是“虔敬”和“自由自在”的心性，当为沈奇诗歌批评的两个重要面向，同时也折射出了执着和开阔这两个精神维度。在自由的感悟状态中，他的批评既有质疑的力量，也有寻美的格调，客观是基础，发现是目的，而依照个人标准的判断，同样显出了沈奇在批评上的道义和责任。

和他在诗歌创作上所持有的民间立场一样，沈奇在批评上同样遵从民间的标准。好诗在民间，这一说法自新时期以来就得到了佐证，而以一套主流的文学价值观来衡量民间诗歌，要么二者难以对接，要么就会遮蔽优秀诗作。沈奇是一个有诗性和艺术趣味的学人，要是纯粹去做学术研究，受限于学院的标准和量化的考核，可能就没有那些入心切理的诗意文字了。虽然他也在学院，但在批评和研究上走的是一条民间之路。和好诗在民间一样，真正的诗歌批评，其实也在民间。民间意味着要与主流话语权力保持距离，这样或许更有利于看清处于临界点上的诗歌和诗坛。所以，沈奇的批评大都是建设性的，而不是一味地否弃或捧杀；他既警惕武断的批判，也拒绝平庸的审美，对诗歌和诗意本身有着由衷的敬畏，这当是优秀批评的原点。

唯持公允之论，方可给予批评对象以客观认知，而批评的可信度与权威性才由此得以建立起来。因为拥有自由的立场，以及不依

---

①沈奇：《个人、时代、与历史反思——答诗友胡亮问》，载《沈奇诗学论集》（增订版）卷一，中国社会科学出版社，2013，第 399—400 页。

附于权力的独立性，沈奇的“诗学趣味”也自然是趋于民间的，这对于他这一代诗人和批评家来说，确属少数。但这并没有影响他为那些有潜力的诗人写出富有预见性的评论，这不仅需要眼光和视野，也要有肯定的勇气和胆识，他对大陆的于坚、伊沙和台湾的麦城、洛夫、痖弦、张默、隐地等诗人的跟踪研究，或多或少给我们探寻多元诗美带来了启示。沈奇以他多年的坚守，为民间诗歌和民间诗歌批评赢得了一份声誉。尤其是二十一世纪以来，随着网络的盛行，诗坛格局发生了微妙的变化，然而，民间始终是一条主线，影响着一代又一代新崛起的诗人。

在沈奇这里，自由和民间这两个关键词可谓支撑起了他批评的全部价值与意义，不管他将批评之网撒得多远，他总能在适当的时机自如地收回来，并持续性地带给我们惊喜，因为他懂得诗歌批评的大节在于真诚，不是玩玄虚和晦涩就可蒙混过关。有太多的批评就是在花哨的表达和技巧里隐藏着一个平庸的灵魂，终究无法建立起批评的精神高度和想象空间。沈奇力避此点，他在自己的批评实践中找到了现代性的切入点，同时又将古典的那种温柔敦厚之美引到了批评实践中，让这种研究性的写作也能获得尊严。

二、如何让批评通往及物和有效

世纪之交以来，诗歌批评的专业化确实在学术体制的规范下获得了某种提升，但是，随之而来的就是批评变得越来越文学史化，由此造成批评与创作之间的脱节现象严重：要么是批评依附于作品，要么就是批评与作品毫无关系，这两种极端都成为批评继续深入的障碍。在某一种学术背景笼罩下的批评，批评家注重的往往是学理演绎，而忽视了最重要的审美功能，不及物的批评成为学术大爆炸时代的风潮。然而，只有及物的批评、有效的诠释，才可以让人产生信任感。何以那么多诗人和批评家之间是一种不屑甚至对抗的关系？就在于双方无法产生信任感，尤其是诗人无法对批评家建立起尊敬和信任。如果你评一个诗人的文字，也可以放在十个诗人身上，那么，这种“万金油”式的批评如何让人产生信任感？抓住每一个诗歌论题和批评对象的独特之处，当是批评家敏锐捕捉能力的体现，也是其批评专业性的见证。沈奇在这方面是非常讲究的，针对不同的诗人，他会采取不同的方法，这种批评的多样性对接了创作的多元化，其所反映的就是一个批评家的成熟和理性。

不管是综合考量，还是个案研究，沈奇的批评大都持有整体性和全局观，这与他自己也一直写诗有很大关系，将一己之写作体验类比于他者的创作，从而给人一种“代入感”，此类批评往往能直接影响诗人的写作，而不是自说自话，空言喋喋。当他不是以居高临下的俯视姿态面对诗人诗作，而是用一种平和对话的风度去靠近诗人之心、去挖掘作品之核时，批评的道义就此产生。这一点沈奇早在 1992 年的一篇文章《运动情结与科学精神——当代中国新诗理论与批评略谈》中就论述得很清晰了。二十余年来，他一直恪守批评的真实性与及物性原则，让“科学性”和“原创性”得以落实，让“个性化”与“本土性”获得安放，从而为诗歌赋予生命，给诗人持续性写作带来助力和活力。

作为当代少有的能影响诗人创作的批评家，沈奇的批评很大程度上源于一种启蒙精神，同时其批评所指向的，也是启蒙之目的。他的批评话语在理性中透出绵密的诗意，而又带着言必由衷的力度。关于口语写作的争议，自二十世纪八十年代以来一直未断，认同者视其为诗歌的光明前景，反对者则直接将其当作“语言垃圾”对待。“真正到位的有价值的‘口语诗’写作，是一种需要更高智慧的写作，也是一种更需要独在个性和原创力的写作。”[①] 针对“口语诗”写作的简单化和游戏化，沈奇直指其难度与高度：那是需要智慧投入的，而不是单纯的语言滑动和修辞狂欢。这样的批评让“口语诗”的未明之区获得了明晰的判断，其合法性也有了清楚的界定。关于“诗歌标准”这一命题，前几年曾引起诗歌研究界的关注，沈奇也参与了讨论，他在总结了“诗美标准”和“四象标准”后提出的观点，

---

①沈奇：《怎样的“口语”，以及“叙事”——“口语诗”问题之我见》，载《沈奇诗学论集》（增订版）卷一，中国社会科学出版社，2013，第 234 页。

值得研究者和诗人们反思："一位好的现代诗人也无须事先认领什么'标准'才去写诗，他会主动地理解现代诗的诗体形式，尽管这形式在现代诗中是如此的自由无定，似乎没有了任何的文体边界，但若下心体会，这个'自由'还是有它基本的、区别于其他文体的语言形式，以及基本的不可或缺的诗美元素，且已潜移默化为诗人写作的经验之中。"① 标准更多时候是内化到创作实践和价值判断之中的，它关乎诗人自身的认知能力，甚至很大程度上就是一种精神境界的体现。每个诗人和批评家心目中都有自己的衡量标准，每一个时代也有诗美标准，它在永恒之美的基础上仍然有动态的空间呈现，这依赖于诗人如何去拓展、深化与创新。沈奇从诗歌内部所做的解析乃至提醒，当引起当下所有诗写者的共鸣和内省。

即便是对诗人的个案研究，沈奇的批评也多是从及物出发，而不做多少理论性的空转。随着二十世纪九十年代"思想淡出，学术凸显"时代的来临，诗歌批评家与研究者大都热衷于文本细读，或进行社会历史批评的解构，以证明自己的专业性，但很多文本细读陷入了过度阐释，最后我们得到的往往是一堆概念和术语的杂乱组合，难以消化，更无特色。沈奇懂得在思考和洞察中做自我调整，他从感性出发的诗歌批评，经过理性的转化，最终收获的是智性的领悟。该轻描淡写处，不多一个字词，该浓墨重彩处，也从不惜笔墨，并对诗人进行有针对性的解读。对诗人于坚，沈奇曾有过这样的评价："喜欢读于坚，不仅在于他说出了存在的真实，为长期幽灵般浮荡的现代汉诗，找回了一个可信任可亲近的肉身，更在于他说出真实的同时，那种完全个在而又富有亲和性的、原生态的说法。"② 于坚的诗歌有肉身感，而沈奇的批评就是建立在对于坚诗歌阅读的信任上，探索其写作的潜在价值，也寻求批评的诸多可能。他对伊沙的评介，并未直接从口语入手，而是结合诗人的个性与创造，从

---

①沈奇：《"动态诗学"与"现代汉诗"——再谈"新诗标准问题"》，载《沈奇诗学论集》（增订版）卷一，中国社会科学出版社，2013，第 249 页。

②沈奇：《隆起的南高原——于坚论》，载《沈奇诗学论集》（增订版）卷二，中国社会科学出版社，2013，第 23 页。

自己的理解出发做了合理的想象性阐发。批评文章看似随笔，其实里面所渗透的哲学和社会学分析，有时甚至比诗歌本身更为丰富。对于郑愁予这位颇见功力的台湾诗人，沈奇以“错位”这一关键词命名来展开其评论，既见性情，也出新意，这种审视的角度就自然引出了批评的大气象。

沈奇诗歌批评的有效性，不仅在于具体诗人的个案研究，也在于对当下诗歌的整体考察。对于目前诗歌写作所面临的困境，沈奇也有针对性地给出了自己的看法：“一是缺乏理想情怀；二是缺乏文化内涵；三是缺乏历史视野；四是缺乏诗体意识”①。他触及了当下诗歌写作的一些瓶颈，且格外强调了“诗体”的重要性。这种能对诗人的写作产生直接影响的批评，是沈奇信守入心之评的立足点，这也是他恪守“讲情怀，有担当”的批评意识所应具有的风度。他以感同身受的经验观照，将批评和创作的互动意识实践到了一个相应的层次，从而为批评的专业性做了更有效的印证。近几年，沈奇又开始了几个系列的诗歌写作，且深有体会和心得。他结合自身实践所作之文《我写〈天生丽质〉——兼谈新诗语言问题》，打破常规，立论新颖，观点独到，尤其是“内化现代，外师古典”的理念，对于新世纪转型期的诗人们来说，也不失为一条新的突围之道。

三、批评文体意识的自觉

诗歌创作需要的是诗人的生命体验，而诗歌批评同样离不开批评家的人生感悟和文学洞察。就像诗人批评家徐敬亚所言：“写文章不是为了蒙人，不是为了展露水平，批评同样需要真实的生命冲动。”② 但是在新世纪之交的一段时期内，新诗批评一度出现失语的窘境。这并非因为诗歌理论的匮乏与批评家们在评判上的无能，而是因为很多批评家缺少一种“生命的冲动”，他们将诗歌批评完全职

①沈奇：《回到自性与单纯——有关新世纪诗歌的几点考察》，载《沈奇诗学论集》（增订版）卷一，中国社会科学出版社，2013，第 298 页。

②徐敬亚：《原创力量的恢复——新世纪“诗歌回家”之三》，《文艺争鸣》2005 年第 5 期。

业化了，写作上就难免言不由衷，甚至口是心非。

作为与朦胧诗人一起成长的诗歌批评家，沈奇以平民视角介入当代诗歌批评中，用辨析梳理的方式扫描诗坛，以美学阐释的方式切入作品的内部肌理，对诗歌文本与诗人精神进行宏观审视和微观评价。与很多纯粹学院派的诗歌批评家相比，沈奇的优势就在于其批评的直观性与原创性，这种直观式批评有着对诗歌的“生命体验”与艺术直觉，也有批评家与诗人之间的心灵沟通和对话，所以文字中自然就渗透了生命气息。打破用理论套作品的陈旧格局，让批评的主体性全面回归，就像诗人于坚所提倡的“诗人写作与人生世界是一种亲和而不是对抗的关系，它不是要改造、解放这个世界，而是抚摸这个世界”[①]。沈奇同样对自己的诗歌批评做了精确的定位：他不是要改造与解放某些诗人，而是要以心灵的直觉抚摸那一首首诗歌，感悟其魅力，让它们真正带上批评家的体温。

在批评家也变得越来越分裂的时代，很多批评者一方面不甘于写学术新八股，另一方面又需要遵循学院研究的标准，最后大都屈服于体制要求，导致批评文章也日渐僵化，平淡而乏味。沈奇经常提到一个词：文章感。他在从事诗歌批评时，也给自己定下了两条始终坚持的原则：“一是有感而发，二是成文章，有可读性。”[②] 将诗歌批评也写成美文，这不是谁都能达到的境界，没有“修辞立其诚”的长期训练，没有自觉的文章意识，可能只会将批评写成枯燥的说教文章。理论演绎当然重要，专业精神同样不可忽视，然而，仅有这些仍然是不够的，如何将诗歌批评写得更出色，既有说服力，又有趣味性，当需在理性和感性之间找到一条契合的通道，且这通道要直抵文字和义理的美感。

在评论李笠诗歌时，沈奇的分析在力求准确的同时，更注重批评文字本身的丰赡：“作为文本化的李笠式诗歌写作，一手伸向存

---

①于坚：《拒绝隐喻》，云南人民出版社，2004，第 161 页。

②沈奇：《个人、时代、与历史反思——答诗友胡亮问》，载《沈奇诗学论集》（增订版）卷一，中国社会科学出版社，2013，第 400 页。

在，一手伸向语言，听由‘漂泊者’个在的生命波动与生存困惑之本源性驱动，以错位的语感折射文化的错位感，以复杂的语言形式打造复杂意绪的合理容器，以风的自由和铁的明锐，解析灵魂，拷问存在，为越来越平面化的当代中国汉语诗歌，重新找回尖锐而突兀的先锋品质。”[①] 同样，在谈到台湾诗人痖弦诗歌的书写角度时，沈奇精准地把握住了诗人作品的切入基点：“从凡人小事中抽生命的苦味，在流动的生活场景中探寻其隐藏的精神背景，在空间里倾听时间的叹息，在时间中注意空间的变异。注目于事件，落视于物，且特别抓住其中的细节，予以放大、凸显和着意刻画，产生出人意料的、戏剧性的艺术效果。”[②] 这样的批评文字，不仅能唤起我们对诗人的关注兴趣，更重要的是，他张扬了一种有文体意识的批评美学，既有知性的广度，又不乏理性的深度。而批评家在解析诗人的书写风格时，同样也展示和凝练了自己的批评风格。

沈奇的批评文字有可读性，有文章感，不是无来由的，而是他在主动发现，而非被动地依附。他在写作中有意识地去发现诗歌之美，去探寻诗歌理路的生动。我说他在批评文体上的自觉，当是一种批评的信念所致，他不囿于某种狭隘的偏好和旨趣，而能从作品中延宕出去，以直觉甚至冒险来建构原创的批评精神。我们看他那些雅致的短句，传承古典诗话的美学，都是一种批评教养的体现。即便是很多批评家都不太重视的文章分段分节，他也极为讲究，其批评文字中少有大段的评述，他按语感和节奏来分行，几近于将文章当作诗来写，因此，他的文字从来就是干净利落，瓷实丰沛。尤其是那些灵动温润的表达，不是修辞上的某种刻意经营，而是沉思积累后的自然流露。他近几年来的批评文章，像《“自由之轻”与“角色之祟”——有关“二十一世纪诗歌”十年的几点思考》就越来越放松了，但文章又不失内在的紧张感，这种紧张感是富有问题意

---

①沈奇：《异质与本真——李笠诗歌艺术简论》，载《沈奇诗学论集》（增订版）卷二，中国社会科学出版社，2013，第 134 页。

②沈奇：《痖弦诗歌艺术论》，载《沈奇诗学论集》（增订版）卷三，中国社会科学出版社，2013，第 67 页。

识的表现，也是对新世纪诗歌的责任与期待。在新作《诗心、诗体与汉语诗性——对新诗及当代诗歌的几点反思》中，沈奇也变得更趋开阔了，他从作品中心论的价值观里跳出来，不惜以“旁观者”的角度重新审视诗歌创作所面临的潜在困境：诗歌最为本质的诗心、诗体，被忽略日久，但其重要性并不在诗意之下。这种对诗歌本体性的强调，是一种纠偏，也是对当下粗鄙写作的某种反拨，他希望诗歌真正回到汉语的文雅之风，回到基本的文采和美学上来，这当成为二十一世纪诗人们的伦理共识。

长久以来，沈奇的诗歌批评一直经得起读者的阅读和检验，而且如好酒般越来越醇厚。《沈奇诗学论集》八年三版问世，便是读者对沈奇多年来诗歌批评成就最大的肯定。他在诗歌批评上所建立起来的这种信任感，不是几篇文章所能达到的，而是一种批评的直觉、气质和精神在整体写作上的反映。沈奇在中国当代诗歌批评史上的独树一帜，皆源于他与众不同的对话态度、美学追求和文体创造的自觉，而这，也是支撑他多年来在诗歌批评与研究上前行的最重要动力和一以贯之的理路。

2013 年 12 月于三峡大学

找寻路上风景，探究合理路径

——沈奇二十世纪八十年代以来的诗论与诗歌写作[①]

陈　卫[②]

沈奇在当代中国诗坛由热闹转入喧嚣的时刻出现。论年纪，生于1951年的他比谢冕年少十九岁，比吴思敬晚出生九年。二十世纪八十年代初期，谢冕已是诗歌批评界的老大哥，吴思敬羽翅初展，沈奇“萌”在校园忙于写诗。按诗歌写作界的出场顺序，他在北岛、顾城、舒婷之后，虽然年纪差不多。他被人们当成了第三代中的“小子”。

1986年，沈奇第一篇诗歌评论问世。[③] 此后，他参加诗界讨论活动增多，嗓门越来越响，使不少人渐渐忘了他曾打着“后客观”旗号进入过《深圳青年报》与《诗歌报》联合举办的“中国诗坛·1986现代诗群体大展”。

无论是生活的地域、所在的高校，还是为人处事，沈奇一直与地理、专业、体制的公认标准和核心价值有相当的距离，他多次标明自己走的是“野路子”，在诗歌界显出江湖义士而非庙堂之风，也特别力挺民间诗派和民间诗人。在“他们”诗派以相对陌生的诗风拂上诗坛的时候，沈奇是支持者；而当口语泛滥、叙事无节制成为时尚被无由传播的时候，沈奇又较早担忧。二十世纪九十年代，他向被政治抒情诗束缚许久的大陆读者介绍台湾现代诗歌；新世纪，他在诗歌现场中琢磨适合自己的写作路向，向传统诗歌资源取法。

---

①本文原载陈卫《中国诗人诗想录》，广西师范大学出版社，2018。

②陈卫，女，福建师范大学文学院教授。

③沈奇从1973年开始写新诗，1986年10月发表诗论《过渡的诗坛》，刊登于《文学家》双月刊1986年第5期。

他写诗论也写诗话，写富有古典味道的现代诗。

一、呼吸自由的诗风

二十世纪七八十年代之交，“朦胧诗”才在诗坛站稳脚跟，一股新的浪潮来得迅猛，围绕“朦胧诗”争论的评论者不少就此止步。从“后朦胧诗”写作阵营中冲出的沈奇转而为新诗评论，成为诗评界中的中坚力量。

是节目上演太快，还是沈奇的性格所致？

沈奇早期的诗歌透露出他那时的追求。“生命就像一片红叶”，“用最后的激情把它点燃/燃成一朵美丽的火焰”（1975），他愿意为自己喜欢的事业燃烧，站在海边，不敢捡起贝壳，怕拾起的是“沉没在大海深处的/水手的英灵”（《海魂》1980）；他欣赏美好的东西，特别尊重被忽略的生命，“从自我身上/我发现所有的人//从所有人身上/我看到我自己”；他重视个人与群体的联系，为此“多虑”，但并不忧伤，“我只微笑着/微笑着眺望这无边的大地”（《和声》1981），这些诗展现了沈奇敏锐而豁达的心胸。在幼芽与枯叶的对话里，沈奇听到“妈妈/我要做你的好孩子/可再也不做/你的影子”（《时代》1981），尊重长辈（前代），重视自我的生命价值，保持独立思考，这是沈奇用诗做的表白。

从来都不空洞发言，面对新的诗学问题，沈奇总是表现出一股热忱和广泛的关注。二十世纪八十年代末以来，沈奇参与了许多热点的讨论，抛出了不少出彩的观点。文化热、美学热使诗歌研究者们自觉探讨诗歌中的文化与美学关系，沈奇在《诗美三层次》（1993）指出诗美的三个层次为情趣、精神和思想。情趣之美在于“色”，有“色”而入道，此为诗美第一层；由情趣导引而至精神的熏陶升华，为诗美第二层次；第三层：思想之美，他认为是宗教感、对生命存在的敬畏。当下的诗，在他看来“不缺情趣，也不乏思想，缺的是艺术与诗的大精神”，圣徒般的“殉诗情怀”[①]。当代女性诗人在诗坛产生越来越重要的影响，女性写作一度成为讨论热点。写女性生活，表达女权还是忽略性别？喧杂的声音中，沈奇用《角色意识与女性诗歌》（1993）发言“艺术生命的最高层面应该是超性别、超角色的”[②]。经历多年政治运动，即使研究诗歌，当代中国读者还带着潜意识中的“运动”情结及行动惯性，沈奇在《运动情结与科学精神——当代中国新诗理论与批评略谈》（1992）一文中指认中国诗坛为“运动情结”和西方话语权的遮蔽，应该潜心诗歌本体，关注本土诗歌创作与理论的生成和发展，探究现时空下中国人自己的现代生命体验与现代诗歌体验等。[③]《拓殖、收摄与在路上——现代汉诗的本体特征及语言转型》（1997）这篇文章针对文本技术、创作者状态、诗歌语言、诗与非诗以及编选五个方面问题加以质疑，比如编选，他提出是否把原创性的作品留下，把投影和复制性的作品剔除掉等。[④] 这是对编书热的理性思考。

1998 年前后，传统的诗歌标准几乎被解构，沈奇有一系列短文论及当代诗歌特征，扫清迷雾。如《诗性、诗形与非诗》（1998）中谈的是诗歌的几个基本特质：他提出具有诗性的诗歌写作应该是具有独立的、自由的鲜活人格，具有独特的审美体验和独特的语言质素，表现为恢复语言命名功能的、超语义的，与精神同构而非仅作为载体的，是造型的而非通讯的，经由出人意料的组合而脱离语言习惯与语言制度，成为有意味的语言事件。[⑤]《诗与歌》（1998）中指

---

①沈奇：《诗美三层次》，载《沈奇诗学论集》卷一，中国社会科学出版社，2005，第 115 页。后文所注《沈奇诗学论集》均据此版。

②沈奇：《角色意识与女性诗歌》，原载《西安财经学院学报》1994 年 1 期。见《沈奇诗学论集》卷一，第 125 页。后入选谢冕总主编、吴思敬主编《中国诗歌总系》理论卷，人民文学出版社，2011。

③沈奇：《运动情结与科学精神——当代中国新诗理论与批评略谈》，载《沈奇诗学论集》卷一，第 174 页。

④沈奇：《拓殖、收摄与在路上——现代汉诗的本体特征及语言转型》，载《沈奇诗学论集》卷一，第 163 页。以下简称《拓殖、收摄与在路上》。

⑤沈奇：《诗性、诗形与非诗》，原载《当代作家评论》1999 年 6 期。见《沈奇诗学论集》卷一，第 90—91 页。

出诗“尽量用大家所生疏的语感方式，抒发为一般人所隐蔽不察的内容”，“诗”的功能在启示，“歌”的功能在告之。[①]《诗与道》（1998）反对诗载道过重，他以为诗有重的诗，有轻的诗，“轻的诗应该轻得如一只飞鸟，而不是一根羽毛；同理，重的诗也要重得有骨头有肉有风韵，而非一块道学家用来唬人的惊堂木”[②]。《小众与大众》（1998）中从社会学角度分析中国社会常常用“大众”来做“戒尺”，他认为“诗可以穿越时空去逐渐化大众，而绝不可作当下的大众化”，因为“诗所企及、所深入、所敏锐地肯定的东西，常常是大众话语所欲使之被忘却的东西”[③]。

二十世纪九十年代，于坚、韩东和伊沙等人的诗歌出现，人们的阅读和审美方式遭到颠覆：一改传统抒情而为叙事，一改书面语为口语，一改政治话题而为日常写作的诗歌，是不是诗？很多诗歌评论者选择了沉默。

沈奇却出声了。沈奇不是在一篇文章，而是在很多篇文章中替这新的一代诗人说话。为于坚，他写下了《飞行的高度——论于坚从〈0档案〉到〈飞行〉的诗学价值》（1998）、《隆起的南高原——于坚论》《“说事”与写诗或借题发挥——读于坚的〈塑料袋〉》等。他认为于坚的《0档案》在发表之后，批评界的静场是不正常的，这首诗“由诗性的歌唱转而为诗性的言说，视日常为理想之体，注重对意义的刻写而非意义本身，回到动词、名词及一切词的根部，客观、坚实、健动、去蔽、朗现、裸呈，以一种不无试错、证伪的态势，通过对汉语隐喻系统的解构，引领人们返回存在现场，从而极为有力而深刻地改造了我们时代的诗歌语境，同时也就改造了我们时代的诗歌精神”[④]；此外，他还说明《飞行》的题旨是复合型的，重新引进抒情，并且叙事与意象杂糅并举，语言上杂语并陈，纯驳

①沈奇：《诗与歌》，载《沈奇诗学论集》卷一，第95页。

②沈奇：《诗与道》，载《沈奇诗学论集》卷一，第99页。

③沈奇：《小众与大众》，载《沈奇诗学论集》卷一，第101页。

④沈奇：《飞行的高度——论于坚从〈0档案〉到〈飞行〉的诗学价值》，原载《当代作家评论》1999年第2期。见《沈奇诗学论集》卷二，第4页。

互见，因此他称于坚是一位“极富原创性的诗人”[①]。他为伊沙写下《斗牛士或飞翔的石头——初读伊沙》《伊沙诗二首评点》，特别指出人们把伊沙当成时尚，模仿他的口语写作，却对他存在误解：不知他的表象之外“一直恪守着极为严肃的精神立场”——“质疑传统，直面现实，为文化把脉挑刺以及对生存毒素的敏感”；看不见他“深藏着一腔悲天悯人的情怀与善意”。不仅如此，在《诗在西北》《热闹中的尴尬与困惑——从诗坛两个“排行榜”说起》及《秋后算账——1998：中国诗坛备忘录》等文中，他都大力地肯定于坚、韩东、伊沙们的诗歌在“朦胧诗”之后的特殊意义。

个性化写作没有从整体上提高现代汉诗质量，却由于模仿导致诗歌滑坡，沈奇对此认识充分。在《九十年代先锋诗歌的语言问题》（2002）中，他聚焦语言，指出口语写作的优势：“轻快、有力、鲜活，包孕着生活化语言以及身体化语言的丰富性、生动性与复杂性，处理得当，更能产生普适性的审美效应，增加阅读的亲和力，不隔膜，人气足。”另一品质是易生谐趣。但他也认为，口语写作带来的问题是“轻快流于轻薄，生动变成生猛，唯宣泄为快，或拿粗糙当锐气吓人，以至于成了心气与姿态的拼比，结果是量的堆积和质的贫乏，大多成了一次性‘消费’”[②]。他指出叙事能弥补传统抒情诗语言中的矫情与虚假，可一旦成为“风潮”，“已由早期的简洁、单纯逐渐变得复杂、含混起来，许多叙事变质为絮叨、啰唆、黏滞、拖泥带水，以拆成分行排列的平庸文章，复述在散文中讲过的东西，文体的界线几已荡然无存，从而加深了诗的散文化的危机。且因过分的逻辑感、析释性、知识化而加剧语言欧化的趋势”。他认为误区所在，在于诗人们只求生存真实之“还原”而忘了诗的本质在于

---

①沈奇：《飞行的高度——论于坚从〈0 档案〉到〈飞行〉的诗学价值》，原载《当代作家评论》1999 年第 2 期。见《沈奇诗学论集》卷二，第 16 页。

②沈奇：《“口语”与“叙事”：九十年代先锋诗歌的语言问题》，原载《文艺评论》2002 年第 5 期，题目为《九十年代先锋诗歌的语言问题》。见《沈奇诗学论集》卷一，第 35 页。

"命名"①，于是"口语者，将诗写成了顺口溜，写成日常生活的简单提货单；叙事者，将诗写成了分行散文分行杂文乃至分行论文，写成现象学的诗型报告"。在《怎样的"口语"，以及"叙事"》（2007）中，沈奇再次指出："伊沙将'顺口溜'写成了诗，他的追随者们却又将诗写回到顺口溜"，并希望写作者能确认自己"个体的生命意识和精神立场，再认领真正契合这种意识与立场的语言形态"②。这种直指诗歌写作命脉症状的批评非常尖锐。

不仅对自己肯定过的诗歌现象进行反思，对诗坛乱象，沈奇也表现出批判意识。《秋后算账——1998：中国诗坛备忘录》（1999）是沈奇重要的一篇文章。他把中国诗坛调侃为三路军团，"辫子军""洋务派""民间社团"，指出诗歌界存在话语权力争夺，他否认主流刊物的权威性，大力肯定民间诗歌社团的力量，"设若没有民间诗歌团体与诗歌报刊和官方诗坛的长期抗争，新时期的诗歌步程又将是怎样的一种状况"③。他认为所谓的"危机"，不过是"违背文学艺术生存与发展规律的'体制的危机'"。在《热闹中的尴尬与困惑》一文中（1999），他对《诗刊》社的"最有印象的现当代诗人"50名"排行榜"进行质疑，同时也对北大的排行表示遗憾，认为北大的排行突出了北大情结，浪漫主义诗人份额明显居大，有失"兼容并包"。

他的这些认识，使他激情地在二十世纪末的论争中成为主角。《中国诗歌：世纪末论争与反思》（2000）是一篇具有史料性质的文章，他梳理了这场论争的由来和参与者的认识限度，提出"回到真正有益于团结、有益于建设性的对话与反思中去"④。《"说人话"与

①沈奇：《"口语"与"叙事"：九十年代先锋诗歌的语言问题》，原载《文艺评论》2002年第5期，题目为《九十年代先锋诗歌的语言问题》。见《沈奇诗学论集》卷一，第38页。

②沈奇：《怎样的"口语"，以及"叙事"》，原载《星星》2007年第9期。见《沈奇诗学论集》卷一，第83页。

③沈奇：《秋后算账——1998：中国诗坛备忘录》，首载《出版广角》1999年第2期，后载《诗探索》1999年第1辑。见《沈奇诗学论集》卷一，第210页。

④沈奇：《中国诗歌：世纪末论争与反思》，原载《诗探索》2000年第1辑。见《沈奇诗学论集》卷一，第229页。

"说诗话"》(2000)、《九十年代先锋诗歌的语言问题》(2002)、《现代汉诗语言的"常"与"变"》(2001)等,都是针对现代汉诗语言问题而谈。他严厉地指出由于诗人成为只会说"诗话"(以及各种梦话、神话、胡话、文化话)的酸腐文人,穷嫌富不爱,只在香艳虚妄的自恋中自我麻醉,或自得于所谓时代心声之代言人的角色,使诗意成为"情感范式"或"文化作秀"①。经过对当代诗歌内容取向、写作方式和语言表达的诗歌讨论,沈奇对"先锋"观念有了新的认识,在《从"先锋"到"常态"——先锋诗歌二十年之反思与前瞻》(2006)文中他道破:先锋诗歌运动成为一种"情结",表现出"史的功利","派生出一些原本是先锋之本义要反对的一些东西"。他所认为的先锋是"变法"以"求新",而经典的生成,"总是趋向于整合了先锋与传统的有价值的东西而落于常态写作的创作机制"②。

可见,作为诗人和诗评家的沈奇,他向往先锋,却不排斥传统;他热爱诗歌,并不回避探讨诗歌发展中的任何问题。

沈奇的诗论不只是只言片语,由以上梳理,可以看到他的诗论涉及二十世纪九十年代以来的大陆诗界的多个重要话题:诗与读者(大众还是小众)、诗与时代、诗与道、诗的本质(内在美、语言)、诗的性别写作、诗歌标准等,都围绕着诗的外在因素和内在因素全方位展开。《诗心、诗体与汉语诗性》(2013)③ 是沈奇最近发表的一篇诗论,文中他总结了自己多年来所谈过的诗歌问题:"说'先锋写作'与'常态写作'的问题,说'口语'与'叙事'的问题,说'体制外写作'与'写作的有效性'问题,说'动态诗学'与'诗歌标准'的问题,说'自由之轻'与'角色之祟'的问题,说'诗歌生态'与'网络诗歌'的问题"。但他觉得很尴尬,因为所谈问题并没有真正解决诗歌问题,他不由感叹:"唯新是问"而"与时俱进"

---

①沈奇:《"说人话"与"说诗话"》,见《沈奇诗学论集》卷一,第 31 页。

②沈奇:《从"先锋"到"常态"——先锋诗歌二十年之反思与前瞻》,原载《诗探索》2006 年第 3 辑。见《沈奇诗学论集》卷一,第 222—224 页。

③沈奇:《诗心、诗体与汉语诗性——对新诗及当代诗歌的几点反思》,《星星》(诗歌理论版)2013 年第 5 期。

的“势”实在太大了——再一次指出问题。可以说，沈奇是当代诗歌的“问题”专家，对当下的诗歌研究看上去都是及时的，由他的密切关注也可以看到诗歌评论界目前与诗歌创作界一直严重脱节。诗歌研究者何为？这是沈奇诗论使诗歌研究者焦灼的新问题。

沈奇的诗论中，似乎出现了一个“济公”形象，行走诗歌江湖，该出手时便出手，出手之时不循规。沈奇可能不是一位深思熟虑、系统周密的理论家，更像是赤脚站在泥土中看天播种的耕地者。

二、诗歌批评的困惑和转型

二十世纪八十年代，中国学术研究欲与西方接轨，时值“观念”年、“方法”年，文艺界突增了不少陌生的术语，诗歌批评界也有人尝试。沈奇同样有过属于他的一些独创，如《拓殖、收摄与在路上》，题目中出现的三个词，前两个词是他的发明，后一个词来自美国垮掉派小说家杰克·凯鲁亚克的同名小说。在此不妨摘引一段他的论文，可以看到那时候的沈奇论文风格：

> 从白话诗的发难，到现代汉诗的全面确立，现代中国诗歌精神，经由几代诗人的努力，实现了历史性的转换：由超稳定性的、以传统文化为核心的古典封闭系统，向变动不居的、以现代生存经验为底背且与外部世界打通同构的多元开放系统的转换。这一转换，对二十世纪中国人的精神空间和审美空间，发生了创世性的拓殖效应——在这个充满忧患、对抗和各种危机的世纪里，现代汉诗已成为百年中国文化最真实的所在，成为向来缺乏独立人格的现代中国知识分子真实灵魂的隐秘居所，也同时成为中西精神对话最真实的通道。在不断消解狭隘的阶级利益和狭隘的民族利益的困扰，顽强对抗封建残余与意识形态暴力的迫抑之艰难过程中，现代汉诗最终以独立的现代精神风貌和丰满的现代艺术品质，与世界文学接轨，与现代人类意识交汇，成为二十世纪人类文化宝库中不可缺少的一个重要组

成部分。[①]

在二十世纪八十年代论诗的文字里，谢冕有着哲人的思辨，吕进喜欢用贴近生活的语言来表述诗歌，吴思敬借助较多的心理学术语进行跨界式解释，孙绍振偶尔借用一些政治领域的词汇，陈仲义的论诗语言中常有科技术语、经济术语，他喜欢使用暗喻、拟人等修辞，使一些抽象的概念活动起来。由沈奇的这段文字可以看到，他在分析诗歌语言的转型时，诗论语言较为西方化（翻译体），运用了很多看上去非常专业的术语，如“超稳定性”“古典封闭系统”“精神空间”“审美空间”等。而什么是“拓殖效应”呢？沈奇并没有特别地解释，从上下文可以看到，他想说的这段话可以用一句话概括：现代诗已经突破了传统局限，成为现代知识分子的灵魂所在。

此时的沈奇，和很多崇尚西方知识的知识分子没有太大的差别，也会用西方式的抽象理念把可以简单说清的话说得弯弯绕绕。他的《秋后算账——1998：中国诗坛备忘录》标题却用了公众社会中使用的民间日常用语与学术语的拼接。其时，可看出，他对诗歌批评的写作，确有困惑。

在与台湾诗人简政珍的对话《诗心、诗学、诗话》（1999—2000）中，他表明了这种来自研究的困惑：

> 坦白地讲，我是“野路子”出身，学养单薄，比较简单，所以，我一向对那种过于繁复、不着边际、拿文化符号的堆积蒙人的诗歌有强烈的排斥感。我认为诗首先要有一种生命的疼痛感在里面，既要悦目，还要动心，哪怕语言打磨得不是很到位，只要内涵的生命激情不掺假或“钙化”。[②]

---

①沈奇：《拓殖、收摄与在路上》，载《沈奇诗学论集》卷一，第 156 页。

②简政珍、沈奇：《诗心、诗学、诗话》，原载《天津社会科学》2001 年 2 期。见《沈奇诗学论集》卷一，第 282 页。

采用对话或访谈方式，明晰传达文学理念，公元前的古希腊哲学家、美学家柏拉图做过，他不认识的遥远的中国后生沈奇借鉴了。沈奇与诗歌研究同行对话，试图使深奥的诗学概念能够通过交流阐释，使听者（读者）明白。

这次谈话中，沈奇谈到诗歌批评的两种路向：学院化批评和民间化批评，我认为这就是使他身感处在夹缝的原因："我可以算是一个专业读诗评诗的人了，一年到头看诗，一看看了二十多年，越来越发现，完全用西方的批评模式和批评策略来对待现代汉诗的写作，是否有些错位?"这一问题得到简政珍的回答："我在西方诗学里面看到的像我们古代诗话那样灵动的东西到处都是，并不像我们在转借过程中那样，往往把好的东西去掉，只剩下干巴巴的东西，只剩下灰色黯淡的框架，套过来硬用，许多闪光的、智慧的火花都被熄灭了，失去了精华，这是批评最大的悲剧。"

这一命中中国诗界批评要害之语一定增加了沈奇回到传统、重新开始的信心。在《无核之云》中，沈奇有过一段文字来解释他的诗话写作："现代诗体诗话（选章）系个人多年从事现代汉诗研究及创作中，渐次积累成型的一种别有所得的现代诗话。其断续生成历经十余年，2009年冬整理校勘定稿。"① 由文中提供的时间推断，诗话的写作就在与简政珍交谈前后。作为一位写诗多年，喜欢钻研汉语意蕴与古典文化的诗歌批评者，知道自己的学养有限，放弃流行的西方术语，采用自己能够操控的诗话形式，是一个非常明智的选择。他完成的诗话近200则②，最初发表在台湾的《创世纪》《幼狮文艺》和《联合报》副刊及大陆的《山花》《名作欣赏》等刊上，围绕"诗"的主题展开五个方面的话题，翩翩起舞，灵动舒展。

为展示沈奇独有的风采和文采，撷取片段如下，并略做意涵与修辞上的解释：

---

①沈奇：《沈奇诗选》，陕西师范大学出版总社，2010，第273页。

②后收录于《无核之云（现代诗体诗话）》，载《沈奇诗选》，陕西师范大学出版总社，2010，第275—342页。

其一，诗歌与世界的关系。依据古诗“大漠孤烟直”，沈奇结合现代社会景况，展开语言的增殖，把“大漠”和“烟”进行引申与比喻，阐释为“物质之漠”“欲望之漠”“精神寒荒之漠”，而“一烟孤直者/诗也”（21）。将诗与社会和人的境界并置，强调诗的特性是如烟一样孤、直。表述时使用排比方式，运用古代汉语句式。沈奇对诗的理解是多方面的，他还认为诗的思维过程，是“由混沌/走向澄明/复由澄明/走向混沌”（18）；诗是“生命存在的特殊言说”和“特殊仪式”，“与神同在”（19），肯定诗的特殊性。

其二，诗与诗人的关系。114 至 133 则皆围绕诗人而言。沈奇认为的好诗人是：“独立/自由/虔敬/还有健康”的；“在沉入历史的/深处时，仍发出/自信而优雅的微笑”（132），沈奇的诗话形式借古人的，站在现代人立场，强调现代性思想。

其三，何处有诗？诗是什么？“诗乃意造”（48），“诗以道生/道为诗之骨”（52），颇有道禅家论诗之意味，也有浪漫的现代表达：“憔悴之后”，所有的日子里，“你向所有的虚空/随意伸出手去/都会碰响一片/奇异而真实的/诗意的轰鸣！”（134）沈奇认为诗在“弱者的深呼吸”里（135），“是孤独的老情人”（136），“是离乡人轻轻的/口哨”（137），“是偷闲者/淡淡的下午茶”（138），“是于时代暗处/发光的萤火虫”（139），“是在红尘之外/开着的蒲公英”（140），是“镀金时代的私人邮件”“物质暗夜的/精神闪电”（141），由这些暗喻之语，可看到沈奇对诗歌的感情，诗歌是人的安慰，给人自尊，是人的精神支柱，珍贵而且高贵。

其四，诗的美在何处？“直言取道/曲意洗心”（63），诗可以直言志向，也可以表达曲意，明道、洗心是其美。沈奇采用古汉语中常用的对仗修辞。他也用现代汉语表述诗美，采用排比、对偶句式“最原始的诗意/活在自然的深处/最长久的诗意/活在时间的深处”“以沉默为本”“在新奇，在差异/在不是太熟悉/又不是太不熟悉的/文字的奇遇中/创造语言的奇迹”（47），“世界是平的/诗是尖锐的”（93）。这类表达可以看到思维的缜密，语言的均齐和表达的形象。

其五，如何读诗？ “一切诗意/皆在诗句之无处/不在有处”（57），“读诗乃混沌的意会/而非明确的理解”（60）。这些既含古代诗家的观念，如“言有尽而意无穷”，又有现代读者（如提出“朦胧七义”的英国诗论家燕卜逊）对诗的理解。

由摘选的片段可以看到，现代诗歌理念的表述不一定非要使用西方学术语言，借助中国人习惯的诗话方式，从生活中选取适合的意象，在众所周知的古诗文中截取意涵，借助类比、比喻的方式，利用汉语本身的特色，采取对仗、排比、骈偶的简洁表达，使读者在简约的语言中抓住观念呈现出的形象，由意会而明晰，是一条使理论澄明的途径。

三、由传统再上路

沈奇早期的诗歌表达独立精神和人道主义的觉醒。一个奇怪的现象是，二十世纪八十年代中期以后，他大力肯定韩东、于坚、伊沙等人给诗歌界带来语言的革新和修辞的变化。沈奇的诗歌很少用口语写作，也不以叙事为主，不面向日常。他自始至终的诗歌写作，都是意象化、书面语、抒情性的三者结合。二十世纪八十年代，沈奇为人好评的《碑林和它的舞蹈者》（1985）是对大众忽略古代文化的批判；《剥离》（1986）、《我住在我的名字里》（1986）表现出个人化写作特点，塑造自我形象来描写个人的存在感。二十世纪九十年代，他的诗歌内容显得较为平淡，应该与他远离具体现实的学院经历有关。他多写生活的感受，写友谊，缺少大题材，不去触动社会神经，鲜少使人疼痛的句子。然而，在“朦胧诗”风潮已去的年代，大多习诗者都恍然明白：不依靠尖锐，不表示写作上的反动，没有任何新的策略，没有特异题材，没有特别的评论，诗歌写作很难显露风头。我们由此看于坚、伊沙，还有后来提倡垃圾派、上半身派的一些诗歌写作新手，几乎都是依靠反诗歌传统，如反意象、反隐喻、反抒情、反思考等使人屏息的口号或宣言吸引人的眼球。沈奇为何在行动上支持这些富有反抗意识的新作者，自己却不大面积地做此类尝试？

沈奇并不是没有尝试。与韩东、伊沙等诗人切磋，沈奇的某些诗有他们的影子，也许因为他常常表现出不遗余力地支持同仁写作，反使人忽视了他的诗歌尝试。沈奇的《上游的孩子》不免让人联想起韩东更有名的、收入中学语文教材的《山民》；《看山》和韩东的《大雁塔》在构思上有类似之处。《巫山神女峰》可看作是对舒婷《神女峰》的一种解构，由于大家对伊沙的解构太熟悉，沈奇这类作品自然被淹没了。

不能忽略的是，沈奇没有中断过诗歌探索。二十世纪九十年代他写过两组实验作品，其一《世纪——隐题组诗》，由六句诗组成，拆成每两句一节，每个字为下节中的首字，另组成短诗，最终合成三组短诗组成的组诗。以其中三节为例。

第一节为两句：

那个真实的世界
离我们很远很远

第二节是将第一节中的第一句置换成此节的第一个字，第三节则将第二句扩充：

那些荒诞的岁月之后
个性之委顿便成为宿命，所谓
真理的祭坛，从不会兑现什么
实行过阉割的灵魂
的确很难再年轻再真诚
世纪之痛
界说有待另一个黎明

离别家园，梦失荒原
我
们

很平静地走向沉沦
远山依旧很远，而现实依旧
很现实。很无奈的时候便默默去读
远逝的秋云如歌如梦

这种写作类似诗歌文字游戏，将一个句子拆解成每一句的首字，然后再组成新的文本。出于诗评者和教师的职业习惯，沈奇做了附记，说明这组诗仿洛夫诗歌。这种戴着镣铐的舞蹈可以跳出很多种风格，沈奇写入的是他的个人经历以及一代人对社会的认识和无奈。

另一个试验品《世纪回声——实验组诗》，是从他原来的诗作中抽出五组句子，轮换式排列，形成四个变体。正如沈奇意识到，"只在以此特殊的方式记录下一个中国诗人的世纪末之叹息而已"①。的确，从这种依靠文字排列组合变动进行的形式实验，所获得的效果非常有限。他的实验可看作一般性的文字游戏，因为他没有对诗歌写作做根本性的改变，如意象的变化、题材的变更、搭配上的变易等。

可是沈奇不放弃寻找突破的机会。在他大量的评论中可以看到他一直在寻找诗歌的新风景。他在行走的路上，遇到了二十世纪三十年代写作《断章》的卞之琳，也有八十年代以来的各类诗人，如被称为白洋淀诗群中代表诗人的多多、严力，以难解为著名的诗人余怒，以下半身流派出名的沈浩波，以女性主义写作在当代诗坛为人注意的翟永明。有关注现实的诗人雷平阳、谭克修的诗，也有执着于写感觉的张枣、王寅、王小妮、娜夜、黄礼孩的诗，其都成为他重新建构诗歌理念的来源。特别是台湾现代诗让他感到一种新鲜，他最早关注《创世纪》诗社，被他评论的诗人有洛夫、痖弦、张默、大荒、碧果、管管、辛郁、朵思、罗门、蓉子等，后来还有蓝星社的向明、夏菁等，也有中生代诗人陈义芝、简政珍、詹澈等。台湾诗人在对传统和西方诗歌的综合与突破处给沈奇带来新鲜的感觉。

①沈奇：《沈奇诗选》，陕西师范大学出版总社，2010，第 175 页。

他为新的诗歌因素吸引，注重诗歌表现出来的个性，也提出一些个人之见。如在阅读管管的诗歌中，肯定他的天才和创造力，认为他的诗歌过于随意，缺乏深层的精神体验，缺乏对散文化倾向的克制。

2007 年，通过大量的阅读和对诗歌本体的思考，沈奇有所准备。他在《新世纪诗歌面面观——答诗友二十问》（2007）中说道："近年来，我反复提出要倡导一种优雅的诗歌精神，一种现代版的传统文人风骨。"① 于是，他开始了实验诗《天生丽质》的写作，以此实践他想表达的优雅诗歌精神和现代版的传统文人风骨。

在旧路上另辟蹊径，打造新景点，沈奇的做法有点类似当下城市建筑的文化改造：不是退回古典，而是从古代传统中吸取意象和语言的表达方式，一展现代人的古典性。实验开始之前，沈奇在《现代汉诗语言的"常"与"变"》中谈到实验诗歌的理论基础："简约"是汉诗语言的底线，中国诗歌最根本的语言传统②，小诗是汉语诗歌的正根③。

2012 年出版的诗集《天生丽质》，在题目上首先呈现视觉美的特点，集中所有诗题皆由"二字"组成，遵循汉语规范，简约而别出心裁。二字有偏正结构，如"青衫""晚钟""深柳""暗香"等来自古典意象的词语；还有动宾结构，如"种月""浮梦""听云""别梦"等；有名词并列使用，意象叠加，如"叶泥""雨鸽""松月"等。有些意象来自古诗词，有的则为沈奇自制，如"鸽灰""星丘""茶渡""响晴""秋瞳"等。在句式上，并非采用古体或近体诗的形式，他不拒绝使用古汉语，但拒绝翻译体，因此短句多、长句少、形容词少用。在诗歌写作中，有的汉字具有多重解读之效，还有一个特色是借用古代诗文中常用的对仗方式，嵌入现代口语，形成诗

---

①沈奇：《新世纪诗歌面面观——答诗友二十问》，原载《诗探索》2007 年第 3 期。见《沈奇诗学论集》卷一，第 251 页。

②沈奇：《现代汉诗语言的"常"与"变"》，原载《廊坊师范学院学报》（社会科学版）2002 年第 1 期。见《沈奇诗学论集》卷一，第 46 页。

③沈奇：《现代汉诗语言的"常"与"变"》，原载《廊坊师范学院学报》（社会科学版）2002 年第 1 期。见《沈奇诗学论集》卷一，第 48 页。

歌的故事性、对话性，营造戏剧性场景。用分节表示思维的跳跃性，用自然意象暗示情绪，如《微妙》一诗：

高处不胜寒
是身寒
还是心寒

——从梦的侧面
问完这个问题
那块顽石
伸出最后一只
感性之手
把秋阳抓个满怀
不再理睬
外在的风景

玉心尽弃
岁月静好

以此诗为例，可看出沈奇探索诗写作的特点。一、字意的衍生，如“寒”为复制性写作，以“寒”字的多种歧义来激活文字本身带来的多重生命与文化感受，使诗的意义增长。二、实与虚的结合。第一节为实在的话题，第二节的描述中，用“梦”来表现前面多句话不过是虚景，回到现实中。第三节是实还是虚，让人难定，诗歌获得朦胧诗境。三、思维跳跃、暗示性强。“顽石”含义不确定，由后文的描写来看，它可以是人的代指，一个专心的感性的抛却精致追求自然的人，也可以是自然风光。因为语言的不确定，诗歌相对有了空灵的意味，可以看作诗人描写了人对于理想的感情。回到自然的言说状态，回到大自然的景象当中，回到语言的本色里，拒绝给它太多的附加意义，以恢复人与自然、现代与古代对话，因而避开流行的写作元素，以文字为符号，打开诗美空间：画和意同在，这是沈奇独创的《天生丽质》。

《天生丽质》的唯美性借助了古代诗歌宕开式的思维模式，使用通感，打开多重感知世界，如《听云》，听的是“茉莉花”，想的是“千里之外/有人因失恋而自残//江月年年照何人?”此诗语言紧缩凝练，不疏放粗野，这种力求张力的语言恰与当下的口语、叙事的铺陈性写作形成对比，使语言似有被清洗过的感觉。从具体文本上分析，沈奇还有着他早期诗歌那种对意念的浅显阐释，并非首首都值得称道。如《野葵》，意象上并无特别的新鲜感，尾句的议论，有画蛇添足的弊端。《秋白》在诗行排列上用心了，试图形成一种韵律感。但这种韵律感仅发生在前两节，第三、四节转向了意象描写。这些诗歌，形式上都是小诗，以非常小的格局和想象写云淡风轻，少有厚重的内容。作为诗歌批评家，他有职业意识，因此他特别强调这不过是一种探索，诚实地给自己预留了足够的批评空间。不过，尽管这类探索诗歌给人的感觉有如穿着旗袍的女子走在上海的南京路上，其背影是否能够停留在目睹者眼中，是否为时间驻留，还有待下一个或后一群美女（未来的诗歌）的出现来验证。

由写诗而进入诗歌批评，在二十世纪八十年代的诗歌批评者中，沈奇不是唯一的一个。然而，一边做诗歌批评，一边探索诗的写作，不是每位诗歌研究者都能用两边肩膀顶起的事。

沈奇喜欢用“在路上”描述发展中的当代诗歌，他自己看上去就像一个在路上漫步的人。在路上，带着追寻目标的原动力，浏览各样风景，不避开迎面而来的东西，为它或行路的自己探究合理的路径，这正是沈奇在诗学研究和诗歌写作中表现出来的真实。

2013 年 2 月至 6 月于福州

把寂寞的事业做得有声有色[①]

谢　冕[②]

文学批评是一个寂寞的世界，诗歌批评尤为寂寞。在这个寂寞的园地里，能把这份事业做得既热烈又恢宏，这样的人不多，沈奇是其中一个比较突出的人物。他能够把一个非常寂寞的事业做得有声有色，这跟他的努力和学养是分不开的。我本人这一辈子也做这件事，也是一个寂寞园地里的默默耕耘者，我看到他把这个事业做得这么好，心里非常欣慰！

这次研讨会的会场上，摆放着沈奇多年出版的二十余种著作，其中引人注目的是他那套《沈奇诗学论集》，一共三卷，2005 年第一次出版，2008 年出版修订版，2013 年又出版增订版，从七八十万字到近一百万字。按说，一部诗歌理论与理论文集，应该没有小说那么吸引人，也可能比不上诗歌作品那么吸引人，我经常想，我们的读者可能是很少的，但沈奇的三卷本居然能八年里连续出版三次，这本身就是一个奇迹。

这样一部在一般人看来是很乏味的理论批评著作，能吸引这么多的读者，能得到出版社这样的支持，本身就有它迷人的地方——到底什么地方吸引人，什么地方迷人，能够一而再再而三再版，值得我们思考和讨论。

出席这样的会，本应该对沈奇做一个认真的回顾和发言准备，但因为一些原因，我到前天下午才回国打开电脑看到会议的相关材料，时间非常有限，不能为会议提供很好的发言，对沈奇做全面的

---

①本文为 2016 年在西安召开的沈奇诗与诗学学术研讨会上的发言。

②谢冕，北京大学中文系教授。

评价，觉得非常遗憾。但根据我平常对他的了解，我觉得还是可以说一些自己的体会。做诗歌理论与批评本身很寂寞，很少有人理睬，而且本身也是一件很难做的事情，但沈奇给我们提供了好的范例。他为什么能对那么多复杂的诗歌现象发表那么多的意见，而且这些意见都得到相当好评，我琢磨之后有一点想法提出来供大家讨论。

首先，沈奇的学术视野现在变得比较开阔了。

我曾在我以前的发言中说过有关沈奇的局限性的话，但今天要修改我的看法，当时我可能对他了解不深，觉得他有一些不足的地方，因此我做了那样的判断。事实上，沈奇是有全视野观照的，对中国诗歌特别是中国现代诗歌的把握很全面。一个诗歌批评家，没有文学史做他的背景，没有诗歌史做他的背景，就很难发言，具体评论一部作品一位诗人时，就很难给他定位。沈奇因为拥有全视野，就能够给诗人定位，这一点很多评论家做不到。一些评论家对诗人的作品可以讲得很好很细致，但这个诗人究竟给我们的诗歌史提供了什么，在中国的诗歌发展历史上他的位置在哪里，却说不出来。还有些批评家看似有宏观的视野，实际却是空洞无物不着边际。

这里我愿意引他早期的一个理论来说明。

当代中国新诗潮兴起时，他很快就做了一些归纳或者说总结，提出了“三大板块说”①，他说二三十年代的现代诗是一大板块，台湾文学背景下的现代诗是一大板块，八十年代的大陆朦胧诗及后来的新诗潮是一大板块。他这个“三大板块”的确立，是以现代诗的现代性为标准，以此贯通整个中国新诗史的，这样他自己作为批评家的位置也确立了，他是站在推动现代诗发展的基点上来发言的，所以他发言有底气。

---

①详见沈奇诗学论文《中国新诗的历史定位与两岸诗歌交流》，原载 1995 年 6 月出版的《中国文化研究》夏季卷，后收入《沈奇诗学论集》卷一，中国社会科学出版社，2005。

再就是他提出的新诗“现代性过渡说”[①]，能做这样的判断，他必须要心里有底。中国的新诗从“五四”开始，如果可以将前十年的诗歌运动概括成自由诗派、格律诗派、象征诗派的话，朱自清当时主编《中国新文学大系·诗歌》，对李金发先生那么难懂的诗，在编选时选了三十多首，比郭沫若还要多，这就说明，对于中国现代诗发展的重要性朱先生很有认识。沈奇抓住中国诗歌的现代性，始终保持批评家的先锋姿态，义无反顾地支持中国现代诗的发展，同时在局部上又有很多研究，包括对台湾的现代诗的研究。

另外，关于具体的诗歌现象，沈奇也常有很好的分析。我注意到他对诗歌语言的把握，具体到作品研究时非常细致。比如他谈到“第三代诗人”，我们对“第三代诗人”有不少批评，认为语言上有很多问题，沈奇也感觉到这一点，但他能对“第三代诗人”的许多个案，包括其作品当中的叙事性、戏剧性、口语等语言问题，做很细致的分析，这是因为他有整个中国文学史和诗歌史的背景，所以能很快确定这个诗人是否有价值。比如他说有的诗人和作品是重要而不优秀的，有的诗人和作品是优秀而不重要的，有的既优秀又重要，他是以他的理论体系来做出判断的，有一个理论的切入点，有“三大板块说”“现代性过渡说”等作支撑。

总之，沈奇的成功不是偶然的。沈奇在当代中国诗歌界是一个非常有活力的诗人和诗评家，也是当代中国诗歌运动的全面参与者，创作、理论、批评和诗歌活动、诗歌出版，以及两岸诗歌交流等，他是全方位的。同时，他的诗歌批评还能够建立在自己诗歌创作体

---

①详见沈奇诗学论文《过渡的诗坛》，原载《文学家》1986年第5期，后收入沈奇第一部诗评论集《拒绝与再造》，西北大学出版社，1999。该文于二十世纪八十年代中期，即指认“朦胧诗”只是大陆现代主义诗潮的过渡形态，及时肯定“第三代诗歌”的诗学价值与历史作用，进而分延出有关当代诗歌从“发生”到“接受”的未来发展趋向和基本结构的论析。同时提出有关划分重要而不优秀的诗（及诗人）、优秀而不重要的诗（及诗人）、既重要又优秀的诗（及诗人）、研究性阅读与欣赏性阅读等问题，以厘清中国特色下的文学史和诗歌史所带来的价值尺度混乱问题及对“第二诗坛”的公开名命等。既是当时领风气之先的新锐之见，也成为其后理论与批评的基点。

会的基础上，进行感性又理性的归纳和辨析，所以他是一个很有力量的诗歌理论与批评家。

当然，沈奇也有他的问题，比如他喜欢生造一些新的批评话语和用自己想出来的新奇的概念来命名，对这些我有些眼花缭乱。这一方面说明他思想活跃有创造力，重新命名的意识和能力非常强，但我读来还是觉得多了一点，虽然他一直坚持这样做，但现在看来还是有些突兀和不准确的地方。

总的来说，我们从沈奇的诗歌创作和诗歌研究上得到不少启发，他几十年如一日地坚持，可以说是当代诗歌理论与批评界的成功范例。

2016 年 9 月 24 日

评论也是一种写作[①]

贾平凹[②]

对于现代诗以及当代诗坛，拿我自己来讲，具体的都不太了解，又不是评论家，确实是这种情况。沈奇给我来信邀请与会，起初感觉有些为难，后来我同意来，第一是来祝贺，第二是来见一些朋友，有陕西的朋友也有外地的朋友，借这个场合和机会见面。这就是我这一次出席会议的背景和原因，也是我的真实想法。

我再多说几句，谈一点对于诗的认识。

我觉得诗是当代中国社会、中国文坛、中国诗坛的天气预报。不只是文坛的天气预报，几乎是中国社会的天气预报。在一些场合我也讲过，现代诗是最具革命性的，现代思想、现代观念传入中国时，从文学方面来讲，诗歌是最受欢迎的，它的革命性也是最强的，然后才是小说和散文。这是我对现代诗的看法。

我自己不写诗，但我爱读诗，读诗的习惯从大学毕业到现在一直保持，可以说许多新观念、新思维和新形式，从诗歌中获得了很多启示，这是我的真实情况。诗坛每一阶段的动向我都很关注，无论是从北岛开始，还是到现在的各个流派。但毕竟我不在这个圈子，要说研究我还谈不上。

再一点是对评论的认识。评论和写小说一样，其实都是一种写作，沈奇在他的书中也说过这样的话。我几年前就一直在这样想，搞评论和搞创作是一样的。在我理解，文学评论和诗歌评论要想对文学对诗歌有一种感觉，必须具备灵气和才气，当然最主要的是要

---

①本文为 2016 年在西安召开的沈奇诗与诗学学术研讨会上的发言。

②贾平凹，中国作家协会副主席，陕西作家协会主席。

有见地，要有独立的思考，有自己的观点。

我在大学三年级时读蒋和森的《红楼梦论稿》，其是部长篇评论，我抄了三个大笔记本，这是我记忆特别深刻的一件事，当时我就对这一类评论文章特别感兴趣。后来，我自己在写作以后，读的评论也很多，不敢说我把所有评论家的文章都看过，起码在座的我都看过。当时看这些评论，我是想看文坛的动态，创作会局限在自己的范围内，通过评论我可以看到文坛的变化，看新动向和新观念，也通过这些文章了解评论家的本人情况。总的来说对诗歌和评论我自己都特别热衷，也吸收了很多东西。

接着再来说沈奇。

我对诗坛和诗歌的总体了解，不是很清楚，但谈到沈奇，我和他几乎同时出道，虽然道路不同，但久为朋友，几十年过去了，我们还在这条路上继续跑着。沈奇在他的文章中也表达过这意思，在这条路上跑得久了，就像平常喝水一样，谁也不在乎，但一旦停下来了，可能就立起一座山，不说是一座山吧，也至少是一个土堆，是另外一种存在。

沈奇写诗也写诗评，我很惊叹他有这两手，他既有灵性，又有学养。我看他的这本新世纪诗歌评论集《诗心、诗体与汉语诗性》，其中第一辑和第三辑，都是一些新的思想和观念，是站在一定高度上的整体发言，有胆识，有眼光。第二辑是具体谈诗人和诗歌作品的。我觉得，他在此时出的这样一本书，在某种程度上也是总结性的，是一本特别厚重的书，一本可以代表沈奇的书。这是我对他这本诗歌评论集的感觉，也表示祝贺。

我再说一个意思，对沈奇的印象。

读沈奇的诗和沈奇的诗学文章，对我来讲，是缓慢的，从某种程度上来讲还是艰涩的。因为他的书言之有物，不是摸不着头脑的写法，他的内容货真价实。但沈奇的语言和节奏使我读起来不能连续读完，读完一篇我就要停下来歇一歇。前面我谈过，我是作为诗坛之外的人来参加会，这场研讨会来了很多诗坛大家，另外在沈奇的书中他谈了那么多的见解，如果面对他的见解我自己就没有见解了，也就说不出来什么了。

沈奇的诗和文章，像我刚才说的，一时读起来有些不适应，要进入他的世界，往往是进了这个房间就不能再很快进那个房间，更无法从墙的这边或从窗子跳到那边去，我达不到这个程度，所以觉得有些惭愧，真的要谈出点什么，还要认真慢慢读再慢慢谈。

2016 年 9 月 24 日

我看沈奇对台湾诗歌的研究[①]

陈思和[②]

我跟沈奇虽然交往不多，但他是我心目中分量很重的朋友，所以尽管时间很仓促，我还是一定要来开这个会。来了之后心里又惶恐，有点像华威先生一样，感觉这么匆忙好像是来凑热闹的，很抱歉。

我最先知道沈奇是在台湾。台湾的诗人一谈起大陆的诗歌评论界和研究者，都给我说沈奇，那时我并不认识沈奇，是因为台湾诗人的介绍我才认真拜读了沈奇的文章。后来沈奇的著作我常拿来当作参考资料[③]，当我读不懂一些诗人和诗歌作品时，我就看看他的评论，看他是怎么研究的。所以我一直把他当作我心目中分量很重的朋友，也一直把他当作学术界对台湾诗歌研究方面的高人。

二十世纪八九十年代，两岸刚开放，互相之间还不熟悉，但台湾是中国的，这是大家都很看重的一个观点。从八十年代以后，我们讨论中国文学史和诗歌史时，肯定会把台湾这一块纳入进来。可怎么纳入？这里又有很多问题，毕竟存在意识形态不一样，创作背景、生存背景与文化背景不一样的地方，有的甚至可以说是对立的地方，在这种情况下，我们如何正确评价或者说接纳台湾这一块——说接纳有点过了，在我看来我们就是一家人，而不是此高彼低，关键是怎样把台湾那边的文学创作成果整合进同一个历史书写谱系——当时是新文学八十年，现在已经是一百年的历史谱系——

①本文为 2016 年在西安召开的沈奇诗与诗学学术研讨会上的发言。

②陈思和，复旦大学人文学院教授。

③沈奇有关台湾诗歌研究的著作，按出版时间前后，主要有：《台湾诗人散论》，尔雅出版社 1996 年版；《两岸现代汉诗论评》，三民书局 2001 年版；《谁永远居住在诗歌的体内》，唐山出版社 2009 年版；《沈奇诗学论集》卷三，中国社会科学出版社 2005 年版。

来书写，这是一个难题。

比如我们编写中国当代文学史，或者二十世纪中国文学史，经常会遇到这种情况：写到五十年代到后来一段，前面全谈大陆，到最后加两章是谈台湾的，顺便讲讲余光中，台湾文学本身并没有得到很全面的评价。这种做法对台湾诗歌、对台湾文学和台湾作家也不公平，他们也是中国人，也是中国文学史上的重要成员，可是在我们的体系里，我们没有办法把他们正式容纳进去，不能使他们成为二十世纪中国文学一个有机的必然组成部分。这样的观念在我们这里很缺乏，也是我自己一直想解决而没解决的问题，所以在编写文学史时，我是把台湾文学这一块拿掉的，不是我不重视，是我没办法找到一个合适的理论去整合，与其写得不准确，不如不写。当时我主编《中国当代文学史教程》，里面有好几块地方是空缺的。当时面对这个问题，我就想，既然没办法谈，谈了就是虚伪的文学史，不如干脆让它缺席，所以我把这一块拿掉了。

沈奇先生是比较早整合海峡两岸的诗歌史的，而且他提出了一些关涉到理论框架的说法，比如他的“三大板块说”：二十年代至四十年代诗歌是一块，五十年代至七十年代，他主要整合台湾诗歌这一块，八十年代之后他整合大陆诗歌这一块，这样的叙事方法成不成立要讨论，但至少，他把这样的概念与这样的理论框架，引到了文学史的范畴之内，给了我很大的启发。后来我编《中国现代文学一百篇》和《当代文学一百篇》，选编到诗歌部分时，当代文学范畴的五十年代至七十年代这一块，我就大量选了台湾诗人的作品，选了洛夫、痖弦、余光中等。

当然，海峡两岸都同属一个中国，我不能说这段时期大陆的文学比较平凡。而且这一个中国，我认为不能说是从 1949 年开始，实际上是从抗日战争开始的，抗战导致了中国文学版图的变化，这个变化一直在进行，但总还是在一个中国里变。洛夫、痖弦、余光中他们，只是抗战期间文学迁徙的自然结果，而不是硬要整合。这种迁徙不是从 1949 年开始，而是三十年代就开始了，因为抗战才造成这样的局面、这样的格局。

这个概念，在台湾诗歌界，是洛夫先生最早提出了“大中国诗歌”观，在大陆，是沈奇的“三大板块说”。这个概念直接影响到后来的延续，按照这样的思路去延续编写文学史，包括编选诗歌作品集。如果我重新修订我主编的那部《中国当代文学史教程》的话，我会努力尝试着把台湾这块引进去，整合起来，我打算从抗战开始说起，这样就能很自然地把政治演变讲清楚。台湾现在有本土意识起来了，二十世纪八十年代时本土意识还是被压抑的，那时的沟通和了解，我觉得是非常重要的一步，如果那时就在理论上解决了这些问题，后来就不会那么生硬了。

再一点，沈奇先生对台湾诗歌的研究选择，打破了大陆主流的和一般的审美习惯。

大陆在长期的传统中，比较倾向于对中国文化传统的传承，对现代意识及西方现代诗歌的实验，主流学术评价体系里有很多问题，这些问题从“五四”开始到今天，一直没有得到很好的解决。所以，我们的诗歌只要是偏重于传统的，一般都会叫好，如果是模仿西方的，那就是另一回事，比如我们对李金发这样的诗人，到现在都没有很客观地评价。因此，当台湾文学进入我们的眼界，我们首先选择的，小说一定是白先勇，诗歌一定是余光中，这是最符合我们习惯性的审美标准的。到今天为止，在我们研究台湾文学的领域里，主流认可的是陈映真这一路数的，民间认同白先勇、余光中的传统，比较温柔的传统，带有怀旧的审美，这个审美符合主流。

沈奇先生做台湾诗歌研究，看重的不是余光中他们，而是另外一拨被我们认为看不懂的诗人。我注意到，沈奇对台湾诗的研究是别有选择的，他的研究重点，在《创世纪》的洛夫、痖弦他们，对蓝星诗社的关注，则主要选了罗门，而不是余光中、覃子豪那一批。在台湾诗坛也有这样的情形，我在朋友中介绍过，他们往往要批评罗门，其实是因为罗门讲的话他们听不懂，对洛夫的诗排斥更大，所以叫他“诗魔”，这个“诗魔”的概念，在起初其实是有一定贬义的，这样一些诗人，在台湾也不太被认可。

中国这个深厚的有两千多年历史的审美观念、审美传统，要比政治的传统，比意识形态的传统更顽固，更能根深蒂固地制约我们的审美口味和评价眼光，这不是谁强加给我们的，是我们自己内心里的，是我们的民族在长期发展中形成的，这样形成的审美规范好不好一时说不清，但代表了我们民族一般审美的状态，而问题在于它比较保守，不易接受新东西，凡是有新东西，有打破这种审美规范、打破这种语言习惯的东西，往往就不能接受，或者会看得比较低，这一点在台湾和大陆是一样的。由新诗开始的传统，现代的传统，或者说超现代的传统，有实验意义的有解构意义的东西，在今天依然很难生根，很难被大多数人容忍，我们讨论“朦胧诗”时就讨论过这个问题，这个问题不是从那时开始，从二十世纪二十年代周作人、梁实秋的时代就在讨论，到了五六十年代台湾又在讨论是否看得懂，现在总算不讨论了，因为大家都不看了。

在这个过程中，沈奇先生的观念非常前卫，为大陆的诗坛引进介绍了洛夫、痖弦这批非常优秀的诗人，包括罗门。另外我还非常欣赏林耀德，他写诗用的许多字，都是他自己从电脑里生造出来的，不是从《新华字典》或《康熙字典》里翻出来的，现在他已经死了，他活着时也被人骂得要死，这样的诗歌都很难引进，很难被大家接受，可沈奇先生介绍了他们，很早就研究了他们，我很佩服他。我不研究诗，我讲不清楚，我知道在台湾谁是好诗人，但不太有把握去评价他们，沈奇对他们的评价，不仅对大陆诗歌来说是引进了一个新的观念，对台湾诗坛也是一种非常前卫有力的促进，所以我到台湾去总能听到很多人说起沈奇，我觉得我找到了知音，找到了能帮助我、引导我去认知台湾诗歌的兄长。

沈奇不仅是对台湾诗歌，对大陆诗歌来说也是很重要的。他的诗歌评论主要是“朦胧诗”以后的“第三代诗人”，及二十世纪九十年代以来的诗人，这个阶段是各种流派百家争鸣的时代，这个时代非常难以去理解，非常难以去把握。跟刚才说到的台湾这批诗人一样，他们不谈意识形态，他们首先是在审美规范上、审美方式上和审美观念上，对我们的主流进行了挑战，批评他们的人常常不是官方的也不是保守派，而往往是一些非常权威的诗坛领袖，或者诗坛资深专家，他们不能接受这个新的东西。比如“口语诗”，包括我在内，我在理论上，在读小说和读文学作品中，比较倾向于民间，但我没法正确理解“口语诗”这样的民间，包括于坚发表在 1994 年《大家》创刊号上的那首长诗《0 档案》，当年我读过，但没感觉，我是后来看了沈奇对于坚的评价，才慢慢醒悟过来。复旦大学也有几个研究诗歌的，也研究得很好，当时我即使是问他们，说能否帮我从这一路数中选一些最有代表性的诗给我看看，他们一时也选不出来，我就认为大概真的是没有什么好的诗，后来看了沈奇的书才发现是自己看得太晚。

所以，我对沈奇在当代诗歌研究里的成就，一向看得很重要，这也是我赶来开这个会的理由。

2016 年 9 月 24 日

诗坛有位“老中医”[①]

杨匡汉[②]

秋风细雨到长安。感慨陕西这块土地和沈奇的母校西安财经学院，包容并培育了沈奇这样一位有影响力的诗歌评论家。他从教近四十年，治业近半个世纪，至少在西安财经学院，可能已经是“元老”级的了，但若按照世界卫生组织最新年龄的划分，沈奇应该还算是“青年”级别的教授，就像谢冕老师是北大最年轻的教授一样。沈奇的成就已经存在于过去，但他的希望还存在于未来，我是这样理解的。

会议让我发言，我想了一下，取名为《诗坛有位“老中医”》。去年我和他一起到鼓浪屿，参加陈仲义的国家科研项目鉴定，我和台湾诗界的朋友一起坐轮渡过岛报到后在街上溜达，我的眼睛不太好，台湾朋友远远看见沈奇，就说“你看‘老中医’来了”，我才知道他有这个雅号。

我请教过一些真正的老中医。老中医的工作一是号脉望诊，二是开药方，很简单，但也很复杂，因为其中有很多模糊之处。我感觉沈奇确实像一位老中医。他视野开阔，思维敏捷，常常能把握脉搏，提出问题。二十世纪九十年代末我们《诗探索》收到他那篇后来引发争鸣的《秋后算账》[③] 的文章，我刚开始看到题目还不大明白，后来吴思敬老师过来跟我讨论，说沈奇这篇文章，就是想就当时很热络的有关“九十年代诗歌”的一些理论说法和编选理念之类总结性的“算账”，对不对，准不准，提出一些自己的看法，后来仔细一看文章，提的确实都很到位。

---

①本文为 2016 年在西安召开的沈奇诗与诗学学术研讨会上的发言。

②杨匡汉，中国社会科学院文学所研究员。

③即《秋后算账——1998：中国诗坛备忘录》。

最近他又抛出一篇大文章，发表在去年第 8 期《文艺争鸣》上，说新诗是“一个伟大而又粗糙的发明”，很不成熟，提醒我们思考“新诗新了一百年了，是不是还要像这样新下去”。沈奇给出的“诊断”是：新诗百年来，过于纠缠于时代，纠缠于各种思潮、进化论等，写得也太多太滥，是否应该慢一点，不要一味求新求变，一条道走到黑，而是要对汉语诗歌的本质要素和基本元素，有所挽留和整合？这个“号脉望诊”，至少基本上符合我的一些想法。

号脉望诊之后，还要开药方，要搞辨证诊治。这次研讨会提供的参考材料里，就沈奇多年的诗歌研究成果，提取归纳了十二个主要学术观点，包括“现代性过渡说”“三大板块说”等。我粗粗看过后，将其归纳为几个关键词，也可以说是他开出的主要“药方”，都是从他的说法中提取出来的。下面分开来说。

第一个关键词：“脱势就道”。可以说，沈奇多年来诗歌理论与批评中主要的观点，都可以包含在这个关键词里。具体说，所谓“脱势”，就是说诗歌要脱离一般的空洞宣传造势，要脱离频繁的运动潮流，要脱离不断变化的时尚追求；而所谓“就道”，就是要在“道”的层面，在诗歌和诗学的本体层面潜沉修远，不要总是忙着趋流赶潮。

第二个关键词：“移洋开新”。沈奇在多篇文章里提到个词，并指出，新诗发展虽然一直在强调“两元潜沉”，但实际上总是偏重于西方这一头，所以新诗永远处在不断被追问的过程中。沈奇当然不反对“移洋”，而且主张要广泛吸取西方诗歌的精华、精粹，但“开新”的基石不是只求外在的转移，还得反求自身，反求汉语诗歌源远流长的自身传统。我觉得像这样的问题，到底该怎么“移洋”，怎么“开新”，是值得我们深入讨论研究的。

第三个关键词：“汲古润今”。说到这个关键词，我要先感谢沈奇。那年我们和乔羽在深圳开音乐文学研讨会，之前在北京同沈奇出席一个诗学研讨会中，私下聊天，我说马上要去开一个关于歌词创作的会，想借用你这个词，改为“汲诗润词”行不行，他说你随便用。沈奇“汲古润今”这个词蛮好的，让我们重新认识汉语诗歌传统的指纹，包括精神指纹和语言指纹，这样的话，对于现在通用流行的现代汉语语言机制，就可以进行一些有意义的反拨。“汲古”当然是为了“润今”，但这是一种特别的润，既是精神层面的润，也是技艺层面的润，而且本体是今而不是古。现在诗坛上有些作品也开始向古典靠拢，但靠得比较别扭，有的不伦不类，有的比较勉强，希望沈奇继续思考，能不能将这个“汲古”和“润今”发展到无缝对接，以及怎么能做到无缝对接。不但使传统韵味能够延续下来，而且能非常自然地生长。

第四个关键词：“洗心度人”。近年的沈奇诗歌批评文章里，经常会提到并强调“洗心”这个概念，反复提醒我们要把我们的诗心洗干净一些，少一些时潮与凡尘的干扰，在反省和自律中，真正走向美学层面的自在和纯净，由此跳出并超越中西二元对立的烦扰。“洗心度人”具体对诗人来讲，就是要沉下心来，写得更内敛一些，更有味道一些。沈奇近年也总爱讲“味道”这个概念，有味道的隐喻系统，有味道的抒情维度，等等，是很有意义的提示。

上面是我对沈奇诗学系统的大概理解，有这么几个关键词，我不知道我的理解对不对。沈奇虽然六十多岁了，但按我开头的说法，现在还没有老，要继续努力，我知道他下一步还有新著作，正在酝酿中，希望他能养好身体，保持活力，取得更大成就。

2016 年 9 月 24 日

突破四个“隔离”[①]

李　浩[②]

来会上看了沈奇的简历介绍，以及会场所展示的他的著作，三十多年走过来，他现在的创作精神状态还很好，按照刚才杨老师的说法，还是青年学者、青年诗人。我有一个思路，前面几位老师也讲到了一些，我觉得沈奇真是一个值得研究的样本，对于这个样本的评论，如果说一定要有题目的话，我想到一个词，叫作“突破隔离”：一是他试图突破古今之间的隔离，二是试图突破中西之间的隔离，三是突破创作与理论的隔离，四是突破日常生活与诗意哲思的隔离。

关于突破古今之隔，沈奇在多篇理论文章中提到“常”与“变”的问题，探究古典传统和现代意义之间的融会问题，这不是他的独创，但他有自己的独到见解。还有当年新诗诗学界有一个关于“字思维”的讨论，沈奇也谈了一些独到的见解，尤其他提出“汲古润今”这个概念，让人很受启发。我在二十世纪八十年代时关注过当代诗歌评论，到九十年代之后，就比较陌生了。在八十年代那一段，有很多好的诗歌作品和诗学理论，确实很新，但也有为了强调自己的新、自己的先锋，过于强调和古典的隔离的问题，沈奇能考虑到“汲古润今”，我觉得这个思路非常好。

过去新诗界大多数对传统只想着隔离，或者说决裂，但也有另外一些材料引发我的关注，例如闻一多先生当年在美国读书时，就不停地写旧体诗，写了几十首，其中有一首很有标志性意义，有“勒马回家作旧诗”句，1925年在纽约写的。过去我们一直以为像闻

①本文为2016年在西安召开的沈奇诗与诗学学术研讨会上的发言。

②李浩，西北大学文学院教授。

一多这样的标志性人物，是只求新的，和传统是完全决裂的，但事实上他并没有忘记传统。回到前面的话题，怎么审视现代诗歌，这对于我们这些比较年轻的学人来说，之前接受的东西有些片面，看到的东西也比较少，现在更多的材料展现出来后，发现“五四”时的学人也不都是那么偏颇，他们有另外一面。沈奇先生力图突破中西之隔，专门有一组文章讨论中西的诗与思的比较，对西方的文化传统包括诗歌传统坦然对待，汲取有价值的东西，再融会贯通到汉语新诗创作和理论研究中来，很难得。

再就是对创作和理论隔离的力图突破。有些同行评论说沈奇是创作和理论的“两栖诗者”，在我看来岂止是“两栖”，他一方面潜沉在诗歌创作的深水里，一方面在陆地上做观察搞评论，在学校里还要做文学教育和诗歌教育。我知道沈奇也是一位非常好的老师，我的同事、朋友、学生中，很多在这所学校工作，对沈奇在课堂上的激情洋溢有很多赞许，这都非常难得。洛夫评价沈奇的诗歌评论能做到当行出色，其实他这种“当行出色”是多方面的，而且常有出奇之处。

最后说突破日常生活与诗意哲思的隔离，或者说试图打通。沈奇诗歌作品里的语言看去比较平易，但读进去以后，会体会到他在日常生活里常葆有一种哲思与禅意的追求，从他的代表性诗集《天生丽质》里我看到，和目前绝大多数诗歌创作有很大区别，他追求一种典雅和哲思。在今天这样庸常的生活里，我们缺乏像沈奇这样，还在不断思考不断追求生活意义的状态，而且他还能把这种追求予以文本化和诗意化，很有特点。

末了我想提一点建议。沈奇在各个方面确实很有追求，刚才谢冕老师的评价我很赞同，说他是全视野，但我有一点不敢肯定，沈奇先生和在座的各位能否突破时代的“天花板”？首先是沈奇是否突破了时代的“天花板”？我注意到他在他的评论和创作中已经关注到这个问题，比如他提到体制外写作与写作的有效性这个比较敏感的话题，当然沈奇在这里用的不是突破，他用的是“修复”，我觉得他是在刻意使用这个词。

是否有思维的“天花板”？这是近年来，我们在文化研究界、哲学理论界及创意界都在讨论的问题：我们的时代是否有“天花板”？我们是否达到“天花板”的顶层？是否能突破这样的“天花板”？这个“天花板”，说到底，我觉得就是当下这个时代，商业化、公共化、模式化甚至思想的一致性和统一性所共同构成的思维顶层，这样的“天花板”能否突破以及如何突破？我把这个我自己也在纠结的问题在这里提出来，沈奇如果能就此再蹚出一条路的话，我会不断跟进，向他学习。

2016年9月24日

两个沈奇与第三个沈奇[①]

李　震[②]

我的发言题目为《两个沈奇与第三个沈奇》。沈奇的成与败，都和他的二重性有很大关系。首先，大家都关注到他既是诗人又是诗评家，这两者有一致的方面也有相互冲突的方面。在两个沈奇——诗人沈奇和诗评家沈奇之间，我选择诗人沈奇。我觉得诗跟他的本性更接近，他更属于一个诗人。诗评家沈奇非常努力，做了大量工作，他大我一轮多一点，但我的努力程度和花费时间以及勤奋程度都不敢和沈奇相比，这一点是值得我学习的。

具体到他的诗歌批评，我觉得又出现了两个沈奇。他所在的当代诗歌批评的话语场，其实是以西方诗学为核心的话语场，而且他打入此领域的时间是二十世纪八十年代中期，基本是现代主义甚嚣尘上之时，这样他作为诗评家的价值坐标，就被固定在了西方诗学的话语场里。但沈奇的个性及灵性，却是巴蜀文化和秦文化交界之地的人的出处，在座的贾平凹也是陕南的，这种地缘文化属性决定了他们的天赋和灵性更接近于诗性。在诗歌批评领域里，沈奇的一些东西比如他的一些命题和概念等，我觉得是硬干出来的，不是发自内心的东西。这一方面，我看重的是他的诗话《无核之云》，这种诗话和他所处的诗歌批评话语场分离了，来自中国传统的诗学路数，感悟式、点评式的诗评，这才是真的沈奇，我觉得是这样。《无核之云》出来之后，我就给他打了电话，我觉得很好很精彩。汉语有自己的诗歌批评，以诗论诗，品味品趣，讲悟而不论理。他的学术观念里有一个"'味其道'与'理其道'"的说法，他应该走"味其道"，但他又硬要学"理其道"，把自己搞得很别扭，两个沈奇打架。

刚才说到在诗歌批评领域，有西学的批评家沈奇和中学的批评

---

①本文为 2016 年在西安召开的沈奇诗与诗学学术研讨会上的发言。

②李震，陕西师范大学新闻与传播学院教授。

家沈奇在打架。还有一个场域，就是古典主义沈奇和现代主义沈奇之间也一直在打架。在他的作品里和批评里都有这样的冲突。我们在座的很多做诗歌研究的朋友都知道，有台湾诗评家沈奇和大陆诗评家沈奇。台湾的诗歌场域和大陆的诗歌场域也是不同的，同一个世界两个时代，至少就现代主义这一块，我们可能是二十世纪九十年代才真正进入的，台湾的现代主义诞生在五六十年代，这是两个诗歌场域，沈奇在两个场域中同时驰骋，而且操控的话语也不太一样，又出现了两个沈奇。比如他写《天生丽质》这一批诗歌，和他做台湾诗评有一定的关系，洛夫晚年就写这样的诗，而大陆没有人写这样的诗，所以两个沈奇同时发生作用，有融合的一面，又有冲突的一面。

离我们最近的两个诗评家沈奇现象，是九十年代末诗坛发生的那次“盘峰论争”时，有知识分子沈奇也有民间沈奇，夹在中间很难受。所以他的成与败都在二元里难以选择，他是我老兄，我说的都是推心置腹的话，而且这种选择有时会对他的才华有损害。他如果只是一个沈奇，比如说一个诗人沈奇，那他的成就应该更高，但他非要当诗评家沈奇，把自己搞分裂了。

这种分裂不是沈奇一个人，我们每个人身上可能都有。二十世纪以来，中国的文化场域几乎都是中西二元对立的，这种对立投射在沈奇身上显得很典型。我们每个人身上都在分裂，从二十世纪之初，从“五四”时期就分裂。“五四”时期有三种选择：一种是激进主义；一种是复古主义、保守主义；另外一个选择大家不是很重视，但我觉得它可能是真选择，即陕西人吴宓所代表的学衡派选择。学衡的宗旨是“昌明国粹，融化新知”，不搞二元对立，而搞融合。这个第三种文化立场，我觉得是二十世纪以来的中国人应该再选择一次的，文化的轮回到了这个世纪，我们是否应该考虑这个第三种立场，再做一次选择。

我的发言宗旨，其实是想呼唤出现第三个沈奇。第三个沈奇应该是“昌明国粹，融化新知”的沈奇，而不是二元对立的沈奇。

2016 年 9 月 24 日

“金针度人”的诗人诗评家[①]

吴思敬[②]

主持人让我为沈奇诗与诗学研讨会做个学术总结，总结谈不上，这里就谈一下我参加这次会议的一些感想吧。

我认为这个研讨会是一次成功的、有较高学术质量的、会风纯正的研讨会。会议的规模不是特别大，之所以能有这样的效果，首先是由于这一次的与会者确实都是当下老中青三代的顶尖学者，谢冕老师、杨匡汉老师、陈思和老师，还有贾平凹老师的出席，提升了我们研讨会的层次，韩国金龙云先生的出席代表了海外学者对沈奇的肯定。遗憾的是，与会者中缺一位台湾诗人或者评论家，但陈思和老师的发言已经充分肯定了沈奇对台湾诗歌研究的贡献，在座的中青年评论家也是佼佼者，保证了会议的质量。

这次研讨我觉得有以下几个方面值得一提。

首先是对作为一位诗人和评论家的沈奇为人的研究。我觉得沈奇有点像金朝诗人元遗山，他一方面是诗论家，一方面是诗人。元遗山曾经写过论诗绝句三十首，其中最后一首是：“撼树蚍蜉自觉狂，书生技痒爱论量，老来留得诗千首，却被何人较短长。”元遗山是期望自己的诗能留给后代来论短长的，而今天沈奇有机会当面聆听各位诗人和学者论他的短长，我觉得这是一种幸福。大家对于沈奇作为一个评论家和诗人的人格，以及他对诗歌的热爱，对诗歌事业终生不渝的追求，给予了充分肯定，并用了不同的提法，有“诗坛的‘老中医’说”“当代诗歌研究的成功案例说”等，不同的说法，共同概括了沈奇对中国当代诗歌和诗学理论所做的贡献。大家还分析了他能做出这种贡献的原因，特别是他个人坚持不懈的追求，

---

①本文为 2016 年在西安召开的沈奇诗与诗学学术研讨会上的发言。

②吴思敬，首都师范大学文学院教授。

均给我们留下了深刻印象。我建议咱们在座的年轻学者，可以用“沈奇：一个诗人评论家的成长”，或者“一个诗人评论家的心路历程”做一篇论文，可能对当代诗学和诗学理论的建设具有重要意义。

其次是大家在这一次会议上，对沈奇的诗学思想做了全面的剖析和研究。我个人认为沈奇的诗歌评论有几个特色十分突出。

第一是沈奇开阔的学术视野。许多学者都提到他有全局概念，他涉及的学术上的问题都不是小问题。他的“三大板块说”等都是从大处着眼的；他强调打破古今之隔、中西之隔，提出守常求变，这种学术眼光是开阔的，这是作为一个文学评论家的基本素质。如果没有全局观念，文章格局过于狭小，总是小打小闹，那就不会有多大的影响。

第二是沈奇诗学理论的原创性。这一点很突出，像刚才所提的“三大板块说”“守常求变说”等，还有他对诗学语言的研究等。二十世纪末的“盘峰论争”中，沈奇是参与者和见证者，他当时坚定地站在民间立场上，很多发言都让我觉得生动而在理。他在“盘峰诗会”以后，对口语写作的特质、对当代诗歌叙事性问题等，都有非常清晰的阐述，是对当下诗学理论建设的重要贡献。

第三是沈奇诗学批评的现场感。沈奇的诗学批评不是为批评而批评，他有现实性和针对性，像我刚才提到的“盘峰诗会”的发言和他的系列文章，都是非常有针对性的。他始终和中国当代诗歌的发展保持同步，在不同阶段都提出了对当下诗坛的看法，这种对现实的关切和追踪，是我们当代诗歌评论家非常难得的素质，而沈奇具备了。

第四是沈奇对于批评文体的贡献。刚才大家也提到早期的沈奇和后来的沈奇有很大变化，这里面不仅有他所关注的内容的变化，所讨论的对象的变化，我认为很大的变化还在于他的批评文体上。早期的沈奇没有建立自己特有的批评文体，但今天他的评论文章已经极具沈奇个性。他近年的文章试图借鉴古代诗学，打通古今，包括他写作《天生丽质》诗歌中的感受；特别是他的新诗话《无核之云》，这部诗话内容非常精彩，直接和古代诗学对话，但不是简单的重复。可以说，沈奇正在形成他自己独特的批评语言，建构自己独特的批评文体，这是一个批评家成熟的标志。

这个研讨会，我们是整体回顾与研讨沈奇的诗与诗学，但从大会发言情况来看，大家多偏向于谈论他的诗学，对沈奇的诗谈得还不是很够。其实沈奇的诗与诗学是相互关联的，这次研讨会的名称“沈奇诗与诗学研讨会”，也是针对他既是诗人又是诗评家的身份拟定的。

沈奇是一位诗人，他从二十世纪七十年代写诗起步，此后一直没有断过。而我对沈奇的第一印象却是诗评家，因为读他这方面文章多，我自己也做新诗研究，所以一直关注他的诗歌评论。后来我在为北京师范大学出版社编一部九十年代诗选时，广泛阅读刊物中，偶然读到他的《上游的孩子》这首诗，是口语的，非常朴实，但有深厚的内涵可以追寻，署名“沈奇”。我当时还想这是不是我认识的那个沈奇，后来一查，果然就是。这首诗使我对他的诗歌形成了良好印象。当然，沈奇的诗歌创作，最重要的还是他近年所写的《天生丽质》，我认为这是他对当下汉语诗歌做出的重要贡献，里面有他多年对诗学的潜心思考和实验。

我们都知道，诗和诗学是互相关联的。元遗山有一首诗说：“鸳鸯绣了从教看，莫把金针度与人。”很多诗人拿出美好的诗篇就像绣女绣出鸳鸯一样让你尽情观赏，却不告诉你是怎么绣出来的；但沈奇通过他的诗歌作品把他绣出的鸳鸯给大家看了，同时又通过他的诗学文章告诉大家是怎样绣的，所以说他是“金针度人”的评论家。

总之我认为，沈奇的诗歌创作和诗学研究的成就是多方面的，今天我们只是做了初步探讨，还不完整。沈奇的诗学和他的诗歌创作应该会成为一个大题目，供今后青年学者来继续研究思考。

2016 年 9 月 24 日

沈奇诗话《无核之云》之诗话[1]

李　森[2]

当代诗儒沈奇先生有一则诗话云：

人在世外独行远
梦于诗中偏飞高

沈奇《无核之云》诗话共二百则。此诗话集锦以“无核之云”一词名之，颇富深意。在文学艺术作品中，“云”通常被赋予某种隐喻。“云”之隐喻即是“核”。“无核之云”即是无隐喻的直观、澄明之云。《金刚经·庄严净土分第十》曰：“不应住色生心，不应住声、香、味、触、法生心，应无所住而生其心。”我理解“无核之云”，即是不唯隐喻而生诗意的一个诗学维度。这是很高蹈的一种诗学表达。诗学之所以成立，在于语言可以在自身显现诗思风貌的时刻，凝聚诗意。诗学，是诗意的凝聚，是蕴的回溯，而诗歌则是诗意的迁流漂移，即诗意的风标绽放。《无核之云》开篇即呼唤诗意归来：

诗意如灯
天心回家

在这一阕呼唤纯粹而本真之诗的箴言中，出现了“诗意”“灯”“天心”和“家”四个“暂住之蕴”和“如”“回”两个“泅渡之蕴”。“暂住之蕴”是观念的生成，“泅渡之蕴”是连接观念的桥梁。

①本文原载《诗探索》（理论卷）2017 年第 2 辑。

②李森，诗人，云南大学文学院教授。

"诗意"通过"如"的桥梁渡向"灯";反过来,"灯"也通过"如"渡向"诗意"。如是,"天心"亦通过"回"渡向"家";"家"亦通过"回"渡向"天心"。于是,泅渡之舟的左右和上下两岸,形成了某种"同构之蕴":诗意即家,天心即灯。同时造就,各种"蕴"之间,相互映照,彼此漂移迁流,观念和"蕴"的碎片磨砺、碰撞的语言与心灵、诗与思、情殇与物语诸相对话的某种心灵结构画卷。

由是,我们看见,沈奇的心灵结构中翻卷着的各种诗学隐语,如片片飞鸿,亦如浪浪鱼鳞,既在心阙中激荡穿越,又自弃声色、自在流溢。比如:

有些秘密的踪迹
存在于时间之外
是诗的语言之灯
让它在一瞬间显形

"隐秘的踪迹"是心灵结构中诗意漂移的路径,而非观念的呈现。因为诗的表达如果有可靠的诗意生成,那么它必然是反观念或反概念的。可靠之诗的语言显露本身就是"隐秘的踪迹"。它如"灯"一样闪烁在"时间之外",它创造了另外一种时间,因此,获得了与自然时间无关的"瞬间"。诗意所创造的"瞬间",即是语言的"显形"。如果没有语言的"显形","瞬间"并不存在。因此,在沈奇看来,似乎诗意时间的显形,就是诗意创造的"隐秘踪迹"的显形。接着他说:"有些神奇的感觉/存在于事物之外/是诗的灵视之光/让它在一瞬间永存"。我们看到,"感觉"的"显形",也非事物,而是在"事物之外"的"灵视之光"。这就是说,在沈奇的诗学中,"瞬间"的到达、停留,既不在时间之中,也不在事物之中,而是诗歌自身的流连忘返。他说:

物的世界
是一种借住

诗的世界
方是永生

这一阕可以证实，在沈奇的灵视中，自然的时间（“一瞬间”）和具体事物，并非诗歌（诗意）的驻留之所。一种非时间、非事物的诗，构成了“诗的世界”。他认为“诗的世界”是一种“永生”的世界，是“有意味的影子”。这个“影子”很少有人认领。他说，“现实的白昼/物质的黑夜”，“以诗的虚无/给虚无的世界/一个有意味的/影子——”，“留给月亮去认领”。沈奇认为，万物的存在是“道”，时间的存在是“天”。“天”和“道”都不变，“所变只是人类的/‘思’与‘诗’”。能够打通“天”与“道”的“众妙之门”的，“唯诗之言”。

“众妙之门”是中国思想和诗意蕴发的生命之门。老子《道德经》第一章云：“道可道，非常道；名可名，非常名。无，名天地之始；有，名万物之母。故常无，欲以观其妙；常有，欲以观其徼。此两者，同出而异名，同谓之玄。玄之又玄，众妙之门。”沈奇的诗学一方面受道家学说的诗思浸润，不信任“诗”与“思”的概念系统，对语言面向世界的表达扩张非常警惕，谨慎立言；另一方面，又受西方当代诗学的影响，衍生出一种只信任语言自身诗意表达的、当代诗学中的语言本体论。他说：“存在无言/存在只是在着//在者无言/言者已非真在//诗以语言为迹/而诗心本无言”。因此，我们可以看出，沈奇的“诗”与“思”，是此两个维度碰触而生成的语言运动层面上的“诗一思”姿容。从这个角度看，沈奇的语言本体诗学不是那种凝固在概念系统和逻辑荆丛中的本体论，而在某种程度上，是可以用我所提出的语言漂移说诗学去阐释的。请看他关于“诗”的两个命题：

诗是对世界的改写
诗是对语言的改写

第一个“改写”，可以说是语言从实相的世界超拔而出，蕴成作为诗意之语言的改写。这一改写，是对模仿说与反映论的背道以行。模仿说诗学与反映论诗学看似对世界或生活亲近忠守，实则是一种利用语言承载世界图像和人为观念的诗学。我们痛心地看到，人类语言已在西方诗学，或臭名昭著的美学概念系统堆积如山的观念垃圾经营中，被糟蹋得体无完肤。因之，“诗是对世界的改写”这一命题，也暗藏着语言自身的纯洁性被玷污而堕落的可能性。不过，沈奇这位“诗坛‘老中医’”毕竟老道，他接着补充的“诗是对语言的改写”这个命题，已经对语言改写世界是否可靠进行了质疑。这就是说，在沈奇的诗学脉动中，我们能体悟到诗不仅能从世界中生发出非世界的诗意，也在改写语言自身对诗意新生的禁锢。这就是，在有效的诗意生发的时刻，诗必然会从世界和语言两端脱颖而出，展翅飞翔。无疑，好诗，总是先创造出对世界和语言双重陌生的崭新诗意，而这种诗意，同时对所谓的诗的教义也毫不留情地背离。沈奇说：

改写语言便是改写
我们同世界的关系

——在这种改写中
世界复归陌生
令人神往！

可见，这种陌生感的确立，恰似鼓钹一样奏出了三个声音：世界即非世界；语言即非语言；诗即非诗。诗背向世界，背向语言，也背向诗。但必须指出，诗的这种背向，恰恰是“面对”。背向，是背向关于什么是诗的教条，背向关于什么是诗的语言的教条，背向关于什么是诗的世界图景的教条。面对，是面对诗意无限新生且漂移的那一个个陌生的世界，一束束陌生的语言之光，一阕阕陌生的世界之歌谣。换句话说，伟大的诗意永远与语言、世界和诗同在着，从来没有离开，但却因新的诗意的生成，而游离于诗意执障已经发生的语言、世界和诗之外。沈奇说：

语言是人的起始
诗是语言的起始

“人”和“诗”的内涵都在“起始”的那个时刻。那个“起始”的时刻，即在心一物、诗一思的进退磨砺之间。沈奇不能将那个磨砺的“起始”之处设置为空——他是一位儒道兼修的贤者，因此，他说：“何者是诗的起始/曰：天地之心”。“心”这个概念非常古老。《尚书》云：“人心惟危，道心惟微，惟精惟一，允执厥中。”《中庸章句·序》云：“必使道心常为一身之主宰，而人心每听命焉。”也许沈奇的诗学受到了传统心学的影响，才将“心”假设为诗意生成之出发点。北宋哲学家邵雍说：“心为太极。”（《观物外篇》）又说：“物莫大于天地，天地生于太极，太极即是吾心，太极所生之万化万事，即吾心之万化万事也。”（《渔樵对答》）南宋哲学家陆九渊认为：“吾心即是宇宙。”“六经皆我注脚。”王阳明对他的弟子黄直说：“人心是天渊。”又对黄直说：“心者身之主宰，目虽视，而所以视者心也；耳虽听，而所以听者心也；口与四肢虽言、动，而所以言、动者心也。”（《传习录·下卷》）王阳明还说：“人者天地万物之心也，心者天地万物之主也。心即天，言心则天地万物皆举矣。”（《答季德明书》）沈奇的诗学，是“解与心知”的诗学。他的“心知”之诗，“志于道”，乃是“宇宙之原生/世界之原在”；“据于德”，乃是“种月为玉/润己明人/种玉为月/朗照千古”；“游于艺”，乃是“直觉体悟/混沌把握/有趣则兴/意会而止”。他认为最好的诗，是与上帝对话的诗。不过，他所谓的与上帝对话，是一种“心会”，是“和上帝一起/沉默不语”。因此，这样的对话，是一种“精神之旅”，是生命存在的一种特殊的“仪式”，一种“与神同在”的生命祭祀。似乎他也认为，诗人都是自己生命的祭司：

诗是我们生命
内在的方向

当然，沈奇毕竟深受现代诗学的陶冶，所以，当他假设了“心”这个出发点之后，又开始怀疑“心”之本体负荷，与王阳明“致良知”的那种“心道”分别开来。或者说，当他给“心”注入了一些“心道”的内涵之后，他立即就幡然醒悟，不能给“心”太多的重荷之载，于是，他开始将“心”中的诗歌意识形态洗涤，同时又开始对“诗”重新命名：

诗是人世风景中
待填补的空白

诗是人性空白中
待填补的风景

当我们尝试着对这两则回环互补的诗学箴言进行解释时，我们又似乎被引向了“诗源于空白”和“心源于空白”这两个命题。由是，我们会想到，“空白”是“诗”和“心”的出发点。这个出发点是那样素朴而高古，犹如海子的《九月》的“草原”那“远方之远”，起源于“一个叫木头/一个叫马尾”的胡琴那样令人滋生虚妄和惶恐。沈奇君无疑是少有的懂得诗的诗论家和诗人，不然，他的“诗一心”不会如此荒疏和空明，不会如此悲智又欢喜。此时，我当然会想起李义山的《锦瑟》绝唱：

锦瑟无端五十弦，一弦一柱思华年。
庄生晓梦迷蝴蝶，望帝春心托杜鹃。
沧海月明珠有泪，蓝田日暖玉生烟。
此情可待成追忆，只是当时已惘然。

锦瑟的“无端”雅奏，当然起源于“空白”的“诗一心”咏叹，恰似“风一春”之空。然也，“空白”不一定是“空”，但“空”是“空白”的重要内蕴。“诗”从“空白”出发，或与“心”同时出发以远；在出发点处，“诗一心”同构为诗之蕴。如果用佛法去解释，那么，佛法中“八识心王”之第八识阿赖耶识——种子识——本性与妄心、善与恶聚义等蕴相，就会像“世界”的门一样被打开，“诗一心”的那个“空白”就会被各种破门而入的“风景”瞬间“填补”。也许，破门而入的，是比“风景”更富有力量的“风暴”。但可以肯定的是，无论“风景”还是“风暴”，都会将“诗一心”作为“空白”的那个原初（“初心”）的虚静填满，同时，将“诗”裹挟而去，让“诗”走上无端漂移迁流的道路。沈奇说：

生命原本是一个错误
诗是对这个错误的弥补

生命和诗意，在其漂移迁流过程中总是“将错就错”，相互弥补。诗意无端漂移的维度，如万花筒中的灿烂碎片，无端地绽放，仿佛时光中的蹉跎年华。我们应该悲智地领略到，在多数诗意营造中，“诗”（诗意）或被价值观系统裹挟，或被某种既定的诗意之咒裹挟，或被无诗意的语言浊流裹挟。“诗”（诗意）开始呻吟、流浪，无家可归。“诗一心”可能就在这种种裹挟中被埋葬，被固化。于是，“诗”被抛弃，人亦被抛弃。沈奇对此充满恐惧，一直恐惧着。他的“诗一心”在呼唤“诗”回家，一直在呼唤着。这或许就是沈奇心中念念不忘、流连不已的那个“乡愁”。沈奇咏叹：

与诗为伴
乡愁如梦

诗路即回家之路
——并暗自交换

流浪的方向

沈奇的“诗意乡愁”是“流浪方向”的假设，“诗”可以在无数方向上“回家”，指向“乡愁”，接受“乡愁”的初心浸润。因为，他的确痛心地发现，“世界的虚假/在于语言的失真/生命的虚无/在于存在的失重”。以“乡愁”替换“诗一心”，是一个心灵之蕴对另一个心灵之蕴的替换，是咏叹的“诗一心”一阕向着另一阕的奔突。这种替换与奔突，其实就是诗学语言的漂移迁流，也是心灵结构内涵之蕴的漂移迁流。事实上，我必须痛心地宣告，没有所谓诗学这种东西，就像没有所谓的美学那种东西，有的只是诗蕴语言在回乡之途中的漂移暂住、闪烁激荡。沈奇应该认同这种看法，否则，他就不会以诗的形式进行诗学语言的创造。沈奇在他诗学研究道路的晚近时期，突然觉醒，倡导诗话书写，实际上已经在以行动反对学院派的诗学、美学谎言——到底有多少学院派教头的心灵结构由语言垃圾堆积、靠逻辑浊流回环——他懂的。沈奇的诗学在文体上的这种回归，即是人和语言的携手回乡。正如《二十四诗品》是二十四首诗一样，沈奇的《无核之云》二百则，也是二百首诗作。古往今来，每一首卓越的诗歌作品，都是一束诗学之光；反之，一则卓越的诗学作品，也是一首璀璨的诗歌。大人物的所谓诗学，其实都是“诗一心”的初次创作——他懂的。

沈奇的诗歌和诗学“回家之路”有一个“最高点”，这个最高点仿佛笔直的炊烟指向的那个最高点——天心。或许沈奇并没有意识到，但我看到，他的那个“天心”的最高点，其实也是出发点——“空白”之起点——空蕴。这个起点当然不是凝固不动的，而是漂移幻化、像心之太极一样旋转着的某个蕴之“位点”。沈奇说，“心灵与头脑/激情与智慧/以及诗性直觉的/纹理射线——”：

在生命意识的最高点
聚合
绽放

第二次的诞生！

所谓之“第二次诞生”，其实是无数次、无限多的“初次诞生”。那个“最高点”作为一个空蕴的“位点”，的确没有既定的东西可以索取，更没有“诗的本质”可以捏造，按沈奇的说法，那是“只属于自己的荒原”，是心灵结构的一片深远的荒地——某种语言修辞蕴成的乌有之乡。在那个荒原上，诗随“蕴”生成，也随“蕴”凋敝。以海子的诗句看过去，在那个荒原上，“目击众神死亡的草原上野花一片”；以沈奇的诗学箴言看过去，诗在那里竖起了“追梦的云梯”，打造着“忧郁的容器”，“——通过这条路/我们才可能走到/神的所在之处”。事实上，“最高点”之“神的所在之处”，与“最远点”之“荒原”，都是人之生命“展开”与“回归”的同一个地方，同一个太极旋转着的空蕴深渊。在那个地方，生命可能作为诗意正在生发，也可能作为诗意正在死去。不过，生命无论处于什么样的境地，作为精神性的存在，都需要以心相许：

以梦喂养
以诗耕种

正是在那个生命自我“喂养”和“耕种”的“位点”上，沈奇反思了韩东“诗到语言为止”那个著名命题对任意扩张到语言之外的诗思的看护。是的，诗不仅要警惕语言任性的逻辑扩张，警惕价值观重若磐石的语义挤压，警惕所谓“诗的本质”的无聊挖掘和反映，还必须在语言的锅灶里燃烧、蒸腾，让如歌如诉的袅袅炊烟重登诗意神性的天梯。沈奇说：

诗到语言为止
诗到语言为始

恢复命名功能

重返生命初稿

锦绣之诗从语言始，却永远是“生命的初稿”，从来没有完结，也不会抵达诗的目的。诗和诗意的“流浪”没有目的。因为“无核之云”是“空谷足音”，不是每个人都能听见，贾岛《寻隐者不遇》可喻此说：

松下问童子，言师采药去。
只在此山中，云深不知处。

因为诗和诗意只在漂移迁流时刻，才被激活为音声形色的流光异象；因为沈奇说过：“诗思之处诗不在/诗在之处诗不思”。请听沈奇吟诵：

云深不知处
诗心比月齐

从沈奇这位诗儒创作的《无核之云》诗话中俯拾皆是的珠玑诗偈可观，作为本体的那个“诗—心”之核也是不存在的，否则，他就不会在诗思无法言说之处使用诗的比喻自我泅渡，闯一生情关赋流云，寄诗蕴之殇于明月。

2016 年 9 月 21 日于昆明燕庐

求新求变亦求常

——沈奇新世纪十五年诗论之意义谫论①

孙金燕　王　艳②

历史的叙述愈是接近自己的时代，话语行为的压力愈大。③ 这是罗兰·巴尔特曾经发现的有趣事实。近年来，当代诗人诗评家沈奇便是在这种话语压力下发表了多篇诗论，致力于描述和阐释二十一世纪初始十五年间汉语新诗的发展势态及其原因，并力图在语体与精神两个向度，为其寻找一条可行的出路。

众所周知，种种文学问题的提出，都必然包含文学语言的考察；而种种文学问题的解决，又不仅仅回旋于文学语言内部。文学的叙事特征、文类演变、美学意义，虽有相对自主的内部逻辑，但大多因对政治系统、经济系统的卷入而与特定的历史语境息息相关，是故，文学的先锋意义或美学反抗，无不以某种历史语境为基准，同样，对其先锋意义或美学反抗的理论鼓舞与反思，也必然囊括相关历史语境的考察。于是，对沈奇近十五年来关于现代汉诗发展进程的理论思考进行梳理，勘察其诗论基于诗歌语言内部的何种逻辑而思考，又是基于何种历史语境而做出判断，便成为一件颇有意义的事情。

一、一个核心概念："常态"写作

不可否认，投身先锋诗歌创作及理论与批评三十余年的沈奇，

---

①本文原载《北方论丛》2019 年第 1 期。

②孙金燕，女，云南民族大学文学与传媒学院教授；王艳，女，云南民族大学文学与传媒学院硕士。

③[法] 罗兰·巴尔特：《历史的话语》，载《符号学原理》，李幼蒸译，生活·读书·新知三联书店，1988，第 51 页。

其诗学立场常常呈现出双面性。如其所言，一方面，他基于一种“人文精神及历史成因的担当与责任”，“与‘先锋’为伍为之鼓与呼”；另一方面，他“梳理和逐渐建构着并非‘先锋’的诗学理路，并于不断反思中，寻求对新诗由来已久的一些根本问题的破解可能”[①]，以求有利于新诗文体的探求及典律的生成。后者这种基于纯诗学的思考，在二十一世纪，自其 2001 年的《现代汉诗语言的“常”与“变”》到 2015 年的《“味其道”与“理其道”——中西诗与思比较谈片》等诸篇理论建构中尤为突出：针对现代汉诗的语言、典律、精神乃至新诗史的书写等问题，沈奇进行了反复梳理与勘察，意图为现代汉诗的发展探求出一套行之有效的诗学规约。其中，特别引人注意的是，他提出并一再强调，现代汉诗在变动不居中应当守护一种写作的“常态”[②]。

那么，何为“常态”写作呢?

在沈奇的论述中，现代汉诗写作的“常态”是与其一直持有的“先锋”精神相对立地提出的，表述方式多为：“是‘先锋’的还是‘常态’的”[③]、“化‘先锋’为‘常态’”[④]、“由先锋性写作转而为常态性写作”[⑤] 等。“先锋”是求变，要求突破常规。沈奇则指出现代汉诗之“变”与“常”应以辩证关系来对待：“‘变’与‘常’的关系，应是既冲突又互补的关系，‘变’为‘常’生，‘常’久则生‘变’，再‘变’更新‘常’，‘常’在‘变’中，‘变’才有意义的归宿。”[⑥] 此种表述乍一看，像一个饶舌的文字游戏，实质则旨归于

①沈奇：《我写〈天生丽质〉——兼谈新诗语言问题》，载《诗心、诗体与汉语诗性》，陕西师范大学出版总社，2016，第 127－128 页。后文所注《诗心、诗体与汉语诗性》均据此版。

②沈奇：《现代汉诗语言的“常”与“变”》，载《诗心、诗体与汉语诗性》，第 5 页。

③沈奇：《怎样的“口语”，以及“叙事”——当下“口语诗”问题之我见》，载《诗心、诗体与汉语诗性》，第 78 页。

④沈奇：《“创世纪”诗歌精神散论》，载《诗心、诗体与汉语诗性》，第 68 页。

⑤沈奇：《诗心、诗体与汉语诗性——对新诗及当代诗歌的几点反思》，载《诗心、诗体与汉语诗性》，第 141 页。

⑥沈奇：《现代汉诗语言的“常”与“变”》，载《诗心、诗体与汉语诗性》，第 5 页。

“常”之重要性，唯有坚持某种“常”，才能使自发生便一味求新的现代汉诗有可落的归宿地，否则难免成为无根漂木。

本着此种理念，在此中十五年的诸篇理论论述中，沈奇逐步清理他所倡导的写作之“常态”的内涵及其具体表征。他认为：“‘常’有两层意思：一是寻常，本色、本真、不着迁怪、从心所欲不逾矩，是一种风度与境界；二是常规，本质、本根、本源在性及共认共守的艺术特质，所谓在限制中争得自由，由规范中见出生气，是一种专业风度，一种化境。”[①] 归结而论，前者关乎诗歌的精神，后者着重于诗歌的语体。

在诗歌的语体之“常态”方面，沈奇倡导三个向度的坚持：第一，是在运思机制上，坚持由字构、而词构、而句构、而篇构的字词思维。如鲁迅在《汉文学史纲要》中赞汉字有“三美”，优于其他民族文字：“意美以感心，一也；音美以感耳，二也；形美以感目，三也”[②]。由于“汉字一字一世界”，“汉字运思具有不可穷尽的随机性、随意性、随心性、随缘性：字与字的‘胡碰乱撞’，常常就可能‘撞’出诗意‘碰’出隐喻”[③]，由此可避免因西方式文法、语法的干扰而削弱汉语诗性。第二，是在语言操作上，坚持“简约”美学。他认为“简约是中国诗歌最根本的语言传统，也是中国文化及一切艺术的精义”，应被视为诗歌语言形式的“底线”来加以守护，由此，唯有坚持“简约”这一在守护中求拓进的语言机制，现代汉诗才有可能实现“守常求变”法则。[④] 第三，是在修辞方式上，坚持戏剧性、寓言性、象征性、隐喻性等多元互渗。针对自二十世纪八十年代延续至今的“叙事”与“口语”热问题，他一再指出此路诗风注重指事、究理的审智功能，疏离乃至放逐取象立意的审美维度，

①沈奇：《现代汉诗语言的“常”与“变”》，载《诗心、诗体与汉语诗性》，第 5 页。

②鲁迅：《汉文学史纲要》，载《鲁迅全集》第 9 卷，人民文学出版社，1981，第 344 页。

③沈奇：《我写〈天生丽质〉——兼谈新诗语言问题》，载《诗心、诗体与汉语诗性》，第 132 页。

④沈奇：《“动态诗学”与“现代汉诗”——再谈“新诗标准问题”》，载《诗心、诗体与汉语诗性》，第 90 页。

讲究谋篇，不求字、词之功，视语体的欧化为先锋的标记[①]，主张“叙事”与“口语”应与其他修辞策略相结合，需有戏剧性因素的支持及寓言性、象征性的绾束，或转化为隐喻性叙事与意象化口语，才能避免诗质稀薄，以及不致伤及汉诗语言的本质特性[②]；并在《怎样的“口语”，以及“叙事”》（2007）一文中将这种修辞策略概括为“（1）情感的智慧化（相对于情感的激情化）；（2）口语的寓言化（相对于口语的写实化）；（3）叙事的戏剧化（相对于叙事的指事化）”[③]。

以上关于现代汉诗语体之“常态”的表述，已隐约显现沈奇希望以现代接续古典之努力。而关于现代汉诗之精神“常态”的倡导，则更明显地呈现出此种特点。

沈奇认为汉语诗歌发展至今，在精神上有“大传统”与“小传统”之分。其“小传统”是单向度的：“以‘启蒙’为己任，其整体视角长期以来，是以代言人之主体向外看的”，“只活在所谓的‘时代精神’中”，随时会“时过境迁”的。与之相对，“大传统”则是多向度的：是“向内看的”，是以“不以外在为转移的本苦本乐、本忧本喜、本空本惑”为艺术发生学根本的，是具有“与尔同销万古愁”的跨时空的情感感召的。[④]

在《从“先锋”到“常态”——先锋诗歌二十年之反思与前瞻》一文中，他明确指出跨越世纪的现代汉诗，其“常态写作”应为：“（1）是消解了‘运动情结’和‘群体性格’而真正回到个人的写作；（2）是超越了狭隘的时代精神和摆脱了时尚话语的影响而深入时间的写作；（3）是回归诗歌本体而仅由诗的角度出发的写作；（4）

---

①沈奇：《关于“字思维”与现代汉诗的几点断想》，载《诗心、诗体与汉语诗性》，第31页。

②沈奇：《九十年代先锋诗歌的语言问题》，载《诗心、诗体与汉语诗性》，第20—21页。

③沈奇：《怎样的“口语”，以及“叙事”——当下“口语诗”问题之我见》，载《诗心、诗体与汉语诗性》，第79页。

④沈奇：《我写〈天生丽质〉——兼谈新诗语言问题》，载《诗心、诗体与汉语诗性》，第133页。

是带有一定的经典意识和传统意识（渴望成为经典和传统的一部分）并自觉追求写作难度的写作；（5）是葆有从容优雅的诗歌精神（指主体精神的优雅而非写作优雅的诗）和自我约束风度而本质行走的写作。所谓‘回到个人的写作’‘超越狭隘的时代精神’‘深入时间’‘经典意识和传统意识’以及‘从容优雅的诗歌精神和自我约束风度’等，对照他关于汉语诗歌精神的大小传统的论述来看，无不指向对现代汉诗自发轫期便具有的‘启蒙’‘先锋’等精神的反叛，旨在对汉语诗歌古已有之的精神‘大传统’进行重新认领。”①

概念的提出，是为了问题的明晰化。归纳沈奇诸篇理论论述中的“常态”，可将其简述为：在诗歌语体上，以“字思维”为运思机制，以简约美学为形式之要，破单一的“叙事”“口语”而立多元融合的修辞方式，以此接续诗歌精神的“大传统”。需要强调的是，尽管一再批判当代诗歌之进程中各种“新”诉求存在“枉道以从势”之弊端，但沈奇对现代汉诗写作“常态”概念的提出与厘清，当然既不是为了回到古典的之乎者也合辙押韵，也非宣扬回到所谓的“文以载道”，其真正目的，在前文关于“变”与“常”的辩证表述中已分明可见，即要以“常”使“变”有意义归宿。以此，应在不断求变中，继承汉语文化和诗歌精神的深度基因，创造现代汉诗写作之“有效的”新传统。

二、守“常”之必要：从新诗之命名与功能进行讨论

许多时候，文学的叙事特征与文类的演变都与历史语境息息相关。它的每一次变革都需要与种种既已深入人心的成规相互遭遇，成为文学史上一个又一个意味深长的事件。同样，一种新的理念的提出，需要遭遇与之相对的成规所表征的理所当然的理论麻痹，揭示这些成规的隐蔽位置。沈奇对“常态”写作的提出，针对的是新世纪的现代汉诗写作诸问题，但对其原因的描述和阐释，必然上溯

---

①沈奇：《从“先锋”到“常态”——先锋诗歌二十年之反思与前瞻》，载《诗心、诗体与汉语诗性》，第58页。

到二十世纪之初。

毫无疑问，中国新诗的发生发展，是与中国社会现代转型向西方寻求真理的整体冲动为一体的，这从它的命名及其社会功能中即可看出。“新诗”最初的合法性空间获得，是从一种命名的确立开始的。相比于绘画采用“国画/西画”、音乐采用“国乐/西乐”的命名区别，新诗所刻意标示的“新”，显露出在价值与理念上与“旧”的必然断裂。前者似乎要的是兼容并存，后者则直接导向必此非彼。而这个“此”，其具体所指又是什么？

在第一次正式而频繁地使用“新诗”概念的《谈新诗》中，胡适只含糊地使用了“国语的韵文”这一短语来称谓“所谓‘新诗’”①。而俞平伯在稍后发表的《社会上对于新诗的各种心理观》，却以与“古诗”的对比，开始对“新诗”的特质和品格做出全新的描述：“新诗和古诗的不同，不仅在音节结构上，它俩的精神，显然大有差别。我们作诗的人，也决不能就形式上的革新以为满足；我们必定要求精神和形式两面的革新……中国古诗大都是纯粹艺术的作品，新诗的大革命，就在含有浓厚人生的色彩上。”② 所谓“精神”的革新，更明确的表述应是同步于社会的现代化步伐。

二十世纪的中国，在喧嚣的革命与战争之下，一直掩藏着现代化的主题。从十九世纪下半期的洋务运动开始，无论是中体西用还是西体中用，都是中国人实行现代化的努力。1897 年，严复“译述”《天演论》，这次对中国现代历史起了重大影响的欧洲思想的输入，便是通过漏译选译、有意错译，用斯宾塞的一元解释，冲散了赫胥黎的反社会达尔文主义的二元复合元语言，使其变成一场关于社会达尔文主义的宣传。此后一个多世纪，“物竞天择，适者生存”的适应环境的“演化”（evolution）观，逐渐在语词逻辑中滑移为“天演—进化—进步—历史—伦理”。在“落后”与“挨打”间建立联系的国人，逐步让“进化观”成为自己的思想主识。这种思想映射于

①胡适：《谈新诗——八年来一件大事》，《星期评论》纪念号，1919 年 10 月 10 日

②俞平伯：《社会上对于新诗的各种心理观》，《新潮》第二卷第一号，1919 年 10 月 30 日。

二十世纪中国文化界，便成为对“进化”的合法性空间的争取：既然“进化”是顺应历史的，也就必然是符合伦理道德的，那么，如果传统的伦理道德、价值体系对此还不能认可，就只能是对这种伦理道德、价值体系本身进行改造。

顺此思路梳理，便不难理解白话文运动作为“五四”文学革命的一个方面，它何以是为政治革命而文学革命的思路的一面。

实际上，百年新诗的主要功用，便在于经由上述的现代意识的诗性传播，为现代中国人的思想解放和精神解放，开辟一条新的道路。是以，在价值上，它以是否实现了隐藏在“思想启蒙”“新民救国”等口号中的现代化诉求这种社会功能，成为评判其质量优劣的标准。如沈奇所言：“包括新诗在内的所有新文学的发生，从一开始就是一个‘借道而行’的产物，本意并不在美学意义上的语言、形式之‘道’的探求与完善，而在借新的‘灵魂’的诗化、文学化的高扬，来落实‘思想启蒙’与‘新民救国’之‘行’的。换句话说，推动新诗发生与发展的内在心理机制之根本，是重在灵魂而非形式……这也便是新诗百年，总是以内容的价值及其社会影响力作为压倒性优势，来界定诗歌是否优秀与重要的根本原因。”[①]

在形式上，新诗大量采集西方既有成果并深沉模仿，而越来越缺乏对汉语特质进行足够认识的耐心。[②] 二十世纪末，郑敏对“五四”以来的中国新诗的描绘与判断，正是从这一角度进行的：

> （从胡适的“老鸦”，郭沫若的“女神”开始的中国新诗）走出传统，它已完全背叛自己的汉诗大家族的诗歌语言与精神的约束，它奔向西方，接受西方的诗歌标准。回顾这近百年的新诗的足迹，……在短短约三十年（1920—1950）内新诗匆匆走过西方十九、二十两个世纪的主要流派：浪漫主义、象征主

①沈奇：《“动态诗学”与“现代汉诗”——再谈“新诗标准问题”》，载《诗心、诗体与汉语诗性》，第 82 页。

②郑敏：《世纪末的回顾：汉语语言变革与中国新诗创作》，《文学评论》1993 年第 3 期。

义、意象主义。正当它打开现代主义的《荒原》时，战火和空袭打断了它的书斋思考，但在大学迁移中中国仍涌现了一批现代派诗人。五十年代后新诗转向莫斯科取经，主要遵循革命英雄主义的信条，一直延续到七十年代。十年动乱打断了诗歌的沉醉，带来怀疑、失落。八十年代初改革开放，惊喜沐浴着整个文化战线，诗歌也不例外。……八十年代至今有了朦胧与朦胧后与新生代与后新诗潮……世界诗歌的几百年的路，我们在几十年间就都飞驰了一遍。但我们还是不清楚中国新诗究竟向哪里走？究竟是什么样的形态？有什么汉语文化的特点，有什么不同于西方诗歌之处？①

这种所谓的不断“进化”所带来的结果是诗歌本体“自性”的丧失及诗人主体“自性”的丧失：在外部话语流动的盛宴下，诗人及其诗歌写作裹挟于各种运动，倾心于表面的热闹，玩弄技巧，鼓噪口号，无限放大其“器”之功能而放逐其“道”之追求。相对于作曲就要按谱，填词就要倚声，写旧诗就要守格律，新诗在不断的形式模仿与变革中，终于已越来越无“形式”可言，虽在特殊的历史语境中呈现出暂时性的活跃与繁荣，但终究缺乏长效的发展机制，最终只能随时代语境而沉浮。

以此观之，沈奇在二十一世纪反复提出以现代接续古典的“常态”式写作，于诗歌写作回归本体“自性”而言，是有其“反常合道”的合理性的。

三、“归根曰静”与文化修辞的演进逻辑

在指出包括现代汉诗在内的中国现当代文学的“质薄”“气邪”与“品性的贫困”之后，沈奇借用老子《道德经》中“归根曰静”之语，提出汉语诗歌需回到其“根”，即回到上文所述的汉诗精神的大传统：“根在‘君子不器’，根在‘念天地之悠悠，独怆然而涕

①郑敏：《百年新诗探索与后新诗潮》，《文学评论》1998年第4期。

下’，‘与尔同销万古愁’；超越时代语境的拘押，回返汉诗原本的气质与风骨，直抵生命、生存、生活之在的本惑、本苦、本愁、本空，以及‘现代性’的本源危机，而重新开启现代汉诗之本源性的审美取向和核心价值。”① 这一“回返”的提法，于不断要求现代化之“进化”的新诗而言，难免有“开倒车”之嫌疑，但根据文化修辞的演进逻辑来看，它是有其合理性与必然性的，并且不仅仅是属于诗歌文体的问题。

对二十世纪末之现代与传统的关系同样有着困惑的南帆，曾经有过如下表述：“传统正在现代舞台上扮演一个奇怪的角色。环绕传统所出现的冲突似乎比以往任何时候都更为深刻。一方面，传统遭到了强烈的非难，传统似乎成了保守势力的同义语，现代历史的首要标记似乎即是摧毁传统；另一方面，传统又赢得了隆重的礼遇，世纪之末，仿佛只有传统才可能向陷于困境的现代文明提示某种明智的出路。”② 如其所言，一方面，是现代性历史导致了古典文学的衰落；另一方面，因相异的意识形态脉络而交锋的观念又会相互交织，传统又依附反现代性而无声复活。这种看上去“出尔反尔”的回环往复，其合理性何在？

崔卫平曾以二十世纪八十年代在中国上演过的电影《靡菲斯特》讨论《艺术家的抉择》。影片中若干经典镜头都指向“抉择”这一主题，比如老眼昏花、打盹走神的老博士浮士德，面对允诺要带他去“大世界走一遭”的魔鬼靡菲斯特时：“你是谁？”老博士问道。“我是否定的精神！我是促使事物变化的车轮。”魔鬼答道。崔卫平将这个自称“否定精神”的魔鬼，解读为某种“时代精神”，即在新时代中有所作为的精神③。怀着这种“在新时代有所作为的精神”，中国新诗在其急速现代化的诉求下，向来呈现为“否定”一切成规的状态。

---

①沈奇：《“后消费时代”汉语新诗问题谈片——从几个关键词说开去》，载《诗心、诗体与汉语诗性》，第160页。

②南帆：《隐蔽的成规》，载《南帆文集》卷四，福建教育出版社，2016，第169页。

③崔卫平：《正义之前》，新星出版社，2005，第24页。

如果依据弗莱在《批评的剖析》中所指认的，“否定”是世界文学发展的本然状态，比如“欧洲的虚构作品在过去的一千五百年间，其重点一直沿着五项（神话、浪漫故事、史诗和悲剧、喜剧和现实主义、自我批评式讽刺和反讽）的顺序下移”①，那么，包括新诗在内的中国新文学“否定”一切当然无可厚非。它在二十世纪上半叶匆匆采集了美国意象主义、英国浪漫主义、法国象征主义、德国现代主义等，完成了西方近两个世纪才走过的诗歌道路，终于进入二十世纪八十年代更具“否定”意味的诗歌先锋时期：从北岛政治隐喻写作，到于坚拒绝隐喻以解构宏大叙事的转喻写作，及至伊沙的反讽狂欢化。“否定”式反讽无疑是“朦胧诗”以来诗歌写作中最为重要的话语策略。它既反叛意识形态立场（“朦胧诗”），也颠覆社会既有价值体系（第三代诗中的“口语写作”一派）。然而，与此前的诗歌变革一致的是，二十世纪八十年代的“反讽转义的语言并未真正进入语言转折，仅在文化意识与社会价值这些场面纠结”②，它不过是进一步的反抗“反抗”的程式，否定“否定”的传统。

诚如写作《论美术的现状》的法国重要艺评家让·克莱尔，在向“先锋”发难时所指控的：“先锋”所基于的“进步论”，同样会将西方艺术引入空洞穷竭的境地③。新诗辗转到二十世纪八十年代中期之后，崇高感渐渐让位于怀疑论，是历史表意方式必然经历的成熟化过程。然而，其破坏力在于，它以绝对的否定来消解意义、解构世界，与此同时，绝对的否定也就意味着意义可以人云亦云，如同政治哲学家罗蒂因为认知到语言无法穿透表象看到本质，社会性交流不可能达成“共识”，所以认为反讽才是现代社会最合适的文化

①[加拿大] 诺思罗普·弗莱：《批评的剖析》，陈慧、袁宪军、吴伟仁译，百花文艺出版社，1998，第5页。

②董迎春：《走向反讽叙事——20世纪80年代诗歌的符号学研究》，苏州大学出版社，2013，第235页。

③[法] 让·克莱尔：《论美术的现状——现代性之批判》，河清译，广西师范大学出版社，2012。

状态。[1] 如此一来，也便引发普遍的歧解，文化表意活动便无法进行下去。[2] 德曼在死后才发表的讨论反讽的文章中警告说：“绝对的反讽是疯狂的意识，本身就是意识的终结。”[3] 如同十八世纪以来，西方现代性的不断发展也暴露了西方现代文艺背后所渗透的虚无主义；走向反讽叙事的当代诗歌话语背后，也呈现了虚无主义这股思潮。[4]

“反讽是道路；它不是真理，而是道路”[5]，这是被称为后现代主义先驱的克尔凯郭尔对“反讽”做出的总结。于是，在文化进入绝对否定式的反讽时代之后，贺拉斯声称“无论风暴将我带到什么岸边，我都将以主人的身份上岸”，卡夫卡接着说，“无论我转向何方，总有黑浪迎面打来”，弥漫在诗歌乃至文学、文化中的失落和失败的情绪，持续以反讽形式进行着皮里阳秋的否定之后，包括诗歌在内的文学何为，便成为一个亟待解决的问题。在“反讽”的进无可进之处，某种更简单的东西，终归是要做出回环发话的。

要么继续反讽，这是政治哲学家罗蒂提供的思路；要么重新返回“神话起点”，这是诺思罗普·弗莱提供的思路。事实上，二十世纪末即已广泛发生的传统的“回流”，即可视为对弗莱提供的思路的回应。这当然不是对现代化的全然反叛，而是黑格尔意义上的“正—反—合”，即通常所称“肯定—否定—否定之否定”，最终演变成的是“合”（肯定），置换成沈奇常常使用的四句表述，即为“内化现代，外师古典，融会中西，重构传统”[6]。

事实上，历史应当是“记忆”性的。并非与传统做最彻底的决

---

①Richard Rorty, *Contigency*, *Irony and Solidarity* (Cambridge: Cambridge University Press, 1989), p. 158.

②赵毅衡：《反讽：表意形式的演化与新生》，《文艺研究》2011 年 1 期。

③Paul de Man, “The Concept of Irony,” in *Blindness and Insight*: *Essays in the Rhetoric of Contemporary Criticism* (Minneapolis: University of Minnesota Press, 1983).

④董迎春：《走向反讽叙事——20 世纪 80 年代诗歌的符号学研究》，苏州大学出版社，2013，第 20—21 页。

⑤[丹麦] 克尔凯郭尔：《论反讽概念》，汤晨溪译，中国社会科学出版社，2005，第 1、221、284 页。

⑥沈奇：《诗心、诗体与汉语诗性——对新诗及当代诗歌的几点反思》，载《诗心、诗体与汉语诗性》，第 147 页。

裂，历史才能“前进”，它往往因决裂而显虚无、浅薄以及野蛮，因“记忆”而显丰富、深厚和博大。这或许就是沈奇一再强调以现代接续古典的意义之所在。

四、“容器”之价值：语体中的传统与个人才能

沈奇认为中国先锋诗人中已有“常态写作”的提前认领者，并及时完成了从先锋到常态的“过渡”，其中最有代表性者为于坚。“正是这样一位老牌先锋诗人，出于更大的‘野心’，即其‘梦想’的召唤，以及由此而生的清醒或者说‘狡黠’，率先甩掉了‘先锋’的‘礼帽’，认领常态写作与整合意识，开辟通向经典之路的新境地，并告诫同路人：‘八十年代的前卫的诗歌革命者，今天应该成为写作活动中的保守派。保守并不是复古，而是坚持那些在革命中被意识到的真正的价值的东西。’”①

于坚在二十世纪提出“拒绝隐喻”，此种意图与诗歌基本修辞彻底决裂的口号，当然更多是一种“姿态”，这与其宣称的做个“保守派”异曲同工。而此姿态，通过他在另一文中所使用的词汇“容器”则可追溯出原发式“痕迹”：“我终于把‘先锋’这顶欧洲礼帽从我头上甩掉了。我再次像三十年前那样，一个人，一意孤行。不同的是，那时候我是某个先锋派向日葵上的一粒瓜子。如今，我只是一个汉语诗人而已，汉语的一个叫于坚的容器。”② 艾略特在《传统与个人才能》一文中使用“容器”（receptacle）一词，特意指认诗人在传统与个人能力之间的功能：“诗人的心灵实在是一种贮藏器（receptacle），收藏着无数种感觉、词句、意象，搁在那儿，直等到能组成

①沈奇：《从“先锋”到“常态”——先锋诗歌二十年之反思与前瞻》，载《诗心、诗体与汉语诗性》，第59页。

②于坚：《长安行》，《作家》2002年10期。

新化合物的各分子到齐了”[①]。

在艾略特看来，“传统”并非一个等同于无独创性或死气沉沉的词汇，而是一个因有新事物的加入而不断在调整和发展完善的完整体系，它不是回头张望才可见的历史，而是正在以动态姿态，随时将刚发生或者正在发生的吸纳而入的一个体系。基于此，诗人所发挥的作用是，把个人化的体验纳入到诗歌的整体体系当中去，因此，诗歌写作实际上是一个冶炼、化合的“非个性化”过程，是在延续一种历史传统，而不是创造一种新的传统：“因为我的意思是，诗人没有什么个性可以表现，只有一个特殊的工具，只是工具，不是个性，使种种印象和经验在这个工具里用种种特别的意想不到的方式来相互结合”[②]。因其“非个性化”，作品中的情感也非个人化情感，而是通过“客观对应物”等艺术转化过程而形成的人类普遍情感。

尽管与艾略特的整体历史意识的“传统”观略有不同，但于坚在诗歌写作的“非个人化”方面与其殊途同归。于坚称“在此崇尚变化、维新的时代，诗人就是那种敢于在时间中原在的人”[③]，唯有注视世界的“基本”而非方生方死之所谓“进步”，才能领悟“何谓永恒，何谓之诗歌”：

> 就像我们头上的天空从来不仅仅是现代的天空，王维们的作品从来不是古典诗歌。“竹喧归浣女，莲动下渔舟”，今日看起来是多么诗意，多么遥不可及，当时却是庸常的现实。这个世界正在不惜代价地进步，王维诗歌中的世界，那些基本的事

---

①原文为“The poet's mind is in fact a receptacle for seizing and storing up numberless feelings, phrases, images, which remain there until all the particles which can unite to form a new compound are present together”。译文参见 T. S. 艾略特《传统与个人才能》，上海译文出版社，2012，第 7 页。

②原文为“For my meaning is, that the poet has, not a “personality” to express, but a particular medium, which is only a medium and not a personality, in which impressions and experiences combine in peculiar and unexpected ways”。译文参见 T. S. 艾略特《传统与个人才能》，上海译文出版社，2012，第 8 页。

③于坚：《于坚的诗》，人民文学出版社，2000，第 404 页。

物一旦成为“古典”，世界之进步难道不是到地狱去么？我想，我们已经比王维们更清楚地看到了这一点。我永远怀念三十年前我在云南的流水高山中吟咏王维诗歌的日子，“明月松间照，清泉石上流”，是这些基本的东西，使我领悟了何谓世界，何谓永恒，何谓之诗歌，使我生活，热爱着。①

可以看出，于坚是以对“基本”之“原在”的坚持，反抗先锋之维新是问。而沈奇则倡导“内化现代，外师古典，融会中西，重构传统”，意图以现代接续古典，纳“小传统”入“大传统”，在融合而非一破一立的向度上，召唤现代汉诗写作向“传统”返身。他在其诸篇论文中反复申说“传统”之于“脱‘现代之身’而还‘母体之魂’”的重要意义时，与于坚的非此即彼不同，他的表述是相当温和的。诸如，他认为新诗在创作角度的问题是，“完全认同于‘现代材料’的拿来就用，忽视或干脆放弃对‘传统材料’的有机合成……说‘材料’的‘现代’或‘传统’，绝不是说孰对孰错以及由此判别品质的高低，而只是强调‘味道’的不同。材料变了，味道也就变了，而‘味道’看似小事，实则是关乎‘心性’的大问题……新诗八十余载……总有诗多好的少的遗憾，读来有意思没味道，或者说是没了汉语诗质的味道，难以与民族心性相通合”②；而于新诗接受而言，“只有那些与旧经验有联系又有差异的新经验，才最易于产生审美快感，为有诗歌阅读经验的人们所接受”③。

与此理论倡导相关，同是知名诗人的沈奇，在自2007年至今的十年间，苦心孤诣“研制”其系列实验诗歌《天生丽质》，经广泛发表与转载后，产生了不大不小的反响。沈奇虽一面自谦这一创作与

①于坚：《从王维进入诗歌》，载《诗学随笔》，陕西师范大学出版社，2010，第74—77页。

②沈奇：《关于“字思维”与现代汉诗的几点断想》，载《诗心、诗体与汉语诗性》，第29页。

③沈奇：《怎样的“口语”，以及“叙事”——当下“口语诗”问题之我见》，载《诗心、诗体与汉语诗性》，第77页。

"先锋"相比有"开倒车"之嫌疑[1]，但一面又自骄于其"是本于'古典理想之现代重构'的理念，以及反顾汉语字思维、词思维的一次诗歌文本实验"，是"与汉语诗性'命名'及诗性记忆有关的"[2]。其自信源于他对于融合的、整体性的"传统"之价值的信任，他坚信因同样使用汉语写作，便可以"从语言的历史中上溯古典诗歌，探寻现代诗语与古典诗语'同源基因'之所在，来为今天的汉语诗歌写作提供一点可能的提示与裨益"[3]。并且，早在二十世纪末，他即展望现代禅诗会成为二十一世纪汉语诗歌发展的重要路向，原因在于除现代禅诗既有"骨子里现代感的支撑，古典的面影下，悄然搏动的，仍是现代意识的内在理路"，同时它还"易于接通汉语传统和古典诗质的脉息"[4]。

可以看出，沈奇对"传统"持一种融合的历史观，这在某种意义上与艾略特整体历史意识的"传统"观是一致的。其用意与写作《传统与个人才能》的艾略特大致也是相似的，意在指明现代汉诗写作应正确认识其"传统"及"个人才能"，不必刻意以与"传统"的彻底决裂而彰显"现代"之意义，亦不必以方生方死、方死方生的维新而行标示而膨胀个人才能，二者皆是无谓之举。

五、结语

在《宗教和文学》（1935）一文中，艾略特指出："从来没有一个时代像现在这样有如此巨大的读者群，或如此毫无抵抗能力地暴露在我们自己时代的各种影响前面的读者群。从来没有一个时代像现在这样，读一点书的人读活人的书的数量大大超过他们读死人的

①沈奇：《我写〈天生丽质〉——兼谈新诗语言问题》，载《诗心、诗体与汉语诗性》，第127页。

②沈奇：《我写〈天生丽质〉——兼谈新诗语言问题》，载《诗心、诗体与汉语诗性》，第131页。

③沈奇：《我写〈天生丽质〉——兼谈新诗语言问题》，载《诗心、诗体与汉语诗性》，第137页。

④沈奇：《口语、禅味与本土意识——展望二十一世纪中国诗歌》，载《沈奇诗学论集》（增订版）卷一，中国社会科学出版社，2013，第8页。

书的数量；从来没有一个时代像现在这样极端狭隘，这样与过去完全隔离。”[①] 在艾略特写作在《传统与个人才能》（1919）时，他在《宗教与文学》中所反感的大众时代已经到来。而在沈奇提倡融古典与现代的“常态”写作的二十一世纪最初十几年，中国的物质的、精神的或称符号的“后消费时代”也早已来临。此时，所谓理论，能为这些最容易被无政府主义感召、将艺术扭向各种利己用途的大众，输出何种有效观念，建构何种有效“秩序”，正成为亟待解答的问题。

而文学史内部总是隐藏着种种成规，这些成规来自一系列有力地插入文学的文化因素，诸如现代性、历史叙事、国家神话、意义生产机制等。它们通过联合制造文学史的这种可能，封锁文学史的另一种可能，而编制出文学史的框架与走向，决定文学史是这样而不是那样运行。沈奇以其追随“先锋”诗歌理论、批评与创作三十余年的经验，在新世纪繁盛与困顿并生的十五年间，很少再有沉下心来思考真问题的境况下，连续写作多篇论文提出他经年累月的困惑，对隐藏在唯新是问的“先锋”诗写中的诸种成规进行发问，并最终倡导融合古典与现代的“常态”写作。正是在此种向度上，其意义可谓非比寻常。

2017 年春于昆明

①[英] T. S. 艾略特：《宗教和文学》，载《艾略特文学论文集》，李赋宁译注，百花洲文艺出版社，1994，第 250 页。

“不可说之说”：文学阐释的书写有效性
——以当代新诗批评及沈奇的诗学观为例 ①

余文翰 ②

近年来，批评的文体尤其当代新诗批评的书写，是文艺评论家沈奇所关注的重点问题。他探讨着中西方语言文化中“味其道”与“理其道”之别，又在学术体制的规范作业外，另立“成文章”的标准。其中最关键的莫过于主张批评作为独立文本的有效性，即将文学阐释的书写有效性纳入阐释有效性之中。相关讨论并非停留在文学阐释的方法论层面，而是具体就阐释文章的书写风格、文体展开针对性反思。这种观念目前在学界鲜有回响，缺乏延伸讨论，主要原因正在于多数人以为书写相对阐释仅是一个次要环节，且这一书写亦受到学术论文写作范式的局限。实际上，书写有效性不单是实现阐释有效性的重要基础，且提供了进一步反思当下新诗批评的崭新视角以及继续发展其他解诗文体的契机。

一、批评的失效状况及其解决方案

自二十世纪八十年代以来，西方文论思想在中国登陆并广泛传播，文学研究拾起了各式各样的理论武器，既建构批评范式，又借助西方影响形成权威。这些理论不甘沦为“方法”而致力于对“真理”的揭示，每一种“理论”又总携带特殊的利益和目的，二者都造成理论的普遍适用性被夸大的可能。在西方思想界，其实一直都不缺少质疑理论的声音，早在二十世纪七十年代，艾布拉姆斯已经指出：“任何理论都不可能面面俱到，每一种理论都具有与其权力相

---

①本文原载《写作》2020 年第 5 期。

②余文翰，香港都会大学人文社会科学院助理教授。

关的局限性，作为思辨工具，它有独特的角度和关注焦点，而对它的模糊甚至空白区域，就需要另一思辨工具做出清晰的检视。”[①] 艾布拉姆斯所言正秉持着对理论的客观态度。而经历了二十世纪理论大爆炸后，伊格尔顿也申明，我们不可能再回到前理论的天真时代，但与此同时，他坚信，后现代主义“对规范、整体和共识的偏见是一场政治大灾难”[②]，使之沦为失序失德之金钱世界的帮凶，教非规范成了规范。相反，理论应该能够叙述其缘起和兴衰的历史，明确自身的针对性、内在逻辑和局限。处在“理论之后”的我们，并不是要唱衰理论，应强调的恰是各种理论背后致力于批判和反省的元理论精神，避免“理论”僵化为“教条”、“方法”极端化而归于“真理”。

在上述背景下，许多针对阐释有效性的反思往往就文学理论乃至批评实践所暴露的种种矛盾来展开。譬如丁帆认为，目前专治当代文学的学院派批评“将文学研究作为一种近乎医学解剖式的学问来做，他们删除的是文学中那种最活跃的、难以用量化与固化指标进行测量的细胞因子。工匠式的技术性操作使活的文学变成了僵死的教条，也就自然不可能对文学创作有什么实质性的引导作用”[③]。文学作品不能被删除而理应着力发挥的，正是在看似附和了外在观念的声音以外，理论所不能取代的精神价值和独立批判，以及借由作品所产生丰富的审美感受。以理论覆盖作品、解释后者的深刻性或复杂性，很容易教人忽略了文学作为独立的知识透过作品所建构的内涵。又如张江从批评实践角度，以“强制阐释”总结理论缺失，包括场外征用其他学科的理论套用到文学作品的分析上，或批评者主观预设在前、强制裁定文本意义与价值，以及论证与认识的混乱等。[④] 此后张江又提出“公共阐释”等概念，着重强调“以公共理性

①M. H. Abrams, “What’ s the Use of Theorizing about the Arts,” in *Doing Things with Texts*. ed. Michael Fischer (New York: W. W. Norton Company, 1989), p. 48.

②Terry Eagleton, *After Theory* (New York: Basic Books, 2003), pp. 15－16.

③丁帆：《寻觅知识分子的良知》，新地文化艺术，2014，第 374 页。

④参张江：《强制阐释论》，《文学评论》2014 年第 6 期。

生产有边界约束、且可公度的有效阐释”[①]，使接受者可循着“人类共同的理性规范及基本逻辑程序”，从阐释者那里收获文本相对确定的意义并形成共识。于是他格外看重阐释者所使用的语言应是“以交流为目的”“为常人所理解”的公共语言。这里存在值得讨论的问题：阐释固然以建构起相对确定、稳定的意义为目的，自当避免云里雾里而不知所云的现象；不过，若就文学阐释而言，公共语言与私人语言的界限是否分明？在确保论证逻辑、行文结构清晰的基础上，文学阐释的语言是否应当有所发挥而有别于一般的理论语言？这一问题将在后文继续讨论。

且就丁帆、张江二者的论点看，批评实践或具体称之为阐释的书写，绝不仅仅是某种方法的应用，反在艾布拉姆斯所谈论的意义上，作为“另一思辨工具”回过头检视方法本身。而一直以来，我们也是根据书写的完整性与说服力去判断阐释的有效性，同时也基于阐释的书写文本去提出它的存在问题。

具体到当代新诗的批评领域，除了功利化、商品化、圈子化的不良倾向，许多学者从文本出发，指出批评的失效状况，如理论话语的堆砌、命名及标签的泛滥、脱离对象文本自身的艺术规律与表现经验、叙述过于程式化和概念化、内容同质化、表达模糊缠绕，又或缺乏有效分析与鉴别等。如此不仅导致阐释话语的失效，丧失批评的独立性与严谨性，其更紧要的症结是作为对象的诗文本被碎片化，几乎沦为某一观点的外部例证，进而脱离对整首诗乃至对诗人的理解。针对这些问题，不同学者已尝试提出各自的解决方案，主要在两个大方向上。

其一，相比批评的科学化，更侧重强调学术伦理，同时要求文学批评返璞归真，视具体文本的阐释为核心内容，重新明确阐释的目标正是朱自清强调的“晓得文义”“识得意思好处”[②]，而非印证理论或个人观点。郑慧如肯定问题意识、框架论述在批评上的主观能

---

①张江：《公共阐释论纲》，《学术研究》2017年第6期。

②朱自清：《新诗杂话》，作家书屋，1947，第5页。

动性，但她主张以“就诗论诗”的适切方法取代大量断语和标签，追求“以文本中可靠而未被发现的细节来支撑论述，从而建构凸显‘文本性’‘文学性’的现当代诗评论”[①]。邹建军呼吁以作家作品为中心的文学理论和批评[②]。陈超在提出“历史-修辞学的综合批评”时始终围绕诗的语言艺术，申明它并非是文化批评而“更多地具有诗学问题的专业性”[③]，强调文学阐释的诗学本位。

其二，相比寻求对客观标准的描绘，更强调审美感受的复归及批评者在感受力与想象力上的发挥。罗小凤提倡“以心会心”“读者以自己之心会诗人作诗之心”[④] 的批评。吴投文希望“倡导一种真正贴近诗歌文本的感悟诗学，首先让批评家回到诗歌的艺术审美层面上来”[⑤]。洪子诚也指出新诗批评“除了视野、文化知识方面的条件之外，智性、灵性、想象力、语言感觉等方面，比起谈论其他文类似乎有更高的要求”[⑥]。

倘若在近十年针对诗歌批评的批判中还存在第三个潜在思路，那便是将批评视作一种书写。譬如，耿占春从诗歌批评的论证方式、认知方式及其与小说等其他文类的批评之间的区别入手，主张它是更借重感性、感知、感受力的别种写作，结合了互文性、阐释性与创造性，是“独具一种文体意味的写作”，“不能不对批评自身的文本意义提出要求”[⑦]。刘波也把批评视为一种“写作艺术”，它本身就是一种语言、思想、文体三方面的艺术创造。批评和创作一样，“应该集想象、文采、理性于一体”“义理和辞章在批评文章的写作里缺一不可”[⑧]。陈爱中还强调，成熟、丰富的汉语为批评提供了原料，应“寻找和塑造汉语的认同，营构出独立而恰切的批评词汇和逻辑

---

①郑慧如：《当代汉语诗歌批评中的框架论述》，《江汉学术》2018 年第 5 期。
②邹建军：《论以作品为中心评价文学现象的必要性》，《写作》2019 年第 1 期。
③陈超：《近年诗歌批评的处境与可能前景》，《文艺研究》2012 年第 12 期。
④罗小凤：《“以心会心”式诗歌批评的重建》，《北方论丛》2018 年第 6 期。
⑤吴投文：《新世纪新诗理论批评的症候分析》，《新文学评论》2013 年第 1 期。
⑥洪子诚：《学习对诗说话》，北京大学出版社，2010，第 1 页。
⑦耿占春：《当代诗歌批评：一种别样的写作》，《文艺研究》2013 年第 4 期。
⑧刘波：《分裂的批评与写作的难题》，《文艺报》2016 年 11 月 25 日。

体系”[①]。上述三者可谓近年学界少数能与沈奇有关主张相互呼应的。换言之，沈奇于阐释书写有效性的观点，须置入“理论之后”、诗歌批评自我批判的大背景，且有必要进一步思考，就诗歌批评而言，书写之有效如何联系并确保阐释之有效？它作为一类书写，其文体矛盾何在？

二、书写有效性的阐释学视角与诗学实践

如何判断阐释有效一直是文学批评理论直至阐释学的核心问题视域。有的学者试图为之制定“标准”，比如赫施，他认为读者对文本的理解总是不确定，唯“作者”才提供了文本确定的含义或用意，读者依据自己的环境和条件进行阐释，最终仍旧表现为对自身观点的证明，这时他已经从读者变换到了作者的位置，以读者意图重组了文本。换言之，抛开文本的原始作者，我们就很难寻求用于判断阐释是否“正确”的标准。赫施提醒了我们必须警惕主观臆断，同时不能忽略文本和作者的联系。但很显然，无论阅读还是批评都不是一种追求唯一正确意义、遵循作者意图的努力，否则，我们便把解释的责任全数推到了作者身上，且令文本陷入失去独立性、仿佛可以“用完即弃”的尴尬，好似经过卞之琳现身说法，今日就无再去阅读《圆宝盒》的必要。

相反，的确是批评把批评者推上了作者的位置，批评者必须时刻意识到自身对于文本、对于原始作者都存在书写性质。文学阐释的可靠性并非通过大量实验取得同一结果而得到证明，它只能通过我们对书写（批评文本就对象文本的再组织）的感受、比较、推敲、求证和思辨，取决于阐释是否唤醒了独特的审美体验、得到了充分而有力的依据。尽管在寻找证据的问题上，赫施坚持认为，越是与原作者相关（如得自作者的其他材料或与其同时代的材料）越能够增强论证的重要性与可信性，且有效的依据常常需要从文本内外的

①陈爱中：《论新世纪以来新诗批评的有效性》，《长江文艺评论》2017年第4期。

客观现实取得。[1]

无论如何，我们可从赫施的讨论引出两个潜在问题。其一是书写于判断阐释有效的作用：阐释的书写经常被简单化而被误认为是观点的传达，正因如此，它不仅被西方出于“语音中心主义”的影响而长久忽略了，在当代的文学阐释学、解诗学等框架内也还未发展出充分的理论阐释。书写的有效之所以重要，在于文学阐释作为作家作品与读者以阐释者为中介的对话，这一对话不可避免具有“书写性质”，阐释者的观念、情感甚至历史重新书写了对象文本，倘若忽略了书写的检视，也就不可能判断出真正有效的阐释。其二是书写的阐释有效性绝不停留于文从字顺、明白晓畅等书写的自律层面，而是另有阐释的书写之“理”。且这一阐释之理也不单是从逻辑及其证据与客观事实的对比中获得检验。

沈奇将书写之有效纳入阐释之有效，便是充分正视阐释的书写性质。他长期就诗歌批评的书写“望闻问切”，一早见出诗歌批评的异化——“当诗歌批评越来越远离感性的体验与欣赏，只在西方式的‘五马分尸’似的诠释术语中打转转时，批评家是否已异化为‘学术产业’的附庸，而失去了‘生命诗学’的意义?”[2] 十多年来他屡屡发声，指陈批评在学术产业中的“话语空转”：“批评成了观念的跑马场，套话连篇，术语满天，自我缠绕，空心喧哗。”[3] 他深入到“书写”的话语中对诗歌批评的病态加以分析：“除千篇一律的‘模板’化论文样式外，其语态，多为‘真理在握’而‘昭告天下’之状；其语式，多为‘强词夺理’而‘高屋建瓴’之状；其语感，多为‘生搬硬套’而‘东施效颦’之状；其语境，多为‘照本宣科’而‘高头讲章’之状……其生成文本，大都味如嚼蜡。”[4] 于是，去

---

①E. D. Hirsch, *Validity in Interpretation* (New Haven and London: Yale University Press, 1967), pp. 197—198.

②沈奇：《清流一溪自在诗》，载《沈奇诗学论集》卷三，中国社会科学出版社，2005，第350页。

③沈奇：《批评：自足的写作——有感当前文艺批评》，《美术观察》2003年第8期。

④沈奇：《当代新诗的批评有效性与文体自觉》，《文艺争鸣》2017年第11期。

掉西方文论的“活学活用”后，批评的语言显得如此匮乏，进而使诗向着理论观念之思退化。

概言之，在艺术欣赏与理论的强行征用脱轨后，如何在龙蛇混杂的诗坛、在多元并进的诗歌写作中保持冷静，另行培养客观且独立的批评态度与艺术趣味，恢复生命诗学本色，这才是沈奇诗学思考的出发点。在沈奇所谓“成文章”的解决方案中，“文章”至少包含两重含义。一方面，批评应当是“有感而发”，而后“成文章可读”①，独抒己见故能避免空洞浮夸，笔头生花才堪细细咀嚼，言而无文自然行之不远。另一方面，“文章千古事”，真正的文章绝非阅毕即弃的表面文章，除了可读可赏、不可轻易以其他表达替代，内中也必暗含美的经验之延续以及艺术认知和情趣的培养，并无可化约的、唯一正确的真理可寻。2017 年，沈奇撰文讨论批评的有效性，把书写的有效纳入批评的有效，批评的有效涵盖两个向度：“其一，作为批评之直接‘意义’价值功能的有效：包括对诗学问题的探讨和对诗歌创作之欣赏、导读、阐释、梳理、提示、提升、共谋的有效；其二，作为批评之间接‘审美’价值效能的有效，即批评作为另一种写作，作为‘次生文学’及‘关于诗的诗’，其独立文本之被接受、认同、激赏、共鸣的有效。”② 显然，如何“成文章”就关系到批评作为另一种写作之有效。

在沈奇看来，欲“成文章”须发挥批评作为一种书写的自足性，以文章学为给养，增强汉语气质则更至关重要。2003 年他便主张批评应成为一种“自足的写作”。阐释作品自然是批评的任务，阐释却并非作品附庸，而是能够自发地生成意义；此外，身受体制利益与商业包装所围绕，批评应在市场、媒体甚至学术体制外保持独立、本真，自成一种知识关怀和话语空间。也即是说，批评在其话语功能与自成文章方面可以独立自主。

具体言之，首先，要批评某一首诗的思维应当努力感受、接近

①胡亮：《在场的游离与专注——沈奇访谈录》，《中国诗歌研究动态》2010 年第 7 辑。

②沈奇：《当代新诗的批评有效性与文体自觉》，《文艺争鸣》2017 年第 11 期。

诗的思维。诗不讲逻辑结构，超乎一般语义文法，所以沈奇说：“诗不靠诗的结构而成为诗，诗靠诗的语言而成为诗，靠语言的肌理、味道所生发的诗意、诗趣而成为诗。”① 尤其是汉语诗歌，其思维“多以字、词为基点，遇字引象，由词构而句构而篇构”②，是造型性的“水晶”而不是结构性的“积木”。因此，诗歌语言几乎不可译、不可用别的语词代替，唯有用再造的文学性将其中的细微体察、复杂的思想情绪传递出来。而批评正具有这样的一种文学性，须“味其道”即“诗意地去感知与表意”③，而非纯粹依赖理性判断分析。于是它亦当更注重“微观研究”，抛弃假大空的视角与言说，审美也好，审智也罢，重要的是深入文学的“肌理”，“只有‘肌理’隐藏存在的真，并真正能为我们看到和体验到”④。“好的文艺批评尤其是诗歌批评……不仅是对诗歌创作‘等值’的‘回应’，更是‘溢出’批评对象的‘超值’的回应。”⑤

由此，经过多年的思考与实践，沈奇将原先所提倡诗歌批评之六要素（学养、学理、综合性的艺术感觉、问题意识、情怀与担当、成文章）进一步完善为八要素：学养、学理、艺术直觉、问题意识、情怀、立场、文体意识和气息。他一直主张以文章学、文体学作为提升批评写作水平的理论给养。从六要素到八要素的转变，也可见到古代文章学（如曹丕“文气说”）、古典文论风格与话语的影响，机心纯而文心正，文心正则文气清通，若能文质兼备，甚至养成具有个性、个人风格的批评文体，文章自不会沦为“一次性消费的物事”（沈奇语）。

---

①沈奇：《现代汉诗杂记》，载《沈奇诗学论集》卷一，中国社会科学出版社，2005，第65页。

②沈奇：《关于“字思维”与现代汉诗的几点断想》，载《沈奇诗学论集》卷一，中国社会科学出版社，2005，第57页。

③沈奇：《诗意·自若·原粹——关于“上游美学”的几点思考》，《南方文坛》2014年第6期。

④沈奇：《真实与自由：诗性跨文体写作的“现代启示录”》，《文学与文化》2011年第1期。

⑤沈奇：《当代新诗的批评有效性与文体自觉》，《文艺争鸣》2017年第11期。

由文章学、古典文论汲取滋养，目的就是增强“汉语气质”。汉语是汉语诗歌的资源与传统，也是其发生机制的立足之地，对汉语缺乏敏锐感觉，对汉语传统不具备深厚了解，其语感就会薄弱，对汉语文学创作的体味便隔了一层。再者，“当代汉语文论文本，普泛重‘理’轻‘文’，虽用汉字‘码’出，骨子里却脱不了翻译语感的习气，不乏学理之解析与问题之讨论，却很难做文章去阅读与欣赏，更遑论有汉语文章的肌理美感可细细品味”[①]，也就更不用说以其文学性去转换、翻译作品中的文学性了。在沈奇看来，简政珍、陈仲义、胡亮的批评文字堪当表率，简政珍的论著《诗的瞬间狂喜》以随笔体写就，除了灵动好读，汉语意识也很强烈；陈仲义融学院与非学院于一体，文笔语态不乏独立的审美价值；胡亮则具深厚的文章学功底，“语感细微处，常绍古音而杂糅今声，在现代汉语句思维之主脉气息中，辅以古典汉语字思维，以调节时调，且每出闲笔，妙意机锋，如晨星之所见”[②]。由此可说，丰富汉语的表意方式，与丰富汉语诗歌的理解与阐释是相一致的。

文章学确不失为辨析真假道学、补益批评书写的药方，且在写作的方法论上极具指导意义。但眼下批评之文章的盲点、失误，如沈奇所言，在语态、语式、语感、语境等方面的问题，都涉及阐释的态度、方法、观念，除文章学外，也还有赖文学阐释学加以疏通。尤其是将阐释书写的有效性纳入阐释的有效性，本身已涉及阐释学内部学理的讨论。

其实，在施莱尔马赫看来，理解或者阐释本身就是一项“重新表述”“重构”的创造性活动，从宏观、抽象意义上已表明了阐释对阐释对象的书写或重写性质。当诗学努力转向一种生命诗学，批评尝试以心会心，我们可以在狄尔泰那里发现将阐释视为生命体验的主张乃至早期阐释学与心理学相结合的特点。阐释书写的有效性过

①沈奇：《汉语之批评与批评之文章——评胡亮文论集〈阐释之雪〉兼谈批评文体问题》，《文艺争鸣》2016 年第 4 期。

②沈奇：《汉语之批评与批评之文章——评胡亮文论集〈阐释之雪〉兼谈批评文体问题》，《文艺争鸣》2016 年第 4 期。

去虽欠系统研讨，但我们也可以从伽达默尔对阐释学这门“学科”的辨析见到阐释书写的重要性，由阐释学与修辞学的关联重新发现诗学与文章学彼此结合的内在关怀。

得益于伽达默尔的探索，阐释学不仅是阐释的理论或技术，且更成为关乎存在状况和阐释活动的实践哲学。故而它并没有封闭的知识系统，也不存在一成不变、按部就班的方法。在与洪汉鼎的对话中，他甚至提出“阐释学是一种幻想力或想象力”①。失去这种想象能力，我们就不可能就现在与过去、自我与他者进行“视域融合”，无法达成阐释者与其对象的“相互理解”。不仅如此，伽达默尔一早论证过阐释学与修辞学的关系，他认为：“修辞学和阐释学在这里具有一种很紧密的内在联系。出色地掌握这种讲话能力和理解能力尤其可以在文字的运用、在书写的‘讲话’和理解所写的文字这些情况中表现出来。阐释学完全可以被定义为一门把所说和所写的东西重新再说出来的艺术。”② 阐释学不仅是一门实践哲学与实践艺术，且阐释的书写本身就属于一门艺术。在理解文字、运用文字进行书写、把握何时“讲话”、如何“讲话”进而说服他人上，阐释学作为阐释实践的思考，根本无法与修辞学的训练相分离。乔纳森·卡勒谈及批评的写作时认为，文学批评经常忽略文学的原理而把作品的意义归结到某些理论观念的阐释上，不过他由此却提出了诗学与阐释学的对立，主张文学研究要抛弃阐释学，走向诗学。③ 这是很多学者无论如何不能同意的观点，或者说他只是用阐释学来指称理论分析的一套方法，而非本文所谈论的阐释学。

文章学更直接涉及书写环节，同样在理解、说服及语言表达上增扩文学阐释的能力和可能性。在文章学外，文学阐释学对书写有效性的指导，在于端正阐释的目的、确定阐释的对象、推动阐释观念与方法的完善，同时，尤在于指出了阐释书写的虚构性、文学性。

---

①洪汉鼎：《当代哲学诠释学导论》，五南图书出版股份有限公司，2008，第 222 页。

②[德] 伽达默尔等：《诠释学经典文选（下）》，桂冠图书股份有限公司，2002，第 234 页。

③[美] 乔纳森·卡勒：《理论中的文学》，华东师范大学出版社，2019，第 202 页。

维特根斯坦曾对心理分析大感不满，因为这些阐释大多不可依照既定程式重复验证，“并非事实的发现，而是以言辞夺人”①。保罗·利科对心理分析的辩护则几乎可以应用到人文科学的阐释上，这种阐释的论证不在于“存在的真”，而在于“诉说的真”；不在于正确的阐释，而是持续追求阐释的合理性。由于心理分析在弗洛伊德笔下几乎是“虚构小说的写法”（布鲁克斯语），张隆溪特别指出，这种阐释已经“成为虚构的故事，然而又比自然科学更灵活、更带普遍性地揭示人的真相和实情……可能提供信息、见解或启发，也可能十分准确，但绝不会是唯一和最终的解释……一种开放的叙述，可以在不断调整的过程中吸收新的因素……实际上永远是没有完结的”②。文学阐释学从阐释观念上指导书写，而文章学则在书写的操作层面提供理论给养。相关阐释书写有效性的主张，都强调阐释者感受力与想象力的发挥，正如心理分析那般，这并不会阻碍阐释发挥效力，反而打开了更宽阔的空间，阐释、批评可以“成为虚构的故事”“开放的叙述”进而追求“诉说的真”。

沈奇有关批评写作自足性的论述，并非希望回返到纯粹的印象批评或感悟批评，而是为了探索专业化、科学化的诗学研究与人文关怀、审美体验的结合，由此产生理、情、美的平衡交融。纯粹的美文倘若偏离诗歌批评自身的专业要求，仍无法带来有效的阐释，比如孙绍振就曾专文力倡基本概念、基本方法的科学化③；而吴思敬在提出诗歌评论和诗歌语言一样应具有高度个性化和美感原则的同时，也具体论述了文章的构思和批评模式的选择④。诗歌批评一面要有审慎、清晰的思辨，一面应保留自身的文学性。事实上，阐释书写的文学性，本质不在于语言的润色修饰甚至文气的清通，而是根源于文学阐释，特别是诗歌阐释本身作为“不可说之说”的性质。

---

①张隆溪：《一毂集》，复旦大学出版社，2011，第 62 页。

②张隆溪：《一毂集》，复旦大学出版社，2011，第 67 页。

③参孙绍振《从基本概念和基本方法的科学化开始》，《诗刊》1985 年第 12 期。

④参吴思敬《诗歌评论的写作》，载刘锡庆等著《文学评论的写作》，天津教育出版社，1986，第 43—65 页。

如何解决“不可说”与“说”的矛盾，正是进一步探讨阐释书写有效性的核心。

三、批评作为文本：“不可说之说”的矛盾

批评书写最主要的矛盾正在于，它尝试去“说”、去解释清楚原本“不可说”的诗，诗向来难以用散文的形式穷其精义、道尽奥妙。于创作的角度，废名早已提出，诗并非一定要受到什么规范的限制才能够成为诗，它的语言是“散文的”、自由而不受限的，但诗一定要有“诗的内容”而非“散文的内容”①，“诗的内容”不是文字戏法变来的，作为外在形式的内核，更不可用一两句话说清楚。正如穆木天在《谭诗》一文中强调，诗借助暗示与表现，而不是散文的概念与说明，诗有自己的有别于散文的一套思维术、逻辑学。当时穆木天等人正在倡导纯诗，王独清于《再谭诗》中也认为，诗最忌说明也最忌求人了解。金克木在论及主智的现代派诗歌时提出，“如能说明便不是诗的而是散文的了……既然不用散文的铺排说明而用艺术的诗的表现，就根本拒绝了散文式的讲解”②。除了文学语言言不尽意、意在言外以及诗无达诂等特点，这一代诗人、诗论家从诗与散文的区别来解释何以诗“不可说”、不可用别种语言“翻译”。然而诗歌批评不正是诗外部的别种语言或非诗的散文？而它恰恰需要阐释进行言说。

尽管现代文学理论，尤其是广为沿用的新批评理论，努力以理论、科学之名接近诗的原理及其表现方式，从而提供可靠的解读，缓解诗不能用散文来理解的矛盾。但作为不可说之说，批评书写涉及的矛盾还有很多：比如书写在条理、清晰度上的要求与转化内在感受之间的矛盾，书写者与其对象在各自主体性与历史性上的矛盾，对象文本语言与批评语言之间又是一个矛盾。阐释并不是纯粹的内在思想工作，书写的过程恰恰显示了我们在语言之内寻求理解、表

---

①参废名、朱英诞《新诗讲稿》，北京大学出版社，2008，第 8－14 页。

②柯可（金克木）：《论中国新诗的新途径》，《新诗》1937 年第 4 期。

达理解的过程，书写不仅是检验阐释有效性的基础，更是阐释之创造性、文学性所在，是关涉着如何表现说不清道不明的文学体验的语言艺术。德里达解构了西方的逻各斯中心主义，文字不再是思想的附庸，且它与思想不是明确、清晰的一一对应，换言之，言与意的完全一致是不可能的。故而“所有的写作都是用来对言说进行矫正和评论的注释，然而它们却只不过引发出更多的写作和评注”①。诗歌批评正是一种不断修正、扩充对诗的理解、生成新的意见，无法达成批评与诗在意义上的完美一致，却一再引发更多批评的写作。

诗歌批评如何一面走向更多元的写作一面努力化解“不可说之说”的矛盾？在沈奇看来，一是从文笔着手，二是从文体切入。他在与简政珍较早的对话中已提出学院化批评与民间批评的整合，亦即“在专业性阅读的诠释与批评中，也能否加入一些鲜活的、率意的、印象式直觉性的东西进去，不要把批评搞得那么呆板、生硬”②。沈奇认为古典诗学可供参照的就在于它“既是所解之诗的解放，也是解诗者感知与表意的‘全息’解放……既‘言之有理’，又‘理外有言’，而得‘增华加富’之效”，新诗批评须“会通感性欣赏与理性批评于一体，既避免过度阐释……又不失文心文采之所在”，从而“将‘等值’的知己之见推进到‘超值’的表达之表达……与诗歌文本争雄并美”③。此外，除了前述文章学在文章感、气息、汉语气质等方面的补益，还可扩大批评的文体空间或话语空间，“自觉摈弃各种体制性话语范式，乐于在作为‘关于诗的诗’的批评话语中自由发声，包括各类诗歌理论与批评随笔、创作谈、当代新诗话等”④。概言之，如果文学作品本身就是语言、审美、精神等多层次的知识性话语，那么文学批评既要增强语言的灵活性，又要增扩文体，努力改变那种“把诗的散文意义从诗中抽出来简化为一个说明或命题

---

①张隆溪：《道与逻各斯》，江苏教育出版社，2006，第22页。

②简政珍、沈奇：《诗心·诗学·诗话》，《天津社会科学》2001年第2期。

③沈奇：《当代新诗的批评有效性与文体自觉》，《文艺争鸣》2017年第11期。

④沈奇：《当代新诗的批评有效性与文体自觉》，《文艺争鸣》2017年第11期。

的看法”[①]，进而以不断的再创造补偿技术性分析对知识性话语的遮蔽，避免文学在我们将艺术体验转化为认知的过程中完全沦为理论的知识图景。

我们或可就沈奇的批评实践得出一些经验：首先是诗文本与生命诗学的同构，把具体作家作品的评论与自身诗学主张的摸索与提炼结合起来，没有过于晦涩艰深的抽象思考，展现自如出入创作现场的品味与斟酌。其次，他笔下既有精准到位的批评与归纳，又融合古典文论的学风、语风，自然流露出散文美，更不乏隐喻性阐释。譬如，在评论“草根化的诗人”詹澈及其对生命热情礼赞的诗时，沈奇读到的“是石头中迸溅的火，是火中烧红的铁，是沉默的种子与泥土的对话，是坚果般的生命与大地相亲相拥的歌吟”[②]。又如，他用“酒曲入酒、浑然一体”来比喻洛夫的隐题诗操作，分析洛夫的诗歌意境有“白色向度”也有“红色向度”，后者清洗历史的伤口，前者守护现代人心灵的质量，“不是生命意识的寂灭，而是生命意识的深化，是雪中红梅，石中电火，有如诗人老来的风姿：一头雪峰般的白发下，是石榴般红亮的童颜”[③]。甚至在分析痖弦营造意象之原则时，也能运用可读可赏的笔法：“自生命体验之树上自然地‘落下’，不虚不飘，实实在在，没有一个是飞起来没有着落的。如成熟的果实，浑圆而凝重，且水灵灵、脆生生、鲜活生动……”[④] 此外，他论证于坚的诗歌语言“松软”而不“松散”，分析传统禅诗离了人生应有关切而透露的“酸馅气”，批评近年诗歌写作把口语变成口沫，叙事变成絮叨，“蜂王浆”变成“可口可乐”甚至“自来水”。可以说，沈奇下笔用词总是既保留强烈的思辨性，又与审美体验相结合而做出生动精练的表达。有时，他放纵笔锋，挥洒诗情，于批评文章生成独特的构篇，在针对古马、侯马等诗人的评论中，一系列的排比段落使人直接地感受到了批评者的深情和激越。

---

①袁可嘉：《论新诗现代化》，生活·读书·新知三联书店，1988，第83页。

②沈奇：《赤子情怀与裸体的太阳》，《诗探索》2009年第1辑。

③沈奇：《重读洛夫》，《淮南师范学院学报》2002年第1期。

④沈奇：《痖弦诗歌艺术论》，《华文文学》2011年第3期。

再次，沈奇善于揭开诗歌创作的“秘密”，并就诗把脉、开方。比如他认为严力诗歌的“秘密通道”有三条，包括对“动词的高度重视和精妙使用，以及动宾关系的戏剧化重构”“对日常语词之日常所指的解构性改写，使之陌生化、歧义化”“将明喻的修辞作用发挥到极致”①。针对当代诗歌的弊病，沈奇也一再开出“简其形”“整其魂”“重新确认‘汉字’这个‘家神’的存在”“脱势就道、归根曰静”等诸多药方。

近年来沈奇主编“当代新诗话”丛书，辟出了随笔体、断章体、语录体、诗体等“新诗话”形式，个人也随之出版了诗话集《无核之云》，其中包括200则诗体诗话，真正将批评或对诗的理解写成文学珠玑。诗话不是从学术体制中来，而是作为一种创作，源自文学阅读与写作的经验、品味、情趣和情怀，使阅读成为作品的延续。沈奇在几篇文章中都提到钱锺书对“学问”的看法，而钱锺书本人对新诗虽不高看，可他在《管锥编》中早就提出过：“夫文评诗品，本无定体……或以赋或以诗，或以词，皆有月旦藻鉴之用，小说亦未尝不可……只求之诗话、文话之属，隘矣!”② 不说其他，以诗论诗的作品在当代诗歌中已不少见。可见文学批评本非遵循既定话语范式才能确保它的有效阐释。钱锺书自己的批评实践不论在语言风格还是文章体式上都是“本无定体”的最好说明了。

上述“关于诗的诗”“不可说之说”的经验举措，在实践层面丰富了我们对阐释书写有效性的认知，“成文章”只是第一步，正如前文所说，丰富汉语的表意方式、文学阐释的文笔与文体，我们理解文学作品的可能性与合理性也随之增强。阐释书写的虚构性或文学性，不单基于诗难以言说的精妙，且属于批评者的二次创作，既有创作本身的知识影响与想象力发挥，也存在使更多读者接收、产生共鸣的必要。如果仅仅用概念、逻辑、思想将诗歌分门别类，将诗的内涵固定在某种观念的意义范畴之内，尽用理论的技术性语言分

---

①沈奇：《“太阳拎着一袋自己的阳光”》，《当代作家评论》2007年第4期。

②钱锺书：《管锥编》，中华书局，1986，第656页。

解甚至取代文学作品，那么不仅行文易流于枯燥，且阐释也逐渐失去多样性、有效性。“不可说之说”一方面体现文学阐释并不彻底等同于理性分析，读者还须借助复杂的感受力、想象力才能接近文本，且文学作品在情感乃至美学层面的内涵无法借助概念、逻辑得到充分解释和传达；另一方面它还显示了书写有效性绝不仅是文从字顺，也绝非刻意地制造含糊，而是在文学批评实践中同样存在文（批评、阐释）不逮意（批评者之意与批评对象之意）、言有尽而意无穷的情况，阐释语言和文学语言同样需要追求最经济的形式、最经典的表达，于是阐释从书写的文学性、开放性保证了阐释的多元。

结语：批评——从文本到文本

二十世纪西方文论特别是其中新批评、接受理论等，深刻影响了文学阐释的观念与方法，那种“作者—读者”的阅读理解模式悄然转换，取而代之的是“作者—文本—读者”，批评文本的中介性、独立性备受重视。然而，批评与一般阅读明显不同，主体及其历史的文本化在作者与读者两端同时存在，“作者—文本—读者—文本”才最终达至批评，批评可说是从文本到文本的创作。以往关于批评写作的讨论，正如乔纳森·卡勒那样①，更多集中在阐释的方法层面而非其书写层面。沈奇则主张将阐释书写的有效性纳入阐释有效性之中，一方面清醒意识到批评的文本化并就其观察批评的利弊，另一方面则排除了那些认为批评轻易可理解传达，抑或批评定要遵循某些理论系统的“想当然”，真正从批评作为另一种写作、“不可说之说”来提出、发挥文学阐释的创造性。

批评首先必须是自足的文本，必须是“说”。沈奇倡导富有汉语气质的批评文章以及继续开拓诗话等多样的批评文体，与阐释观念

---

①卡勒在《批评的写作》一文主要反思批评所运用的阐释方法，而在《坏的写作与好的哲学》中以哲学分析为例，提出对问题进行阐释、分析的“答案”就在“它自身的写作之中”，以及有技巧的写作是“对他人有吸引力的写作，这种写作不是为了劝说他人，而是为了寻求回音并最终获得承认”。见《理论中的文学》，华东师范大学出版社，2019，第188—190页。

方法的发展并不冲突。夏济安曾说："我们现在文章的说理比较过去透彻……他有确定的读者，他必须把道理说清楚，才能使人家心悦诚服。古人的文章，可能吞吞吐吐含混不清不肯轻易以'玄机'示人，也可能东拼西凑甚少新见只是标榜权威以自高身价……各种学术论文情形亦大致如此：内容可能有独特的贡献，但是文章的体裁、材料的安排、推理的方式大多是从洋人那里学来的。"① 这一观点大致是不错的。可我们现今并非简单地弃绝西方理论重拾中国文章，文章要在汉语平台上发挥，其批评之理不是理论之理甚至文章学之理，而是普遍的阐释之理。此后方才是批评、阐释之"不可说"，结合复杂、独特的艺术体验，投入自身审美情趣与时代关怀，发现新诗意、新精神。好的批评，需要像艾柯所言，成为最简洁经济的解释，指向有限的可理解的观点并与文本的其他特点、证据相符②。与此同时，好的批评书写，则应不仅能言善辩、见解独到，还可提供一种崭新的用于更好地理解艺术的语言，离开它的语言形式，就找不到更精简、更精准也更精彩的解释。

2020 年 7 月 13 日定稿于香港

①夏济安：《永久的怀念》，夏济安先生纪念集编印委员会，1967，第 267 页。

②Umberto Eco. "Overinterpreting Texts," in *Interpretation and Overinterpretaion*, ed. Stefan (New York: Cambridge University Press, 1992), p. 49.

持存于"上游"的诗性时空

——读《沈奇诗文选集》[①]

张大为[②]

作为诗人与诗歌批评家的沈奇先生，相信很多人都不陌生。但当七卷本的《沈奇诗文选集》摆在眼前的时候，人们看到的，不仅仅是沈奇先生本人多年的诗作和包括诗歌在内的各门类文艺批评文章的一次汇集与总结，更是让我们了解到一个更加全面、立体的沈奇。这一过程，不只是"量"的充实与扩展，而且也是质性的聚变。贯通诗歌与艺文、写作与批评、文字与生活，让我们豁然之间，充分理解了沈奇的追寻与向往之所在：我们看到的是一片持存于"上游"的、光亮的诗性时空，它仿佛近在眼前，但又不易轻易触及；它仿佛是来自更高的维度，但又并存、浸润于当下经验之中；它不仅仅是作者的诗艺实践与学术观点，更是其圆融、通透的生活态度与生活方式。这部《沈奇诗文选集》似乎在证明：若不能达到如此地步，无论写诗为文还是理论批评，不只是让人怀疑其内在的真诚度，也会导致艺术思致与理论观念上的结构性窒碍与缺陷，而难以做到周备圆通。在沈奇这里，诗与文、写作与理论、文艺与人生，完全可以互通、互证、互换。

一

西方现代性的观念与价值谱系的核心就是从"低处"来理解人性和世界，是一种主动寻求的"无甚高论"的卑俗之论，而不仅仅是一种时间刻度和历史标尺。它充满为了叛逆而叛逆的偏执、处处追求自我合理化的自说自话的逻辑强迫症，以及消解一切人性化标

---

①本文原载《诗探索》（理论卷）2022 年第 1 辑。

②张大为，天津社会科学院研究员。

准以外的价值系统的虚无主义，所以，它更像是西方在数个世纪以来积累的一种病理性特征。对于现代汉语新诗、“现代诗”来说，从理论上讲固然此“现代”非彼“现代”，但人们实际上看到的却是，在中国百年新诗历史上，无论是在写作实践还是批评领域当中，“为了现代而现代”永远是可以通行无阻的正当性来源与说辞，甚至直至今天仍然如此。而这种自我合理化的“现代性”强迫症，正是西方文化历史的“现代性”逻辑的虚无核心。在这种情况下，说现代汉语新诗之为“现代”，已经摆脱这种当初主动卷入、依附、寄生的观念参照系统与文化价值漩涡而得以长足的自主性成长，实在令人难以置信；说新诗其实在多个维度、多种意义上“枉道以从势”，倒是更接近事实：

> 新诗百年，初以“浅近”为开启，争得“与时俱进”之先声，横空“标出”，立身入史，后来便也在在自得于“势”的层面之“浅近”功利，难得本体澄明而潜沉修远。新诗后来又被称为“自由诗”，也便“作了”浅近的自由。再后来新诗又被称为“现代诗”，也便“作了”浅近的现代。[1]

在这种情况下，新诗修辞技艺层面上的“模仿性创新”与“创新性模仿”，就不仅仅是体现在诗歌艺术表层的一种迟滞或者惰性，而是刻写在现代汉语这一新诗母体当中的文化缺失与文化基因混乱：“你操持的母语原来并不完全是‘你’原本的母语……你翻译的外国诗原来也不完全是‘他’原本的外国诗”。但这不仅仅是诗歌翻译或翻译体诗歌的问题，这种或被动或主动的“翻译性”，是现代汉语诗歌的本源性生成机理，当然也是其本质性缺憾：“只要我们还在依赖现代汉语的‘编程’，我们就走不出听由‘养父’主导的阴影。亦即，我们的新诗写作，极而言之，大体只能是翻译诗歌之‘另一种汉诗’的模仿性创新或创新性模仿的‘子文本’，而很难完全真确地

---

①沈奇：《浅近的自由——说新诗是种“弱诗歌”》，载《沈奇诗文选集》卷二，中国社会科学出版社，2021，第 16 页。

写出汉语诗性的‘你自己’。”[①] 就此而言，在“模仿性创新”与“创新性模仿”的表象背后，其深层根由在于沈奇所精审地加以概括的“主体精神之弱”“诗体意识之弱”“汉语气质之弱”[②]；或者换一种大体对应的说法，也就是“缺乏高远的理想情怀”“缺乏深广的文化内涵”“缺乏细切的诗体意识”[③]。新诗或许是西方诗歌、语言与文化的“梦中的产物”，是西方文化地图上的旅行。

因此，新诗的这种匮乏与“弱”质，就不是局部性、技艺性与偶发性的，“钥匙或许并不在聚光灯下”[④]，因而是新诗从自身出发难以索解的、根性上的先天隐疾与底气不足。这就涉及中国新诗的所谓“大传统”与“小传统”的关系问题。关于新诗有没有自身的“传统”问题，已经争执了许多年。但新诗时至今日的状态似乎说明，说新诗有没有自身的“小传统”，其实都无关紧要——在这个问题上的不同结论，只是表明了不同的认知角度、主观态度与“乐观”程度。问题的关键在于，无论新诗有没有形成自己的“传统”，新诗仅仅立足自身“小传统”，通过否定性地依赖三千年古典诗歌“大传统”来确立自身合法性与前行“动力”的“方案”与“策略”，都只能走向空乏无力的失重与虚无状态；新诗仅仅从含混不清、来源不明的所谓“现代性”观念与价值谱系出发，无论如何都已经不足以驱动自身的发展与创造、明晰自身的道路与目标。

在这种情况下，谢冕先生提出的“百年和解”说[⑤]，当然不是终点和结论，而是可以看成一个新的起点、新的开端。“百年和解”不只是一个说法上的转变，“百年和解”之说背后，是走出进化论的单向通道与历史窄门之后的、比较宽绰的文化语境与相对从容的文化

---

①沈奇：《浅近的自由——说新诗是种“弱诗歌”》，载《沈奇诗文选集》卷二，中国社会科学出版社，2021，第19页。

②沈奇：《浅近的自由——说新诗是种“弱诗歌”》，载《沈奇诗文选集》卷二，中国社会科学出版社，2021，第20—24页。

③沈奇：《“自由之轻”与“角色之祟”——有关“新世纪诗歌”十年的几点思考》，载《沈奇诗文选集》卷二，中国社会科学出版社，2021，第285页。

④沈奇：《从“别立新宗”到“百年和解”——新诗百年反思兼谈汉语诗歌之“大传统”与“小传统”》，载《沈奇诗文选集》卷二，中国社会科学出版社，2021，第74页。

⑤沈奇：《从“别立新宗”到“百年和解”——新诗百年反思兼谈汉语诗歌之“大传统”与“小传统”》，载《沈奇诗文选集》卷二，中国社会科学出版社，2021，第64页。

心态。它事实上指向了一种可能性，即古典与现代、“中国”与“西方”之间原有关系格局的松动与新的价值坐标的重置：“现代”如果只是一个时间刻度，又有谁不属于“现代”、不存在于“现代”？“现代”如果也是某种价值谱系，那这样的“现代”怎能如此不加检点就标榜自己的正当性？仅仅因为时间上属于“现代”就能证明价值上的正确？时间上的“现代”标尺什么时候变成了价值标准？它不是拿西方所谓“现代性”的观念与价值谱系进行的偷梁换柱、自觉不自觉的偷换概念，又是什么呢？这里需要更根本、更丰富、更全面、更具体的内容，来取代所谓“现代性”虚无尺度的自我标榜。

所以，“百年和解”之说背后，集聚着新诗一个世纪以来的成败得失的经验，有待人们以更坚实的立场、更高远的视野与更沉静的心性，从更内在与更复杂的关联性层面，来重新审理与疏通两个“传统”的关系，寻求新的视域融合与价值会通的理论基点与工作平台。这实际上是诗学理论发展的新的契机与新的基点：“百年和解”应该走向的，是“小传统”的小“统”小“宗”放弃偏执与“我执”，对于“大传统”的认祖归宗，而不只是情绪化的对立与反叛姿态，以及“为了现代而现代”的、自欺欺人的“现代性”的自律性逻辑；同时，这个“小传统”也应自觉担负起为“大传统”的别开生面的职责担当。具体来说，基本路径就是“内化现代，外师古典，融会中西，重构传统”①，而核心任务或许就是“返回对汉语本质属性的再认识”②。“新诗自身的传统”这种说法本身就是权宜之计，汉语新诗要走向成熟，就要及时明了自我放逐的俄狄浦斯终究无处可去，浮士德式的渴望、野心与无限性其实都是虚无的幻象：这里其实没有什么选择余地，舍此之外基本别无他途。

要完成“重构传统”的任务，所需要的就是从“诗”与“思”两个维度，同时领悟与通达汉语的本质与汉语诗歌真正的传统，并在写作与批评当中伫守、融会这种汉语诗歌传统的本质与本源性的渊源。为此，沈奇所作的工作就是“返回”，即回到中国诗歌与汉语

---

①沈奇：《“味其道”与“理其道”——中西诗与思比较谈片》，载《沈奇诗文选集》卷二，中国社会科学出版社，2021，第61页。

②沈奇：《“汉语诗心”与“汉语诗性”散论》，载《沈奇诗文选集》卷二，中国社会科学出版社，2021，第11页。

文化传统的这种“源头”，回到“上游”：“上游的孩子 / 还不会走路 /就开始做梦了 / 梦那些山外边的事 / 想出去看看 / 真的走出去了 /又很快回来 / 说一声没意思”。中国诗歌的所谓“上游”，肯定是出自沈奇的某种深层次的生命价值与文化价值体认，而不仅仅是学理观念。沈奇这首早期的诗作《上游的孩子》[①]，隐然昭示了中国新诗的文化轨迹与发展历程，对于沈奇本人的诗艺观念乃至人生历程，或许都有着某种原型性的规定性：映衬着中国新诗百年发展历程，以及沈奇所从事的诗歌写作与批评工作，“上游”以某种近乎宿命般的逻辑轨迹，最终融铸、落实为沈奇所说的“上游美学”。

二

沈奇的“上游美学”说，一方面针对的是百年新诗功利化的进化情结、造势运动及其“浅近”的价值诉求，另一方面，也是出自汉语诗性文化自身深度的内在逻辑与自我超越格局，出自本源性的汉语诗性心灵的汉语文化之自我理解的高维度的澄明性：“一是已然典律化的、历时性的、可重新认领的‘上游’，如上文所提及之‘汉唐精神’；二是隐于当下的、共时性的、需要重新探究的‘上游’”。因此，“上游美学”就是“诗意”“自若”与“原粹”的境地[②]，“上游”既是艺术的“上游”，也是生命和生活本身的“上游”；“上游”既是不妥协的，也是随和的、包容的；既是严格的，也是自由的。它是“高过真实 / 高过梦想”的“高妙之界”[③]。“诗者，持也，持人性情”（《文心雕龙·明诗》），“上游美学”在沈奇这里，所指向的就是那样一种光亮的汉语诗性时空的高维度持存。“上游美学”召唤着中国新诗这一“上游的孩子”的及时“返回”与“回来”。

当代诗歌界曾把沈奇当作“口语写作”群落及其批评的代言人，实则是一种包含了时间历史的错位、耦合关系的简单化与标签化，

---

①沈奇：《看山·上游的孩子》，载《沈奇诗文选集》卷一，中国社会科学出版社，2021，第 5 页。

②沈奇：《诗意·自若·原粹——“上游美学”论纲》，载《沈奇诗文选集》卷六，中国社会科学出版社，2021，第 14—16 页。

③沈奇：《天生丽质·如焉》，载《沈奇诗文选集》卷一，中国社会科学出版社，2021，第 288 页。

难免会遮蔽很多东西。沈奇早期的诗歌写作实践，大体接近于一种以富于生命质感的口语性、叙述性诗歌语言为主基调的“生命诗学”形态，而“禅味”及与中国古典诗学精神的会通，才是沈奇发自文化生命深处的、由来已久的自觉探求目标[①]。这种诗艺探索的踪迹，体现在沈奇的多种诗集，如《看山》《和声》《生命之旅》《寻找那只奇异的鸟》《淡季》《印若集》等所铺就的诗歌实践路途当中。这是一条既有风格与主旨的连续性，同时又在明晰的理论引领与观念觉悟当中逐渐走向成熟与“完成”的诗歌道路。在这其中，作为现代诗体诗话的《无核之云》[②] 是一种探索方式与方向，而《天生丽质》是到目前为止，沈奇诗路历程的最高成就，也是当代诗歌史上的一个重要事件。

《天生丽质》的写作，是在明确的理论意识与理论思考指引下的实验性写作，同时又具有极大的理论蕴含与理论阐发空间。它的成绩取决于沈奇的诗艺才能与正确理论，以及二者的对等、平衡与互证、融通——这一点在当代诗歌领域堪称奇观，也是作为诗人与批评家的沈奇的不可替代性之所在。《天生丽质》是沈奇诗思并进、通过多年的诗艺实践与理论探索，在当代汉语文化与当代中国人的生活世界当中所开拓出的一方高维度的、“上游”的诗性时空。它是沈奇诗艺与诗思的集成与升华，它的意义与价值是全方位的，从某种意义上说，或许也非沈奇不能为。

从起源性的、本质性的意义上讲，汉字和汉语的“诗性”是一个令人神往、同时令人困惑的问题，也或许只是一个容易被带向神秘化的思考歧途的比较性特征；但就结果与现实而言，说中国当代诗歌写作与当代诗人，处于一个伟大的汉语诗性的传统当中，则是无可争议的事实。问题只在于，我们对于这个传统与其所谓的诗性，对于这种语言和文字的诗性机制，理解得还太表面、太肤浅。在这样的基础上，当代诗歌写作喜欢标榜的所谓“创造”“开拓”“自觉”“可能性”之类，未免只是经不起推敲的“沙丘上的城堡”与追新逐

①吴思敬主编：《20 世纪中国新诗理论史》（下），人民文学出版社，2015，第 818－819 页。

②沈奇：《无核之云——现代诗体诗话二百则》，载《沈奇诗文选集》卷七，中国社会科学出版社，2021，第 3 页。

异的表面文章。而沿着西方“现代性”“现代诗”的文化逻辑的诗性寻索，大概也只会走向愈骛愈远的虚无之境。《天生丽质》可以看作沈奇以作为现代汉语诗歌的命运“人质”的决绝与勇毅，进行的一次“返回”的实验。这样的“返回”，在一部分人看来或许是匪夷所思的，但对于沈奇自己来说，可能只是“顺流而上”的自然选择。

从“上游美学”视野出发，“自若”与“原粹”的汉语诗歌传统，原本就“在那里”，在“上游”。但它不是一种古典语言文字、古典诗歌体式意义上的自在存在的客体与客观性，而是汉字、汉语所联系着的一种诗性生活与诗性文化传统的绵延与弥散。然而，只有我们能够沉潜、进入汉字与汉语本身的诗性质地与诗意逻辑深处，才能重新“看到”它们，才能深入地接近、经验与重新激活它们的诗性；或者反过来，它们才能重新引发、照亮现代汉语的诗性逻辑、诗意秩序与诗性质地。否则，它们只是精致但无用的装饰品，或诗歌博物馆里的珍贵馆藏。但这个“上游”的诗性与语言传统，似乎与失重、粗粝的塑料般的现代汉语诗歌传统不相侔类、格碍难通，就像是两种文化、两个国家的诗歌，或就像是出自两种不同诗歌概念的诗歌：“热爱新诗是一种痛苦，有如热爱汉语的痛苦，因为我们百年来所遭遇的一切，说到底，都是汉语尤其是现代汉语带给我们的；而不热爱新诗有如不热爱汉语更是双重的痛苦，因为我们生在新诗的历史进程中，有如我们活在汉语的‘基因编码’中，舍此又何以存在?!”[①] 在这样的情形下，汉语诗歌成了有着文化诚挚与智慧心性的诗人的痛苦之源，却也是必须面对的唯一现实、再次出发的必然起点。

语言的“家园—本体”论与其反面“传达—工具”论一样，如果没有具有悟性的文化直觉与诗性智能的深度开掘，就只能锁闭在理论的抽象性与自我标榜的空洞旗号当中：是《天生丽质》的写作，让人们“看到”汉字和汉语本身的质性，“经验”到汉字和汉语本身的诗性。《天生丽质》让人们看到，是汉语的这种诗性质地与诗性系统本身，在对于生活世界进行编码与组织、加工，所谓“语言是存

①沈奇：《从“别立新宗”到“百年和解”——新诗百年反思兼谈汉语诗歌之“大传统”与“小传统”》，载《沈奇诗文选集》卷二，中国社会科学出版社，2021，第 72 页。

在的家园”在此情形下不再是一个比喻性修辞，而是语言当中的生活与诗性化的现实。《天生丽质》凸显了以文字、汉字为单位和范型的汉语诗性思维与诗性修辞之“字思维”的本质特征：“字与字、词与词偶然碰撞到一起，便有风云际会般的形意裂变，跳脱旧有的、符号化了的所指，而生发新的能指意味，新的命名效应，及新的语感形式”①。在这种新的思维与意义逻辑当中，文言文与现代汉语之间的语言结构形态的古今隔断，被最大程度地跨越与消解。文字、语言也不再是表达工具，但也不是“语言本体论”式的物质实体，而是诗意的活跃之生产机制与萦回结构。

在这其中，作为穿越时间历史隔断的汉语本质的再次体认与汉语诗性的再次生成，古典诗文与古典字词及古典意象在现代诗歌语句当中的穿插与重置，往往有一种轻微的反讽意味。但这种反讽并不导向解构性，而是更加凸显出汉字、汉语“本身”的实质性、本质性在场，以及一种诗性的直接性、明晰度同诗性的复杂构成与纵深格局的并存关系：古典诗句经过重新排列（断句、竖排等）和重新识读（谐音、转义等），其被重新激活、引发的诗性，仍然顽强而又生动、鲜活地流溢在现代汉语诗歌的诗句与语境当中；反过来，现代汉语的诗性与灵性，也被重新打捞、淬炼、淘洗出来——从这个角度来看当代的旧体诗词写作，恐怕也就不是只用简单的“怀旧”情结就能解释得了的②。经由这些，也让人们看到一种复杂性与多维性的汉语诗性之基质构成。总之，诗性点亮了语言，语言联络着生活，通过所有的这些，古典与现代之间的时空与心理距离，被重新连缀与贯通起来：在二者的水乳交融当中，在汉语与汉字的深度质性当中，融汇出一条贯穿古今的汉语诗歌传统的河流。

《天生丽质》达到了一向为沈奇所神往的“语境透明”的艺术境地③，这种“透明”不是清浅与直白的透明性，而是汉语穿越时空的

---

①沈奇：《我写〈天生丽质〉——兼谈新诗语言问题》，载《沈奇诗文选集》卷二，中国社会科学出版社，2021，第 97 页。

②沈奇：《从“大中国诗观”与“天涯美学”——与洛夫对话录》，载《沈奇诗文选集》卷三，中国社会科学出版社，2021，第 230 页。

③沈奇：《风清骨奇心香远——评吕刚的诗》，载《沈奇诗文选集》卷四，中国社会科学出版社，2021，第 234 页。

尘雾，所发散与熔融出来的诗性的光亮与明晰。《天生丽质》的“返回”性探索实验当然是现代的——究竟谁能够或者真的试图要回到古代呢？但《天生丽质》让人们从语言现实与诗歌实践的层面上看到，超出语言（文言与白话）、文体（诗体与散文）、形式（格律与自由）这些表层构造与价值标准之外，汉语诗歌显然有着更为深广的经验质地、诗性逻辑、文化坐标、价值谱系：在这样的层面上，说到底，只有“一个”伟大的汉语诗歌传统。然而新诗百年求索，从整体上还没有走出上述那些表层化与形式化的认知格局、观念语法与价值格套，以及其中在所谓“现代性”诉求当中的自我剥夺与自我放逐。在此前提下，沈奇的《天生丽质》不能说包含了现代汉语诗歌的全部可能性，但它是那条激进和浅表的诗歌传统河流当中的一个深沉的涡旋，即便不能立即导引这条河流从此转头他向，也是其深刻地返照、回思与彻悟自身的某种重要契机。

三

台湾现代诗是沈奇诗歌批评与诗歌研究的一个重要领域。沈奇将台湾现代诗定位为中国新诗的“三大板块”之一：“台湾现代诗的出发，落脚于‘横的移植’与‘纵的继承’之交叉坐标上，其起步是稳健的，方向的明确的。这里的‘横的移植’，不仅是指西方诗质，也主要包括了西方精神；这里的‘纵的继承’，既指中国传统人文精神和古典诗美，也含有对新诗前30年成就的承传”[①]。基于对于台湾现代诗歌的这种认知，沈奇的台湾诗歌批评与研究，一方面通常并不突出甚至“有意识地消隐”其特定历史与地域性的创作背景，而突出其“民族性”与“世界性”[②]，另一方面，其研究主旨是着力于提供一份“来自彼岸诗人之经验之提示之参照”[③]、为当代汉语诗歌提供一个“参照星座”。因此“三大板块”的说法，根本上不是在

①沈奇：《中国新诗的历史定位与两岸诗歌交流》，载《沈奇诗文选集》卷三，中国社会科学出版社，2021，第21页。

②沈奇：《深渊之眼——痖弦诗歌现代意识散论》，载《沈奇诗文选集》卷五，中国社会科学出版社，2021，第11页。

③沈奇：《“意象的姿容”与“现实的身影”——简政珍诗歌艺术散论》，载《沈奇诗文选集》卷五，中国社会科学出版社，2021，第193页。

提供分离的理由，而是在强调整合的必要性与必然性：即超越种种隔碍与误读，将两岸现代诗的存在与发展作为一个整体，作为一个“大中国现代汉诗”场域来加以识读与考察。这些年来，随着两岸诗歌发展与交流的不断深入，这样的境地应该“不至，亦不远”了。

《选集》也收入了沈奇对于其他艺术形式，如书画、篆刻、版画、摄影、陶瓷、紫砂等艺术门类的一部分批评、阐释文章。涉足于这些广泛的文艺门类当中，沈奇的解读文章也都贯彻着诗性的思维、诗性的逻辑与诗学的概念。所有这些文章，一方面让我们见识到了沈奇的风雅与渊博，另一方面也让我们重新确认了那种深入骨髓的诗性及其从耐人寻味的纵深、宽博与厚度当中彰显的实在性：

> 只有不断由创作意识重返生命意识，重返生活现场的真情实感，和一己本真生命的个在体验，而非观念和主义的演绎，你才能坚持永远居住在诗歌的体内，并成为其真正的灵魂而不是其他。也才能不断超越时代语境的局限，活在时间的深处，并悠然领取，那一份“宁静的狂欢”。[①]

由此，也可以再次反证沈奇的“上游美学”与“上游”的诗性，不仅仅是一种文体的质性，也是一方悠然自若、粹然自持的生命本真光晕。在此情形下，所谓“重返”也就不仅仅是回归与退守，而是以其在“重返”当中持守自身的、加倍的丰盈与润泽，向着时间深处绽放开来的真意、厚重与狂欢。

2021 年 8 月 5 日于天津

①沈奇：《我的诗歌写作——〈沈奇诗选〉自序》，《沈奇诗文选集》卷七，中国社会科学出版社，2021，第 287 页。

附录

沈奇文学年表

1951 **年**

元月一日，生于汉江上游定军山下的陕西勉县（古沔水）小城，为家中次子。

父，沈述善，初中文化，银行职员，会计师；母，杨彩萍，初中文化，家庭妇女。父母一生清贫散淡，至善至爱，多为儿女操劳。

1963 **年**

七月，自勉县第一小学毕业。其间得四年级班主任语文老师陈清如（女），五年级、六年级班主任语文老师窦连成先生先后关爱鼓励，培养初步写作与文学爱好，并任学习委员、文体委员。曾获全县高小作文比赛二等奖。

1966 **年**

七月，自勉县第一中学（时名“武侯中学”）毕业，随之因“文化大革命”失学。

初中三年间，课余爱好古典诗词及中外文学作品，并得语文老师岳德新先生激励扶植，奠定写作基础。

1968 **年**

十二月，兄长沈卓自西北大学生物系毕业等待分配时，遭遇“清理阶级队伍”运动，被划为“修正主义苗子”，遭审查批斗，不堪受辱跳楼自杀。同月，带着兄长部分遗物和书籍，在勉县杨家院子乡下外祖母家做插队知青。务农同时，兼做过乡村小学代课教师及铁路民工，其间苦读汉语古典文学及外国文学名著并习作旧体诗词。

1971 **年**

四月，告别农村，入勉县天荡山下的汉中地区钢铁厂开始八年工厂生活。其间先后做高炉炉前辅助工、热风炉工、车间统计员、厂子弟学校初中及高中语文教师。

1973 **年**

三月，以文学创作爱好者身份，在勉县文化馆拜识“下放干部”诗人沙陵，得先生指导，尝试新诗创作，多为“炉火、铁流、红心、豪情”之词，时有发表。同时写一些当时不能面世的作品并自我珍视。

1974 **年**

一月，民歌体小诗《十万矿石一把抓》（1973）发表于《解放军文艺》第 1 期卷首“新民歌选”专辑。

1975 **年**

四月，以“工人作者”身份代表，赴省城西安参加陕西省首届诗歌创作座谈会。

1976 **年**

四月，获“工农兵编辑”身份，抽调至复刊后的《陕西文艺》（原《延河》）编辑部，一边做诗歌组助理编辑工作，一边读书创作，客居西安两月。

1978 **年**

十二月，以初中学历二次参加高考，于体检误判查证落实后，补录入新创办之西安基础大学（后改名为“陕西工商学院”，继而经合校后更名为“西安财经大学”），被动就读该校唯一文科专业工业企业管理走读班，任学习委员。同班班长刘安，后为著名经济学家；学长赵永泰，后为著名学者；学弟丁新民（笔名丁当），后为诗人、企业家。

1979 **年**

十二月，旧藏早期代表诗作《红叶》（1975）发表于《诗刊》第12期。

1980 **年**

七月，早期诗作（《随想》（1976）发表于《中国青年》杂志第7期。

1981 **年**

一月，早期诗作《你在眺望什么——写在照片上的诗》（1977）发表于《青海湖》文学月刊第1期；诗学随笔“处女作”《透过迷蒙的雾气——给一位诗友的信》发表于《长安》文学月刊第1期（沙陵编发）。

五月，以蜡纸打印并自己设计插图及印制的第一部个人诗集《冰与火》面世，以之求教寻谊并自作留念，收入1974至1980年间早期习作42首。

七月，早期诗作《无题》《心灵的对白》《写给朋友也写给自己》（1974—1975）发表于《飞天》文学月刊第7期《大学生诗苑》栏目（张书绅编发）。

八月，大学专科毕业，分配至本校西安基础大学做行政工作。

1982 **年**

三月，早期代表诗作《写给每一片草叶》（1981）发表于《青海湖》文学月刊第3期。

九月，早期代表诗作《和声》（1981）发表于《绿洲》杂志双月刊“绿风”诗歌专辑（后改为《绿风》诗刊双月刊）第5期；

早期代表诗作《红叶》入选《爱情诗选》诗集，伊仲晞编选，广西人民出版社出版发行；

经诗友丁当提议，创办并主编民间诗刊《星路》，发表韩东、丁当早期诗作。

1983 **年**

五月，创作千行抒情长诗《仲夏夜，一个成熟的梦》，未发表，后收入个人诗集《和声》。

十一月，经调回省城西安任《长安》文学月刊诗歌编辑的尊师沙陵介绍，在西安拜识前辈诗人牛汉先生，自此交往渐深，结师生诗谊。

1984 **年**

九月，早期代表诗作《海魂》《飞鱼》《悬崖边有棵要飞的树》《白皮松》五首（1980—1982），以《写给自己也写给朋友》为组诗名，发表于《飞天》文学月刊第 9 期。

1985 **年**

二月，早期代表诗作《致海——北方之河》（1984）发表于《延河》文学月刊第 2 期。

十二月，早期代表诗作《上游的孩子》《过渡地带》《巫山神女峰》（1984—1985）发表于《延河》文学月刊第 12 期。

年内，《上游的孩子》入选香港《新穗诗刊》总第 5 期“中国新一代青年诗人专辑”，黄灿然选编；《和声》《海魂》入选《当代青年哲理诗选》，黄邦君选编，贵州人民出版社出版发行；组诗《写给朋友也写给自己》入选《中国当代大学生诗选》，潘洗尘选编，北方文艺出版社出版发行。

1986 **年**

四月，早期代表诗作《看山》（1985）发表于《诗刊》第 4 期；《十二点》（1985）发表于《星星》诗刊第 4 期。

六月，反思“知青运动”与“老三届”灵魂史的近 300 行长诗

《呵，大西北》(1985）发表于《文学家》双月刊第3期。

九月，早期代表诗作《碑林和它的现代舞蹈者》(1985）发表于《中国》文学月刊第9期（牛汉主编）。

十月，诗论“处女作”《过渡的诗坛——关于当前诗歌创作的断想与推论》发表于《文学家》双月刊第5期。

全文以“揭过去了的一页——朦胧诗派”“第二次突破——客观派诗”“多元化的过渡时期——百舸争流”“读者群的裂变——一个被忽视的‘诗歌消费’问题”“诗的剥离——一个有待成熟的命题”“裂变和剥离成为一种运动——瞬态趋势” “令人困窘的历史反思——过渡的诗坛”七部分分论展述，指认“朦胧诗”只是大陆现代主义诗潮的过渡形态，并及时肯定“第三代诗歌”的诗学价值与历史作用及对“第二诗坛”的公开名命，进而提出有关划分重要而不优秀的诗（及诗人)、优秀而不重要的诗（及诗人)、既重要又优秀的诗（及诗人）以及研究性阅读与欣赏性阅读等理念，以厘清中国特色下的文学史和诗歌史所带来的价值尺度混乱问题，由此初步奠定并形成个人其后诗歌理论与批评的基点。

是年，以《碑林和它的现代舞蹈者》一诗及“后客观”旗号，参加由《深圳青年报》和《诗歌报》联合举办的“中国诗坛·1986现代诗群体大展”。

1987 **年**

四月，早期代表诗作《夏日》《铃兰》《暴风雨》(1982－1983）发表于《延河》文学月刊第4期。

十月，早期散文代表作《西部之山》《大戈壁印象》(1986）发表于《延河》文学月刊第10期。

1988 **年**

四月，诗论《过渡的诗坛》被他人另文多处抄袭发表于《诗歌报》(后改为《诗歌月刊》）2月6日总第82期头版，向该报社申诉并经核实后，该报为正视听，复以道歉方式于4月21日总87期头版重新刊出此文（蒋维扬主编)。

十一月，早期代表诗作《间歇》（1987）发表于《延河》文学月刊第 11 期；

得诗人渭水相助，第一部自选诗集《看山》民间印行，收入短诗 40 首、长诗 2 首，诗友高大庆作装帧设计。

1989 **年**

一月，遭遇车祸，左腿股骨颈骨折，住医院治疗半年，愈后得长诗《生命之旅——一首关于骨折的诗》。

三月，早期代表诗作《最后的秋天》（1986）发表于《广西文学》月刊第 3 期。

六月，早期代表诗作《上游的孩子》（1984）、《碑林和它的现代舞蹈者》（1985）《过渡地带》（1985）、入选《情绪与感觉——新生代诗选》，邹进、霍用灵选编，人民文学出版社出版发行。

七月，个人第一部正版诗集《和声》，由陕西人民教育出版社出版发行，收入作于 1974 至 1984 年的早期作品，共 49 首短诗和 1 首长诗，前辈诗人田奇先生为序《新诗灵魂的回声——沈奇诗集〈和声〉序》。

1990 **年**

二月，早期代表诗作《浅草》《沉积》（1986）发表于《延河》文学月刊第 2 期。

五月，入选《中国当代诗人传略》（第一卷），收小传、代表作目录及代表诗作《十二点》、《看山》、《上游的孩子》、《那山、那人、那狗》、《过渡地带》、《提示》之一、《提示》之二、《橡皮》、《淡季》、《净湖》、《红衣少女与白杨树》、《巫山神女峰》、《最后的秋天》、《海魂》14 首，海梦主编，四川文艺出版社出版发行。

七月，早期代表诗作《淡季》、《橡皮》、《提示》之一、《提示》之二（1987）发表于《绿风》诗歌双月刊第 4 期。

1991 **年**

三月，诗学随笔《不期而遇的诗意之旅》发表于《诗歌报》月刊第 3 期。

五月，在西安结识台湾诗人张默、大荒、管管、碧果，随后渐次分力于台湾现代诗研究；

早期代表诗作《非悟》入选《中国百家哲理诗选》，黎焕颐、姜金城合编，贵州人民出版社出版发行。

七月，《生命之旅——一首关于骨折的诗》发表于台湾《创世纪》诗杂志总 84 期（张默主编）。

十月，代表诗作《一种方式或冷静的思考——致丁当》发表于美国《一行》诗刊总第 15 期（严力主编）。

十一月，由个人 1500 余张读书卡片集成选编的近 40 万字语录体《西方诗论精华》一书，历时两年编就，由广州花城出版社出版发行，系国内首部此类选本。选本以“诗”“诗人”“诗歌本质”“诗人使命”“诗人与诗”“为诗而诗”“诗歌经验”“诗歌语言”“时代、生活、民族与诗”“诗人的误区”“诗艺散论”11 个部分辑成，后附主要采用书目索引和主要作者人名索引（中英文）及《编后絮语》小文。

1992 **年**

四月，诗论《拒绝与再造——谈当代中国诗歌》发表于香港中文大学《二十一世纪》学术期刊总第 10 期《人文天地》栏目（刘青峰编发）。

论文由“从政治的拒绝到文化的拒绝”“迷失于‘此在’的荒原”“家园和彼岸的召唤”“别无选择的新一代诗人”四个分论合成，杂糅诗学与文化学及政治学诸理念，归结提出“拒绝—解构—再造”及“拒绝者诗人”与“再造者诗人”等当代诗学新概念。

五月，《终结与起点：关于第三代后的诗学断想》发表于《艺术广角》双月刊第 3 期；

论文借用经济学概念，提出诗歌是“拒绝‘一次性消费’”的诗学理念，进而指认现代汉语诗歌“神性生命意识的缺失和对诗歌文体本质性的偏离”等诗学问题，以及对“第三代诗歌”艺术特征尤其是叙述性语言特质的归纳与反思。

诗评《斗士与飞翔的石头——评伊沙》发表于《文友》杂志3～4期合刊。

八月，应谢冕尊师“点名”与会，首次出席在北京大学召开的北大中国语言文学研究所与中国社会科学院文学研究所联合举办的“中国新诗理论与批评研讨会”，自此，于诗歌创作潜沉修远的同时，尽心分力于当代新诗理论与批评；

诗作《我住在我的名字里》发表于美国《一行》诗刊第11期。

十一月，出席“中国新诗理论与批评研讨会”的发言摘要随《诸神仍在歌唱——中国新诗理论与批评研讨会发言摘编》（孟繁华撰写）发表于《诗歌报》月刊第11期，提出“拒绝一切带有意识形态性和社会功利性的‘运动情结’”之学术理念；

个人诗与诗论合集《生命之旅》由陕西人民教育出版社出版发行，收入短诗46首、长诗5首、组诗1首和早期诗论5篇，尊师牛汉为序《序〈生命之旅〉》、诗友丁当寄语《致沈奇》，自撰后记小文《午后独语》，沈斌作装帧设计。

1993 **年**

三月，诗论《误接之误——谈两岸诗界的交流与对接》发表于台湾《蓝星》诗刊春季号总第6期；诗评《再度超越——评洛夫隐题诗兼论现代汉诗形式问题》，“附录”洛夫新著《隐题诗》诗集，台湾尔雅出版社出版发行。

五月，长诗代表作《家园：主题与变奏》入选《一行》诗刊之《*FIRST LINE* 六周年纪念集——1987－1993》诗选，海上主编，民间印行；诗论《过渡还是抵达——关于后现代诗的几点思考》发表于《文论报》15日第3版。

六月，诗学随笔《诗美三层次》发表于《诗歌报月刊》第6期，复载台湾《文讯》杂志10月号总96期。

八月，早期代表诗作《悬崖旁，有棵要飞的树》入选《新诗观止》诗选集，高建群主编，陕西人民教育出版社出版发行。

九月，代表诗作《独坐于南方的阳台，看雨》发表于美国《一行》诗刊总第29期。

十二月，代表诗作《上游的孩子》入选《中国当代大学生诗歌精选欣赏》，杨景龙编著，河南人民出版社出版发行。

是年秋末，告别12年行政工作，以大专学历转为教师岗位。次年秋，得尊师谢冕先生恩遇，获邀赴北京大学中文系入先生门下做为期一年的访问学者。

1994 **年**

三月，长诗《生命之旅——一首关于骨折的诗》入选《1990—1992·三年诗选》，杨匡汉、刘福春编选，人民文学出版社出版发行。

五月，应台湾诗人张默先生提议，编选《鲜红的歌唱——大陆女诗人小集》由台湾尔雅出版社出版发行，收入活跃于当代大陆诗歌界的伊蕾、舒婷、王小妮、翟永明等20位中青年女诗人代表诗作45首，前附自序小文，后附张默先生特别撰写的有关“跋”文。

六月，诗学随笔《说“懂”与“不懂”》发表于《读书》杂志第6期；

文章特别提出并论证：仅就诗及一切文学艺术作品之阅读与欣赏而言，只存在得到的多与少的问题，不存在人云亦云之“懂”与“不懂”的问题，以此正本清源，以求厘清多年普泛存在并纠缠于当代文学艺术界之“接受美学”的一大误区。

诗论《误接之误——谈两岸诗界的交流与对接》发表于《文论报》15日第3版；诗论《世纪之创：对接与整合——纪念〈创世纪〉创刊40周年》及代表诗作《北方冬日的读书生活》发表于台湾《创世纪》诗杂志创刊40周年纪念专号（总100期）。

八月，原载《诗歌报月刊》第6期的诗学随笔《沉寂、造势、导引、清理以及……——当前诗坛若干问题》复载《中国现代、当代文学研究》（中国人民大学复印资料）第8期。

十月，研读台湾诗人痖弦诗歌之长论《对存在的开放和对语言的再造——痖弦诗歌艺术论》分上、中、下三篇连载于台湾《幼师文艺》月刊第10期、11期和12期（陈信元主编），之后复入选台湾文史哲出版社出版的《诗儒的创造——痖弦诗歌艺术论》（萧萧主编）及尔雅出版社出版的《评论十家》（隐地编选）。

十一月，诗论《角色意识与女性诗歌》发表于民刊《他们》第7期（韩东主编）。

论文首次提出对当代汉语诗歌界之“角色意识”的反思与清理，认为“在诗歌及一切文学艺术创作中，生命的存在（本真）和生命的出演（角色）应该是两回事，有如所谓的‘创作’和真实的写作是两回事：写作是本真生命的自然呼吸而成为一种私人宗教，创作则多是以角色生命的出演而成为一项所谓的‘事业’”。进而指认整个大陆现代新诗潮的进程中，“无论在男性诗人或女性诗人那里，角色意识一直是个被暗自加强的东西，只不过在女性诗人那里表现得更为明显、更为特别，亦即多了一层性别角色而已”。由此提出“超脱生命角色意识与生存角色意识”同时也“自然地消解了性别角色意识之后”，对“第三诗性生命向度”和“第三诗性话语向度”的探寻之诗学理念。

十二月，提议并组织北京大学当代文学研究所“批评家周末”学术例会关于于坚长诗《0档案》的专题研讨会，谢冕主持，于坚出席。会后主笔整理会议发言文稿《对〈0档案〉发言》。

年内，诗论《中国新诗的历史定位及其本质探讨》入选《世纪末的沉思——华文新生代诗论集萃》，邹建军、熊国华主编，内蒙古人民出版社出版发行。

1995 **年**

一月，诗作《秋日咏叹调二十行》《独坐于南方的阳台》发表于《星星》诗歌月刊第1期；诗作《北方冬日的读书生活》发表于《诗歌报》月刊第1期。

三月，诗论《角色意识与女性诗歌》再刊于《诗探索》春季号（谢冕、杨匡汉、吴思敬主编）。

五月，诗论《中国新诗的历史定位与两岸诗歌交流》发表于《中国文化研究》夏季卷（阎纯德编发），后转载于《文艺理论》（中国人民大学复印资料）第11期；

论文将现代文学意义上的“现代诗”（二十年代至三十年代新诗

拓荒期)、台湾文学意义上的“现代诗”(五十年代至七十年代台湾现代诗运)和当代文学意义上的“现代诗”(大陆七十年代末至今的现代主义新诗潮)指认为中国新诗最有价值的“三大板块”,为宏观把握新诗发展历程提供了一个新的尺度,进而提出“三大板块”的历史性对接与整合的理念,在两岸诗界及诗学界产生较大影响。

文论《对九十年代文学困境的提问》发表于《东方》文化双月刊第3期。

六月,诗评《蓝调碧果——碧果诗歌艺术散论》发表于台湾《创世纪》诗杂志总第103期;诗评《向晚愈明——论向明兼评其诗集〈随身的纠缠〉》发表于《台湾诗学季刊》总第11期;诗作《时间·生命·诗——致张默》《稻草人或最后的守望者》发表于《作品》文学月刊第6期。

七月,结束北大中文系访学,获吴树青校长签发的北京大学国内访问学者证书,返回本校正式上岗任教,主授汉语言文学专业之中国现代文学、中国当代文学及诗歌欣赏、影视艺术欣赏等课程;

诗评《论痖弦诗歌的语言艺术》发表于《文学评论》第4期(董志林编发);

历时两年多编选的语录体《台湾诗论精华》由陕西人民教育出版社出版发行。编选收入台湾当代著名诗人、诗学家及诗评论家共24家诗论精华近800条,依循前编《西方诗论精华》体例,分“现代诗的本质”“诗歌理想”“诗人何为”“诗人与诗”“诗歌经验”“诗歌语言”“生命、生活、时代、民族、文化、自然与诗”“诗人的误区”及“诗艺散论”九部分辑成,并有编者前言与入选作者简介。

八月,诗学随笔《1998:散落于夏季的诗学断想》发表于国际华文诗人笔会会刊《诗世界》创刊号(张默主编)。

九月,诗评《管管之风或老顽童与自在者说——管管诗歌艺术散论》发表于台湾《创世纪》诗刊总第104期;

代表诗作《十二点》入选由张默、萧萧合编的《新诗三百首》诗集,台湾九歌出版社出版发行。

十月,代表诗作《上游的孩子》《看山》《十二点》,入选日本汉学家前川幸雄编著日文版《长安诗家作品选注》,并附详细评介。

十一月，文化随笔《困窘与尴尬——对中国文化困境的几点思考》发表于《当代文坛报》丛刊 4～5 期合刊总 102 期。

是年，主笔整理的北京大学当代文学研究所“批评家周末”关于于坚长诗《0 档案》的研讨会发言文稿《对〈0 档案〉发言》，历时一年辗转终得以在《台湾诗学季刊》总第 13 期刊出。

1996 **年**

一月，应邀主编英年早逝的陕西先锋诗人胡宽遗作集《胡宽诗集》，是年七月由漓江出版社出版发行。

三月，个人邀约并主编语录体《诗是什么——二十世纪中国诗人如是说·当代大陆卷》，由台湾尔雅出版社出版发行。编选收入活跃于当代大陆诗歌界老中青三代 44 位诗人及诗人评论家之精华诗学语录 400 余条，其中除极少量为资料摘辑之外，绝大多数均为入选作者专门应编选要求新近撰写而首次面世；

诗评《生命之痛的诗性超越——朵思论》发表于台湾《创世纪》诗杂志总第 106 期。

五月，诗评《铭心入史存此愁——评台湾诗人大荒诗集〈存愁〉》发表于《海南师范学院学报》（社会科学版）第 2 期。

九月，诗学随笔《寂寞的显学——我与“台湾诗学”》发表于台湾《联合报》“联副”副刊；文论《间歇与重涉——关于九十年代文学流向的几点认识》发表于《文论报》9 月 15 日头版。

十月，诗评《历史情怀与当下关切——评大荒诗集〈第一张犁〉》发表于台湾《文讯》月刊第 10 期。

十一月，个人首部诗评论集《台湾诗人散论》由台湾尔雅出版社出版发行，收入五年间先后研读当代台湾诗人洛夫、痖弦、张默、大荒、碧果、管管、向明、朵思、辛郁、郑愁予、罗门、陈义芝、隐地 13 家之评论 13 篇和《误接之误——谈两岸诗界的交流与对接》与《中国新诗的历史定位与两岸诗歌交流》二文，以及自撰序文《散漫的激情与固守的诗谊》；

应邀赴北京参加由谢冕先生主持的“中国女性诗歌文库”编选会，之后分任入选诗人阎月君《忧伤与造句》专集编选，春风文艺出版社 1997 年出版发行（李姊昕编发）；

代表诗作《阳台上的野生植物》发表于台湾《联合报》副刊。

十二月，诗评《时间、家园与本色写作——评陈义芝的诗》发表于台湾《文讯》月刊第 12 期；代表诗论《角色意识与女性诗歌》再刊《台湾诗学季刊》总第 17 期。

1997 **年**

二月，诗学随笔《寂寞的“显学”——〈台湾现代诗人散论〉跋》发表于《台港与海外华文文学评论和研究》第 1 期。

四月，原载《台港与海外华文文学评论和研究》1996 年第 4 期《与天同游——罗门诗歌精神散论》复转载于《中国现代、当代文学研究》（中国人民大学复印资料）月刊第 4 期。

六月，诗评《青莲之美——诗人蓉子散论》发表于台湾《幼师文艺》月刊第 6 期。

七月，应邀参加由福建师范大学、中国社会科学院文学所联合举办的“1997 武夷山·现代汉诗诗学国际研讨会”，发表论文《拓殖、收摄与在路上——现代汉诗的本体特征与语言转型》。会间结识日本诗人、汉学家、秋田大学教授佐佐木久春先生。

九月，与胡宽生前挚友、著名电影编剧芦苇先生共同策划，由《诗探索》编辑部主办，并与吴思敬先生共同主持的“胡宽诗歌作品研讨会”在北京文采阁召开，牛汉、谢冕、邵燕祥、蔡其矫、洪子诚、杨匡汉、吴思敬、唐晓渡、陈超、程光炜、林莽、崔卫平（女）、刘福春、陈旭光、周瓒（女）等 40 多位在京诗人、学者出席发言。

1998 **年**

三月，诗评《倾听：断裂与动荡——阎月君和她的〈忧伤与造句〉》发表于《当代作家评论》第 3 期（林建发主编），后入选《1994—2013〈当代作家评论〉30 年文选》，林建法编选，辽宁人民出版社出版发行；诗学随笔《拾一粒石子听涛声——谈我的一首代表诗作〈上游的孩子〉》发表于《台湾诗学季刊》总第 22 期；原载

《台港与海外华文文学评论和研究》1997年第4期的诗学访谈录《摆渡：传统与现代——郑愁予访谈录》复转载于《中国现代、当代文学研究》（中国人民大学复印资料）月刊第3期。

五月，主编《九十年代台湾诗选》，由春风文艺出版社出版发行（李姊昕编发）。诗选收入1990至1996年间，活跃于台湾诗歌界的老中青三代诗人纪弦、洛夫、痖弦、张默、郑愁予、罗门、商禽、周梦蝶、余光中、蓉子（女）、白灵、萧萧、詹澈、简政珍、零雨（女）、颜艾琳（女）等84位诗人近200首诗作，包括一部长诗和九组组诗，自撰前序《世纪交替的诗之摆渡》。系二十世纪末大陆唯一一部全面介绍台湾九十年代新诗成就的选本。

七月，诗学随笔《小众与大众——也谈诗的当代处境》发表于民刊《诗参考》（中岛主编）总第12、13期合刊。

九月，诗论《拓殖、收摄与在路上——现代汉诗的本体特征与语言转型》入选《现代汉诗：反思与求索——1997年武夷山现代汉诗研讨会论文汇编》，作家出版社出版发行。

论文以“拓殖”“收摄”与“在路上”三个关键词为核心理念，梳理与反思新诗八十年历程，指认“对于依然‘在路上’的现代汉诗，收摄不是锁定，不是整合为一统的所谓‘经典范式’；收摄是指在每一向度的精神拓殖中，找到更契合这一精神向度的言说方式——各自饱满的方式，同时注意让各种潜在的新的艺术质素，得以充分生发。”并最终指出“我们无法脱离当下现代汉诗已具有的现实广原，去建构他在的什么诗学体系。打破线性的文学史观，以更为开放的视野，反思‘精神拓殖’、着眼‘艺术收摄’、体认‘在路上’状态，知道我们只能做什么和只能怎样做，从而在一种更为严谨的自律中，去赢得更大的自由和取得更大的成就”。

十一月，反思新华出版社以“当代论语　世纪真言”为封面广告语隆重推出的上下卷《中国作家3000言》的批评随笔《作家一思考　就让人发笑——为〈中国作家3000言〉悲哀》一文发表于《中华读书报》11月11日第6版，引起较大反响，随后应《出版广角》创办人兼主编刘硕良先生电话约稿，撰写有关“九十年代诗歌”的反思文章《秋后算账——1998：中国诗坛备忘录》。

1999 **年**

二月，诗论《秋后算账——1998：中国诗坛备忘录》发表于《出版广角》月刊第 2 期，随后获《诗探索》编辑部特别审定，于《诗探索》第 1 辑重新刊出。

全文分“‘我不相信’——对《中国新诗调查》的质疑与思考”“无地彷徨——从‘后新诗潮研讨会’的争论说起”“重返民间——由《〈他们〉十年诗歌选》公开出版所想到的”三部分展开论述，指认诗刊社《中国新诗调查》和程光炜主编的《九十年代文学书系·诗歌卷·岁月的遗照》及由小海、杨克主编的《〈他们〉十年诗歌选》，“是最具代表性的、别有意味的‘账目’”，由此确切“出于急于进入历史书写的驱动，1998 年成为大陆诗坛共赴的‘秋后算账’式的约会”，而需“从头算起”。

三月，长诗代表作《家园：主体与变奏》发表于《绿风》诗歌双月刊第 2 期；《当代作家评论》双月刊第 2 期辟“沈奇诗歌评论小辑”，刊发《飞行的高度——论于坚从〈0 档案〉到〈飞行〉的诗学价值》和《提前到站——评麦城的诗》两篇诗评文章（林建发主编）；

代表诗论《口语、禅味与本土意识——展望 21 世纪中国诗歌》发表于《作家》杂志第 3 期（宗仁发主编）；

文章特别提出“世纪交替的诗学重心，还是要回到诗自身的内部审视上来”，并聚焦于新诗及现代汉诗何以“至今难以寻求到元一自丰的规律与范式”，总是“‘类’的丰化导致‘度’的递衰”之基本问题，及百年新诗到底发生了哪些“裂变”，有哪些本质属性将成为唯诗所凭恃的文体属性之焦点问题，进而提出“口语”、“现代禅诗”和“本土意识”将成为世纪交替之汉语诗歌发展的主流取向的诗学观念。

本月，应邀出任杨克主编的《中国新诗年鉴》编委。

四月，16 日至 18 日，在北京平谷盘峰宾馆，参加由北京市作家协会、中国社会科学院文学研究所、《北京文学》杂志社、《诗探索》编辑部联合举办的“世纪之交：中国诗歌创作态势与理论建设研讨会”（亦称“盘峰诗会”），之后被动卷入论争，先后在《北京文学》

《文论报》等发表相关论争文章。

五月，诗学随笔《1995：散落于夏季的诗学断想》入选杨克主编的《90 年代实力诗人诗选》，漓江出版社出版发行。

六月，诗评《梦土诗魂——评詹澈〈西瓜寮诗集〉》发表于《台湾诗学季刊》总 27 辑。

七月，诗作《阳台上的野生植物》入选本月出版的《1998·中国最佳诗选》，臧棣选编，辽宁人民出版社出版发行；接受《太原日报》记者唐晋与山西诗人金汝平访谈，访谈录《欣慰的发现与弥补——关于“胡宽现象”的访谈》，发表于《太原日报》8 月 16 日“文学周刊”版。

九月，代表诗作《上游的孩子》入选《九十年代文学潮流大系·主潮诗歌》选集，吴思敬编选，北京师范大学出版社出版发行；

本月，应诗人舒婷推荐、台湾南华管理学院（原佛光大学）时任院长龚鹏程先生邀请，赴台入驻该校作为期两月的参访讲学。其间有幸与痖弦、洛夫、张默、罗门、蓉子、向明、管管、碧果、大荒、辛郁、隐地、白灵、詹澈、萧萧等诸多台湾诗友聚叙论诗，获益良多。并应邀分别在淡江大学中文系、高雄师范大学中文系作诗学讲座。同时在台经历“9·21”大地震之惊心动魄。

十一月，诗学随笔《诗性、诗形与非诗》发表于《当代作家评论》双月刊第 6 期。

十二月，散文代表作《汉中菜豆腐》发表于台湾《联合报》联副 12 月 3 日版；

本月，个人诗评论集《拒绝与再造》由西北大学出版社出版发行，沈斌作装帧设计。全书分“诗学篇”“诗潮篇”与“诗评篇”三辑，共计 42 篇 25 万余字，谢冕作序《敏锐、热忱、切实、敬业：谈沈奇的诗歌批评》，后附诗友吕刚教授《沈奇诗学批评述评》一文及自撰“跋”文《自甘认领的守望》。

2000 **年**

一月，诗评《飞行的高度——论于坚从〈0 档案〉到〈飞行〉的诗学价值》一文，获 1999 年《当代作家评论》优秀论文奖。

二月，诗评《萧散诗意静胜狂——评洛夫诗集〈雪落无声〉》发表于《台港文学选刊》第2期，复载台湾《创世纪》诗杂志总122期。

五月，完成客观反思"盘峰诗会"论争的长论《中国诗歌：世纪末论争与反思》。

七月，《中国诗歌：世纪末论争与反思》首刊《诗探索》2000年1—2辑合刊，随之年内先后转载至《东方文化》第5期、民间诗刊《诗参考》十周年专刊、民间诗刊《非非》2000年特刊（总第8卷）、《中国现代、当代文学研究》（中国人民大学复印资料）第8期、《上海文学》第11期、《中国新诗年鉴》2000年卷、《2000中国年度文论选》，继而中国人民大学复印资料《文艺理论》2001年第2期、《中国新诗白皮书·1999—2002》等亦陆续转载。

长论分"命名与正名：谁的'九十年代'""历史与现实：批评的吊诡""虚妄与真实：面对共同的新世纪"三大段展述，并于结尾处特别指出："心理机制的病变亦即欲望与权利的文本化、言论化、学术化，是九十年代诗歌的通病，这种病变在纯正诗歌阵营几个路向中都有不同程度的存在，只不过表现形式不同而已。"而"时光已由'岁月的遗照'中走出，我们面对的是共同的新世纪，同时也共同面对一个更强大更坚硬的挑战者：网络、媒体、高科技以及欲望的普遍物质化、非诗化"，进而呼吁"结束目前不无虚妄与意气的论战，回到真正有益于团结、有益于建设性的对话与反思"，"回到共同面对的新世纪，重建我们共同拥有的爱心和共同承担的守望，用共同的创造，去开辟新的诗歌地平线"。

八月，应邀出任由周伦佑主编的《非非》民间诗刊复刊编委。

九月，诗评《向明之明——读〈向明·世纪诗选〉》发表于《台湾诗学季刊》总32期。

十一月，应日本诗人、汉学家佐佐木久春教授邀请，赴日本出席"东京·2000·世界诗人节"。

十二月，应邀赴大连出席由《收获》《上海文学》《当代作家评论》《山花》和《文学报》联合举办的"大连·2000·中国当代诗歌研讨会"，发表论文《新诗与新世纪》。

2001 **年**

二月，个人诗集《寻找那只奇异的鸟》由台湾尔雅出版社出版发行，收入短诗 54 首，长诗 2 首，附录牛汉尊师《序〈生命之旅〉》摘要、丁当《致沈奇》短文和陈超撰写的序文《清峭心曲诚朴诗——读沈奇诗集〈寻找那只奇异的鸟〉》；

同月，个人诗评论集《拒绝与再造——两岸现代汉诗论评》由洛夫先生推荐，在台湾三民书局出版发行。文集收入 10 篇诗学随笔与论文和 11 篇有关两岸新诗发展的论述文章及 6 篇新就有关台湾诗人的诗评文章，卷前附自撰短序。

九月，诗评《收复命运——评中岛和他的诗集〈一路货色〉》发表于民刊《诗江湖》创刊号。

十二月，在北京参加由中国首都师范大学、美国加州大学、荷兰莱顿大学联合举办的“北京香山·2001·中国现代诗学国际研讨会”，发表论文《现代汉诗语言的“常”与“变”——兼谈小诗创作的当下意义》。

2002 **年**

一月，诗论《现代汉诗语言的“常”与“变”——兼谈小诗创作的当下意义》发表于《廊坊师范学院学报》（社会科学版）第 1 期，年内先后复载台湾《创世纪》诗杂志夏季号总 131 期、《中国现代、当代文学研究》（中国人民大学复印资料）第 11 期、《诗刊》第 11 期（节选）。

论文以“守常求变”说为理论基点，指认并论证百年新诗唯求新求变是问的弊端所在，提出“变”中求“常”、守护中求拓进的发展机制，和重新体认汉诗美学之“简约、自由、合心性”的核心理念，以及在所谓“先锋写作”与“实验写作”滥觞之后，反顾“常态写作”、重涉“典律之生成”的诗学命题。

二月，诗评《至诗近常——读谷川俊太郎诗作〈活着〉》发表于《名作欣赏》第 2 期。

三月，诗论《告别时尚写作——也谈新诗标准问题》发表于《诗刊》（下半月刊）第 3 期“新诗标准讨论”专栏。

文章特别指认“这是个唯时尚是问的时代，看似个性张扬，实是无性仿生。众所周知，诗是最忌时尚化的——诗的本质在于跳脱公共话语的驯化，重返生命本真，而时尚正是商业时代公共话语的最大制造者”。由此提出“回归个体人格和自由心性，重新认领诗的美学元素，以求在守护中拓进的良性发展”之命题。

五月，诗论《“口语”与“叙事”——九十年代先锋诗歌的语言问题》在《新诗界》丛刊第 2 卷刊出（李青松主编）。

论文在充分肯定二十世纪九十年代以来的当代先锋诗歌“转换话语、落于日常，以言说的真实抵达对‘真实’的言说，进而消解文化面具的‘瞒’与‘骗’和精神‘乌托邦’的虚浮造作，建造更真实、更健朗、更鲜活的诗歌精神”的同时，指出由此而生的“严重的‘族系’相似性和‘同志化’的状况，并将个人语境与民间语境又重新纳入了制度化语境和共识性语境，造成普泛的同质化”，并由此探讨另一向度的语言策略，以求将“口语”与“叙事”的负面降到最低，使之发挥真正有价值的诗歌美学作用的可能。

七月，出席由日本《地球》诗社主办的“丝绸之路·西安·第八届亚洲诗人大会”。

九月，诗评《重读洛夫》一文继于《淮南师范学院学报》第 1 期刊出后，复转载于《中国现代、当代文学研究》（中国人民大学复印资料）第 9 期。

十月，应邀赴上海参加由中国世界华文文学学会和复旦大学联合举办的“第 12 届世界华文文学国际学术研讨会”。会后应复旦大学中文系主任陈思和先生邀请，为其中文系学生作题为“九十年代先锋诗歌的语言问题”的诗学讲座。

十二月，诗论《可能与局限——关于“字思维”的几点思考》发表于《诗探索》3～4 辑合刊。

文章指认“字思维与中国现代诗学”的两次学术研讨，“促使我们回返汉诗语言的根性上去找问题、谈问题，而不再是赶潮趋流式的空热闹或学术产业式的话语空转”，进而以“移洋开新与汲古润今”和“水晶与积木”及“材质与品质”等个在理念，探讨如何以“字思维”为新的参照，“更加深入地探究作为汉语诗性与诗意的源泉之汉字根性，在现代汉语语境中的再造与变构。”

年内，应邀出任由李青松主编的北京《新诗界》丛刊编委。

2003 **年**

五月，为《洛夫禅诗》诗集作序，题为《诗魔之禅——读〈洛夫禅诗〉》，台湾天使学园网路有限公司出版发行。

七月，诗学随笔《蓝贝壳诗话》继台湾《联合报》副刊连载五组后，复刊大陆《诗刊》第 7 期。

八月，文论《批评：自足的写作——有感当前文艺批评》发表于《美术观察》第 8 期。

九月，诗论《重涉：典律的生成——当前新诗问题的几点思考》发表于香港中文大学《二十一世纪》网络版总第 18 期；

文章经由对百年新诗“任运不拘”“因变而益衰”（朱自清）而“缺乏必要的形式标准”和“失去语言的典律”等核心问题的反思，指认“新诗的危机一直存在于它的自身内部”，即“根性的缺失与典律的涣散，以及心理机制的各种病变”，并最终提出“认领传统，再造典律”的变革理念。

同月，《重涉：典律的生成——当前新诗问题的几点思考》诗论复载北京“新诗界”丛刊第 4 卷，同卷《诗人世界》栏目刊出代表诗作《上游的孩子》《看山》《雪义》《月义》《淡季》《睡莲》6 首。

十月，赴温州参加由中国社会科学院与当代文学研究会联合举办的“21 世纪中国现代诗第二届学术研讨会”，发表论文《重涉：典律的生成——当代新诗问题的几点思考》。

十一月，个人诗与诗论集《淡季》由高大庆主持的香港高格出版社印行。上编诗选分“上游的孩子”“淡季疏影”“握手的刹那”“寻找那只奇异的鸟”四辑，收入短诗 58 首，长诗 2 首；下编辑录题为《无核之云》的“现代汉诗断想小辑”初期作品 155 则。卷末附陈超《清峭心曲诚朴诗——读沈奇诗集〈寻找那只奇异的鸟〉》与章亚昕、吕刚《沈奇的诗与诗评》及李丹梦《诗与生命同构——关于沈奇的诗》三文，卷前自撰序文《仪式、念想及私人邮件》。高大庆作装帧设计。

十二月，应邀出任由《新诗界》主办的“首届新诗界国际诗歌奖”评委。

2004 年

一月，诗论《体制外写作与写作的有效性》和《我们需要怎样的新诗史——关于中国当代诗歌史写作的几点思考》两篇，同时发表于《非非》诗刊 2003—2004 年卷（周伦佑主编）。

《体制外写作与写作的有效性》一文特别提出“显性体制与隐性体制”的理念，指认“体制不单是意识形态化的。体制无所不在，时潮、风尚、广告、网络、信息等等，都可能转化为一种体制”，由此强调提出“体制外写作必须从所有的体制化角色中退出，只以本真自我为基点”，保持“一种孤绝的精神气质”，“方能保证创作者对艺术的真诚和对思想的虔敬，进而保证写作起码的品质，即其有效性”。

《我们需要怎样的新诗史》一文特别提出“对历史真实的修复”“对艺术真实的修复”“对知识分子立场的修复”“对民间立场的修复”“对独立个在的写者立场的修复”“对新诗典律之生成的修复”五点建议，并以此展开相关分论。

五月，应邀赴加拿大温哥华参加首届“漂木诗歌艺术节”，之后分别做客诗人洛夫、痖弦两家府上，并与两位前辈诗人做诗学对话；

诗评《“水，一定在水流的上游活着”——论麦城兼评其长诗〈形而上学的上游〉》发表于《作家》杂志第 5 期。

七月，诗评《一意孤行——读于坚》发表于《名作欣赏》第 7 期；诗评《“诗魔”之禅——评〈洛夫禅诗〉集》发表于《华文文学》双月刊第 4 期。

九月，与诗人学者李森诗学对话录《典律、可能性与优雅的诗歌精神》发表于《中国诗人》双月刊第 5 期。

十月，长诗代表作《家园：主题与变奏》再刊《厦门文学》第 10 期。

十一月，诗论《我们需要怎样的新诗史——关于中国当代诗歌史写作的几点思考》复载《思想战线》双月刊第 6 期。

2005 **年**

一月，诗评《澄明之境中的月光浴——王小妮诗〈月光白得很〉赏析》发表于《名作欣赏》第1期；

同月，代表诗作《上游的孩子》《十二点》入选《被遗忘的经典诗歌》（上下）诗选集，伊沙主编，太白文艺出版社出版发行。

二月，诗学随笔《现代汉诗杂记——读瞿小松〈音乐杂记共鸣〉》发表于《艺术广角》双月刊第1期；

文章借用当代音乐家瞿小松有关理念，指认新诗有意思没味道的根本原因，即在于屡屡为现代汉语“结构性”语感与语境所困，继而成为“结构的奴仆”，“重结构、轻语词；重意旨、轻意境”，“一弊百年，百年求新不求诗”。由此指认，“如何走出‘他者’的投影，重新认领‘自我’的根性，不再重复‘见到作品却听不到音乐’（瞿小松）的遗憾”，而得以“让诗的言说成为一门成熟的言说”，“还需要二度‘出家’或应称之为‘回家’”。

《从“大中国诗观”到“天涯美学”——洛夫访谈录》在《诗歌月刊》第2期《隧道》栏目刊出（兰坡编发），后收入洛夫编选《洛夫谈诗》一书，江苏凤凰文艺出版社2015年出版发行。

三月，诗评《秋水静石一溪远——论赵野兼评其诗集〈逝者如斯〉》发表于《当代作家评论》双月刊第2期（林建发主编）。

六月，诗学随笔《入常——读卞之琳、彭燕郊、辛笛三位名家晚年诗作有感》发表于《诗探索》第2辑。

八月，《沈奇诗学论集》由中国社会科学出版社出版发行（任明编发）。论集分《诗学·诗潮·诗话》（卷一）、《大陆诗人论评》（卷二）、《台湾诗人论评》（卷三）三卷，共计近80万字，谢冕、于坚、洛夫分别为序，并附《沈奇创作与文学活动年表》及自撰后记；

诗评《牛汉：永远不老的世纪之树》入选《牛汉诗歌研究论集》，吴思敬主编，时代文艺出版社出版发行；

赴京出席由北京大学中文系、北京大学诗歌中心、首都师范大学中国诗歌研究中心联合举办的“中国新诗一百年国际研讨会”。

九月，应邀赴北欧里加出席第12届拉脱维亚国际诗歌节。提交诗歌节的简历并代表诗作《上游的孩子》《看山》《那山那人那狗》

《世纪》（组诗）入选拉脱维亚文《旗帜》文学月刊第 9 期；

诗论《我们需要怎样的新诗史——关于中国当代诗歌史写作的几点思考》在《诗探索》（理论卷）第 3 辑再次刊出。

十一月，应邀赴日本东京出席第 10 届亚洲环太平洋诗人大会。

2006 **年**

一月，独自编选《现代小诗 300 首》，由山东文艺出版社出版发行。全书收入自新诗初期至 2004 年间，见诸大陆、台港及海外各地以各种形式印行发表的现代中文小诗（以百字十二行为标准）314 首，选入诗人 201 位，自撰序文《小诗好读》；

诗评《执意的找回——古马诗集〈西风古马〉散论》发表于《名作欣赏》第 1 期；

诗评《飞行的高度——论于坚从〈0 档案〉到〈飞行〉的诗学价值》入选文学评论集《中国当代作家面面观——汉语写作与世界文学》上卷，林建发、乔阳主编，春风文艺出版社出版发行。

三月，诗体诗话《无核之云》（选章）发表于台湾《幼狮文艺》月刊第 3 期。

五月，应陈仲义、舒婷夫妇邀请，赴厦门出席“首届鼓浪屿诗歌节”。

六月，诗论《从“先锋”到“常态”——中国大陆先锋诗歌二十年之反思与前瞻》发表于《文艺争鸣》第 6 期，复载《诗探索》（理论卷）第 3 辑。

论文将“1986·中国诗坛现代诗群体大展”为标志的先锋诗歌运动二十年及“今天派”为开启的大陆现代主义新诗潮运动三十年，所形成的新的传统，归纳为“体制外写作”“民间立场”“对存在的全面开放”“语言意识的空前活跃”四点，同时反思其遗留下来的一些负面影响，并由此提出相对于“先锋写作”而言的“常态写作”之五点具体理念：1. 是消解了“运动情结”和“群体性格”而真正回到个人的写作；2. 是超越了狭隘的时代精神和摆脱了时尚话语的影响而深入时间的写作；3. 是回归诗歌本体而仅由诗的角度出发的写作；4. 是带有一定的经典意识和传统意识并自觉追求写作难度的写作；5. 是葆有从容优雅的诗歌精神和自我约束风度而本质行走的写作。

十月，在北京参加由北京大学中国新诗研究所、首都师范大学中国诗歌研究中心联合举办的“新世纪中国新诗国际研讨会”，发表论文《台湾“创世纪”诗歌精神散论》。

十一月，代表诗作《人质》发表于《诗歌月刊》第 11 期；

诗论《台湾“创世纪”诗歌精神散论》发表于台湾《创世纪》诗杂志总 149 期。

散论将台湾“创世纪”诗社五十余年发展历程之诗歌精神，归纳为“现代版的传统文人精神”与“优雅自在的纯诗精神”和“多元开放的探索精神”三个层面展开论述，并借用其创始人张默、洛夫、痖弦三位之“诗痴”“诗魔”“诗儒”的雅号形容“创世纪诗歌精神”之三个层面即“儒”的灵魂、“痴”的品格、“魔”的风度，进而以此鉴照，指认“大陆半个多世纪来的诗歌历程中所出现的种种缺憾，大概总与或多或少地缺乏这样的灵魂、这样的品格、这样的风度有关”。

十二月，应邀与诗人杨克赴日本东京参加“日本诗人俱乐部法人化纪念国际交流会——中国现代诗的状况”专题演讲会。会后应诗人、汉学家佐佐木久春教授邀请，共赴先生家乡秋田市作访，并于秋田市“现代文学馆”作诗歌讲座。

2007 **年**

二月，农历腊月二十九（公元 2007 年 2 月 16 日），母亲突发脑出血病逝，享年八十岁，伤痛至深。

三月，诗论《从“先锋”到“常态”——中国大陆先锋诗歌二十年之反思与前瞻》在日本《诗界》（日文版）3 月 31 日版（总 250 期）刊出（佐佐木久春翻译）；

诗论《“创世纪”诗歌精神散论》再刊《海南师范学院学报》（社会科学版）第 2 期（毕光明主编），后转载于《中国现代、当代文学研究》(中国人民大学复印资料)月刊第 7 期。

五月，诗评《“意象的姿容”与“现实的身影”——简政珍诗歌艺术散论》发表于《西南大学学报》(社会科学版)第 3 期(韩云波编发);

本月，个人首部文艺与文化批评随笔集《文本与肉身》由太白文艺出版社出版发行。全书由“失落与返回”“文本与肉身”“书生意气”“活在时间的深处”“秋意本天成”五辑集成，近 30 万字，前附小序《淡季杂拾》。

六月，诗学随笔《新世纪诗歌面面观——答诗友 20 问》发表于《诗探索》(理论卷)第 2 辑，复载《当代文坛》第 6 期(罗勇主编)。

七月，诗评《“太阳拎着一袋自己的阳光”——严力诗歌艺术散论》发表于《当代作家评论》双月刊第 4 期。

八月，在云南香格里拉出席由日本《地球》诗社主办的第 10 届亚洲诗人会议。

九月，诗论《怎样的“口语”以及“叙事”——当下“口语诗”问题之我见》发表于《星星》诗刊(理论刊)第 9 期;

论文提出“在‘口语’与‘叙事’推为‘时尚’、发为‘显学’”后，“如何重新认识其正负价值的双重在性”,“使之发挥其真正有价值的诗歌美学作用”的诗学命题，并概括给出三点理念：情感的智慧化(相对于情感的激情化);口语的寓言化(相对于口语的写实化);叙事的戏剧化(相对于叙事的指事化)。

十月，在北京参加由首都师范大学中国诗歌研究中心举办的“现当代诗歌：中韩学者对话会”，发表论文《新世纪诗歌面面观》。

是年夏秋，开始总题为《天生丽质》的系列实验诗创作。

2008 **年**

一月，《沈奇诗学论集》(三卷)修订版由中国社会科学出版社出版发行。新版三卷除纠正几处错漏及更新封面设计外，基本保持初版体例与版式，并添加十余篇新就文章。

三月，代表诗作《甘南印象》发表于《星星》诗刊第 3 期;

以《小诗近作十首》为题，在台湾《创世纪》诗杂志总154期发表《天生丽质》系列实验诗之《云心》《岚意》《依草》《小满》《野逸》《琥珀》《雪漱》《上野》《圆梦》《星丘》10首，系《天生丽质》系列实验诗首次“亮相”。复于总156期和总157期接续发表《茶渡》《红尘》《青衫》《缘趣》4首（张默编发）。

六月，赴澳门大学参加由澳门大学中文系、北京大学中国新诗研究所、首都师范大学诗歌研究中心和台湾中央大学文学院联合举办的“第二届当代诗学论坛暨张默作品研讨会”，发表论文《在游历中超越——再论张默兼评其旅行诗集〈独钓空濛〉》。

七月，《天生丽质》系列之《风情》《云心》《野逸》《琥珀》《岚意》《依草》《宿命》7首发表于《诗潮》诗刊第7期（李秀珊主编）；

诗论《“动态诗学”与“现代汉诗”——再谈“新诗标准问题”》发表于《海南师范大学学报》（社会科学版）第4期。

文章认为“以‘新诗’为命名下的诸多诗学问题，都可以以‘动态诗学’为绾束——‘新’与‘动’以及‘自由’，遂成为理解和阐释有关新诗问题的第一义的关键词”。由此指认“如何将‘唯新是问’的价值属性，适时导入‘如何新才好’的价值轨道，便成为新诗诗学的一个新命题”。进而结合古今汉语诗歌的共性与差异性，归纳总结出一个“四象标准”：“意象”——诗是意象思维的结晶，意象是诗歌语言的根；“思象”——诗是诗性生命意识的表征，有关“灵魂”与“记忆”的言说；“事象”——诗同时也是生活与生存事件的见证，有关“存在之真”与“身体之惑”的言说；“音象”——诗是具有一定音乐性和造型意味的语言艺术。同时补充指认从诗歌接受而言，在今日文化语境下，很难实现调千口而适百家的美学愿景，故而谈论所谓“新诗标准”问题，还得以“动态诗学”理念为本。

九月，应邀赴台北出席“2008·两岸女性诗学学术研讨会”，发表论文《谁永远居住在诗歌的体内——试论：作为生命与生活方式的女性诗歌写作》。

十月，诗评《重读洛夫》《诗魔之禅：读〈洛夫禅诗〉》《孤绝之美：读洛夫〈诗的葬礼〉》三篇，入选《大河的雄辩——洛夫诗作评论集》(第二部)，张默主编，台湾创世纪诗杂志社出版；

当月，在北京参加由首都师范大学诗歌研究中心举办的“洛夫诗歌研讨会”，发表论文《汉诗经典的重心与坐标》。

十二月，与诗人赵野、周墙共同策划的“首届黄山·归园·诗与陶艺双年展——两岸主题诗会暨冰蓝公社陶艺展”于6日至11日在黄山与苏州举办。台湾诗人罗门、郑愁予、管管、萧萧、白灵、詹澈等应邀与会；

诗论《谁永远居住在诗歌的体内——试论：作为生命与生活方式的女性诗歌写作》发表于台北教育大学《当代诗学年刊》第4期“两岸女性诗学学术研讨会专号”。

论文经由对当代大陆女性诗歌写作的宏观观察与个案解析，指认“一般而言，男性写诗，除个别天才之外，大都是先从诗中（经由阅读、仿写等过程）发现了自己的诗性灵魂所向然后进入诗歌创作；女性写诗，则大都首先是从自己的灵魂所向中发现了诗，然后自然而然地进入分行的记录而为诗”，是以“男性爱诗及艺术，常常会爱及其背后的什么东西；女性爱诗及艺术，爱的只是其本身”。而“无论是女性诗人还是男性诗人，只要你坚持永远居住在诗歌的体内，并成为其真正的灵魂而不是其他，你就会超越时代语境的局限而活在时间的深处，并悠然领取，那一份‘宁静的狂欢’”。

全年创作《天生丽质》系列实验诗30首。

2009 **年**

一月，诗论《“动态诗学”与“现代汉诗”——再谈“新诗标准问题”》复转载于《中国现代、当代文学研究》(中国人民大学复印资料）第1期。

四月，中英文版《诗与诗话》由高大庆主持的香港高格出版社印行，杨于军作英文翻译，高大庆作装帧设计。

五月，主编《你见过大海——当代陕西先锋诗选》由西北大学出版社出版发行。诗选分8辑编就，收入1978至2008年30年间，活跃于陕西先锋诗歌界的老中青三代30位诗人代表诗作，含143首短诗、3部组诗及1首长诗（存目），以及自撰万字序文《回看云起时》；

本月25日，《你见过大海——当代陕西先锋诗选》出版新闻发布暨诗歌研讨会，在西安建筑科技大学举行。谢冕、杨匡汉、吴思敬、郑愁予（台湾）、向明（台湾）、舒婷、娜夜、伊沙、秦巴子、吕刚等学者、诗人和入选本诗选的20余位诗人共聚一堂为贺并研讨。

六月，《诗探索》（作品卷）第1辑《探索与发现》栏目刊出《天生丽质》系列之《云心》《岚意》《依草》《上野》《茶渡》《青衫》《小满》《胭脂》《野逸》《风情》《琥珀》《秋白》《归暮》《缘趣》《禅悟》《秋瞳》《静好》《尘旅》《种月》《星丘》20首，以及赵毅衡、杨匡汉、吴思敬、谢友顺、柏桦、孙基林六位诗人、诗评家评语（林莽、张洪波主编）；

本月，诗评《赤子情怀与裸体的太阳——詹澈论》发表于《诗探索》（理论卷）第1辑。

八月，应邀出席“第二届青海湖国际诗歌节”；

新世纪十年个人诗歌评论集《谁永远居住在诗歌的体内——两岸论诗》由台湾唐山出版社出版。论集由“论诗”（16篇）、“评诗”（11篇）、“读诗”（20篇）、“谈诗”（2篇）四辑集成，诗人洛夫作序《精准、周延、典雅——谈沈奇台湾现代诗研究》，自撰后记《“过客”的眷恋——写在〈谁永远居住在诗歌的体内——两岸论诗〉付梓之际》；

《天生丽质》系列之《松云》《野葵》《提香》《孤云》《暗香》5首发表于台湾《创世纪》诗杂志总160期（辛牧编发）；主编《你见过大海——当代陕西先锋诗选》序文《回看云起时》发表于《星星》诗歌理论半月刊第8期；

本月23日至9月8日，应瑞典籍华裔诗人李笠邀约，与诗人赵野、蓝蓝、王家新一行，赴瑞典、丹麦参加第16届哥特兰国际诗歌节及丹麦诗人俱乐部诗歌节。

九月，《天生丽质》系列之《小满》《琥珀》《云心》《岚意》《依草》《野逸》《归暮》7首发表于《诗选刊》（下半月）第9期（周公度主编）。

十二月，由人民文学出版社出版、诗学家骆寒超教授主编的《星河》诗歌丛刊总第2辑刊发《天生丽质》系列之《茶渡》《青衫》《小满》《胭脂》《琥珀》《雪漱》《松云》《野葵》《深柳》《听云》《水仙》11首；

诗学随笔《一个“业余诗人”的自得而适——我的诗歌写作》发表于《星星》诗歌理论半月刊第12期；诗论《谁永远居住在诗歌的体内——试论：作为生命与生活方式的女性诗歌写作》再刊《南京理工大学学报》（社会科学版）第6期《现代诗研究》栏目。

2010年

一月，由潘洗尘主编的《诗歌EMS周刊》总第36期《沈奇诗歌：天生丽质（32首）》刊行；

在《星星》诗刊（上半月）第1期《诗评家的诗》专栏发表《天生丽质》系列之《胭脂》《雪漱》《松云》《野葵》《深柳》《听云》6首（靳晓静编发）。

二月，回故乡勉县祭奠母亲去世三周年，跪焚长诗《祭母四章》诗稿为悼。

三月，《天生丽质》系列之代表作《胭脂》，入选诗学家陈仲义专著《百年新诗　百种解读》，安徽文艺出版社出版发行；

同月，《天生丽质》系列《野葵》《杯影》《晚钟》《鸽灰》《深柳》《水仙》《听云》《彷徨》8首发表于《诗林》双月刊第2期《现场》栏目（荣光启编发）。

四月，长诗《祭母四章》发表于《诗刊》（下半月刊）第4期（蓝野编发）；诗评《美丽的错位——郑愁予论》发表于《华文文学》双月刊第2期“郑愁予研究”栏目。

六月，在北京参加由北京大学新诗研究所、首都师范大学中国诗歌研究中心举办的“中国新诗：新世纪十年的回顾与反思——第三届当代诗学论坛”，发表论文《“自由之轻”与“角色之祟”——关于新世纪十年当代中国诗歌的几点思考》；

同月，在《大河》诗刊第3期发表《天生丽质》系列之《云心》《茶渡》《青衫》《小满》《琥珀》《雪漱》《胭脂》《秋白》《大漠》《种月》10 首，并配发洛夫评文《读沈奇诗作〈天生丽质〉》（高旭旺主编）；代表诗作《没有穹顶的教堂——写给“第 16 届哥特兰国际诗歌节”》发表于台湾《创世纪》诗杂志夏季号总 163 期。

七月，代表诗作《上游的孩子》《看山》《淡季》《独坐于南方的阳台看雨》《北方冬日的读书生活》《雪义》《人质》《甘南印象》《云心》《小满》《胭脂》11 首入选《鹰行大地——中国诗评家诗歌集结号》，张嘉谚、祝发能主编，内蒙古人民出版社出版发行。

八月，诗论《角色意识与女性诗歌》，入选由谢冕任总主编、吴思敬任理论卷分卷主编的《中国新诗总系·理论卷》，人民文学出版社出版发行。

九月，诗论《“自由之轻”与“角色之祟”——关于新世纪十年当代中国诗歌的几点思考》发表于《南方文坛》双月刊第 5 期（张燕玲主编）。

文章由“自由之轻”“角色之祟”“多与少”“本质之在”散论之，指认当代中国新诗整体而言，“一是缺乏高远的理想情怀；二是缺乏深广的文化内涵；三是缺乏细切的诗体意识”。由此提出新世纪诗歌的整体发展，“需要在打理日常与梳理理想之间，在直言取道与曲意洗心之间，在‘道’之言说与‘形’之艺术之间，在想象世界的未知地带作业与真实世界的不明地带作业之间，以及在各种写作路向的探求之间，建立更稳健的平衡，以求在自由与约束的辩证中，寻找新的精神建构、新的形式建构与新的语言建构”。

十一月，《钟山》文学双月刊第 6 期卷首以《天生丽质》为总题，一次性刊发《茶渡》《青衫》《小满》《胭脂》《琥珀》《雪漱》《松云》《野葵》《云心》《岚意》《依草》《风情》《暗香》《孤云》《提香》《杯影》《晚钟》《大漠》《听云》《秋意》《微醺》《秋白》《归暮》《虹影》《野逸》《般若》《静好》《缘趣》《禅悦》《灭度》《开悟》《印若》《彷徨》《宿命》《冷月》《雪魂》《红尘》《圆梦》《秋瞳》《浮梦》《秋千》《雨鸽》《上野》《岩樱》《烟鹂》《深柳》《水仙》《种月》《鸽灰》《星丘》50 首（贾梦玮主编）。

十二月，集 35 年诗歌创作的总结性选本《沈奇诗选》由陕西师范大学出版总社出版，沈斌作装帧设计。诗选由“看山”“和声”

“生命之旅”“寻找那只奇异的鸟”“淡季”“印若集”“天生丽质”及“无核之云·现代诗体诗话”八辑集成，后附牛汉、洛夫、陈超、李丹梦（女）、庄晓明、孙金燕（女）六篇相关序文与《沈奇创作及文学活动年表》及前言《我的诗歌写作》。

2011 **年**

三月，在北京参加由北京大学中国新诗研究所主办的《中国新诗总系》出版研讨会，发表论文《梳理、整合与重建——〈中国新诗总系〉初读谫论》。

六月，在天津参加由中国当代文学研究会和南开大学文学院联合举办的“中国现代诗歌的语言”国际学术研讨会，发表论文《我写〈天生丽质〉——兼谈新诗语言问题》。

七月，《诗探索》（理论卷）第 2 辑和《南方文坛》双月刊第 4 期，同时刊出《梳理、整合与重建——〈中国新诗总系〉初读谫论》一文。

九月，诗体诗话《无核之云》选章 66 首发表于《钟山》文学双月刊第 5 期。

十月，在北京参加由北京大学新诗研究所和首都师范大学诗歌研究中心联合举办的“新诗与浪漫主义”学术研讨会，发表论文《不可或缺的浪漫与梦想——关于新诗与浪漫主义的几点思考》。

十一月，《天生丽质》系列之《烟视》《含羞》《太虚》《微妙》《悉昙》《如焉》《别梦》《怀素》8 首发表于《作家》第 11 期；《诗歌月刊》第 11 期《隧道》栏目刊发《沈奇访谈录——答胡亮》并《天生丽质》系列之《云心》《岚意》《依草》《茶渡》《青衫》《小满》《胭脂》《风情》《暗香》《孤云》《杯影》《晚钟》《野葵》13 首（兰坡编发）；

同月，原载《华文文学》第 3 期的《痖弦诗歌艺术论》为《新华文摘》半月刊第 23 期全文转载。

2012 **年**

四月，诗论《不可或缺的浪漫与梦想——关于新诗与浪漫主义的几点思考》发表于《诗探索》（理论卷）第1辑。

论文指认无论是诗人还是诗歌写作，只活在浮躁的当下与只活在虚妄的精神乌托邦中，其实是一样的问题。由此反顾浪漫主义之“诗美乡愁”的诉求，分别从“质”与“饰”、现实与梦想及抒情与叙事三个层面展开分论，最终提出新诗浪漫主义路向的新的开启与深入，一是要强化现代意识，切忌老调重弹；二是要内化浪漫情怀，不作无病之呻吟；三是要润化抒情调式，摈弃虚浮造作。落实于具体创作，则须谨守四个基本要素：其一情感要真挚；其二音韵要纯正；其三意境要切实；其四风骨要诚朴。

五月，诗学随笔《摆渡者的侧影：仁者无疆——吴思敬诗学精神散论》发表于《文艺争鸣》第5期（孟春蕊编发）；诗论《回到单纯与自性——关于新世纪诗歌的几点思考》发表于《诗刊》第5期；

当月，由潘洗尘主编的《诗歌EMS周刊》总第165期《沈奇诗歌快递：天生丽质（30首）》刊行。

八月，诗评《这里的风不是那里的风——娜夜诗歌艺术散论》发表于《星星》诗歌理论月刊第8期。

九月，《天生丽质》系列之《始信》《桃夭》《放闲》《叶泥》《香君》《羽梵》《宿命》6首发表于《诗潮》月刊第9期。

十月，《天生丽质》复合文本首次结集面世，收入64首诗作和陈思和、杨匡汉、洛夫、陈仲义等相关评论文章11篇，前附著名学者赵毅衡题为《看过日落后眼睛何用——读沈奇〈天生丽质〉》的专论并自序论文《我写〈天生丽质〉——兼谈新诗语言问题》。文化艺术出版社出版发行，沈斌作装帧设计。

十一月，诗论《语言、心境、价值坐标及其他——新世纪以来中国诗歌现状散议》发表于《南方文坛》双月刊第6期；

《文艺争鸣》第11期辟“当代学者话语系列·沈奇”专辑，刊发赵毅衡《看过日落后眼睛何用——读沈奇〈天生丽质〉》、陈思和《字词思维·诗歌实验·文本细读——读〈天生丽质〉的几段札记》、杨匡汉《走向瞬间的澄明——〈天生丽质〉解读》三篇评论，及自撰论文《我写〈天生丽质〉——兼谈新诗语言问题》（孟春蕊编发）；

当月10日，由西安财经学院和陕西省作家协会联合举办的“沈奇诗集《天生丽质》学术研讨会”在西安举行，谢冕、赵毅衡、杨匡汉、吴思敬、陈仲义、谢有顺、胡亮、孙金燕（女）等专家学者及《钟山》文学双月刊主编贾梦玮出席会议，陕西作家贾平凹、红柯，评论家杨乐生、邓艮，诗人吕刚、之道等到会发言，陈忠实发来贺信并致书面发言。

2013 **年**

一月，《钟山》文学双月刊第 1 期，再次大篇幅刊发诗体诗话《无核之云》52 首；

《中华读书报》1 月 28 日版《书评周刊》栏目，发表赵毅衡先生为《天生丽质》诗集所作序文《看过日落后眼睛何用——读沈奇〈天生丽质〉》。

三月，《诗选刊》（下半月刊）第 3 期，辟《沈奇的疆域》专栏，刊发小传及相关照片 14 幅，代表诗作《上游的孩子》《胭脂》《甘南印象》《茶渡》4 首，随笔 2 篇，摄影作品 5 幅和一幅书法作品，另附牛汉、丁当两篇旧序文字（张洪波编发）。

四月，《诗探索》（理论卷）第 1 辑，辟《关于沈奇》栏目，发表夏可君、段从学、霍俊明、刘波四位青年评论家关于《天生丽质》的评论文章。至此，有关《天生丽质》的前后 15 篇评论已全部在学术期刊发表。

七月，诗论《诗心、诗体与汉语诗性——对新诗与当代诗歌的几点反思》发表于《文艺争鸣》第 7 期卷首“视点”栏目（孟春蕊编发），复载由于坚主编的《诗与思》丛刊创刊号，重庆大学出版社 10 月出版；

论文指认当代汉语新诗以无限可能之自由分行为唯一文体属性，其根由源自失却汉语字思维、词思维之诗性基因的传承与再造，过于信任或单纯依赖现代汉语之“通用语言机制”而放任不拘，越来越远离汉语诗歌的本味。进而提出今天的汉语诗人要想真正有所作为，要考虑如何在现代汉语的明晰性、确定性、可量化性之理性运思，与古典汉语的歧义性、隐喻性、不可量化性之诗意运思，亦即“翻译体”与“汉语味”之间，寻求“同源基因”的存在可能，以此另创一条生存之道，拓展新的生长点及其新格局，并由此总结提出“内化现代，外师古典，融会中西，重构传统”的核心诗学理念。

同月，《扬子江诗刊》第4期（总第85期）《评论家的诗》专栏刊发《天生丽质》系列之《烟视》《太虚》《微妙》《如焉》《怀素》《始信》6首（子川编发）。

八月，在《星星》诗歌理论刊第8期《探索》栏目发表诗体诗话《无核之云》50首，后附评论家南帆短评《改变语词的方向——读沈奇的〈无核之云〉》；在《诗探索》（作品卷）第4辑“诗人娜夜特辑”发表诗评《这里的风不是那里的风——娜夜诗歌散论》。

九月，三卷本《沈奇诗学论集》增订版，由中国社会科学出版社出版发行（任明编发）。新版依旧保持初版体例版式，唯换新封面并补充十余篇新就论文，全书增至近100万字。

十一月，在《星星》诗歌理论刊第11期发表新修订的《世纪之树——牛汉诗歌精神散论》一文，追思怀念九月去世的牛汉尊师；

同月，《新华文摘》半月刊第21期于《论点摘编》栏目刊出《诗心、诗体与汉语诗性——对新诗与当代诗歌的几点反思》摘要。

2014 **年**

一月，诗论《诗心、诗体与汉语诗性——对新诗与当代诗歌的几点反思》再刊《诗潮》诗歌月刊第1期。

四月，在《作家》杂志第4期发表《天生丽质》系列新作《桃夭》《冷梅》《桑释》《光荫》《艾风》《居原》《散怀》《本康》《天祝》《让度》《朗逸》11首，同时配发孙金燕博士（女）评论《秘响旁通：现代禅诗的反讽突围——以沈奇〈天生丽质〉诗歌实验为例》。

六月，《天生丽质》系列之《种月》《子虚》2首入选由诗人南北主编、上海社会科学院出版社出版的《世界现代禅诗选》。

八月，个人首部文艺随笔集《秋日之书》由西安出版社出版发行。全书分“闲话不闲”“诗道叙谊”“行外新论”“往事片羽”“杂序雅集”五辑，收入相关随笔、散文、短论、杂记等48篇，以及后记小文。

九月，《天生丽质》系列代表作《茶渡》一诗入选由张默编著、台湾创世纪诗社出版的《小诗·随身帖》诗集。

十一月，历时三年思考并反复修订的诗学论文《“味其道”与“理其道”——中西诗与思比较谈片》发表于《文艺争鸣》第 11 期《理论》栏目（孟春蕊编发）；

论文以原创性的理论概念“味其道”与“理其道”，重新命名中西诗与思之本质特性，以此梳理百年来影响中国现代诗学、美学、文学及文艺思想的诸多基本问题，并重点反思现代汉语之诗与思的根本症结所在，以便重新认领与再造汉语诗性传统。进而提出“一个时代之诗与思的归旨及功用，不在于其能量即‘势’的大小，而在于其方向即‘道’的通合”；“现代汉语语境下的百年中国之诗与思，是一次对汉语诗性本质一再偏离的运动过程。如何在急功近利的‘西学东渐’百年偏离之后，重新认领汉字文化之诗意运思与诗性底蕴，并予以现代重构，是需要直面应对的大命题”。

同月，在《南方文坛》双月刊第 6 期《理论新见》专栏发表论文《诗意·自若·原粹——关于“上游美学”的几点思考》。

论文全面反思百年与时俱进的“新诗”“新美术”“当代艺术”等，一路走来，“无一不面临或‘洋门出洋腔’的被动与尴尬，或既不‘民族’也不‘世界’而‘两边不靠’的身份危机”。因而“即或有少许所谓的‘创新’，也大多难以完全跳脱模仿性的创新或创新性的模仿的历史局限，难得真正达至原创而独成格局”。由此倡扬由“枉道以从势”而返身“诗意”“自若”“原粹”的“上游美学”之心境和语境，进而提出“原生态的生存体验，原发性的生命体验，原创性的语言体验”的“上游美学”之核心理念。

2015 **年**

二月，诗评《在游历中超越——再论张默兼评其旅行诗集〈独钓空濛〉》发表于《华文文学》第 1 期。

三月，诗学随笔《文身之石——现代汉诗诗学断想 115 则》发表于《钟山》文学双月刊第 2 期；诗评《在“秋云”与“春水”之间——李森诗歌艺术散论》发表于《东吴学术》双月刊第 2 期；

带有回顾性的个人 35 年诗选《沈奇的诗》，选入诗歌《海魂》

《悬崖旁有棵要飞的树》《上游的孩子》《那山那人那狗》《看山》《十二点》《碑林和它的现代舞蹈者》《淡季》《甘南印象》《茶渡》《胭脂》《静好》《大漠》《朗逸》《宿命》《居原》《木心》《菩提》18 首，于《西部》文学月刊第 3 期“西部中国诗歌联展（五）”专辑刊出（沈苇编发）；

当月，诗论《诗心、诗体与汉语诗性——对新诗与当代诗歌的几点反思》入选《2014·中国年度诗论精选》，霍俊明选编，长江文艺出版社出版发行。

七月，《诗性生命历程的“初稿”与“原粹”——答二十世纪八十年代大学生诗歌运动访谈》一文在《诗探索》（理论卷）第 2 辑刊发；

当月，诗评《飞行的高度——论于坚从〈0 档案〉到〈飞行〉的诗学价值》和《对〈0 档案〉发言》研讨会纪要入选《以个人的方式想象世界——于坚的诗与一个时代》文论集，马绍玺、胡彦编著，生活书店出版有限公司出版；小诗《秋意》入选诗人黄梵主编的《现代爱情诗歌百年精选集》，江苏凤凰文艺出版社出版发行。

八月，诗论《新诗：一个伟大而粗糙的发明——新诗百年反思谈片》发表于《文艺争鸣》第 8 期（孟春蕊编发）；

论文指认百年新诗是“一个伟大而粗糙的发明”——前期多求时代之“真理”，当代多求日常之“真切”，唯以“情生文”为要，一直疏于对诗体之“文”、诗语之“雅”的商量培养，而人学大于诗学，观念胜于诗质，每重直言取道，疏于曲意洗心，一直是个悬而未决的大问题。同时指出新诗在社会价值、思想价值、生命价值及新的美学价值等方面，都不乏特殊而重要的贡献，唯独在“语言价值”方面乏善可陈。进而指出：新诗在未来的路程中，到底还能走多远，还能拓展开多大的格局，很大程度上将取决于是否能自觉地将“移洋开新”的话语机制和“唯新是问”的写作机制，置于汉语源远流长的历史传统之源头活水中，并予以有机的融会与再造。

本月，主编“当代新诗话”丛书第一辑之赵毅衡《断无不可解之理》、于坚《为世界文身》、陈超《诗野游牧》、耿占春《退藏于密》、沈奇《无核之云》五卷精装本，由陕西人民教育出版社出版发行，沈斌作装帧设计。

十月，《沈奇诗选》修订版精装本出陕西师范大学出版总社出版发行，李瑾、沈斌作装帧设计；

当月，赴京出席由北京大学中国诗歌研究院和首都师范大学诗歌研究中心联合举办的“新诗百年反思学术研讨会”，发表论文《诗心、诗体与汉语诗性——对新诗与当代诗歌的几点反思》。

十二月，诗评《青莲之美——诗人蓉子散论》入选《台湾现当代作家研究资料汇编·蓉子卷》，洪淑苓选编，台湾文学馆出版发行。

2016 **年**

一月，《天生丽质》系列新作《秋洗》《古道》《高原》《宽唐》《风流》《怀沙》《青檀》《原粹》《木心》《清脉》《尔后》《出魔》《菩提》《菊生》《睡莲》《非悟》16 首发表于《钟山》文学双月刊第 1 期。

二月，诗学散论《新诗：一个伟大而粗糙的发明——新诗百年反思谈片》在《新华文摘》数字版第 2 期全文转载发表；

当月，入聘北京大学中国诗歌研究院首届研究员。

四月，文论《汉语之批评与批评之文章——评胡亮文论集〈阐释之雪〉兼谈批评文体问题》发表于《文艺争鸣》第 4 期（孟春蕊编发）。

五月，应邀赴河北廊坊师范学院参加“北岛诗歌研讨会”，发表论文《小于“一”或大于“十二”——有关北岛评价的一个个案分析》。

七月，诗论《“后消费时代”汉语新诗问题谈片——从几个关键词说开去》发表于《文艺争鸣》第 7 期（孟春蕊编发）。

论文重点提出“在整个当代人类世界，正整体性地为资本逻辑和科学逻辑所绑架所主宰之大前提下，所谓诗歌的存在逻辑，以及所谓汉语诗歌的存在逻辑，又将如何定位”的命题。进而认为“眼下的困境是：包括建筑在内的诸器物层面，我们已经基本失去了汉语中国的存在，且几乎不可逆"，"唯有语言层面，或许尚能有所作为，不至于也归于'全球一体化'"。"而这样的作为，大概只能先从汉语诗歌中慢慢找回，以求回溯汉语文化诗性化的本根，而重构传统，再造葱茏。"由此指出当代汉语诗歌发展之要义，在于"超越时代语境的拘押，回返汉诗原本的气质与风骨，直抵生命、生存、生活之在的本惑、本苦、本愁、本空，以及现代性的本源危机，而重新开启现代汉诗之本源性的审美取向和核心价值"。

八月，诗评论集《诗心、诗体与汉语诗性——新世纪诗歌散论》由陕西师范大学出版总社出版发行，收入二十一世纪以来个人有关当代诗歌的诗论、诗评文章 34 篇及 4 篇相关访谈录。李瑾、沈斌作装帧设计，郭永新编发。

九月，诗论《小于"一"或大于"十二"——有关北岛评价的一个个案分析》发表于《廊坊师范学院学报》(社会科学版) 第 3 期(韩同银编发)；复载由李森主编的"学问"丛书第 4 卷，花城出版社出版；

当月 24 日，由西安财经学院和陕西师范大学出版总社联合主办、北京大学中国诗歌研究院和首都师范大学中国诗歌研究中心联合协办的沈奇诗与诗学学术研讨会在西安财经学院召开。谢冕、陈思和、杨匡汉、吴思敬、刘福春、李森、王新、刘波等专家学者，贾平凹、李浩、李震、仵埂、刘炜评、吕刚、之道、雷鸣、贾妍(女) 等西安文朋诗友和专家学者，以及韩国东亚大学教授、汉学家金龙云先生出席并发言。

十月，《西湖》文学月刊第 10 期以《沈奇的诗》为题刊发《天生丽质》系列新作《清脉》《菩提》《出魔》《尔后》《居原》《菊生》《佛子》《彷徨》《光荫》《黑泽》《木心》11 首 (吴玄编发)。

十一月，文论《修远与切实，以及自若——陈仲义诗学精神散论》发表于《南方文坛》双月刊第 6 期；

当月，赴扬州参加由北京大学中国诗歌研究院和首都师范大学诗歌研究中心及扬州大学联合举办的"纪念新诗诞生百年——新诗与外国诗歌译介学术研讨会”，发表论文《蓝色反应与另一种汉诗——有关新诗与翻译诗歌的几点思考》。

十二月，由朱立坤、张智主编的《百年诗经——中国新诗300首》（1917—2016）民间出版发行，代表诗作《上游的孩子》《木心》两首入选；

同月，民刊《审视 The Writer》2016年卷《润声》栏目刊发《天生丽质》系列50首。

2017**年**

一月，《边缘与中心的对话——“沈奇诗与诗学学术研讨会”七人谈》（谢冕、贾平凹、陈思和、杨匡汉、李浩、李震、吴思敬）文稿刊发于《文艺争鸣》第1期（孟春蕊编发）。

三月，500行长诗《尔后——残句系列》同时刊发于《钟山》文学双月刊第2期和《长河》文学丛刊春季卷总第4期（马启代主编）。

五月，诗论《“汉语诗心”与“汉语诗性”散论》发表于《文艺争鸣》第5期（孟春蕊编发）；

散论特以“汉语诗心”的个在说法，提醒汉语诗人该有汉语自性的诗心所在，不能总是翻译诗歌主导的“范”。由此提出不可替代的生存体验、生命体验、生活体验和不可替代的语言意识、文化意识、文体意识之要义，进而打通古今汉语诗歌要素，以“情”——“精神诗性”、“义”——“思想诗性”、“体”——“形式诗性”、“境”——“意境诗性”四点新理念，概括其原本可以共生共有的汉语诗歌之基本诗性予以分论，并最终指认或可由此“别开生面”，而所谓“汉语诗性”以及“中国身份”的要求，自会有所提升与改观。

当月，诗论《新诗：一个伟大而粗糙的发明》入选《双年诗经——中国当代诗歌导读暨中国当代诗歌奖获得者作品集》，唐诗主编，四川人民出版社出版。

六月，《诗探索》（理论卷）第2辑，辟《沈奇诗歌与诗论研究》专栏，发表程继龙《当代新诗的一副“古典主义”面孔——沈奇论》、李森《沈奇诗话“无核之云”之诗话》、王士强《找寻“心”之栖所——关于沈奇近年的诗与诗话创作》、王新《诗味还随画韵长——从诗画融通角度论沈奇之诗与诗学》四文。

七月，诗评小辑《读诗三序》发表于《星星》诗歌理论刊第7期（龚学敏主编）。

九月，日本《诗与思想》第3卷第365号，于《中国现代诗特集》专栏，发表汉学家前川幸雄先生题为《沈奇早期诗集〈看山〉的魅力》的评论，并刊出诗人汉学家佐佐木久春教授翻译的《清脉》《慵夏》《南方花园》《雪魂》《世纪独语》《云心》6首诗作。

十一月，赴京参加由北京大学中国诗歌研究院和首都师范大学中国诗歌研究中心联合举办的“新诗百年：中国当代新诗理论批评研讨会”，发表已刊于《文艺争鸣》第11期的论文《当代新诗批评的有效性和文体自觉》（孟春蕊编发）。

十二月，由李洁（女）博士整理撰写的《边缘与中心的对话——沈奇诗与诗学学术研讨会会议综述》在首都师范大学中国诗歌研究中心主编的《中国诗歌研究动态》第19辑“新诗卷”刊出，学苑出版社出版发行。

2018**年**

二月，诗论《蓝色反应与另一种汉诗——有关新诗与外国诗歌译介的几点思考》发表于《文艺争鸣》第2期（孟春蕊编发），年内入选骆寒超主编的《星河》诗歌丛刊秋季卷，人民文学出版社出版发行；

论文认为以现代汉语翻译的外国诗歌，不但直接定义了汉语新诗的基本位格，同时还将自身演化为一直存在于新诗发展中的“另一种汉诗”——因而，作为百年中国新诗发展之主流走向所生成的各种文本，大体而言，就只能是“另一种汉诗”的模仿性创新或创新性模仿的“子文本”。而“汉语是汉语诗人存在的前提；汉语是汉语诗人存在的意义”。“百年革故鼎新，仅就文学艺术而言，世界已然成为我们挥之不去且深度作用于我们的一部分，或许还是主要的部分，而我们至少在过去的一百年里，却并没有能够成为世界挥之不去且深度作用于世界的一部分”。故而，在“后现代汉语”语境下，作为代替着“宗教作用”（林语堂语）的汉语诗歌，重提“汉语诗性”与“汉语气质”，以及由此引申出的汉语新诗诸“形式问题”，“不但必要，而且正当其时”。

当月，主编“当代新诗话”丛书第二辑之杨匡汉《长亭听云》、简政珍《苦涩的笑声》、臧棣《诗道鳟燕》、胡亮《琉璃脆》、泉子《诗之思》五卷精装本，由陕西人民教育出版社出版发行，沈斌作装帧设计。

三月，诗论《“汉语诗心”与“汉语诗性”散论》入选由王珂主编的《三十八位诗论家论现代汉诗》文集，东南大学出版社出版发行。

四月，在民刊《中西诗歌》第1期总第68期发表《天生丽质》系列新作《芬芳》《仿宋》《拈花》《格义》《古早》《菊生》《佛子》《抱朴》《女书》《发濛》《如故》《子曰》12首（黄礼孩主编）。

五月，在《山花》文学月刊第5期发表《天生丽质》系列新作《芬芳》《格义》《古早》《清脉》《女书》《抱朴》《发濛》《如故》8首（李寂荡主编）。

九月，19日至21日，在北京香山出席由北京大学中国诗歌研究院、北京大学中文系、首都师范大学中国诗歌研究中心、中国诗歌学会联合举办的中国新诗百年纪念大会及学术论坛，发表论文《从“别立新宗”到“百年和解”——新诗百年反思兼谈汉语诗歌之“大传统”与“小传统”》。

十月，与中国社会科学出版社签订七卷本《沈奇诗文选集》出版合同。

2019年

一月，诗论《从“别立新宗”到“百年和解”——新诗百年反思兼谈汉语诗歌之“大传统”与“小传统”》发表于《北方论丛》第1期，配合发表孙金燕教授（女）携其硕士生王艳（女）撰写的论文《沈奇新世纪十五年诗论之意义谫论》(吴井泉主编)。

论文围绕新诗百年“革新”有了自己的“新传统”后，还要不要与古典诗歌“旧传统”通和以广大的核心命题展开论述，在深入梳理与辨识历史与当下之相关学术论争后，最终给出一个新诗新百年之新发展，如何在汉语古典诗歌“大传统”与汉语新诗“小传统”之间，可“通和”而行以发扬光大的八点“路数”：1. 西语主体性和汉语主体性的通和；2. 古典维度诗意运思下的诗之思和现代维度理性运思下的思之诗的通和；3. 现代意识主导下的中国经验和古典精神主导下的汉语气质的通和；4. 中西合璧的诗歌精神与古今熔铸的诗歌语言的通和；5. 与时同销“时代殇”和与尔同销“万古愁”的通和；6. 现代汉语逻辑结构之语法思维和古典汉语“逗引美学”之“字思维”的通和；7. 古典人文传统下的为己之诗和现代人文精神下的济世之诗的通和；8. 作为时间时态的“当下性”和作为历史时态的“当代性”的通和。最后提出从“别立新宗”到“百年和解”，有关汉语诗歌之“大传统”与“小传统”由“久违”到“通和”以促进新诗之再生的“一体两翼”说：体依然是“自由体”，暂无可他去；两翼之在，一者外师古典，二者内化现代。

二月，诗论《浅近的自由——说新诗是一种“弱诗歌”》发表于《文艺争鸣》第2期（孟春蕊编发）。

论文指认新诗百年，初以“浅近”为开启，争得“与时俱进”之先声，横空“标出”，立身入史，后来也便在自得于“势”的层面之“浅近”功利，难得本体澄明而潜沉修远，而至今依然“浅近”如故。由此提出“新诗是个‘弱诗歌’”的说法，并归纳为“主体精神之弱”“诗体意识之弱”“汉语气质之弱”三点，进而给出“强诗歌”的说法并以五点理念“条目”归纳以作参照：其一，是既出于教养，又能作用于教养的诗；其二，是既能与“时人”同销“时代愁”，又能“与尔同销万古愁”的诗；其三，是既体现了中国经验，又体现了汉语气质的诗；其四，是既维护、扩展和改进了诗的存在以尽诗的责任，又维护、扩展和改进了语言的存在以尽语言的责任的诗；其五，是既能化约中西、又能化约古今，而重构汉语诗歌传统和汉语诗性生命形态的诗。

三月，诗论《从“别立新宗”到“百年和解”——新诗百年反思兼谈汉语诗歌之“大传统”与“小传统”》再刊《草堂》诗刊第3期《对话与独白》栏目（熊焱编发）。

五月，《新华文摘》半月刊第9期《论点摘编》栏目刊发《从“别立新宗”到“百年和解”——新诗百年反思兼谈汉语诗歌之“大传统”与“小传统”》之结论性八点“通合”说，及全文结语“一体两翼”说。

七月，诗论《从“别立新宗”到“百年和解”——新诗百年反思兼谈汉语诗歌之“大传统”与“小传统”》修订稿，在《诗探索》（理论卷）第2辑“中国新诗百年纪念大会学术论坛”专辑头条刊发（吴思敬主编）。

九月，七卷本《沈奇诗文选集》编修校勘完稿付排。

十月，在《作家》杂志第10期发表万字随笔《地震诗篇——台湾“九·二一”大地震亲历二十年祭》；

当月，18日至21日，在厦门出席“第八届鼓浪屿诗歌节”，并主持陈仲义诗学新著《现代诗：接受响应论》学术研讨会。

十二月，创作与修订《天生丽质》系列新作十余首，由此重新编修校勘新113首《天生丽质》新诗集，交由阳光出版社待出版。

2020年

一月，进入七十衰年。

二月，新冠大疫初起，闭户大雁塔印若居，用诗人书法家冯错特为定制的“印若居”宣纸信笺，抄写《无核之云》诗体诗话200首成一册，留赠孙儿若雷为念。

三月，全球新冠疫情泛滥，成世纪灾难。寄三年前“世界停下来，我要下车”为题序、全面反思现代化的500余行长诗《尔后》予三家诗歌网站《诗歌周刊》《诗生活》和《诗人文摘》，并先后发布，以此略尽诗人之责，随后开始断续投入长篇诗随笔《庖丁解词》写作。

五月，《沈奇诗与诗学研究》文字资料初步整理成集，计长短52篇，近30万字，承蒙中国社会科学院文学所研究员、四川大学中国诗歌研究院院长刘福春出任此书主编，并纳入四川大学中国诗歌研究院学术丛书，待出版。

七月，以《乙亥诗志》为题，《天生丽质》之《初证》《伊人》《木雅》《根让》《唱和》《清流》《西凉》《遂宁》《开悟》《涅槃》《依诺》《澡雪》《天机》《惊蛰》《自若》15首新作在《钟山》文学双月刊第4期发表，同时入选大型民间诗丛《诗》总27卷刊行（道辉主编）。

十一月，在《钟山》文学双月刊第6期头条发表近8万字诗随笔《庖丁解词》选章；诗作《瓦语，或伏尔塔瓦河咏叹调——写给余平》发表于《诗刊》第11期；

当月，在北京出席由北京大学中国诗歌研究院、北京大学中文系、首都师范大学中国诗歌研究中心、首都师范大学文学院、中国当代文学研究会和《诗探索》编辑部联合主办的"《诗探索》创刊40周年纪念暨学术研讨会"，文论《情怀、立场与历史位格——感念〈诗探索〉创刊四十年》和诗论《从"先锋"到"常态"——先锋诗歌二十年之反思与前瞻》分别入选学苑出版社本月出版的八卷本"《诗探索》创刊40周年纪念丛书"之《〈诗探索〉之路》卷（吴思敬主编）和《新诗发展问题研究》卷（王士强主编）。

十二月，承蒙刘福春主编的《沈奇诗与诗学研究》由陕西人民教育出版社出版发行，沈斌作装帧设计。文集由"诗评论"与"诗学评论"上下两编集成，共收入海内外相关评论文章52篇及有关《天生丽质》实验诗系列之相关评语53条，附有《沈奇文学年表》与《沈奇编著书目》和刘福春先生撰写的《编后记》。

113首增修版《天生丽质》诗集由阳光出版社出版发行。

2021 **年**

一月，诗学随笔《当代诗人 15 家评语》改以《沈奇眼中的诗人们》为题，在《读诗》第 1 卷（总第 42 卷）刊出，潘洗尘主编。

二月，长诗《尔后》（选章）入选中英文双语版《来自中国的城市诗歌》，中国诗人黄梵教授和美国诗人詹姆斯·谢理（James Sherry），美国翻译家丹尼尔·泰（Daniel Tay）联合选编，美国纽约“屋顶”出版社（Roof Books）出版发行。

三月，近 200 万字的七卷本《沈奇诗文选集》，因新冠疫情延搁年余，终于艰难问世。选集分《诗选》（卷一）、《当代诗学散论》（卷二）、《当代诗潮散论》（卷三）、《大陆诗人散论》（卷四）、《台湾诗人散论》（卷五）、《艺文随笔》（卷六）、《诗话·诗评·诗序》（卷七）七卷，各卷分撰前言小文，卷七后附《沈奇文学年表》及后记短文，中国社会科学出版社出版发行（任明编发）。

五月，在《诗潮》诗歌月刊发表《始于一而大于三——旧年四季小令》组诗及《淡季》旧作一首和《至一》新作一首（刘川主编）。

六月，诗论《从“别立新宗”到“百年和解”——新诗百年反思兼谈汉语诗歌之“大传统”与“小传统”》入选两卷本《中国新诗百年纪念文集》上卷，谢冕、吴思敬主编，人民文学出版社出版发行；

同月，入选青年学者、诗人诗评家赵目珍编著的《探索未知的诗学——当代批评家诗人和他们的诗》一书，在题为《沈奇：重回汉语独特气质的新诗建构》专章之导言论述后，附录《茶渡》《胭脂》《格义》《大漠》《居原》五首代表诗作，长江文艺出版社出版发行。

八月，赴京入住彰化路五福玲珑居租屋，开始为期两年陪读沈门长孙若雷高二高三学习。

十二月，农历冬月十七（12 月 20 日）上午，父亲在汉中勉县老家住屋无疾仙逝，享年九十七岁。因新冠疫情隔阻不能回乡服丧告别，唯有在京租屋设灵位悼念为祭。

2022 **年**

二月，年来逸笔所得《诗书偕行，再造传统——关于传统书法与现代汉诗联袂共进的几点思考》一文发表于《中文学刊》第 1 期卷首《学刊特稿》栏目（庄伟杰主编）。

三月，在《特区文学·诗》第 3 期以《辛丑诗抄》为题，发表《天生丽质》新作《伤逝》《白露》《青苔》《事故》《净因》《释然》《谷雨》7 首（三色堇编发）。

七月，《诗探索》（理论卷）第 1 辑刊发天津社会科学院文学研究所张大为研究员撰写的《持存于“上游”的诗性时空——读〈沈奇诗文选集〉》专论长文。

十月，在《诗潮》诗歌月刊第 10 期发表《天生丽质》新作《寂寞》《子曰》《寒露》《行草》4 首。

十一月，应邀在京出席由首都师范大学诗歌研究中心和中国当代文学研究会联合举办的“吴思敬诗学思想研究”研讨会，发表小文《诗性人格之修远玉成——吴思敬印象》。

十二月，5 日，在京租屋感染新冠病毒，高烧加“刀片喉”等诸般恶症加于一身，苦熬七日后稍好，之后引发高血压、咳嗽、肌肉酸疼等后遗症，跨年延续缠身。

2023 **年**

二月，《诗性人格的修远玉成——吴思敬印象》发表于《中文学刊》第 1 期（总 88 期）。

四月，新修订稿《现代汉诗杂记——读瞿小松〈音乐杂记〉随想》诗学随笔发表于《诗刊》上半月刊第 8 期；

当月，代表诗作《澡雪》入选《攥尘土者：献诗 101 首》诗集，并附陈志辉鉴赏小文，道辉主编，海峡文艺出版社出版发行。

六月，诗论《问题与方略——新诗百年“转基因”之反思与前瞻》发表于《文艺争鸣》第6期（孟春蕊编发）。

论文首先归纳并简要阐释新诗“转基因”之五大缺陷：1.“屋下架屋”（吴宓）——“大传统”与“小传统”；2.有形无体——“字思维”与“句思维”；3.重外轻内——“外生变量”与“内生变量”；4.模仿性创新及创新性模仿——“蓝色反应”与“黄色裂变”；5.时代殇与万古愁——“与时俱进”或“背尘合觉”。进而分延有关“还乡”与“元写作”的命题解析，最后复借《从“别立新宗”到“百年和解”——新诗百年反思兼谈汉语诗歌之“大传统”与“小传统”》长论所提出的“八个通和”说为“方略”而总结。

七月，入选《诗林》双月刊第4期《今日批评家》专栏，选发诗论《浅近的自由——说新诗是种弱诗歌》与《天生丽质》系列之《云心》《茶渡》《雪漱》《胭脂》《大漠》《野葵》《秋白》《木心》《如故》9首及个人简历，并选载谢冕《把寂寞的事业做得有声有色——简论沈奇的诗与诗学》和洛夫《古典理想之现代重构——读沈奇诗作〈天生丽质〉》二文（谭五昌编发）。

八月，《庖丁解词》诗随笔集由《诗歌与人》编辑部民间刊印发行面世（黄礼孩主编）。

九月，修订稿《“后消费时代”汉语新诗问题谈片——从几个关键词说开去》一文发表于《中文学刊》第5期总92期，同期封底专栏刊出个人简介及题为《边缘两栖且侧身》的自述小文；

当月19日，应邀赴扬州大学参加第十一届中国当代诗学论坛，发表已刊《文艺争鸣》第6期的诗学论文《问题与方略——新诗百年“转基因”之反思与前瞻》。

十月，《新华文摘》半月刊第22期全文转载原刊《文艺争鸣》第6期的诗学论文《问题与方略——新诗百年“转基因”之反思与前瞻》。

十一月，4～6 日，应邀赴成都出席由四川大学中国诗歌研究院和杜甫草堂博物馆联合举办的首届“中华诗歌：古典与现代高端论坛”。其间陪同陈仲义学兄拜望诗人学者、国内符号学泰斗赵毅衡教授，共同敬贺先生八十华诞，并和李怡教授、刘福春教授与部分在读博士生及硕士生座谈。

十二月，由诗人逸子主编并作为内部交流资料民间印发的《“十七天”诗歌总集》（上下）面世，选收旧作《上游的孩子》及《天生丽质》系列《根让》《澡雪》《出关》《终南》《寒露》《寂牧》《子虚》《敦煌》《行草》《木心》《如故》《漱履》《光荫》《闻空》共 15 首，及应邀为之所作序言《驿站、旅居与诗性人格——寄语“十七天”诗友》。

2024 年 3 月于终南神禾原印若居

沈奇编著书目

·著作

《看山》·诗集·1988·自印行

《和声》·诗集·1989·陕西人民教育出版社

《生命之旅》·诗与诗论合集·1992·陕西人民教育出版社

《台湾诗人散论》·诗评论集·1996·尔雅出版社

《拒绝与再造》·诗评论集·1999·西北大学出版社

《两岸现代汉诗论评》·诗评论集·2001·三民书局

《寻找那只奇异的鸟》·诗集·2001·尔雅出版社

《淡季》·诗与诗论合集·2003·高格出版社

《沈奇诗学论集》三卷·2005·中国社会科学出版社

《文本与肉身》·文艺评论集·2007·太白文艺出版社

《沈奇诗学论集》(修订版)三卷·2008·中国社会科学出版社

《谁永远居住在诗歌的体内》·诗评论集·2009·唐山出版社

《沈奇诗选》·诗集·2010·陕西师范大学出版社

《天生丽质》·诗集·2012·文化艺术出版社

《沈奇诗学论集》(增订版)三卷·2013·中国社会科学出版社

《秋日之书》·随笔集·2014·西安出版社

《无核之云》·诗话集·2015·陕西人民教育出版社

《沈奇诗选》(修订版)·诗集·2015·陕西师范大学出版社

《诗心、诗体与汉语诗性》·诗评论集·2016·陕西师范大学出版社

《天生丽质》(增订本)·诗集·2020·阳光出版社

《沈奇诗文选集》七卷·2021·中国社会科学出版社

· 编选

《西方诗论精华》· 1991 · 花城出版社
《台湾诗论精华》· 1995 · 陕西人民教育出版社
《鲜红的歌唱——大陆当代女诗人小集》· 1994 · 尔雅出版社
《诗是什么——20 世纪中国诗人如是说》· 1996 · 尔雅出版社
《中国女性诗歌文库——阎月君卷》· 1997 · 春风文艺出版社
《九十年代台湾诗选》· 1998 · 春风文艺出版社
《现代小诗三百首》· 2006 · 山东文艺出版社
《你见过大海——当代陕西先锋诗选》· 2009 · 西北大学出版社
"当代新诗话丛书"第一辑:赵毅衡《断无不可解之理》、于坚《为世界文身》、陈超《诗野游牧》、耿占春《退藏于密》、沈奇《无核之云》· 2015 · 陕西人民教育出版社
"当代新诗话丛书"第二辑:杨匡汉《长亭听云》、简政珍《苦涩的笑声》、臧棣《诗道鳟燕》、胡亮《琉璃脆》、泉子《诗之思》· 2017 · 陕西人民教育出版社

编 后 记

认识沈奇兄是在二十世纪九十年代初，可以说是一见如故。虽然我们分处西安、北京两地，但沈奇兄一直关心我、帮助我。又因他是一位有影响的诗评家，常被邀请参加各种诗歌会议，我们可以在会上见面，每年会有两三次。由此我们的友谊不断加深，并保持到了今天。出版社计划出版《沈奇诗与诗学研究》，要我担任主编，我一口答应。理由很简单，作为一位有影响、有特色的诗歌批评家兼诗人的沈奇，应该有这样一本研究资料集，这是新诗研究的学术需要；而对于我个人来讲，主编这部书更是友情的象征。

正如李怡所讲，沈奇是“因诗而为诗学，因诗学而为真诗”。诗歌创作与诗学研究的互动成就了沈奇。我喜爱沈奇的诗，特别是《天生丽质》，我曾评价说：“新诗的写作离汉语越来越远了。《天生丽质》写精致的、现代的、汉语的新诗。找回汉语，重归精致，更显现代的光芒。”而对他的诗学研究，我完全赞同谢冕老师的概括：“敏锐、热忱、切实、敬业”。让人高兴的是，沈奇在诗与诗学上的努力已经获得了诗歌研究界的认同，我希望这部书对他这两方面的成就能有集中而充分的展示。

本书分为上下编。沈奇是“因诗而为诗学”，所以诗之研究为上编，下编收入的是对沈奇诗学的研究。所收文章尽量依据最早的版本编入，以成稿及发表先后为序，并注明出处和作者简介。为了便于读者对沈奇有更全面的了解，将其自撰的《沈奇文学年表》和《沈奇编著书目》附于书后，以供大家参考。还需说明的是，本书限于篇幅，未能将收集到的研究文章全部编入。而除了诗与诗学，沈奇还是一位优秀的艺术评论家，对他这方面的研究就需要另编一书来呈现了。

时间过得真快，转眼过去了近三十年。可喜的是，已进入古稀之年的沈奇仍然“敏锐、热忱、切实、敬业”。这是沈奇的福分，也是诗界的福分。

刘福春

2020 年 5 月 31 日